LIBERDADE DE EXPRESSÃO E DEMOCRACIA NA ERA DIGITAL

O IMPACTO DAS MÍDIAS SOCIAIS NO MUNDO CONTEMPORÂNEO

LUNA VAN BRUSSEL BARROSO

Gustavo Binenbojm
Prefácio

Luís Roberto Barroso
Apresentação

LIBERDADE DE EXPRESSÃO E DEMOCRACIA NA ERA DIGITAL

O IMPACTO DAS MÍDIAS SOCIAIS NO MUNDO CONTEMPORÂNEO

1ª reimpressão

Belo Horizonte

FÓRUM
CONHECIMENTO JURÍDICO

2023

© 2022 Editora Fórum Ltda.
2023 1ª reimpressão

É proibida a reprodução total ou parcial desta obra, por qualquer meio eletrônico, inclusive por processos xerográficos, sem autorização expressa do Editor.

Conselho Editorial

Adilson Abreu Dallari
Alécia Paolucci Nogueira Bicalho
Alexandre Coutinho Pagliarini
André Ramos Tavares
Carlos Ayres Britto
Carlos Mário da Silva Velloso
Cármen Lúcia Antunes Rocha
Cesar Augusto Guimarães Pereira
Clovis Beznos
Cristiana Fortini
Dinorá Adelaide Musetti Grotti
Diogo de Figueiredo Moreira Neto (in memoriam)
Egon Bockmann Moreira
Emerson Gabardo
Fabrício Motta
Fernando Rossi
Flávio Henrique Unes Pereira
Floriano de Azevedo Marques Neto
Gustavo Justino de Oliveira
Inês Virgínia Prado Soares
Jorge Ulisses Jacoby Fernandes
Juarez Freitas
Luciano Ferraz
Lúcio Delfino
Marcia Carla Pereira Ribeiro
Márcio Cammarosano
Marcos Ehrhardt Jr.
Maria Sylvia Zanella Di Pietro
Ney José de Freitas
Oswaldo Othon de Pontes Saraiva Filho
Paulo Modesto
Romeu Felipe Bacellar Filho
Sérgio Guerra
Walber de Moura Agra

FÓRUM
CONHECIMENTO JURÍDICO

Luís Cláudio Rodrigues Ferreira
Presidente e Editor

Coordenação editorial: Leonardo Eustáquio Siqueira Araújo
Aline Sobreira de Oliveira

Rua Paulo Ribeiro Bastos, 211 – Jardim Atlântico – CEP 31710-430
Belo Horizonte – Minas Gerais – Tel.: (31) 99412.0131
www.editoraforum.com.br – editoraforum@editoraforum.com.br

Técnica. Empenho. Zelo. Esses foram alguns dos cuidados aplicados na edição desta obra. No entanto, podem ocorrer erros de impressão, digitação ou mesmo restar alguma dúvida conceitual. Caso se constate algo assim, solicitamos a gentileza de nos comunicar através do *e-mail* editorial@editoraforum.com.br para que possamos esclarecer, no que couber. A sua contribuição é muito importante para mantermos a excelência editorial. A Editora Fórum agradece a sua contribuição.

Dados Internacionais de Catalogação na Publicação (CIP) de acordo com ISBD

B277l	Barroso, Luna van Brussel	
	Liberdade de expressão e democracia na Era Digital: o impacto das mídias sociais no mundo contemporâneo / Luna van Brussel Barroso. 1. reimpressão. - Belo Horizonte : Fórum, 2022. 327p. : il. ; 14,5cm x 21,5cm. Inclui bibliografia. ISBN: 978-65-5518-342-9 1. Direito Constitucional. 2. Direito Público. 3. Direito Digital. I. Título.	
2022-573		CDD 342 CDU 342

Elaborado por Odilio Hilario Moreira Junior - CRB-8/9949

Informação bibliográfica deste livro, conforme a NBR 6023:2018 da Associação Brasileira de Normas Técnicas (ABNT):

BARROSO, Luna van Brussel. *Liberdade de expressão e democracia na Era Digital*: o impacto das mídias sociais no mundo contemporâneo. 1. reimpr. Belo Horizonte: Fórum, 2022. 327p. ISBN 978-65-5518-342-9.

À minha avó, Detta, aos meus pais, Tereza e Luís Roberto, ao meu irmão, Bernardo, e ao Antonio Pedro, por serem a minha fonte inesgotável de amor e serenidade.

AGRADECIMENTOS

Ninguém faz nada sozinho. Este livro, resultado da minha dissertação de mestrado na Universidade do Estado do Rio de Janeiro (UERJ), é fruto da dedicação, abdicação e torcida de muitos que acompanharam essa jornada.

Agradeço, antes de tudo, ao meu orientador, Professor Gustavo Binenbojm, pelo direcionamento, pelas contribuições, pela paciência e, acima de tudo, por todas as portas que abriu para mim. Ter sido a sua orientanda é o maior orgulho da minha trajetória no mestrado da UERJ. Sempre soube da admiração acadêmica profunda que todos ao seu redor cultivam por você. Nos últimos anos, à admiração acadêmica, somaram-se uma admiração pessoal e uma gratidão que um dia espero poder retribuir. Sem nenhum exagero, nada disso teria sido possível sem você.

Em segundo lugar, agradeço aos demais membros das bancas de qualificação e defesa, não apenas pela revisão criteriosa da dissertação, mas por serem referências e inspirações acadêmicas. Especificamente, agradeço ao Professor Eduardo Mendonça, pelos ensinamentos diários – no escritório, mas sobretudo de vida –, pela compreensão e pela torcida genuína. É impressionante a unanimidade de todos os que te conhecem em reconhecer o seu brilhantismo, o seu comprometimento profissional e a sua humildade. Agradeço, também, ao Professor Paulo Barrozo, que tem um dom de iluminar a vida dos outros, com altruísmo, dedicação e entrega a todos aqueles que cruzam o seu caminho. Além, é claro, de ser um acadêmico fora da curva, que representa o melhor do Brasil nos Estados Unidos. Agradeço, por fim, ao Professor Ronaldo Lemos, que se tornou um exemplo de como trilhar um caminho de sucesso nesse campo, e ao Professor Carlos Affonso, que muito contribuiu com comentários e perguntas pertinentes e enriquecedoras na banca de defesa. É mais do que justo o reconhecimento que ambos conquistaram e a referência que se tornaram nesse campo.

Agradeço, ainda, aos mestrandos de 2019.1: vocês foram, em muitos momentos, a minha inspiração para continuar escrevendo. Tenho carinho e admiração sinceros por cada um de vocês, e certeza de que os nossos caminhos ainda se cruzarão no futuro.

À Fundação Getulio Vargas - Rio de Janeiro, agradeço, na pessoa dos professores Joaquim Falcão e Thiago Bottino, pela condução da faculdade com integridade, dedicação e competência. Formei-me na graduação em Direito na FGV-Rio orgulhosa de ter feito parte da instituição e com a certeza de que sairia dali preparada para seguir os meus sonhos e ambições profissionais e acadêmicas.

Agradeço, também, aos meus amigos e colegas do Barroso Fontelles, Barcellos, Mendonça Advogados, nas pessoas do Professor Eduardo Mendonça, Felipe Terra, Roberta Mundim, Thiago Magalhães e Felipe Fonte, que, além de serem alguns dos meus maiores exemplos de sucesso na advocacia, foram pacientes e tolerantes nos inevitáveis momentos em que a dissertação precisou ser a prioridade na minha rotina. E, por último, mas não menos importante, agradeço à Naiana Porto, por ter se tornado uma grande amiga e parceira de trabalho. Trabalhar com vocês é um privilégio.

Ao meu irmão, Bernardo, aos meus pais e à minha avó: eu jamais seria capaz de colocar em palavras tudo o que vocês são para mim. O que eu posso afirmar com convicção é que, se eu tive confiança para alçar voos sozinha, é porque sempre tive a certeza de que vocês seriam o meu porto seguro quando eu precisasse. Vocês são a razão e a origem de tudo. Só tenho a agradecer por serem tudo o que eu preciso, sempre que eu preciso. Essa conquista é nossa!

Ao Antonio Pedro: agradeço por sonhar comigo os meus sonhos e me apoiar em todas as etapas para que eu possa concretizá-los. Tenho orgulho de quem você é e da história que estamos construindo juntos, por tudo que já vivemos e por tudo que ainda vamos viver.

A porta da verdade estava aberta,
mas só deixava passar
meia pessoa de cada vez.
Assim não era possível atingir toda a verdade,
porque a meia pessoa que entrava
só trazia o perfil de meia verdade.
E sua segunda metade
voltava igualmente com meio perfil.
E os dois meios perfis não coincidiam.
Arrebentaram a porta. Derrubaram a porta.
Chegaram a um lugar luminoso
onde a verdade esplendia seus fogos.
Era dividida em duas metades,
diferentes uma da outra.
Chegou-se a discutir qual a metade mais bela.
As duas eram totalmente belas.
Mas carecia optar. Cada um optou conforme
seu capricho, sua ilusão, sua miopia.

(Carlos Drummond de Andrade)

A lie ain't a side of the story; it's just a lie
(The Wire)

SUMÁRIO

PREFÁCIO
Gustavo Binenbojm 15

APRESENTAÇÃO
EM BUSCA DA VERDADE POSSÍVEL
Luís Roberto Barroso 19
I.   A Autora e sua obra 19
II.   Internet, mídias sociais e desinformação 21
III. Conclusão: os ciclos da vida 22

INTRODUÇÃO 25
       Objeto e objetivo do livro...31
       Direito concorrencial, privacidade e liberdade de expressão 38
       Estrutura 41

CAPÍTULO 1
A LIBERDADE DE EXPRESSÃO EM SUA CONCEPÇÃO TRADICIONAL: A TEORIA, O DIREITO INTERNACIONAL E O ORDENAMENTO JURÍDICO BRASILEIRO 45
1.1   A teoria 45
1.1.1 A busca da verdade 46
1.1.2 A garantia da dignidade humana e da autonomia individual 51
1.1.3 A realização da democracia 53
1.1.4 A regulação da infraestrutura de comunicação 58
1.2   O Direito internacional 65
1.3   O ordenamento jurídico brasileiro: a Constituição, o Supremo Tribunal Federal e os Tribunais Estaduais 73

CAPÍTULO 2
O NOVO CENÁRIO DA LIBERDADE DE EXPRESSÃO: A ERA DAS PLATAFORMAS DIGITAIS 91
2.1   A privatização da liberdade de expressão 96

2.2	O risco de potencialização da censura estatal	99
2.3	Novas formas de censura: o uso do discurso como arma	103
2.4	A ascensão do ciberpopulismo	112
2.5	A transnacionalização da liberdade de expressão	117
2.6	Estudo de caso: o inquérito das fake news	119
2.6.1	Instauração do inquérito	119
2.6.2	Evolução do inquérito e pedido de desistência do partido político autor da ação	124
2.6.3	Validação da continuidade do Inquérito pelo plenário do STF	125
2.6.4	Prisão do Deputado Federal Daniel Silveira	129
2.6.5	O Tribunal Superior Eleitoral e a inclusão do Presidente Jair Bolsonaro como investigado	130
2.6.6	A prisão de Roberto Jefferson	132

CAPÍTULO 3
OS IMPACTOS DA ERA DIGITAL SOBRE A REGULAÇÃO DA LIBERDADE DE EXPRESSÃO 135

CAPÍTULO 4
ESTUDO COMPARADO: INICIATIVAS REGULATÓRIAS EXISTENTES 147

4.1	Brasil	147
4.1.1	Marco Civil da Internet	147
4.1.1.1	Discussões sobre a constitucionalidade do art. 19	154
4.1.2	PL nº 2.630/2020	158
4.2	Estados Unidos	173
4.3	União Europeia	176
4.3.1	Diretiva sobre o Comércio Eletrônico (Diretiva nº 2000/31)	176
4.3.2	Diretiva de Direitos Autorais	180
4.3.3	Digital Services Act (DSA)	182
4.4	Alemanha	194
4.5	Reino Unido	199
4.6	Canadá	200
4.7	Iniciativas de autorregulação	204
4.7.1	Código de Boas Práticas Contra Desinformação (Code of Practice on Disinformation)	204
4.7.2	Comitê de Supervisão do Facebook ("Facebook Oversight Board – FOB")	207

4.7.2.1 A decisão do Comitê sobre a suspensão, por prazo indefinido, do ex-presidente Donald Trump 211

CAPÍTULO 5
COMO REGULAR A LIBERDADE DE EXPRESSÃO NA ERA DIGITAL? 217
5.1 Regime de responsabilidade civil por publicações específicas de usuários..229
5.2 Limites procedimentais para a moderação de conteúdo com fundamento em termos e condições privados 238
5.2.1 Transparência 242
5.2.1.1 Transparência na aplicação dos termos de uso das plataformas......247
5.2.1.2 Transparência dos sistemas de recomendação 252
5.2.1.3 Transparência quanto à publicidade política..263
5.2.2 Devido processo legal e isonomia 272
5.3 Deveres mínimos para combater ou minimizar os impactos de conteúdo ilícito e/ou danoso..274
5.4 Quem fiscaliza o sistema de autorregulação regulada?....................282
5.5 O papel de instituições como o Comitê de Supervisão do Facebook..285
5.6 A regulação da infraestrutura da liberdade de expressão nas plataformas digitais..286

CONCLUSÃO..299

REFERÊNCIAS...309

PREFÁCIO

Luna van Brussel Barroso é uma das mais talentosas e competentes publicistas da nova geração formada pelo Programa de Pós-Graduação da Faculdade de Direito da Universidade do Estado do Rio de Janeiro (UERJ). Com a brilhante dissertação *"Liberdade de expressão e democracia na era digital"*, Luna obteve o honroso título de Mestre em Direito Público, aprovada com louvor e distinção por Banca da qual tive a honra de participar, na qualidade de orientador e presidente, ao lado dos ilustres professores Ronaldo Lemos (UERJ), Eduardo Mendonça (UniCEUB) e Paulo Barrozo (Boston College School of Law), que fizeram ainda questão de recomendar expressamente a publicação do trabalho. Amadurecido e lapidado pela autora, o texto vem agora a público, com o prestigioso selo da Editora Fórum, para o deleite da comunidade jurídica lusófona.

É conhecida a ideia de Thomas Hobbes sobre o *estado de natureza*, caracterizado pela ausência de leis e da autoridade estatal, no qual cada um estaria submetido apenas ao seu próprio julgamento. Segundo o filósofo inglês, tal estado seria equivalente a uma guerra permanente, de luta de todos contra todos, em que a vida se tornaria solitária, brutal e breve.[1] Esta talvez seja a metáfora mais poderosa de toda a história da filosofia política. Ironicamente, embora concebida no século XVII, ela parece mais atual do que nunca, servindo como uma luva para descrever as interações sociais no mundo digitalmente conectado de nossos dias.

O livro de Luna Barroso capta com rigor e argúcia como as novas formas de interação social propiciadas pelas novas tecnologias – em especial, a internet e as plataformas digitais – impactaram a vida das pessoas, colocando em xeque conquistas civilizatórias, como a democracia e a liberdade de expressão. Se antes o problema democrático era a escassez de meios de acesso à informação, pela concentração das narrativas nas mãos de poucos veículos de comunicação e atores sociais mais poderosos, hoje as redes sociais descentralizaram o debate público, pluralizaram as fontes, multiplicaram exponencialmente o volume e o acesso a informações, criando novas oportunidades, mas

---

[1] HOBBES, Thomas. *Leviathan or the Matter, Forme and Power of a Commonwealth Ecclesiasticall and Civil*, 1651.

também uma nova e complexa realidade. Com a lucidez e a clareza que permeiam todo o livro, a autora assim descreve os novos desafios trazidos pela era digital:

> No final do século XX e início do século XXI, a ascensão da internet pulverizou esse poder. Passamos de uma sociedade centralizada na impressão e em organizações, para uma sociedade descentralizada, operada por redes computacionais e plataformas digitais.[2] Com a internet, qualquer indivíduo passou a poder produzir e publicar conteúdo autoral ou de terceiros em escala global e todas as discussões políticas, sociais e culturais relevantes passaram a se desenrolar também (e talvez principalmente) nesse meio. Movimentos pró-democracia, como aqueles da Primavera Árabe, revelaram o potencial da internet para criar uma comunidade democrática global e permitir mobilizações mundiais contra governos autoritários e antiliberais. Após 2016, porém, à vista dos acontecimentos que estigmatizaram as eleições americanas e o referendo do *Brexit*, no Reino Unido, esse otimismo irrestrito deu lugar a preocupações crescentes relacionadas à proteção do processo democrático e dos direitos fundamentais, com questões como: (i) campanhas de desinformação em massa, inclusive com o engajamento de líderes eleitos, candidatos ou governos estrangeiros; (ii) microdirecionamento de propagandas eleitorais, com potencial de alterar resultados de eleições; e (iii) ataques antidemocráticos, discursos de ódio e proliferação de conteúdo ilícito. Verificou-se, ainda, que a percepção de descentralização do espaço público virtual desconsiderava o poder privado que poucas empresas exerciam sobre o debate público, através da moderação de conteúdo a partir de termos de uso privados. O incremento desse controle privado sobre a circulação de informações e opiniões, inclusive com decisões de plataformas digitais de banirem contas ou removerem posts de agentes políticos eleitos, desafiou em ampla medida a percepção da internet como um espaço livre e aberto.

Como assegurar o mínimo de coesão e cooperação necessárias para a vida em sociedade diante do risco representado pela proliferação espantosa de campanhas de desinformação e de movimentos extremistas que atacam o regime democrático e a dignidade das pessoas? Como lidar com o gigantismo de um fenômeno global, transnacional e que se desenvolve no espaço virtual de empresas privadas? Como os valores iluministas da modernidade podem sobreviver diante das forças do obscurantismo que ameaçam as conquistas da ciência e da

---

[2] ABBOUD, Georges; NERY JR., Nelson; e CAMPOS, Ricardo. *Fake news e regulação*. São Paulo: Thomson Reuters Brasil, 2020. p. 122.

racionalidade? Como evitar que o projeto de autogoverno coletivo seja minado por milícias digitais ou capturado por decisões autointeressadas de algumas poucas corporações privadas? Essas são, simplesmente, as grandes questões político-jurídicas do nosso tempo, que a obra de Luna Barroso procura endereçar com desassombro, informação qualificada e equilíbrio.

No itinerário de suas ideias, a autora não briga contra os fatos, nem intenta frear um processo que se sabe irreversível. Mas Luna tem ideias próprias e propõe um conjunto de iniciativas públicas e privadas de atualização das ferramentas tradicionais de regulação e governança com vistas a assegurar a integridade dos sistemas informacionais digitais, minimizando seus riscos e maximizando suas potencialidades para o bem-estar da sociedade. Em síntese, o livro aborda as seguintes vertentes de regulação das plataformas digitais:

> (i) leis *antitruste*, que buscam promover a concorrência e criar os incentivos mercadológicos para que as plataformas digitais ajam de forma alinhada aos interesses de usuários; (ii) leis de proteção à privacidade, que garantem aos usuários maior controle sobre os seus dados (inclusive para que possam migrar entre plataformas) e/ou limitam o potencial de direcionamento de conteúdo pelas plataformas; e, por fim, (iii) leis sobre responsabilização de intermediários pelo conteúdo postado por terceiros, que buscam instituir um modelo de responsabilidade civil que crie os incentivos adequados para que as plataformas promovam a liberdade de expressão, ao mesmo tempo em que combatem conteúdo ilícito/danoso.

A ideia central da proposta contida no livro é a de uma atuação concertada entre as plataformas digitais e os órgãos de supervisão, num desenho de *autorregulação regulada*. De um lado, deve haver espaço suficiente às empresas para a definição de suas políticas e termos de uso, concretizando, de maneira transparente, os valores consagrados internacionalmente para a proteção dos direitos humanos, respeitando os parâmetros de legalidade, legitimidade e proporcionalidade. De outro lado, caberá ao órgão de supervisão realizar uma espécie de *accountability* do sistema, verificando o cumprimento dos deveres de devido processo, transparência e proteção adequada a cargo das plataformas. Como ensina a autora sobre esse ponto, de forma lapidar:

> A regulação puramente estatal não é capaz de atender às demandas por conhecimento técnico específico, flexibilidade regulatória e monitoramento contínuo que se impõem sobre a regulação de plataformas

digitais. Ademais, a ampla divergência sobre qual conteúdo deve ser considerado ilícito para fins de remoção cria riscos reais de que governos possam se aproveitar dessas divergências para promover interesses antidemocráticos. A possibilidade de fiscalização pelo judiciário, por sua vez, apresenta riscos de decisões contraditórias e sem capacidade institucional para analisar as restrições técnicas do setor. Por isso, a fiscalização do funcionamento do sistema aqui proposto – tanto dos requisitos de transparência, devido processo legal e isonomia, quanto dos deveres mínimos para combater ou minimizar os impactos de conteúdo ilícito e/ou danoso – deve ser atribuída a um órgão especializado, com representação majoritária da sociedade civil.

É boa hora de encerrar este prefácio. Luna van Brussel Barroso foi uma das alunas mais brilhantes, comprometidas e focadas que tive a oportunidade de orientar. Como disse o professor Paulo Barrozo durante a Banca, na língua que adotou para sua atividade profissional: *"Luna is an old soul in a young scholar"*. De fato, chega a impressionar a maturidade intelectual da autora para lidar com temas tão complexos que se encontram na fronteira do conhecimento atual. Todas essas qualidades se traduziram na produção deste notável livro – atual, erudito, lúcido e criativo. Não creio ter lido nenhum texto em língua portuguesa mais interessante e instigante sobre a matéria.

Rio de Janeiro, março de 2022.

Gustavo Binenbojm
Professor Titular de Direito Administrativo da Faculdade de Direito da Universidade do Estado do Rio de Janeiro (UERJ).

APRESENTAÇÃO

EM BUSCA DA VERDADE POSSÍVEL

LUÍS ROBERTO BARROSO[3]

> *"Criam-se filhos para o mundo, para que brilhem com luz própria e iluminem os caminhos dos outros".*

I. A Autora e sua obra

Luna van Brussel Barroso, na flor da juventude, já tem uma significativa carreira acadêmica para exibir. Concluiu a graduação na prestigiosa Escola de Direito da Fundação Getulio Vargas do Rio de Janeiro (FGV Direito Rio), onde se formou *cum lauda*. Na sequência, obteve o título de Mestre em Direito pela Universidade do Estado do Rio de Janeiro (UERJ), em dissertação aprovada com distinção e louvor, com recomendação de publicação. Este livro é a materialização daquele estudo. Luna continuou sua trajetória acadêmica, tendo sido aprovada no igualmente prestigiado Programa de Pós-Graduação da Universidade de São Paulo (USP), onde cursa doutorado sob orientação do Professor Virgílio Afonso da Silva. Em contínua busca por excelência, Luna foi admitida, no início de 2022, nos Programas de *Master of Laws (LL.M)* de Yale e de Harvard, tendo sido obrigada a fazer uma escolha dramática,

---

[3] Professor Titular de Direito Constitucional da Universidade do Estado do Rio de Janeiro (UERJ). Ministro do Supremo Tribunal Federal.

que qualquer acadêmico de direito gostaria de fazer. Não é pouca coisa. E tudo em tempo relativamente curto.

Luna faz sua estreia na literatura jurídica nacional discutindo, pioneiramente, alguns dos grandes temas do direito contemporâneo, que sofrem o impacto da revolução tecnológica ou digital. E o faz com a maturidade dos veteranos, em um livro bem pensado, bem escrito e bem pesquisado. Em sua parte inicial, o trabalho recapitula, de forma didática e bem arrumada, a concepção tradicional da liberdade de expressão, desde o tempo em que o único inimigo a temer era o próprio Estado. Só essa parte já valeria a leitura. Em seguida, porém, a autora expõe, com base em investigação ampla e *insights* valiosos, o novo cenário da liberdade de expressão no mundo, com o advento das plataformas tecnológicas. E, após a análise das experiências legislativas brasileiras e de direito comparado, traz sua contribuição importante sobre o melhor modelo para sua proteção na era digital. O texto procura conciliar, na justa medida, ousadias e prudências: o reconhecimento da necessidade de regulação das mídias sociais e as cautelas necessárias para a proteção da liberdade de manifestação do pensamento, um direito sempre sob risco na experiência histórica brasileira. Em suas palavras:

> Nesse contexto, o *objeto* do presente livro é a regulação da liberdade de expressão nas plataformas digitais, e o *objetivo* é entender como o escopo desse direito fundamental é afetado pela Era Digital, para então propor uma estrutura regulatória capaz de endereçar esses novos desafios. Pretende-se, assim, contribuir para o desenvolvimento de um modelo de regulação da liberdade de expressão na internet capaz de minimizar os novos riscos de censura – sejam eles privados ou estatais – e impedir a apropriação desse direito fundamental para promover ataques à democracia e disseminar desinformação.

Nos diferentes capítulos, Luna trata de algumas das questões mais complexas do constitucionalismo contemporâneo, no subtema do constitucionalismo digital. Herdeiro das revoluções liberais, o constitucionalismo se funda em três ideias essenciais: limitação do poder, Estado de direito e respeito aos direitos fundamentais. Os três conceitos se destinam, em última análise, à contenção do arbítrio *estatal*. A novidade que Luna procura equacionar no presente trabalho é o surgimento de uma esfera pública na qual o protagonista já não é apenas o Estado, mas também empresas privadas que se tornaram, do ponto de vista do poder econômico e da influência sobre as pessoas, mais poderosas do que muitos países. Ou seja: os riscos de abuso, agora, podem ter origem estatal ou privada. O que se tem denominado de constitucionalismo digital consiste em submeter ao filtro dos princípios e regras da Constituição – *e.g.* liberdade de expressão, livre iniciativa, direito de privacidade, proteção contra o abuso do poder econômico – realidades que impactam diferentes ramos do Direito, em matéria de autonomia da vontade, contratos, direitos autorais, responsabilidade civil e propriedade intelectual, entre outras.

II. Internet, mídias sociais e desinformação

Faço algumas reflexões sobre o tema, beneficiando-me, confessadamente, das informações e ideias trazidas por Luna neste livro. A internet revolucionou o mundo da comunicação social e interpessoal. De fato, ela democratizou o acesso à informação, ao conhecimento e ao espaço público. Nos dias de hoje, qualquer pessoa pode falar para bilhões de outras por alguma rede social – se vai conseguir atenção é outra história. Antes do advento da internet, a transmissão de notícias, ideias e opiniões passava pela intermediação dos meios de comunicação tradicionais, como televisão, rádio e imprensa. Apesar de existirem problemas nesse modelo – número limitado de veículos, interesses dos proprietários, seletividade dos fatos –, havia um controle editorial mínimo, pelos critérios da técnica e da ética jornalística. A revolução digital trouxe, como subproduto indesejável, a criação de espaços para a circulação de desinformação, mentiras ardilosas, discursos de ódio e teorias conspiratórias.

Com a internet, surgem as plataformas tecnológicas, os aplicativos de mensagens e as ferramentas de busca, que se tornaram as principais fontes de informação da população em geral. A percepção inicial de que a internet deveria ser "livre, aberta e não regulada" cedeu lugar à necessidade imperiosa de regulá-la em planos diversos: *econômico*, para coibir a dominação de mercados, proteger direitos autorais e tributar com proporcionalidade; *privacidade*, para impedir o uso indevido de dados e informações pessoais pelas plataformas; e *controle de comportamentos inautênticos e de conteúdos*, para impedir a amplificação de notícias falsas (*e.g.* uso de robôs, perfis falsos e *trolls*), a prática de crimes (*e.g.* apologia ao nazismo, terrorismo e ataques à democracia) e a difusão de desinformação lesiva à sociedade (*e.g.* propaganda de medicamentos ineficazes ou perigosos, dados falsos sobre riscos da vacinação e discursos anticientíficos que tragam risco para as pessoas).

É particularmente nesse último plano – comportamentos inautênticos e desinformação – que se encontra a valiosa contribuição de Luna para o tema, ao identificar os melhores modelos de regulação das mídias sociais e os critérios que devem adotar na moderação de conteúdos e na responsabilização das plataformas.

Numa democracia, a verdade é plural e não tem dono. Mas a mentira deliberada tem e precisa ser combatida. A democracia constitucional precisa de proteção contra as milícias digitais, o terrorismo moral e os traficantes de notícias falsas. O falseamento da realidade, em função de interesses variados – ideológicos, eleitorais ou financeiros, entre outros – é um dos descaminhos do nosso tempo. Um desencontro ético e civilizatório. O presente livro oferece um roteiro bem traçado para, no mundo da pós-verdade e dos fatos alternativos, alcançar com equilíbrio a verdade possível.

III. Conclusão: os ciclos da vida

Sou professor de Direito Constitucional da Universidade do Estado do Rio de Janeiro (UERJ) há quase quarenta anos. Já vi muita coisa ao longo do caminho. A duradoura trajetória inclui o esforço para empurrar a ditadura para a margem da história, o nascimento da nova Constituição e a construção de instituições democráticas em um país e em um continente onde elas nunca haviam se consolidado integralmente. Aliás, ainda hoje trata-se de uma aventura em curso. Na vida acadêmica, participei, sob a liderança do saudoso professor Ricardo Lobo Torres e ao lado do estimado professor Paulo Galvão, da criação do mestrado e do doutorado em Direito Público, no Programa de Pós-Graduação da UERJ. Por aqui passaram algumas estrelas do pensamento constitucional contemporâneo, que incluem os hoje colegas de magistério Daniel Sarmento, Ana Paula de Barcellos, Jane Reis, Alexandre Aragão, Rodrigo Brandão, Patrícia Perrone Campos Mello e Eduardo Mendonça, em meio a muitos outros. E, também, Gustavo Binenbojm, sob cuja orientação inspiradora Luna desenvolveu este trabalho. É afetivamente muito significativo para mim o fato de que eu mesmo fui, tempos atrás, o orientador de mestrado e de doutorado de Gustavo.

Considerava que a história já tinha sido suficientemente generosa ao me propiciar fazer parte da formação desses e de outros nomes notáveis da nova geração do direito público brasileiro. Eis que a vida, já se aproximando o meu outono, proporcionou-me a alegria que aqui procuro converter em palavras: a de ter sido professor de Luna no âmbito do nosso Programa e de poder fazer a apresentação do seu primeiro livro. Faço o registro, desde logo, de que ela foi aprovada para ingresso no mestrado nos primeiros lugares, em prova desidentificada, ministrada por banca da qual não participei. Aliás, o caráter imparcial e absolutamente republicano do nosso processo de seleção vem nos permitindo recrutar grandes talentos de todo o Brasil. Combinando cotas sociais, raciais e mérito, temos procurado ser, ao longo dos anos, a mudança de paradigma que desejamos para o país.

E, então, aqui estou eu, em busca das palavras que expressem o conjunto de sentimentos que me dominam nesse momento de felicidade e de realização profunda. Poucas coisas nesta vida poderiam parecer mais óbvias do que um pai elogiando o trabalho de sua filha. É quase uma lei natural do universo. Ainda assim, não é nessa condição que ocupo estas páginas. Estou aqui como um velho professor que pela vida afora fez a apresentação de livros dos seus discípulos. Inclusive a de todos os nomes que mencionei em linhas anteriores. A única diferença, no caso específico da autora deste trabalho, é ser um professor que tem procurado cumprir bem esse papel desde o Jardim de Infância, e que acompanhou cada passo da formação da aluna. Professores de verdade não formam seguidores, mas pensadores independentes, críticos e criativos, que desenvolvem ideias próprias. Cabe a eles preparar, com esmero e desapego, aqueles que os sucederão, que serão melhores e irão mais longe. Não foi diferente aqui.

Ah, sim, uma última anotação: senti-me à vontade para dar o depoimento que aqui presto sobre a autora e seu livro por uma razão que neutraliza qualquer veleidade pessoal: a maior parte das virtudes de Luna foram herdadas da mãe, nossa amada Tereza, que ilumina os caminhos dela e do seu irmão Bernardo, assim como os meus.

Brasília, 20 de março de 2022.

Luís Roberto Barroso
Professor Titular de Direito Constitucional da Faculdade de Direito da Universidade do Estado do Rio de Janeiro (UERJ). Ministro do Supremo Tribunal Federal.

INTRODUÇÃO[1]

Os avanços tecnológicos experimentados nas últimas décadas trouxeram inúmeras perspectivas e possibilidades. Segundo Klaus Schwab, fundador do Fórum Econômico Mundial, estamos na iminência de uma Quarta Revolução Industrial, propiciada por uma revolução tecnológica que alterará fundamentalmente a forma como moramos, trabalhamos e nos relacionamos.[2] A Terceira Revolução Industrial, iniciada na metade para o final do século XX e estendendo-se até os dias de hoje, caracterizou-se pelo avanço da indústria eletrônica, dos grandes computadores e pela substituição da tecnologia analógica pela digital. Na Quarta Revolução Industrial, prevê-se que a incorporação dessas tecnologias digitais aos mais diversos aspectos da vida cotidiana obscurecerá a separação entre os meios físicos, digitais e biológicos. Ela é diferente das anteriores em escala, escopo e complexidade: (i) a velocidade exponencial das novas descobertas e avanços não tem precedentes históricos; (ii) a revolução tecnológica tem impacto disruptivo sobre quase todas as indústrias em quase todos os países; e (iii) a profundidade e extensão de todas essas mudanças têm o potencial de transformar sistemas inteiros de produção, gestão e governança.[3]

---

[1] Parte desta introdução corresponde ao Prefácio elaborado por mim, em coautoria com Luís Roberto Barroso, para o livro: ABBOUD, Georges; NERY JÚNIOR, Nelson; CAMPOS, Ricardo. *Fake news e regulação*. São Paulo: Thomson Reuters Brasil, 2021.

[2] SCHWAB, Klaus. The Fourth Industrial Revolution: what it means, how to respond. *World Economic Forum*, 14 jan. 2016. Disponível em: https://www.weforum.org/agenda/2016/01/the-fourth-industrial-revolution-what-it-means-and-how-to-respond/. Acesso em 20 mai. 2021.

[3] SCHWAB, Klaus. The Fourth Industrial Revolution: what it means, how to respond. *World Economic Forum*, 14 jan. 2016. Disponível em: https://www.weforum.org/agenda/2016/01/the-fourth-industrial-revolution-what-it-means-and-how-to-respond/. Acesso em 20 mai. 2021.

As plataformas digitais e as redes sociais são exemplos emblemáticos desse ambiente de profunda e constante transformação. No século XIX, a esfera pública se desenrolava em cafés e praças, onde as pessoas se encontravam para discutir temas de política e cultura.[4] No pós-guerra, em organizações jornalísticas que controlavam os jornais, rádios e canais de televisão. A participação no debate público dependia de investimentos financeiros e de disputas de meios escassos (por exemplo, o canal da televisão e a frequência da rádio), limitando-se aos poucos atores com acesso a essa infraestrutura. No final do século XX e início do século XXI, a ascensão da internet pulverizou esse poder. Passamos de uma sociedade centralizada na impressão e em organizações, para uma sociedade descentralizada, operada por redes computacionais e plataformas digitais.[5] Com a internet, qualquer indivíduo passou a poder produzir e publicar conteúdo autoral ou de terceiros em escala global e todas as discussões políticas, sociais e culturais relevantes passaram a se desenrolar também (e, talvez, principalmente) nesse meio. Movimentos pró-democracia, como aqueles da Primavera Árabe, revelaram o potencial da internet para criar uma comunidade democrática global e permitir mobilizações mundiais contra governos autoritários e antiliberais.

Após 2016, porém, à vista dos acontecimentos que estigmatizaram as eleições americanas e o referendo do *Brexit,* no Reino Unido, esse otimismo irrestrito deu lugar a preocupações crescentes relacionadas à proteção do processo democrático e dos direitos fundamentais, com questões como: (i) campanhas de desinformação em massa, inclusive com o engajamento de líderes eleitos, candidatos ou governos estrangeiros; (ii) microdirecionamento de propagandas eleitorais, com potencial de alterar resultados de eleições; e (iii) ataques antidemocráticos, discursos de ódio e proliferação de conteúdo ilícito.

Verificou-se, ainda, que a percepção de descentralização do espaço público virtual desconsiderava o poder privado que poucas empresas exerciam sobre o debate público, através da moderação de conteúdo a partir de termos de uso privados. O incremento desse controle privado sobre a circulação de informações e opiniões, inclusive com decisões de plataformas digitais de banirem contas ou removerem posts de agentes políticos eleitos, desafiou em ampla medida a percepção da internet

---

[4] ABBOUD, Georges; NERY JÚNIOR, Nelson; CAMPOS, Ricardo. *Fake news e regulação.* São Paulo: Thomson Reuters Brasil, 2021. p. 11.

[5] ABBOUD, Georges; NERY JÚNIOR, Nelson; CAMPOS, Ricardo. *Fake news e regulação.* São Paulo: Thomson Reuters Brasil, 2021. p. 122.

como um espaço livre e aberto. E a aplicação de termos de uso privados em nível mundial contrastou com as limitações territoriais de decisões judiciais nacionais. Limitados em seu poder, juízes e tribunais passaram a determinar o bloqueio e a suspensão de contas e/ou de conteúdo em nível global, ameaçando o exercício da liberdade de expressão.

No âmbito do denominado *Inquérito das Fake News*, conduzido pelo Supremo Tribunal Federal, noticia-se que milícias digitais se organizam para proferir ataques coordenados a opositores e críticos do Governo Federal e disseminar desinformação. No âmbito do Tribunal de Contas da União, apura-se a destinação de verbas públicas federais para *sites* que propagam notícias fraudulentas.[6] No Tribunal Superior Eleitoral, investiga-se chapa vencedora nas eleições de 2018, que supostamente teria sido beneficiada pela contratação de empresas de disparos de mensagens de WhatsApp para atacar adversários e promover candidatos.[7] Relatório produzido no âmbito da CPMI das Fake News identificou mais de 2 milhões de anúncios pagos com verbas públicas em sites, aplicativos de celular e canais do YouTube, com conteúdo considerado inadequado,[8] inclusive veiculando ataques antidemocráticos e notícias fraudulentas.

Em paralelo, as redes sociais e plataformas limitam o discurso publicado por usuários de acordo com termos e condições privados, de modo que surge também uma preocupação com a censura realizada por empresas de tecnologia, que atuam em prol de interesses econômicos próprios. A remoção recente de publicações e o bloqueio ou a exclusão de contas de figuras públicas e agentes eleitos têm trazido essa preocupação para o centro do debate público. A título de exemplo, o Presidente Jair Bolsonaro apresentou medida provisória e, na sequência, projeto de lei que, a pretexto de regulamentar o Marco Civil, busca impedir que redes sociais moderem conteúdo sem decisão judicial prévia.[9]

---

[6] PIRES, Breiller. TCU suspende anúncios do Banco do Brasil em sites de notícias falsas. *El País*, 27 mai. 2020. Disponível em: https://brasil.elpais.com/brasil/2020-05-28/tcu-suspende-anuncios-do-banco-do-brasil-em-sites-de-noticias-falsas.html. Acesso em 27 set. 2021.

[7] Cf.: Entenda por que a ação do Facebook ameaça Bolsonaro no Judiciário. *O Globo*, 11 jul. 2020. Disponível em: https://oglobo.globo.com/brasil/entenda-por-que-acao-do-facebook-ameaca-bolsonaro-no-judiciario-1-24527697. Acesso em 20 mai. 2021.

[8] Cf.: CPMI das Fake News identifica 2 milhões de anúncios da Secom em canais de 'conteúdo inadequado' em só 38 dias. *O Globo*, 02 jun. 2020. Disponível em: https://blogs.oglobo.globo.com/sonar-a-escuta-das-redes/post/cpmi-das-fake-news-identifica-2-milhoes-de-anuncios-da-secom-em-canais-de-conteudo-inadequado-em-so-38-dias.html. Acesso em 20 mai. 2021.

[9] Cf.: Bolsonaro edita MP que limita remoção de conteúdo das redes sociais. *G1*, 06 set. 2021. Disponível em: https://g1.globo.com/politica/noticia/2021/09/06/bolsonaro-edita-mp-que-limita-remocao-de-conteudos-nas-redes-sociais.ghtml. Acesso em 06 set. 2021; e Governo

Como se vê, os exemplos se acumulam e suscitam algumas das grandes questões que permeiam o exercício da liberdade de expressão e o fortalecimento da democracia na Era Digital. Todos os dias, plataformas como Facebook, Twitter e Instagram realizam uma ponderação entre esse direito fundamental e outros importantes valores sociais, como o combate a conteúdo ilícito, à desinformação, ao discurso de ódio, aos ataques à democracia. Também têm que responder a ordens de censura provenientes de governos nacionais. Ao mesmo tempo, utilizam algoritmos cujo objetivo é maximizar o tempo de usuários na plataforma, para aumentar os lucros com anúncios. O resultado, segundo alguns, é a amplificação de discursos ilícitos e danosos. Nesse cenário, alguns acusam as plataformas digitais de fazerem pouco para combater discurso abusivo e de potencializarem os seus danos; outros, acusam-nas de remoção de conteúdo em excesso, atuando como árbitros da verdade e implementando uma modalidade de censura privada.

Na tentativa de endereçar esses problemas, as *big tech*[10] têm sido alvos de propostas e iniciativas regulatórias variadas em todo o mundo. No Brasil, verifica-se também uma proliferação de ordens judiciais determinando a plataformas privadas que: (i) restabeleçam conteúdo de usuários removido com fundamento em Termos de Uso previamente aceitos; ou (ii) removam publicações ou bloqueiem contas – inclusive em nível mundial – por propagação de notícias fraudulentas ou ataques antidemocráticos, ainda que sem uma definição clara dessas categorias de discurso. Essa ofensiva mundial contra as empresas de tecnologia tem sido chamada de *techlash*, anglicismo que identifica "a crescente animosidade contra as empresas de big tech e a objeção generalizada à inovação, que enseja o apoio público a políticas expressamente desenhadas para coibi-la".[11] O termo é a combinação do radical de *technology*, com a parte final do termo *backlash*, usado em inglês para designar uma forte e difundida reação adversa a determinado desenvolvimento, especialmente social ou político.

---

anuncia envio ao Congresso de projeto sobre mesmo tema de MP devolvida por Pacheco. *G1*, 19 set. 2021. Disponível em: https://g1.globo.com/politica/noticia/2021/09/19/governo-anuncia-envio-ao-congresso-de-projeto-sobre-mesmo-tema-de-mp-devolvida-por-pacheco.ghtml. Acesso em 19 set. 2021.

[10] Trata-se de nome atribuído às cinco maiores empresas do campo da tecnologia de informação: (i) Google; (ii) Apple; (iii) Facebook; (iv) Amazon; e (v) Microsoft.

[11] ATKINSON, Robert D. *et al*. A Policymaker's Guide to the "Techlash" – What It Is and Why It's a Threat to Growth and Progress. *Information Technology & Innovation Foundation*, 28 oct. 2019. Disponível em: https://itif.org/publications/2019/10/28/policymakers-guide-techlash. Acesso em 19 mai. 2021.

É inequívoco, portanto, que a tecnologia da informação vive um momento decisivo no Brasil e no mundo, no qual se procura promover o exercício da liberdade de expressão e a proteção da democracia, sem, contudo, inviabilizar modelos de negócios legítimos ou retirar da internet as suas características principais de abertura, descentralização e alcance mundial. Para tanto, é preciso definir o papel que cabe ao Estado e o papel que cabe às plataformas, por meio de um arranjo que equilibre interesses e não atribua a nenhum deles poder excessivo para regular o discurso.

A importância e a urgência dessa discussão têm sido destacadas em diversas democracias. A título de exemplo, o Min. Edson Fachin, em voto proferido no âmbito do Inquérito das Fake News, observou que "os limites *à* liberdade de expressão estão em constante conformação e, penso, demandarão ainda reflexão do Poder Legislativo e do Poder Judiciário e, especialmente, dessa Corte, no tocante ao que se denomina atualmente de 'fake news'". Nos Estados Unidos, no julgamento do caso Packingham *vs*. North Carolina, a Suprema Corte americana destacou que as redes sociais se tornaram "para muitos, a principal fonte de acesso *às* discussões atuais, a oportunidades de emprego, de falar e de ouvir no espaço público moderno, e, de forma geral, de explorar os campos férteis de conhecimento e pensamento humano".[12] Portanto,

> se, no passado, havia alguma dificuldade para se identificar os espaços mais importantes (no sentido espacial) para a troca de ideias, hoje a resposta *é* clara. É o ciberespaço – os 'vastos fóruns democráticos da internet' no geral, Reno v. American Civil Liberties Union, 521 U.S. 844, 868 (1997), e as redes sociais em particular.[13]

Em voto recentemente proferido no caso Joseph R. Biden, Jr., President of the United States *vs.* Knight First Amendment Institute at

---

[12] No original: "Social media allows users to gain access to information and communicate with one another on any subject that might come to mind. With one broad stroke, North Carolina bars access to what for many are the principal sources for knowing current events, checking ads for employment, speaking and listening in the modern public square, and otherwise exploring the vast realms of human thought and knowledge. (...) A fundamental principle of the First Amendment is that all persons have access to places where they can speak and listen, and then, after reflection, speak and listen once more". (*Packingham v. North Carolina*, 582 U.S. (2017).

[13] No original: "While in the past there may have been difficulty in identifying the most important places (in a spatial sense) for the exchange of views, today the answer is clear. It is cyberspace—the "vast democratic forums of the Internet" in general, *Reno* v. *American Civil Liberties Union*, 521 U. S. 844, 868 (1997), and social media in particular" (*Packingham v. North Carolina*, 582 U.S. (2017).

Columbia University, et al., o Justice Clarence Thomas também destacou que "aplicar doutrinas antigas a novas plataformas digitais raramente *é* uma tarefa banal",[14] e reconheceu que, embora as plataformas digitais sejam um importante meio para permitir o discurso em quantidades inéditas, também exercem um controle privado igualmente inédito sobre ele. Por isso, "em breve, nós não teremos alternativa, senão enfrentar como as nossas doutrinas jurídicas se aplicam a infraestruturas informacionais tão altamente concentradas e privadamente controladas, como as plataformas digitais".[15]

Na Itália, no caso CasaPound *vs.* Facebook, o Tribunal de Roma considerou que o Facebook assumiu um poder de fato de controle sobre a participação política. Nesse contexto, além dos deveres contratuais decorrentes dos Termos de Uso da plataforma, também estaria vinculado a obrigações derivadas de princípios constitucionais – uma espécie de aplicação horizontal de direitos fundamentais.[16] No entanto, a conclusão do Tribunal de Roma caminha em direção oposta à da lei alemã que regula o papel de plataformas digitais, conhecida como NetzDG, e que será analisada adiante. A referida lei, dentre outras previsões, obriga plataformas com mais de 2 milhões de usuários a removerem postagens que sejam "manifestamente ilegais" no prazo de 24h, sob pena de sanção em valor milionário em casos de violações sistêmicas.

Como se vê, há uma percepção global de que a teoria da liberdade de expressão tradicionalmente adotada pelas democracias mundiais não é capaz de equacionar esses novos desafios trazidos pela revolução digital. E no Brasil não é diferente. Os dispositivos constitucionais que tutelam esse direito fundamental consagram a livre manifestação do pensamento, vedando apenas o anonimato, e evidenciam uma escolha clara por meios de reparação *a posteriori* (direito de resposta e indenização por danos morais e/ou materiais), no lugar de qualquer tipo de censura prévia. Embora importantes, esses dispositivos e a jurisprudência

---

[14] No original: "applying old doctrines to new digital platforms is rarely straightforward" (Joseph R. Biden, Jr., President of the United States, et Al v. Knight First Amendment Institute at Columbia University, et al, 593 U.S. (2021).

[15] No original: "We will soon have no choice but to address how our legal doctrines apply to highly concentrated, privately owned information infrastructure such as digital platforms" (Joseph R. Biden, Jr., President of the United States, et Al v. Knight First Amendment Institute at Columbia University, et al, 593 U.S. (2021).

[16] Cf.: Facebook v. CasaPound. *Global Freedom of Expression – Columbia University*. Disponível em: https://globalfreedomofexpression.columbia.edu/cases/casapound-v-facebook/. Acesso em 19 mai. 2021.

nacional até aqui produzida não têm capacidade de resolver os novos desafios da liberdade de expressão.

Nesse contexto, o *objeto* do presente livro é a regulação da liberdade de expressão nas plataformas digitais, e o *objetivo* é entender como o escopo desse direito fundamental foi afetado pela Era Digital, para então propor uma estrutura regulatória capaz de endereçar esses novos desafios. Pretende-se, assim, contribuir para o desenvolvimento de um modelo de regulação da liberdade de expressão na internet capaz de minimizar os novos riscos de censura – sejam eles privados ou estatais – e impedir a apropriação desse direito fundamental para promover ataques à democracia e disseminar desinformação. De um lado, o livro tem a preocupação de reconhecer e reafirmar os benefícios e as potencialidades da internet, bem como a liberdade de iniciativa de empresas privadas que fornecem um serviço inovador e amplamente positivo – fatores frequentemente esquecidos nos embates políticos a favor de uma regulação abrangente das empresas de tecnologia. De outro, reconhece que as plataformas digitais, a despeito dos seus benefícios, também apresentam desafios próprios, que podem e devem ser endereçados pelas democracias contemporâneas, de forma proporcional e refletida.

Objeto e objetivo do livro

A internet é um meio de transmissão e disseminação de informação em rede, que oferece um espaço para colaboração e interação entre indivíduos, independentemente de localização geográfica.[17] Hoje, uma infraestrutura de informação altamente disseminada, a internet começou como um projeto de pesquisa militar no contexto da Guerra Fria, em 1962, no âmbito da Agência de Projetos de Pesquisa Avançados do Departamento de Defesa Norte-Americano. O objetivo era desenvolver uma rede que permitisse a conexão em nível global de um conjunto de dispositivos.[18] Até então, as comunicações pela rede dependiam de um único servidor central que interligava diretamente todas as pontas de comunicação (*circuit-switched network*), o que limitava significativamente o seu alcance. A ideia revolucionária da ARPANet era desenvolver um

---

[17] LEINER, Barry M. *et al. A brief history of the internet.* 23 jan. 1999. Disponível em: https://arxiv.org/html/cs/9901011?. Acesso em 19 mai. 2021.

[18] KELLER, Clara Iglesias. *Regulação nacional de serviços na Internet*: exceção, legitimidade e o papel do Estado. Tese (Doutorado), Universidade do Estado do Rio de Janeiro, Rio de Janeiro, 2019. p. 35-38.

mecanismo que descentralizasse a conexão desse servidor e permitisse o uso e a integração de diferentes redes independentes para transmissão de informações – o que aumentaria o seu alcance e eficiência, e permitiria o seu funcionamento, independentemente de eventual bombardeio do servidor central durante a Guerra Fria.

Para tanto, pretendia-se progredir para um sistema denominado "packet-switched network", em que a informação transmitida seria quebrada em pequenos "pacotes de dados",[19] com potencial de trafegar por redes diversas até chegar ao seu destino. Eles funcionavam como envelopes ("packets"), que continham o conteúdo a ser transmitido pela rede – vídeo, áudio, imagem, texto –, e indicavam, em sua parte externa, o destinatário. Para interconexão entre redes variadas, desenvolveu-se um protocolo integrado denominado "Internet Protocol" ou "IP", "que consiste no conjunto de padrões técnicos que permite enviar pacotes de dados através de redes diversas".[20] A partir do endereçamento em cada envelope, o protocolo de IP define o caminho a ser percorrido pelo pacote de dados até que chegue ao seu destino.[21] Assim, permitiu-se que cada usuário acessasse a internet por meio de uma rede específica, que então se conectaria a todas as demais por um protocolo integrado, atribuindo a ela alcance global.[22] A internet tornou-se, assim, a "rede das redes",[23] um sistema global de redes autônomas, interconectadas entre si por meio de protocolos compartilhados.[24]

Desde a sua origem, foi impulsionada pelos objetivos de abertura e descentralização – a ideia era que qualquer dispositivo pudesse se

---

[19] LEINER, Barry M. et al. *A brief history of the internet*. 23 jan. 1999. Disponível em: https://arxiv.org/html/cs/9901011?. Acesso em 19 mai. 2021.

[20] SOUZA, Carlos Affonso Pereira, LEMOS, Robaldo. *Marco Civil da Internet – construção e aplicação*. Juiz de Fora: Editar Editora Associada, 2016. p. 110. Disponível em: https://itsrio.org/wp-content/uploads/2017/02/marco_civil_construcao_aplicacao.pdf. Acesso em 27 jun. 2021.

[21] SOUZA, Carlos Affonso Pereira, LEMOS, Robaldo. *Marco Civil da Internet – construção e aplicação*. Juiz de Fora: Editar Editora Associada, 2016. p. 110. Disponível em: https://itsrio.org/wp-content/uploads/2017/02/marco_civil_construcao_aplicacao.pdf. Acesso em 27 jun. 2021.

[22] KELLER, Clara Iglesias. *Regulação nacional de serviços na Internet*: exceção, legitimidade e o papel do Estado. Tese (Doutorado), Universidade do Estado do Rio de Janeiro, Rio de Janeiro, 2019. p. 40.

[23] KELLER, Clara Iglesias. *Regulação nacional de serviços na Internet*: exceção, legitimidade e o papel do Estado. Tese (Doutorado), Universidade do Estado do Rio de Janeiro, Rio de Janeiro, 2019. p. 40.

[24] MAGARIAN, Gregory P. The Internet and Social Media. *In*: STONE, Adrienne; SCHAUER, Frederick (Eds.). *Freedom of Speech*. United Kingdom: Oxford University Press, 2021. p. 350-368; e Internet. *Techterms.com*. Disponível em: https://techterms.com/definition/internet. Acesso em 01 mai. 2021.

conectar a ela e trocar dados com qualquer outro dispositivo apto a recebê-los, bem como criar um espaço para que qualquer usuário oferecesse novos produtos, serviços e conteúdo.[25] O uso do protocolo de IP, por sua vez, permitiu a descentralização de qualquer sistema controlador central, garantindo a integração em nível mundial. Com o advento dos *smartphones*, a escala da comunicação realizada pela internet aumentou exponencialmente: por meio de redes sociais disponíveis em aparelhos portáteis, qualquer usuário pode disponibilizar conteúdo para qualquer outro usuário, seja de forma seletiva (por meio de comunicações privadas, como *e-mail* e *WhatsApp*), seja de forma mais ampla (por comunicações públicas, como redes sociais).[26] Considerando o acesso irrestrito à internet, qualquer um pode acessar informações oriundas de qualquer lugar do mundo, o que confere à rede a sua dimensão transnacional.

Essa breve exposição evidencia as características estruturais da internet – de abertura, descentralização e alcance global. Como intuitivo, os instrumentos de regulação desse espaço virtual diferem daqueles pertinentes ao mundo físico. Lawrence Lessig, em trabalho clássico sobre o tema, identificou quatro modalidades de conformação do comportamento no ciberespaço: (i) leis; (ii) normas sociais; (iii) mercado; e (iv) código.[27]

As *leis vigentes* o fazem ao impor condutas ou abstenções aos usuários, sob ameaça de responsabilização posterior. Aqui, incluem-se leis como aquelas sobre direitos autorais, difamação, proteção à criança e ao adolescente, e comercialização de drogas. As *normas sociais* de determinada comunidade digital também conformam o comportamento de usuários, embora a consequência de seu descumprimento não esteja centralizada no Estado, mas em alguma responsabilização social. Por exemplo, se um usuário postar conteúdo contrário ao aborto em uma página que defenda a legalização da prática, ele poderá ser bloqueado ou banido pelos controladores das páginas e/ou grupos, ainda que a sua conduta não viole nenhuma lei vigente ou os termos e condições

---

[25] KELLER, Clara Iglesias. *Regulação nacional de serviços na Internet*: exceção, legitimidade e o papel do Estado. Tese (Doutorado), Universidade do Estado do Rio de Janeiro, Rio de Janeiro, 2019. p. 40.
[26] MAGARIAN, Gregory P. The Internet and Social Media. *In*: STONE, Adrienne; SCHAUER, Frederick (Eds.). *Freedom of Speech*. United Kingdom: Oxford University Press, 2021. p. 350-368.
[27] LESSIG, Lawrence. The law of the horse: what cyberlaw might teach. *Harvard Law Review*, v. 113, p. 501-546, 1999. Disponível em: https://www.jstor.org/stable/1342331. Acesso em 05 mai. 2021.

da plataforma que hospeda o conteúdo. A terceira modalidade de regulação é o *mercado*: o preço e a disponibilidade definem *o quê* e *quanto* as pessoas vão consumir de determinado bem ou serviço. Assim, considerações sobre o preço da conexão, da mensalidade ou o custo de acesso a aplicativos na internet, bem como o direcionamento de publicidade a sites mais populares, que permitem o fornecimento gratuito ou a baixo custo, são exemplos de forças do mercado que influenciam comportamentos no ciberespaço.

Por fim, e de forma mais relevante para o presente livro, a quarta modalidade de regulação do comportamento é a *arquitetura* – também chamada de *código*. Trata-se do que a infraestrutura da internet – compreendida de forma ampla como o conjunto de softwares[28] e hardwares[29] que constituem o ciberespaço – permite que usuários façam nas redes. A diferença dessa modalidade de regulação para as demais decorre da dificuldade de burla às regras de código: salvo nos casos em que seja possível *hackeá-los* (e ainda assim esse comportamento será a exceção), no ciberespaço, só será possível fazer o que os códigos permitirem. Como são as empresas de tecnologia que controlam a arquitetura das plataformas digitais, isso significa que elas se colocam entre Estados e indivíduos na regulação da internet.[30] Portanto, o poder do Estado para regular comportamento pode ser potencializado ou reprimido pelo código controlado por empresas privadas. Ademais, as próprias empresas que controlam os códigos também se tornam agentes com capacidade de conformação de comportamento dos usuários,

---

[28] O conjunto de informações e dados que dizem a um computador como e o que operar. Os softwares podem ser divididos em: (i) software de programação, que são as ferramentas utilizadas para desenvolver novos softwares e programas; (ii) software de sistema, que envolvem o funcionamento do computador em si e atuam como uma plataforma para os softwares de aplicação – aqui, incluem-se sistemas operacionais, como o macOS, Microsoft Windows, Linux, Android; (iii) softwares de aplicação, que são os programas que usam os softwares de sistema para executar funções específicas e/ou de entretenimento direcionados aos usuários finais – aqui, incluem-se as plataformas digitais, o Microsoft Office, jogos, Web Browsers, como o Google Chrome, players de vídeo e de música, calculadoras, navegadores, etc.; e (iii) malware, que são os softwares desenvolvidos para atacar e prejudicar o funcionamento de computadores (GOGONI, Ronaldo. O que é software? *Tecnoblog*, 2020. Disponível em: https://tecnoblog.net/311647/o-que-e-software/. Acesso em 15 mai. 2021; e https://en.wikipedia.org/wiki/Software. Acesso em 15 mai. 2021).

[29] As partes físicas do computador, como processadores, HD, memória RAM, monitores, teclados, mouses, impressores, webcam.

[30] BALKIN, Jack M. Free speech in the algorithmic society: big data, private governance, and new school speech regulation. *University of California*, Davis, v. 51, p. 1149-1210, 2018. Disponível em: https://lawreview.law.ucdavis.edu/issues/51/3/Essays/51-3_Balkin.pdf. Acesso em 02 fev. 2020.

à luz de seus interesses privados e independentemente de qualquer intervenção estatal.

Ao contrário do que pregavam *slogans* ciberlibertários nos primeiros anos da internet, o ciberespaço não tem nenhuma natureza inerente que inviabilize a sua regulação.[31] Ele é conformado por códigos que são produtos de escolhas de *design* de agentes privados e de imposições legais sobre esses agentes. Assim, a principal questão regulatória no contexto do ciberespaço é compreender e administrar o poder do código e a sua influência sobre a regulação. A forma mais eficiente de regulação será diretamente pelo código ou indiretamente pela regulação das instituições que o desenham, para que alterem as suas características.[32]

Por todo o exposto até aqui, é possível constatar a complexidade do funcionamento da internet, que é composta por diferentes camadas.[33] Para fins do presente trabalho, identifica-se quatro delas. A *primeira*, é a de infraestrutura, que inclui todos os elementos físicos que promovem a conexão à rede – por exemplo, os cabos de fibra óptica, as estruturas das redes de telecomunicação e os *hardwares*, que são a parte física dos computadores ou dispositivos usados para acessar a internet.[34] A *segunda* camada é a do código em sentido estrito, que abarca todos os protocolos para o funcionamento da internet e a interoperabilidade de suas redes, incluindo os protocolos de IP e os padrões adotados para funcionamento da Rede Mundial de Computadores.[35] A *terceira* camada é a de aplicações, e inclui o conjunto de funcionalidades acessadas pelos usuários finais por meio de um terminal conectado à internet.[36] Aqui,

---

[31] LESSIG, Lawrence. The law of the horse: what cyberlaw might teach. *Harvard Law Review*, v. 113, p. 501-546, 1999. Disponível em: https://www.jstor.org/stable/1342331. Acesso em 05 mai. 2021.

[32] LESSIG, Lawrence. The law of the horse: what cyberlaw might teach. *Harvard Law Review*, v. 113, p. 501-546, 1999. Disponível em: https://www.jstor.org/stable/1342331. Acesso em 05 mai. 2021.

[33] KELLER, Clara Iglesias. *Regulação nacional de serviços na Internet*: exceção, legitimidade e o papel do Estado. Tese (Doutorado), Universidade do Estado do Rio de Janeiro, Rio de Janeiro, 2019. p. 29.

[34] KELLER, Clara Iglesias. *Regulação nacional de serviços na Internet*: exceção, legitimidade e o papel do Estado. Tese (Doutorado), Universidade do Estado do Rio de Janeiro, Rio de Janeiro, 2019. p. 29.

[35] KELLER, Clara Iglesias. *Regulação nacional de serviços na Internet*: exceção, legitimidade e o papel do Estado. Tese (Doutorado), Universidade do Estado do Rio de Janeiro, Rio de Janeiro, 2019. p. 29.

[36] CEROY, Frederico Meinberg. Os conceitos de provedores no marco Civil da Internet. *Migalhas*, 25 nov. 2014. Disponível em: https://www.migalhas.com.br/depeso/211753/os-conceitos-de-provedores-no-marco-civil-da-internet. Acesso em 19 mai. 2021.

incluem-se as plataformas digitais, como *WhatsApp, Facebook, Instagram, Twitter e Google Search*. Por fim, a *quarta* camada é a de conteúdo, que inclui as informações efetivamente enviadas ou compartilhadas na internet, como textos, imagens, vídeos e áudios.

Como natural, cada uma dessas camadas tem características próprias, com impactos diversos sobre pretensões regulatórias. O objetivo do presente livro é analisar a regulação da liberdade de expressão apenas nas terceira e quarta camadas da internet – de aplicação e conteúdo. Essa discussão é de extrema importância, porque, como antecipado, a internet oferece uma oportunidade inédita de realização e maximização dos benefícios sociais do exercício desse direito fundamental. Com ela, qualquer indivíduo previamente limitado à posição de destinatário passivo de informação agora pode falar para o mundo.[37] Ademais, as redes sociais, plataformas digitais e outras aplicações viabilizadas pela internet são "catalisadores da inovação e promovem um mundo vibrante, criativo e interativo",[38] inclusive culturalmente. A internet também contribuiu positivamente para o pluralismo político e para manifestações sociais e políticas ao redor do mundo, especialmente contra governos autoritários.[39] De outra ponta, porém, também pode potencializar os danos que o discurso abusivo causa a indivíduos e instituições.[40] Nesse contexto, o objetivo do presente livro é estudar o novo cenário da liberdade de expressão e discutir modelos de regulação para potencializar os aspectos positivos das plataformas digitais e minimizar os riscos.

Para tanto, é preciso definir de partida dois conceitos fundamentais. *Em primeiro lugar*, plataformas digitais são aqui compreendidas como as plataformas que operam aplicações para o compartilhamento de conteúdo pelo público em geral. Elas possuem quatro principais características: *(i)* são acessadas pela internet; *(ii)* possuem ao menos duas pontas, sendo uma delas aberta aos usuários, que podem ser simultaneamente criadores e consumidores de conteúdo; *(iii)* como

---

[37] *Reno vs. American Civil Liberties Union*, 521 US 844, 868 (1997).
[38] Cf.: Telecom Regulatory Policy CRTC 2016–496. *Canadian Radio-Television and Telecommunications Commission*, 21 December 2016. Disponível em: https://crtc.gc.ca/eng/archive/2016/2016-496.htm. Acesso em 28 jun. 2021.
[39] MAGARIAN, Gregory P. The Internet and Social Media. *In*: STONE, Adrienne; SCHAUER, Frederick (Eds.). *Freedom of Speech*. United Kingdom: Oxford University Press, 2021. p. 350-368.
[40] MAGARIAN, Gregory P. The Internet and Social Media. *In*: STONE, Adrienne; SCHAUER, Frederick (Eds.). *Freedom of Speech*. United Kingdom: Oxford University Press, 2021. p. 350-368.

regra, não exerçam controle editorial prévio sobre tudo o que é postado ou compartilhado pelos seus usuários; e *(iv)* se beneficiam de uma série de efeitos de rede, que podem levar à dominação de mercado.⁴¹ Em outras palavras, as plataformas digitais são provedores de serviços de hospedagem na internet, que armazenam e disseminam informações a pedido de usuários.⁴² Adotando-se essas definições, estão excluídas do escopo do presente trabalho as plataformas que oferecem conteúdo jornalístico ou editorial, ainda que publicados na internet, como *sites* de jornais. Tampouco estão incluídos serviços de e-mail ou de troca de mensagens privadas, que não divulgam informações ou conteúdo de forma pública.

As plataformas digitais são frequentemente chamadas também de intermediárias ou *gatekeepers*, já que: (i) se colocam como uma etapa indispensável entre o conteúdo e os usuários, fornecendo a plataforma necessária para disponibilização e acesso a conteúdo próprio ou de terceiros;⁴³ e (ii) se colocam entre Estados-nações e usuários, pois controlam os códigos e algoritmos necessários para regular comportamentos (incluindo a liberdade de expressão) na internet.⁴⁴

Em segundo lugar, a atividade de "moderação de conteúdo" é aqui definida como a atividade empreendida por essas plataformas digitais destinadas a deletar, identificar e combater conteúdo ilegal ou informação considerada incompatível com os seus termos e condições. As medidas de moderação de conteúdo abrangem desde (i) a indisponibilização do

---

[41] Efeitos de rede existem quando o valor de determinado bem ou serviço está em alguma medida atrelado ao número de consumidores/usuários. No caso das plataformas digitais, elas se tornam valiosas apenas na medida em que outros usuários também a utilizem. Quanto maior o número de usuários, maiores os benefícios de acesso e os custos de exclusão. Exatamente por isso, o fato de a internet ser aberta e possibilitar a criação de novas plataformas, não é suficiente para impedir a dominação de mercado. (FELD, Harold. The case for the digital platform act: market structure and regulation of digital platforms. *Roosevelt Institute, Public Knowledge*, p. 4, mai. 2019. Disponível em: https://rooseveltinstitute.org/the-case-for-the-digital-platform-act/. Acesso em 01 jun. 2021).

[42] UNIÃO EUROPEIA. *Proposal for a Regulation of the European Parliament and of the Council on a Single Market for Digital Services and amending Directive 2000/31/EC*. 15 dez. 2020. Disponível em: https://digital-strategy.ec.europa.eu/en/library/proposal-regulation-european-parliament-and-council-single-market-digital-services-digital-services. Acesso em 05 ago. 2021.

[43] GASSER, Urs; SCHULZ, Wolfgang. Governance of online intermediaries: observations from a series of national case studies. *Berkman Center Research Publication*, n. 2015-5, 18 fev. 2015. Disponível em: https://papers.ssrn.com/sol3/papers.cfm?abstract_id=2566364. Acesso em 05 ago. 2021.

[44] BALKIN, Jack M. Free speech in the algorithmic society: big data, private governance, and new school speech regulation. *University of California*, Davis, v. 51, p. 1149-1210, 2018. Disponível em: https://lawreview.law.ucdavis.edu/issues/51/3/Essays/51-3_Balkin.pdf. Acesso em 02 fev. 2020.

conteúdo, até (ii) a redução de sua visibilidade e/ou acessibilidade, por meio de mecanismos de despromoção, bloqueio do acesso ou remoção, (iii) o encerramento, suspensão ou *desmonetização* de contas,[45] bem como (iv) a inclusão de alertas, esclarecimentos ou *links* para reportagens alternativas.

Feitas essas considerações terminológicas, passa-se agora à delimitação do escopo do presente livro.

Direito concorrencial, privacidade e liberdade de expressão

A regulação de plataformas digitais pode ser efetivada por três principais abordagens: (i) leis *antitruste*, que buscam promover a concorrência e criar os incentivos mercadológicos para que as plataformas digitais ajam de forma alinhada aos interesses de usuários; (ii) leis de proteção à privacidade, que garantem aos usuários maior controle sobre os seus dados (inclusive para que possam migrar entre plataformas) e/ou limitam o potencial de direcionamento de conteúdo pelas plataformas; e, por fim, (iii) leis sobre responsabilização de intermediários pelo conteúdo postado por terceiros, que buscam instituir um modelo de responsabilidade civil que crie os incentivos adequados para que as plataformas promovam a liberdade de expressão, ao mesmo tempo em que combatem conteúdo ilícito/danoso.

No plano das leis *antitruste* e do direito concorrencial, importam considerações sobre medidas destinadas a promover objetivos como:[46] (a) fomentar a concorrência, pela promoção de um mercado diversificado com empresas menores; (b) impedir que novos aplicativos e startups sejam comprados cedo demais por empresas dominantes; e (c) separar funções que atualmente estão concentradas em uma única companhia – por exemplo, empresas que oferecem, simultaneamente, um serviço de rede social e de publicidade. São, portanto, medidas destinadas a

---

[45] Trata-se da definição de moderação de conteúdo apresentada na proposta de regulação da União Europeia, intitulada Digital Services Act (UNIÃO EUROPEIA. *Proposal for a Regulation of the European Parliament and of the Council on a Single Market for Digital Services and amending Directive 2000/31/EC*. 15 dez. 2020. Disponível em: https://digital-strategy.ec.europa.eu/en/library/proposal-regulation-european-parliament-and-council-single-market-digital-services-digital-services. Acesso em 05 ago. 2021).

[46] BALKIN, Jack M. How to Regulate (and Not Regulate) Social Media. *1 Journal of Free Speech Law 71*, 2021; *Knight Institute Occasional Paper Series*, n. 1, 25 mar. 2020; *Yale Law School, Public Law Research Paper Forthcoming*, 20 nov. 2019. Disponível em: https://papers.ssrn.com/sol3/papers.cfm?abstract_id=3484114. Acesso em 30 ago. 2021.

aumentar a livre concorrência, como um instrumento para otimizar a proteção a direitos fundamentais de usuários e a qualidade dos serviços prestados.

No plano das leis sobre privacidade e defesa do consumidor, importam considerações sobre consentimento para coleta de dados, deveres fiduciários dos controladores, direito à explicação, direito de exclusão de dados, direito à autodeterminação informativa e à pertinência e proporcionalidade de leis de proteção de dados em geral. O objetivo dessas medidas, como antecipado, é o de proteger usuários contra a vigilância e interferências indevidas, seja por empresas privadas, seja por entes governamentais.

Sem perder de vista a importância das discussões travadas nesses dois planos e, em alguma medida, a complementaridade de todas as abordagens, o objeto do presente trabalho está restrito ao terceiro plano – a discussão acerca dos modelos de responsabilidade civil que melhor protejam a liberdade de expressão e a democracia no ambiente digital. O objetivo é pensar um modelo que crie os incentivos adequados para a moderação de conteúdo na internet, protegendo manifestações legítimas de interferências indevidas – tanto governamentais, quanto privadas –, mas também protegendo o debate público e outros usuários de ataques coordenados que buscam silenciá-los ou atacar instituições e o regime democrático. Portanto, importa saber: (i) qual deve ser o modelo de responsabilização civil de intermediários por conteúdo postado por terceiros?; (ii) qual é a liberdade das plataformas digitais para moderar conteúdo de acordo com as suas próprias regras privadas?; e (iii) quais são os deveres mínimos que devem atender para combater discurso ilícito e/ou danoso?

Isso não significa que considerações sobre o domínio de mercado e efeitos de rede inerentes às plataformas digitais não permeiem, em alguma medida, as considerações regulatórias aqui apresentadas. Um cenário de competição perfeita e de diversidade de plataformas reduziria os custos de exclusão e de migração. Consequentemente, a necessidade de intervenção estatal para promover a liberdade de expressão seria reduzida. Por outro lado, essa descentralização traria problemas próprios, como o enfraquecimento dos esforços de remoção de conteúdo ilícito em campos como pornografia infantil, terrorismo e combate a operações mais estruturadas, que frequentemente exigem esforços coordenados entre plataformas.⁴⁷ Portanto, essas observações serão consideradas na reflexão sobre o melhor modelo de responsabilidade civil de intermediários.

O que se pretende esclarecer aqui, contudo, é que estão excluídas do escopo do presente trabalho as medidas exclusivamente concorrenciais, como aquelas que discutem a quebra de empresas de tecnologia, a criação de barreiras para a expansão além de determinado serviço ou de determinado tamanho, e a punição pela adoção de práticas anticoncorrenciais. Leis sobre direito concorrencial podem perfeitamente conviver – como de fato convivem – com leis específicas para promoção de objetivos complementares. Os problemas de discurso de ódio, desinformação, interferências em eleições, bolhas de conteúdo e *echo chambers*, facilitação da censura governamental e deterioração do debate público não são problemas que podem ser inteiramente resolvidos por leis de *antitruste*.⁴⁸ Como reconhecido por Margrethe Vestager, Comissária Europeia para Competição,

> é compreensível que as pessoas *às* vezes pensem na competição como uma panaceia, uma resposta universal para todos os problemas da sociedade. Mas ela não pode ser isso. (...) Se, como uma sociedade, nós queremos estabelecer parâmetros básicos, então nós não precisamos de mais competição. Nós precisamos de regulação.⁴⁹ E isso porque parte do problema do Facebook e outras plataformas são as pessoas, facilmente distraídas, altamente suscetíveis a informações falsas, e propensas a comportamento de manada.⁵⁰

---

⁴⁷ "Jillian C. York e Ethan Zuckerman observam que a descentralização como uma cura para a concentração de poder em plataformas dominantes 'substitui um tipo de problema relativo à moderação de conteúdo – o poder massivo do dono da plataforma – por outro: a incapacidade de remover conteúdo ofensivo ou ilegal da internet" (tradução nossa). No original: "Jillian C. York and Ethan Zuckerman observe that decentralization as a cure for the concentration of power in the major platforms 'replaces one set of moderation problems – the massive power of the platform owner – with another problem: the inability to remove offensive or illegal content from the internet". (DOUEK, Evelyn. The rise of content cartels. *Knight First Amendment Institute at Columbia University*, 11 fev. 2020. Disponível em: https://knightcolumbia.org/content/the-rise-of-content-cartels. Acesso em 10 mar. 2021).

⁴⁸ DOUEK, Evelyn. The rise of content cartels. *Knight First Amendment Institute at Columbia University*, 11 fev. 2020. Disponível em: https://knightcolumbia.org/content/the-rise-of-content-cartels. Acesso em 10 mar. 2021.

⁴⁹ VESTAGER, Margrethe. European Commissioner for Competition, Security and Trust in a Digital World, 13 sept. 2019. *In*: CCBEInfo (*Council of Bars and Law Soc'ys of Eur., Brussels, Belg.*), 4 sept. 2019. Disponível em: https://www.ccbe.eu/fileadmin/speciality_distribution/public/documents/Newsletter/CCBEINFO84/EN_newsletter_84.pdf [https://perma.cc/3Q5M-J4GX. Acesso em: 28 set. 2021.

⁵⁰ COHEN, Julie E. Internet Utopianism and the Practical Inevitability of Law. *18 Duke L. & Tech. Rev.* n. 85, v. 89, 2019.

Tampouco se desconsidera o impacto que a vigilância – privada ou governamental – pode ter sobre o exercício do direito fundamental à liberdade de expressão e à democracia. Por isso, o poder e a ameaça de uma coleta desenfreada de dados, inclusive para direcionamento de conteúdo com potencial de manipular comportamentos, será ponderada em momentos específicos do livro. Contudo, entende-se que é mais eficaz e eficiente ter uma lei específica para a proteção da privacidade e outra para a proteção da liberdade de expressão. Essa é a abordagem predominante na União Europeia, que tem o Regulamento Geral sobre a Proteção de Dados, e leis específicas sobre responsabilidade civil de intermediários, como a Diretiva sobre o Comércio Eletrônico. O mesmo se aplica ao Brasil, que tem o Marco Civil da Internet, que regulamenta a responsabilidade civil dos intermediários, e a Lei Geral de Proteção de Dados.

Estrutura

Para promover o seu objetivo de explorar modelos regulatórios da liberdade de expressão na internet, o livro é dividido em 5 (cinco) capítulos, além desta introdução. O capítulo 1 apresenta a teoria da liberdade de expressão em sua concepção tradicional, percorrendo os fundamentos teóricos e jurídicos para a sua proteção, bem como o estado da arte desse direito fundamental em tratados internacionais e na realidade brasileira. O capítulo 2, por sua vez, apresenta o novo cenário da liberdade de expressão, discorrendo sobre os atores sociais que regulam o discurso e as novas formas de censura na Era Digital, e analisa como essa nova dinâmica impacta os fundamentos tradicionalmente indicados para a proteção da liberdade de expressão.

O capítulo 3 introduz os fundamentos que justificam a regulação das plataformas digitais; e o capítulo 4 apresenta um estudo comparado de como o tema tem sido abordado por democracias mundiais e por iniciativas de autorregulação da indústria. O capítulo 5, por sua vez, é dedicado à parte propositiva do livro, e busca apresentar um modelo de autorregulação regulada para definir os limites e deveres para a atuação do Estado e das plataformas digitais na regulação da liberdade de expressão na Era Digital. De forma específica, o modelo sugerido tem por objetivo apresentar uma estrutura capaz de responder a três perguntas fundamentais: (i) qual deve ser o modelo de responsabilização civil das plataformas digitais por conteúdo publicado por terceiros?; (ii) quais são os limites e deveres para a moderação privada de conteúdo, realizada pelas próprias plataformas com fundamentos em termos de uso?; e (iii) quais são os deveres mínimos das plataformas digitais no combate a conteúdo ilícito e/ou danoso?

Vale o registro, desde logo, de que há diversas pontas do debate sobre *proceduralização* da moderação de conteúdo pelas plataformas digitais e muitas propostas e estudos ainda incipientes sobre o tema. O debate está em curso e em constante aprimoramento. Por isso, o presente trabalho parte do que há de mais recente nessas discussões, mas sempre consciente de que a evolução tecnológica tem impacto relevante sobre as possibilidades de regulação nesse campo – por exemplo, o aprimoramento de algoritmos pode vir a permitir o controle mais eficiente do discurso de forma automatizada.

Por fim, é importante fazer um último registro: pedir que a regulação da liberdade de expressão seja atualizada para contemplar os novos desafios da Era Digital não significa dizer que a teoria tradicional desse direito fundamental perdeu a sua relevância, nem, muito menos, que os desafios do século XX tenham sido adequadamente equacionados pelos tribunais nacionais. A censura prévia e estatal ainda é, infelizmente, uma realidade brasileira. Surpreendentemente, entre nós, é o judiciário o órgão que tem, nas palavras do Professor Gustavo Binenbojm, merecido o título de "censor máximo do país".[51] Embora o Supremo Tribunal Federal seja historicamente um defensor da liberdade de expressão, a afirmação não é verdadeira para a jurisprudência de grande parte dos tribunais estaduais. Ainda proliferam no Brasil decisões que censuram notícias verídicas sob alegações de que se tornaram irrelevantes pelo decurso do tempo – quanto a esse ponto, o STF prestou um serviço ao país ao afirmar a inconstitucionalidade do direito ao esquecimento, mas ainda há decisões tentando contornar esse precedente. O Brasil também é o país que censura manifestações artísticas em nome da religião, da moralidade, dos bons costumes e da proteção às crianças – basta lembrar, nesse ponto, decisões do TJRJ que proibiam a venda de revistas na Bienal do Livro no Rio de Janeiro, por conterem um beijo homoafetivo na capa, ou a divulgação de filme humorístico supostamente ofensivo à religião católica. Por isso, uma premissa importante dessa obra é a de que o país tem uma tradição de intervenção excessiva, frequentemente seletiva e inadequada sobre o discurso verídico e legítimo. Qualquer proposta

---

[51] RODAS, Sérgio. Entrevista com o Professor Gustavo Binenbojm: judiciário tem feito por merecer o título de censor máximo do país. *Conjur*, 27 set. 2020. Disponível em: https://www.conjur.com.br/2020-set-27/entrevista-gustavo-binenbojm-professor-uerj. Acesso em 27 set. 2021.

de regulação do tema não pode ser indiferente a essa realidade e deve, para além das preocupações com a censura privada, atentar também para os riscos de censura estatal.

CAPÍTULO 1

A LIBERDADE DE EXPRESSÃO EM SUA CONCEPÇÃO TRADICIONAL: A TEORIA, O DIREITO INTERNACIONAL E O ORDENAMENTO JURÍDICO BRASILEIRO

1.1 A teoria

A teoria tradicional da liberdade de expressão foi pensada para um mundo de *escassez de informação*, em que a participação no debate público dependia de investimentos financeiros elevados e de disputas de meios escassos, como frequências de rádio.[52] Por isso, limitava-se a alguns poucos atores, sendo os veículos de mídia tradicional o principal deles. Nesse ambiente com quantidade limitada de informações, acreditava-se que os ouvintes teriam a capacidade de conhecer e avaliar os discursos disponíveis e, no livre mercado de ideias, o embate entre eles levaria à verdade possível. Por isso, a maior ameaça à liberdade de expressão era a censura governamental, que se manifestava na proibição prévia e direta da divulgação de determinado conteúdo, sob pena de prisão, multa ou alguma outra sanção penal ou administrativa.[53] O objetivo da tutela desse direito fundamental, portanto, era proteger indivíduos e meios

---

[52] WU, Tim. Is the First Amendment Obsolete? In: POZEN, David E. (Ed.). *The Perilous Public Square*. New York: Columbia University Press, E-book Kindle. (Não paginado).

[53] WU, Tim. Is the First Amendment Obsolete? In: POZEN, David E. (Ed.). *The Perilous Public Square*. New York: Columbia University Press, E-book Kindle. (Não paginado).

de comunicação dessa *censura à moda antiga*⁵⁴ – prévia, governamental e diretamente direcionada aos oradores. Nesse contexto, a liberdade de expressão era apresentada como um instrumento para a defesa e promoção da democracia, a partir de um debate público livre e inclusivo.

A percepção, nesse campo, sempre foi a de que a intervenção do Estado sobre o discurso seria uma ameaça à autonomia e à democracia. Por isso, a liberdade de expressão é historicamente compreendida como uma liberdade predominantemente negativa, que impunha ao Estado um dever de *abstenção*, sob o fundamento de que atribuir a instituições políticas o poder para decidir o que pode ou não ser dito é perigoso, arbitrário e ilegítimo. Por isso, embora não tenha sido reconhecido como um direito absoluto, as restrições a esse direito fundamental foram historicamente vistas com suspeição. Três justificativas, sistematizadas pela jurisprudência norte-americana, mas atualmente reconhecidas pelos sistemas jurídicos de diversos países,⁵⁵ fundamentaram essa proteção robusta: (i) a busca da verdade; (ii) a garantia da dignidade humana e da autonomia individual; e (iii) a realização da democracia. Os subtópicos seguintes são dedicados à análise desses fundamentos e à forma como eles moldaram a nossa compreensão da liberdade de expressão.

1.1.1 A busca da verdade

O primeiro e mais antigo fundamento apontado para a proteção da liberdade de expressão é o da busca da verdade, segundo o qual a garantia desse direito fundamental cria um mercado livre de ideias em que a verdade prevalece sobre a falsidade.⁵⁶ A formulação inicial dessa ideia tem origem em 1644, nos escritos de John Milton, que, em seu livro *Areopagitica*, afirmou: "Deixe que ela [a verdade] e a falsidade lutem; quem algum dia já soube que a verdade perdeu, em um embate livre e aberto?".⁵⁷ Em 1777, Thomas Jefferson afirmou que a verdade prevalecerá em um livre embate, "a não ser quando desarmada por interposição humana de suas armas naturais de livre argumento e

---

⁵⁴ BALKIN, Jack M. Free Speech is a Triangle. *Columbia Law Review*, v. 118, n. 07, p. 2011-2056, 2018. Disponível em: https://columbialawreview.org/wp-content/uploads/2018/11/Balkin-FREE_SPEECH_IS_A_TRIANGLE.pdf. Acesso em 02 fev. 2020.

⁵⁵ OSÓRIO, Aline. *Direito eleitoral e liberdade de expressão*. Belo Horizonte: Fórum, 2017. p. 54.

⁵⁶ MARSHALL, William P. The Truth Justification for Freedom of Speech. *In*: STONE, Adrienne; SCHAUER, Frederick (Eds.). *Freedom of Speech*. United Kingdom: Oxford University Press, 2021. p. 44-60.

⁵⁷ MILTON, John. Areopagitica. *In*: HUGHES, Merritt Y (Ed.). *John Milton, Complete Poems and Major Prose*. Indianapolis/Cambridge: Hackett Publishing Company, Inc., 2003, p. 720.

debate".⁵⁸ Em 1919, o fundamento ganhou a sua primeira formulação perante a Suprema Corte americana, em voto dissidente do Justice Holmes, que defendeu que "o melhor teste da verdade *é* o poder de uma ideia de ser aceita na competição do mercado".⁵⁹ Embora não tenha sido o pioneiro dessa associação, o voto de Holmes é tido como uma conceitualização importante dessa ideia, que ensejou uma revolução na compreensão desse direito fundamental.⁶⁰

Sob esse fundamento, portanto, a liberdade de expressão seria um meio para a obtenção do conhecimento, que só poderia ser alcançado pela colisão entre ideias e opiniões.⁶¹ Pressupõe-se, assim, que as decisões mais razoáveis e racionais derivam da consideração de todos os fatos e argumentos que puderem ser aventados a favor ou contra qualquer proposição, especialmente aqueles oriundos de quem se discorde.⁶²

Todavia, se interpretado literalmente, o fundamento de busca da verdade não levaria à proteção daquele discurso que se sabe inverídico.⁶³ O próprio formulador originário dessa justificativa, John Milton, excluiu a possibilidade de que o catolicismo fosse protegido pela liberdade de expressão, porque ele "rejeitava qualquer possibilidade de que a verdade genuína estivesse escondida na teologia católica".⁶⁴ Para ele, portanto, se o objetivo da liberdade de expressão é a busca da verdade, qualquer discurso que não a promova estaria excluído do seu raio de proteção.⁶⁵ Em sentido contrário, porém, Thomas Emerson defende que

---

⁵⁸ Tradução livre. No original: "Truth is great, and will prevail if left to herself, that she is the proper and sufficient antagonist to error, and has nothing to fear from the conflict, unless by human interposition disarmed of her natural weapons free argument and debate, errors ceasing to be dangerous when it is permitted freely to contradict them" (JEFFERSON, Thomas. A Bill for Establishing Religious Freedom. *In*: BOYD, Julian P. (Ed.). The Papers of Thomas Jefferson. *Princeton UP 1950*, v. 2, n. 545, 1950.
⁵⁹ *Abrams v United States*, 250 US 616 (1919).
⁶⁰ BLOCHER, Joseph. Institutions in the Marketplace of Ideas. *Duke Law Journal*, v. 57, n. 04, p. 821-889, 2008.
⁶¹ OSÓRIO, Aline. *Direito eleitoral e liberdade de expressão*. Belo Horizonte: Fórum, 2017. p. 64.
⁶² EMERSON, Thomas E. Toward a General Theory of the First Amendment. Faculty scholarship Series. *Yale Law School*, paper n. 2796, 1963. Disponível em: http://digitalcommons.law.yale.edu/fss_papers/2796. Acesso em 16 nov. 2020.
⁶³ MARSHALL, William P. The Truth Justification for Freedom of Speech. *In*: STONE, Adrienne; SCHAUER, Frederick (Eds.). *Freedom of Speech*. United Kingdom: Oxford University Press, 2021. p. 44-60.
⁶⁴ MARSHALL, William P. The Truth Justification for Freedom of Speech. *In*: STONE, Adrienne; SCHAUER, Frederick (Eds.). *Freedom of Speech*. United Kingdom: Oxford University Press, 2021. p. 44-60.
⁶⁵ MARSHALL, William P. The Truth Justification for Freedom of Speech. *In*: STONE, Adrienne; SCHAUER, Frederick (Eds.). *Freedom of Speech*. United Kingdom: Oxford University Press, 2021. p. 44-60.

a supressão da informação, da discussão ou do embate de ideias impede que o indivíduo alcance a decisão mais racional, retarda a geração de novas ideias e tende a perpetuar erros.⁶⁶ Por isso, qualquer intervenção no sentido de restringir uma opinião, "não importa o quão falsa ou perniciosa a nova opinião aparente ser",⁶⁷ seria ilegítima. Para o autor, que escreveu o trabalho em 1963, mesmo opiniões inteiramente falsas serviriam o propósito vital de submeter a opinião majoritária a processos de reafirmação, resultando em conhecimento mais aprofundado de suas razões.⁶⁸

Em 1940, a Suprema Corte americana chegou a indicar uma tendência no sentido de reconhecer que determinadas classes de discurso, como "o lascivo e obsceno, o profano, o difamatório e as palavras de insulto ou de luta" poderiam ser regulados, porque os seus danos sobre outros interesses sociais superariam o seu valor social na busca da verdade.⁶⁹ Em casos posteriores, porém, a Corte se afastou dessa linha e o fundamento da busca da verdade foi utilizado para proteger uma ampla variedade de discursos, inclusive aqueles que muitos considerariam perigosos.⁷⁰

Segundo a jurisprudência americana atual, portanto, o Estado sequer pode "proibir ou impedir a defesa do uso da força ou da violação à lei, exceto quando essa defesa seja direcionada a incitar ou a ensejar ação ilegal iminente e seja provável que ela de fato incite ou produza tal ação".⁷¹ Assim, a jurisprudência americana no campo da liberdade de expressão tolera inclusive o discurso de ódio, até o ponto em que ele represente um "perigo claro e iminente" ("clear and present danger") de

---

⁶⁶ EMERSON, Thomas E. Toward a General Theory of the First Amendment. Faculty scholarship Series. *Yale Law School*, paper n. 2796, 1963. p. 881. Disponível em: http://digitalcommons.law.yale.edu/fss_papers/2796. Acesso em 16 nov. 2020.

⁶⁷ EMERSON, Thomas E. Toward a General Theory of the First Amendment. Faculty scholarship Series. *Yale Law School*, paper n. 2796, 1963. p. 882. Disponível em: http://digitalcommons.law.yale.edu/fss_papers/2796. Acesso em 16 nov. 2020.

⁶⁸ EMERSON, Thomas E. Toward a General Theory of the First Amendment. Faculty scholarship Series. *Yale Law School*, paper n. 2796, 1963. p. 882. Disponível em: http://digitalcommons.law.yale.edu/fss_papers/2796. Acesso em 16 nov. 2020.

⁶⁹ MARSHALL, William P. The Truth Justification for Freedom of Speech. *In*: STONE, Adrienne; SCHAUER, Frederick (Eds.). *Freedom of Speech*. United Kingdom: Oxford University Press, 2021. p. 44-60.

⁷⁰ MARSHALL, William P. The Truth Justification for Freedom of Speech. *In*: STONE, Adrienne; SCHAUER, Frederick (Eds.). *Freedom of Speech*. United Kingdom: Oxford University Press, 2021. p. 44-60.

⁷¹ Tradução livre. No original: The state may not "forbid or proscribe advocacy of the use of force or of law violation except where such advocacy is directed to inciting or producing imminent lawless action and is likely to incite or produce such action" (*Brandenburg v Ohio*, 395 US 444 (1969)).

violência.⁷² Sob essa premissa, a Suprema Corte já invalidou inclusive uma lei que proibia indivíduos de falsamente se apresentarem como recebedores de condecorações militares, por entender que "algumas afirmações falsas de fato são inevitáveis para que se garanta uma manifestação aberta e vigorosa de opiniões em conversas públicas e privadas".⁷³

As críticas ao fundamento de busca da verdade são variadas. Antes de aprofundá-las, é preciso distinguir entre dois tipos de "verdade": as *objetivas* e as *subjetivas*. As primeiras – *objetivas* – são factuais e podem ser demonstradas e conhecidas, mesmo quando controvertidas – a evolução da temperatura do planeta Terra, os impactos do cigarro sobre o corpo humano, os benefícios de vacinas. É possível que dependam de conhecimentos técnicos, mas, ainda assim, são cientificamente demonstráveis. De outra ponta, as verdades *subjetivas* são particulares a cada indivíduo e decorrem de convicções normativas, religiosas, ideológicas e políticas particulares.

As críticas ao fundamento de busca da verdade *subjetiva* são filosóficas, no sentido de que, em sociedades plurais, não há verdades nos campos religiosos, filosóficos e ideológicos. Pessoas com histórias de vida variadas, ideologias, crenças e religiões tendem a ter convicções diversas, quando não opostas.⁷⁴

Por outro lado, as críticas ao fundamento da busca da verdade *objetiva* questionam a premissa de que a verdade prevalece sobre a falsidade em um embate livre. Nessa perspectiva, alegam que, assim como acontece em outros mercados, o de ideias possui falhas que o impedem de alcançar resultados ótimos, porque: (i) o acesso a ele é profundamente desigual: aqueles com mais recursos têm maior capacidade de amplificar o alcance e a persuasão de seu discurso; (ii) o livre mercado de ideias assume que as pessoas sejam racionais, mas, frequentemente, a *forma* da mensagem pode ter tanto ou maior impacto quanto o seu *conteúdo*; (iii) o simples fato de uma ideia ser acolhida no livre mercado não necessariamente será o melhor critério para apurar a sua veracidade – no caso de verdades objetivas, o mero consenso social

---

72 RODAS, Sérgio. Entrevista com o Professor Gustavo Binenbojm: judiciário tem feito por merecer o título de censor máximo do país. *Conjur*, 27 set. 2020. Disponível em: https://www.conjur.com.br/2020-set-27/entrevista-gustavo-binenbojm-professor-uerj. Acesso em 27 set. 2021.

73 SUPREMO TRIBUNAL DOS ESTADOS UNIDOS. *United States v Alvarez*. 567 US 709, 2012. Disponível em: https://supreme.justia.com/cases/federal/us/567/709/#tab-opinion-1970529. Acesso em 27 set. 2021.

74 OSÓRIO, Aline. *Direito eleitoral e liberdade de expressão*. Belo Horizonte: Fórum, 2017. p. 56.

não torna uma ideia verdadeira;[75] e (iv) mesmo que o livre mercado resulte no produto final de prevalência das verdades objetivas, não está claro que os consumidores optariam por ele. No mundo da pós-verdade, em que os fatos objetivos são menos relevantes na formação da opinião pública do que apelos a emoções e crenças pessoais,[76] muitos cidadãos não estão interessados em conhecer as verdades objetivas.

Não obstante a pertinência dessas críticas, é também possível cogitar de bons argumentos pragmáticos para manter a premissa de não intervenção estatal sobre o discurso. *Em primeiro lugar*, a ideia de que o Estado possa definir o que deve ser aceito no campo das verdades subjetivas – normativas, religiosas, ideológicas ou políticas – é uma visão autoritária e antidemocrática. *Em segundo lugar*, o Estado pode atuar em interesse próprio, para censurar discursos que considere prejudiciais, alegando que eles são falsos. *Em terceiro lugar*, o controle sobre o discurso poderia ter um efeito silenciador sobre o debate público, pois indivíduos que não tenham plena certeza da veracidade de suas afirmações e que tenham preocupações com potenciais custos de ter que se defender em processos de responsabilização podem optar pelo silêncio. *Em quarto lugar*, é importante que as pessoas saibam o que os outros pensam, mesmo quando não seja verdadeiro, inclusive para que possam contra-argumentar. *Em quinto lugar*, a proibição às afirmações falsas pode simplesmente levá-las a serem reproduzidas de forma obscura e silenciosa, com potencial de radicalização. Para alguns estudiosos do tema, portanto, a maior qualidade do fundamento de busca da verdade está no fato de que ele tira do Estado qualquer possibilidade de atuação como árbitro da verdade. Nas palavras de Schauer, "a razão para a preferência do livre mercado de ideias *à* filtragem da verdade pelo governo pode ser menos uma decorrência da capacidade comprovada da primeira, do que da frequentemente evidenciada inabilidade do segundo".[77]

---

[75] POST, Robert. Participatory Democracy and Free Speech. *Virgínia Law Review*, v. 97, n. 3, may. 2011. Disponível em: https://www.virginialawreview.org/wp-content/uploads/2020/12/477.pdf. Acesso em 26 jul. 2021.

[76] BARROSO, Luna van Brussel. *A legitimidade do processo eleitoral*: o combate às fake news e a garantia da liberdade de expressão. 74f. Monografia (Graduação em Direito), Direito Rio, Fundação Getúlio Vargas, Rio de Janeiro, 2018.

[77] No original: "'[t]he reason for preferring the marketplace of ideas to the selection of truth by government may be less the proven ability of the former than it is the often evidenced inability of the latter'" (SCHAUER, Frederick F. *Free Speech*: a Philosophical Enquiry. Cambridge: Cambridge University Press, 1982. p. 34).

1.1.2 A garantia da dignidade humana e da autonomia individual

O segundo fundamento historicamente indicado para a proteção da liberdade de expressão tem natureza individual, e não coletiva, e decorre dos princípios (i) da dignidade humana, que reconhece o valor intrínseco de todos os indivíduos e veda que sejam tratados como um meio para a realização de metas de terceiros,[78] e (ii) da autonomia, que assegura a cada indivíduo autodeterminação para fazer as suas próprias escolhas existenciais.[79]

Extrai-se desses dispositivos que a plena realização individual depende da liberdade de exprimir opiniões, ideias e escolhas, e do acesso às opiniões, ideias e escolhas de terceiros. A liberdade expressiva seria, portanto, um pressuposto para o livre e pleno desenvolvimento da personalidade, da autonomia e da realização existencial dos indivíduos.[80] Quando o Estado impede que as pessoas expressem o que sentem, pensam ou sabem, ou nega a elas o acesso a informações, pensamentos e sentimentos de terceiros, viola a sua autonomia individual, instrumentalizando-as para promover determinada finalidade estatal.[81] Em matéria política, como alertado por Aline Osório, a proteção da liberdade de expressão com fundamento na autonomia ganha ainda maior relevo, pois reforça a autonomia dos cidadãos e afasta qualquer possibilidade de atuação paternalista ou autoritária por parte do Estado.[82] Ideologias políticas e filiações partidárias integram importante parte da autodeterminação individual, de modo que é imprescindível que os indivíduos possam se manifestar livremente, com o objetivo de transpor as suas visões individuais ao campo político-eleitoral.[83]

É interessante observar, contudo, que no direito internacional e em ordenamentos jurídicos como os da Europa e do Brasil, a dignidade humana e a autonomia são também apresentadas como fundamentos

---

[78] BARROSO, Luís Roberto. *Curso de Direito Constitucional Contemporâneo*. São Paulo: Saraiva Educação, 2020. p. 491-492.

[79] BARROSO, Luís Roberto. *Curso de Direito Constitucional Contemporâneo*. São Paulo: Saraiva Educação, 2020. p. 491-492.

[80] EMERSON, Thomas E. Toward a General Theory of the First Amendment. Faculty scholarship Series. *Yale Law School*, paper n. 2796, 1963. Disponível em: http://digitalcommons.law.yale.edu/fss_papers/2796. Acesso em 16 nov. 2020.

[81] STRAUSS, David. Persuasion, Autonomy, and Freedom of Expression. *Columbia Law Review*, v. 91, p. 334-371, 1991. p. 335.

[82] OSÓRIO, Aline. *Direito eleitoral e liberdade de expressão*. Belo Horizonte: Fórum, 2017. p. 64.

[83] OSÓRIO, Aline. *Direito eleitoral e liberdade de expressão*. Belo Horizonte: Fórum, 2017. p. 65.

para a *restrição* da liberdade de expressão.[84] A lógica é a de que o discurso ofensivo além de determinado parâmetro viola a dignidade e a autonomia da vítima, que poderia inclusive ser intimidada a ponto de deixar de participar do debate público ou de responder às ofensas.[85] De outra ponta, uma visão mais libertária da dignidade e da autonomia, como aquela adotada nos Estados Unidos, supõe que os indivíduos têm o direito de usar o discurso para se desenvolverem e se expressarem, mesmo quando isso causar danos a terceiros. Nessa visão, a autonomia existe primordialmente para proteger indivíduos do Estado, e não em relações privadas e, por isso, jamais poderia ser usada como um fundamento para a sua restrição. Nas palavras de Ronald Dworkin, o "Estado insulta seus cidadãos e nega a eles a sua responsabilidade moral, quando decreta que não se pode confiar neles para ouvir opiniões que possam persuadi-los a adotar convicções perigosas ou ofensivas".[86] Essa constatação implica que, em alguns ordenamentos jurídicos, inclusive o brasileiro, os fundamentos da dignidade humana e da autonomia podem ser apresentados dos dois lados de discussões sobre liberdade de expressão, de modo que casos concretos deverão ser resolvidos a partir da ponderação de interesses.

Discute-se, ainda, a possibilidade de que o fundamento de proteção à dignidade humana e autonomia seja utilizado para justificar uma restrição a discursos que busquem induzir reações mal informadas – o discurso objetivamente falso seria o exemplo mais emblemático dessa possibilidade de restrição.[87] Segundo os defensores dessa visão, há uma diferença entre o discurso que "persuade" e o discurso que "engana": o discurso que persuade enseja reações racionais, a partir de um processo de convencimento. Por isso, é perfeitamente legítimo. O discurso que induz a partir de afirmações falsas de fatos, por sua vez, instrumentaliza

---

[84] GRIMM, Dieter. Freedom of Speech and Human Dignity. *In*: STONE, Adrienne; SCHAUER, Frederick (Eds.). *Freedom of Speech*. United Kingdom: Oxford University Press, 2021. p. 106-117.

[85] MACKENZIE, Catriona; MEYERSON, Denise. Autonomy and Free Speech. *In*: STONE, Adrienne; SCHAUER, Frederick (Eds.). *Freedom of Speech*. United Kingdom: Oxford University Press, 2021. p. 61-81. No mesmo sentido: FISS, Owen. *The Irony of Free Speech*. Cambridge: Harvard University Press, 1996. E-book Kindle. (Não paginado).

[86] DWORKIN, Ronald. Why Speech Must be Free. *In*: *Freedom's Law*: the moral Reading of the American Constitution. Cambridge: Harvard University Press, 1996. p. 200 (tradução livre) *apud*. OSÓRIO, Aline. *Direito eleitoral e liberdade de expressão*. Belo Horizonte: Fórum, 2017. p. 64.

[87] MACKENZIE, Catriona; MEYERSON, Denise. Autonomy and Free Speech. *In*: STONE, Adrienne; SCHAUER, Frederick (Eds.). *Freedom of Speech*. United Kingdom: Oxford University Press, 2021. p. 61-81.

o indivíduo para objetivos de terceiros, pois um indivíduo racional, munido das informações verdadeiras, teria reagido de forma diversa.[88]

1.1.3 A realização da democracia

Por fim, o terceiro fundamento para a proteção da liberdade de expressão é a realização da democracia, que se desdobra na soberania popular e na igualdade política formal.[89] A liberdade de expressão é um componente necessário de ambos. Em primeiro lugar, a soberania popular pressupõe um modelo de autogoverno, no qual os próprios cidadãos são responsáveis pela elaboração das normas que regem a vida em sociedade.[90] Essa participação popular se manifesta através do voto, seja em representantes, seja diretamente em propostas e medidas, por meio de referendos e plebiscitos. O pleno exercício do voto, contudo, pressupõe um livre fluxo de ideias que permita aos cidadãos construírem as suas opiniões de modo informado. O voto só será a expressão da autodeterminação individual e do autogoverno se os indivíduos puderem falar aberta e livremente sobre os temas e decisões coletivas de interesse público. Nesse sentido, como reconhecido em decisão proferida pela Câmara dos Lordes, câmara alta do parlamento do Reino Unido, "não há como existir governo pelo povo se eles forem ignorantes sobre os assuntos a serem resolvidos, os argumentos a favor ou contra diferentes soluções e os fatos subjacentes a esses argumentos".[91]

Em democracias representativas, a importância da liberdade de expressão não se limita ao momento que antecede eleições, mas também atua para manter a opinião pública "constantemente ativa",[92] controlando como os representantes se comportam entre períodos eleitorais e permitindo que os cidadãos transmitam aos seus governantes as suas visões sobre temas de interesse público.[93] Conforme reconheceu Hans

---

[88] STRAUSS, David. Persuasion, Autonomy, and Freedom of Expression. *Columbia Law Review*, v. 91, p. 334-371, 1991. p. 335.
[89] BHAGWAT, Ashutosh; WEINSTEIN, James. Freedom of Expression and Democracy. *In*: STONE, Adrienne; SCHAUER, Frederick (Eds.). *Freedom of Speech*. United Kingdom: Oxford University Press, 2021. p. 82-105.
[90] OSÓRIO, Aline. *Direito eleitoral e liberdade de expressão*. Belo Horizonte: Fórum, 2017. p. 67.
[91] *R vs. Shayler* [2002] UKHL 11, [2003] 1 AC 247 [21] (Lord Bingham).
[92] BHAGWAT, Ashutosh; WEINSTEIN, James. Freedom of Expression and Democracy. *In*: STONE, Adrienne; SCHAUER, Frederick (Eds.). *Freedom of Speech*. United Kingdom: Oxford University Press, 2021. p. 85.
[93] BHAGWAT, Ashutosh; WEINSTEIN, James. Freedom of Expression and Democracy. *In*: STONE, Adrienne; SCHAUER, Frederick (Eds.). *Freedom of Speech*. United Kingdom: Oxford University Press, 2021. p. 82-105.

Kelsen, "a vontade da comunidade numa democracia *é* sempre criada através da discussão contínua, entre maioria e minoria, através da livre consideração de argumentos a favor e contra certa regulamentação de uma matéria".[94] Para o autor, "uma democracia sem opinião pública *é* uma contradição em termos".[95] No mesmo sentido, James Madison, em 1791, preconizou que "a opinião pública define os limites de todo governo, e *é* a verdadeira soberana em todos aqueles que sejam livres".[96] Portanto, o direito dos cidadãos de falarem livremente sobre matérias de interesse público é um elemento essencial também para a formação da opinião pública pela qual o povo controla os seus representantes fora de períodos eleitorais.

É interessante o registro de que Alexander Meiklejohn, um dos maiores expoentes da ideia de que a liberdade de expressão é um componente necessário para a soberania popular, entende que ela não protegeria a "tagarelice desregulada" ou "o direito inalienável de falar quando, onde e como quiser".[97] Para ele, se o objetivo essencial da liberdade de expressão é promover a democracia por meio de um público instruído, munido das informações necessárias para eleger os seus representantes e votar sobre determinados temas, a sua finalidade "não *é* que todos falem, mas que tudo o que vale a pena ser dito, seja dito". Embora reconheça que nenhum cidadão poderá ser impedido de falar simplesmente porque as suas visões são consideradas falsas ou perigosas, e que nenhum discurso poderá ser classificado como fora de

---

[94] KELSEN, Hans. *Teoria geral do direito e do estado*. São Paulo: Martins Fontes, 2005. p. 411-12 apud. OSÓRIO, Aline. *Direito eleitoral e liberdade de expressão*. Belo Horizonte: Fórum, 2017. p. 71.

[95] KELSEN, Hans. *Teoria geral do direito e do estado*. São Paulo: Martins Fontes, 2005. p. 411-12 apud. OSÓRIO, Aline. *Direito eleitoral e liberdade de expressão*. Belo Horizonte: Fórum, 2017. p. 71.

[96] MADISON. Public Opinion. National Gazette, 19 Dec. 1791. In: HUTCHINSON, William T Hutchinson et al. (Eds.). Papers of James Madison. *U Virginia P*, v. 14, 1983 apud. BHAGWAT, Ashutosh; WEINSTEIN, James. Freedom of Expression and Democracy. In: STONE, Adrienne; SCHAUER, Frederick (Eds.). *Freedom of Speech*. United Kingdom: Oxford University Press, 2021. p. 82-105. p. 85.

[97] Tradução livre. No original: "When self-governing men demand freedom of speech they are not saying that every individual has an unalienable right to speak whenever, wherever, however he chooses. They do not declare that any man may talk as he pleases, when he pleases, about what he pleases, about whom he pleases, to whom he pleases. The common sense of any reasonable society would deny the existence of that unqualified right" (MEIKLEJOHN, Alexander. *Free Speech and Its Relation to Self-Government*. New York: Harper & Brothers, 1948. p. 24. Disponível em: https://archive.org/details/in.ernet.dli.2015.84399/page/n43/mode/2up. Acesso em 17 ago. 2021).

ordem simplesmente porque se discorda do seu conteúdo,[98] Meiklejohn entende que o objetivo da liberdade de expressão não é a proteção de uma liberdade individual, mas a produção de um público informado, capaz de se autogovernar.

No mesmo sentido, Owen Fiss entende que o objetivo da liberdade de expressão é possibilitar que as pessoas votem de forma inteligente e livre, com conhecimento de todas as opções e informações relevantes para a tomada de decisão. Assim, defende uma atuação estatal mais incisiva para garantir que todos os pontos de vista sejam ouvidos[99] e questiona a premissa tradicional de que o Estado será sempre o opressor no campo da liberdade de expressão.[100] Para Fiss, a atuação do Estado pode ser necessária para combater a concentração privada de poder e promover os valores democráticos subjacentes que tradicionalmente justificaram a proteção à liberdade de expressão. Nas palavras do autor, o Estado pode ter que intervir para entregar megafones a vozes que, sem eles, não seriam ouvidas. A convocação para a atuação estatal tem como premissa o entendimento de que a promoção de um debate público plural e aberto é um fim que pode ser legitimamente perseguido pelo Estado, mesmo que isso lhe imponha deveres positivos de atuação.

Em segundo lugar, a liberdade de expressão é um componente necessário para a igualdade política formal, que pressupõe que (i) todos poderão votar e que os seus votos terão o mesmo peso, e (ii) toda pessoa poderá contribuir para a formação da opinião pública pela livre expressão de suas opiniões sobre temas de interesse público.[101] Com efeito, é apenas pelo discurso livre e pelo engajamento dos indivíduos na construção da opinião pública que se pode garantir que todos eles efetivamente participarão do processo de formação da vontade coletiva, exercendo a sua soberania popular. Como se vê, a liberdade de expressão exerce um papel informativo indispensável nas democracias em três aspectos: (i) informa o eleitorado para que possa votar de forma consciente; (ii) informa o eleitorado para que possa participar da formação da opinião

---

[98] MEIKLEJOHN, Alexander. *Free Speech and Its Relation to Self-Government*. New York: Harper & Brothers, 1948. p. 27. Disponível em: https://archive.org/details/in.ernet.dli.2015.84399/page/n43/mode/2up. Acesso em 17 ago. 2021.
[99] FISS, Owen M. Free Speech and Social Structure. *Iowa Law Rev.*, v. 71, p. 1405, 1985.
[100] FISS, Owen. *The Irony of Free Speech*. Cambridge: Harvard University Press, 1996. E-book Kindle. (Não paginado).
[101] HUTCHINSON, William T Hutchinson *et al.* (Eds.). Papers of James Madison. *U Virginia P*, v. 14, 1983 *apud*. BHAGWAT, Ashutosh; WEINSTEIN, James. Freedom of Expression and Democracy. *In*: STONE, Adrienne; SCHAUER, Frederick (Eds.). *Freedom of Speech*. United Kingdom: Oxford University Press, 2021. p. 82-105.

pública que pauta a atuação do governo no período entre eleições; e (iii) informa os representantes sobre as visões do eleitorado.[102]

Porém, a liberdade de expressão também exerce um papel legitimador fundamental. A legitimidade política existe quando há reconhecimento popular de que a entidade que exerce autoridade política tem o direito de fazê-lo e, portanto, pode justificadamente demandar obediência de seus cidadãos.[103] Nesse cenário, a possibilidade de participação isonômica de todos os cidadãos no processo político, tanto pelo exercício do voto de maneira informada, quanto pelo exercício da sua liberdade de expressão para formação da opinião pública, serve o papel fundamental de legitimação do poder estatal. O adequado funcionamento do autogoverno pressupõe a confiança dos cidadãos de que as informações às quais têm acesso para exercer a sua soberania popular não tenham sido filtradas para produzir o resultado desejado por quem eventualmente tenha poder para exercer essa censura. Em outras palavras, a liberdade de expressão é um pressuposto de confiança no regime democrático: é preciso que os indivíduos confiem nos canais de comunicação e que a informação circule sem restrições. Só assim terão convicção de que as suas decisões foram tomadas de modo informado, sem manipulação por censores prévios. Restrições à liberdade de expressão deslegitimam o poder estatal para o grupo cujo discurso tenha sido censurado,[104] mas também para todos os demais, que viverão com a dúvida de saber se a opinião pública que se formou depois de um debate é efetivamente livre ou se foi manipulada por interferências prévias sobre as informações disponíveis.

Antes de concluir, é interessante registrar brevemente a diferença no peso atribuído à liberdade de expressão em diferentes modelos de democracia. O termo é utilizado para descrever uma variedade de modelos de organização estatal e, por isso, é possível identificar diferentes eixos ao longo dos quais os modelos de democracia variam. Dois deles merecem registro aqui, pela influência que têm sobre o papel atribuído à liberdade de expressão.

---

[102] BHAGWAT, Ashutosh; WEINSTEIN, James. Freedom of Expression and Democracy. *In*: STONE, Adrienne; SCHAUER, Frederick (Eds.). *Freedom of Speech*. United Kingdom: Oxford University Press, 2021. p. 82-105.

[103] BHAGWAT, Ashutosh; WEINSTEIN, James. Freedom of Expression and Democracy. *In*: STONE, Adrienne; SCHAUER, Frederick (Eds.). *Freedom of Speech*. United Kingdom: Oxford University Press, 2021. p. 82-105.

[104] BHAGWAT, Ashutosh; WEINSTEIN, James. Freedom of Expression and Democracy. *In*: STONE, Adrienne; SCHAUER, Frederick (Eds.). *Freedom of Speech*. United Kingdom: Oxford University Press, 2021. p. 82-105.

O primeiro deles classifica as democracias em substantivas ou procedimentais. Essas últimas, preocupam-se com a garantia dos procedimentos formais democráticos, como eleições periódicas e livres, sem ingressar em considerações qualitativas sobre os resultados desses procedimentos. Democracias substantivas, por outro lado, preocupam-se não apenas com os procedimentos formais, mas também com os resultados produzidos. Importam, portanto, considerações como a garantia da igualdade material para todos os grupos. Nesse contexto, democracias procedimentais tendem a valorizar a liberdade de expressão por si, a partir da percepção de que ela é essencial para a subsistência e legitimidade dos procedimentos formais democráticos. Democracias substantivas, por outro lado, tendem a permitir maior interferência do Estado sobre o discurso, com a finalidade de promover resultados substantivos específicos.[105]

A regulação do discurso de ódio é um campo em que essas distinções se apresentam de forma clara. Democracias procedimentais tendem a permitir esse tipo de manifestação, pressupondo que restrições ao discurso excluiriam alguns indivíduos da participação livre e igual no debate público e, consequentemente, teriam um impacto prejudicial sobre a legitimidade política.[106] Democracias substantivas, por sua vez, consideram que discursos que minam a tolerância, o respeito mútuo e a diversidade – como discursos racistas, homofóbicos ou misóginos – podem vir a ser regulados, não apenas porque não promovem esses objetivos substantivos, mas também porque silenciam vozes e excluem as vítimas da participação no debate público.[107]

O segundo eixo envolve a gradação entre democracias libertárias e militantes. O principal elemento que distingue essas categorias é a liberdade conferida ao discurso e às organizações que se opõem e ameaçam as próprias estruturas democráticas que viabilizam o autogoverno.[108] De uma ponta, democracias libertárias conferem proteções robustas também a esse tipo de discurso, permitindo a regulação apenas

---

[105] BHAGWAT, Ashutosh; WEINSTEIN, James. Freedom of Expression and Democracy. *In*: STONE, Adrienne; SCHAUER, Frederick (Eds.). *Freedom of Speech*. United Kingdom: Oxford University Press, 2021. p. 82-105.

[106] BHAGWAT, Ashutosh; WEINSTEIN, James. Freedom of Expression and Democracy. *In*: STONE, Adrienne; SCHAUER, Frederick (Eds.). *Freedom of Speech*. United Kingdom: Oxford University Press, 2021. p. 82-105.

[107] A título de exemplo: FISS, Owen. *The Irony of Free Speech*. Cambridge: Harvard University Press, 1996. E-book Kindle. (Não paginado).

[108] BHAGWAT, Ashutosh; WEINSTEIN, James. Freedom of Expression and Democracy. *In*: STONE, Adrienne; SCHAUER, Frederick (Eds.). *Freedom of Speech*. United Kingdom: Oxford University Press, 2021. p. 82-105.

a partir do ponto em que o discurso se converta em ameaça iminente de violência política.[109] O exemplo mais notável nesse espectro são os Estados Unidos, que, como mencionado, permitem discurso e associações fascistas e comunistas, que explicitamente defendam a subversão do regime democrático. Nos termos da jurisprudência americana, esse tipo de discurso só poderá ser regulado se ficar demonstrado que ele tem a *finalidade* e a *capacidade* de incitar ou de produzir atos ilegais iminentes.[110] Na outra ponta, as democracias militantes admitem restrições ao discurso ou à existência de grupos (por exemplo, partidos políticos) que ataquem as instituições democráticas, mesmo quando não houver risco iminente de violência política. E isso não apenas para proteger as democracias de potenciais ataques violentos, mas também para protegê-las da possibilidade de subversão por meios democráticos – como ocorreu, por exemplo, com a ascensão do partido nazista na Alemanha, em 1933, eleito por um processo eleitoral legítimo.[111]

1.1.4 A regulação da infraestrutura de comunicação

Embora a liberdade de expressão tenha sido historicamente percebida predominantemente como uma liberdade negativa, que impunha ao Estado um dever de abstenção, é certo que, na teoria e na prática, democracias reconheceram ocasionalmente a necessidade de uma atuação positiva do Estado para garantir isonomia no acesso aos meios de comunicação. Essas discussões – sobre como distribuir canais de televisão, frequências de rádio e outros recursos escassos de comunicação no geral – tinham como premissa a percepção de que o objetivo das telecomunicações não deve ser apenas o de promover eficiência econômica, mas também o de estruturar uma esfera pública de debate diversificada, protegida de monopólios privados.

---

[109] BHAGWAT, Ashutosh; WEINSTEIN, James. Freedom of Expression and Democracy. *In*: STONE, Adrienne; SCHAUER, Frederick (Eds.). *Freedom of Speech*. United Kingdom: Oxford University Press, 2021. p. 82-105.

[110] BHAGWAT, Ashutosh; WEINSTEIN, James. Freedom of Expression and Democracy. *In*: STONE, Adrienne; SCHAUER, Frederick (Eds.). *Freedom of Speech*. United Kingdom: Oxford University Press, 2021. p. 82-105.

[111] BHAGWAT, Ashutosh; WEINSTEIN, James. Freedom of Expression and Democracy. *In*: STONE, Adrienne; SCHAUER, Frederick (Eds.). *Freedom of Speech*. United Kingdom: Oxford University Press, 2021. p. 82-105.

Nesse sentido, no julgamento do caso Red Lion Broadcasting Co. *vs.* F.C.C.,[112] em 1969, a Suprema Corte americana analisou a constitucionalidade de exigências impostas pela Comissão Federal de Comunicações americana (Federal Communications Commission, *i.e.*, FCC) que determinavam que rádios e emissoras de televisão licenciadas para uso de frequências de transmissão discutissem assuntos de interesse público e, ao fazê-lo, assegurassem cobertura justa a cada lado da discussão. Na ocasião, a Corte reconheceu que "condicionar a concessão de licenças à apresentação de visões representativas da comunidade sobre assuntos controvertidos é consistente com os fins e propósitos dos dispositivos constitucionais que proíbem a restrição à liberdade de expressão e à liberdade de imprensa".[113]

No julgamento, a Suprema Corte americana explica que as frequências de transmissão constituíam um recurso escasso cujo uso precisaria ser regulado e racionalizado de forma centralizada pelo governo, sob pena de a disputa por frequências levar à "cacofonia de vozes conflitantes, nenhuma das quais poderia ser clara e previsivelmente ouvida".[114] Consequentemente, em 1927, foi criada a Comissão Federal de Rádio, com a finalidade de alocar as frequências entre os diferentes interessados, de uma forma que atendesse "a conveniência, o interesse ou a necessidade" públicos.[115] Até 1969, a empresa licenciada pela Comissão era obrigada a cobrir assuntos de interesse público de forma justa e a se abster de expressar as suas próprias opiniões pessoais. Posteriormente, a limitação à manifestação de opiniões pessoais foi superada e a doutrina evoluiu para manter apenas as duas primeiras determinações. A partir

---

[112] SUPREMA CORTE DOS ESTADOS UNIDOS. *Red Lion Broadcasting Co., Inc. v. FCC, 395 U.S. 367*. 09 jun. 1969. Disponível em: https://supreme.justia.com/cases/federal/us/395/367/. Acesso em 06 set. 2021.

[113] No original: "To condition the granting or renewal of licenses on a willingness to present representative community views on controversial issues is consistent with the ends and purposes of those constitutional provisions forbidding the abridgment of freedom of speech and freedom of the press" (SUPREMA CORTE DOS ESTADOS UNIDOS. *Red Lion Broadcasting Co., Inc. v. FCC, 395 U.S. 367*. 09 jun. 1969. Disponível em: https://supreme.justia.com/cases/federal/us/395/367/. Acesso em 06 set. 2021).

[114] No original: "It quickly became apparent that broadcast frequencies constituted a scarce resource whose use could be regulated and rationalized only by the Government. Without government control, the medium would be of little use because of the cacaphony of competing voices, none of which could be clearly and predictably heard" (SUPREMA CORTE DOS ESTADOS UNIDOS. *Red Lion Broadcasting Co., Inc. v. FCC, 395 U.S. 367*. 09 jun. 1969. Disponível em: https://supreme.justia.com/cases/federal/us/395/367/. Acesso em 06 set. 2021).

[115] SUPREMA CORTE DOS ESTADOS UNIDOS. *Red Lion Broadcasting Co., Inc. v. FCC, 395 U.S. 367*. 09 jun. 1969. Disponível em: https://supreme.justia.com/cases/federal/us/395/367/. Acesso em 06 set. 2021.

de 1969, portanto, a FCC impunha duas obrigações aos licenciados para frequências de rádio e de transmissão na televisão, política conhecida como *fairness doctrine*: (i) cobrir adequadamente assuntos públicos; e (ii) fazer isso de uma forma que reflita com precisão as visões contrapostas.

No caso concreto julgado pela Suprema Corte em 1969, os requerentes questionavam a constitucionalidade dessa doutrina, alegando que ela violava a sua liberdade de expressão e de imprensa,[116] que supostamente protegeria o seu interesse de alocar as suas frequências de transmissão da forma como desejassem, inclusive para excluir determinados discursos. A Suprema Corte, no entanto, destacou que a liberdade de expressão não assegura a ninguém o direito de monopolizar meios de comunicação. Por isso, tendo em vista a escassez das frequências de rádio, aqueles que recebem a licença não teriam o direito constitucional de excluir outros pontos de vista. Assim, não haveria nenhuma vedação a que o governo exigisse que o licenciado apresentasse visões e vozes representativas da comunidade que, sem acesso àquele meio escasso, não teriam oportunidade de exercer a sua liberdade de expressão. Segundo a Corte, "*é o direito dos telespectadores e ouvintes, não dos emissores, que é primordial*".[117] A Corte destacou, ainda, que

> o propósito da Primeira Emenda é preservar um mercado desinibido de ideias no qual a verdade prevalece, e não o de apoiar a monopolização desse mercado, seja pelo próprio governo, seja por um licenciado privado. (...) É o direito do povo de ter acesso adequado a ideias e experiências sociais, políticas, estéticas, morais e outras que é crucial aqui.[118]

---

[116] SUPREMA CORTE DOS ESTADOS UNIDOS. *Red Lion Broadcasting Co., Inc. v. FCC, 395 U.S. 367.* 09 jun. 1969. Disponível em: https://supreme.justia.com/cases/federal/us/395/367/. Acesso em 06 set. 2021.

[117] No original: "The First Amendment is relevant to public broadcasting, but it is the right of the viewing and listening public, and not the right of the broadcasters, which is paramount" (SUPREMA CORTE DOS ESTADOS UNIDOS. *Red Lion Broadcasting Co., Inc. v. FCC, 395 U.S. 367.* 09 jun. 1969. Disponível em: https://supreme.justia.com/cases/federal/us/395/367/. Acesso em 06 set. 2021).

[118] No original: "It is the purpose of the First Amendment to preserve an uninhibited marketplace of ideas in which truth will ultimately prevail, rather than to countenance monopolization of that market, whether it be by the Government itself or a private licensee. *Associated Press v. United States*, 326 U. S. 1, 326 U. S. 20 (1945); *New York Times Co. v. Sullivan*, 376 U. S. 254, 376 U. S. 270 (1964); *Abrams v. United States*, 250 U. S. 616, 250 U. S. 630 (1919) (Holmes, J., dissenting). "[S]peech concerning public affairs is more than self-expression; it is the essence of self-government". *Garrison v. Louisiana*, 379 U. S. 64, 379 U. S. 74-75 (1964). *See* Brennan, The Supreme Court and the Meiklejohn Interpretation of the First Amendment, 79 Harv.L.Rev. 1 (1965). It is the right of the public to receive suitable access to social, political, esthetic, moral, and other ideas and experiences which is crucial here. That right may not constitutionally be abridged either by Congress or by the FCC" (SUPREMA CORTE DOS ESTADOS UNIDOS. *Red Lion Broadcasting Co., Inc. v. FCC, 395 U.S. 367.* 09 jun. 1969. Disponível em: https://supreme.justia.com/cases/federal/us/395/367/. Acesso em 06 set. 2021).

Como se vê, a Suprema Corte destacou que as obrigações impostas pela *fairness doctrine* não seriam inconsistentes com o objetivo da Primeira Emenda de produzir um público informado e capaz de se autogovernar. Do contrário, os titulares das estações e algumas poucas empresas teriam o poder irrestrito de alocar espaço apenas àqueles dispostos a pagar mais por isso ou de comunicar apenas as suas visões sobre assuntos públicos, pessoas e candidatos. Ocorre que, como destacado no julgamento, "não há nenhum santuário na Primeira Emenda para a censura privada ilimitada operando por um meio que não é aberto a todos. A liberdade de imprensa da intervenção governamental não sanciona a repressão dessa liberdade por interesses privados".[119]

Contudo, em outro julgamento, em 1974, a Suprema Corte rejeitou a extensão da *fairness doctrine* a jornais impressos, entendendo que esse meio de comunicação não dependeria de recursos escassos e, portanto, a extensão da jurisprudência violaria a liberdade editorial dos jornais ao obrigá-los a cobrir determinado assunto ou a usar espaço impresso para exercício do direito de resposta.[120] A Corte destacou que o precedente do Red Lion tinha como fundamento o fato de que as licenças para uso das frequências de rádio representavam uma distribuição de um recurso escasso pelo governo, o que justificaria a exigência de que a transmissão se desse com fundamento no interesse público. O caso dos jornais, no entanto, foi considerado distinto pela Corte: não se trata de licenciamento de um recurso escasso, já que, ao menos em teoria, um número ilimitado de jornais poderia coexistir a qualquer tempo. Embora as partes que defendiam a constitucionalidade da exigência tenham alegado que, na prática, barreiras econômicas limitam o número de jornais disponíveis, a Corte destacou que "uma imprensa responsável é indubitavelmente um objetivo desejável, mas a responsabilidade da imprensa não é ordenada pela Constituição e, como muitas outras virtudes, não pode ser imposta por legislação".[121]

---

[119] SUPREMA CORTE DOS ESTADOS UNIDOS. *Red Lion Broadcasting Co., Inc. v. FCC, 395 U.S. 367*. 09 jun. 1969. Disponível em: https://supreme.justia.com/cases/federal/us/395/367/. Acesso em 06 set. 2021.

[120] SUPREMA CORTE DOS ESTADOS UNIDOS. *Miami Hearld Publishing Co. v. Tornillo, 418 U.S. 241*. 25 jun. 1974. Disponível em: https://supreme.justia.com/cases/federal/us/418/241/#tab-opinion-1950903. Acesso em 06 set. 2021.

[121] No original: "A responsible press is an undoubtedly desirable goal, but press responsibility is not mandated by the Constitution, and, like many other virtues, it cannot be legislated" (SUPREMA CORTE DOS ESTADOS UNIDOS. *Miami Hearld Publishing Co. v. Tornillo, 418 U.S. 241*. 25 jun. 1974. Disponível em: https://supreme.justia.com/cases/federal/us/418/241/#tab-opinion-1950903. Acesso em 06 set. 2021).

Na ocasião, a Corte também destacou que, ao contrário do que ocorria com os licenciados para uso das frequências de rádio, os jornais não atuavam como meros receptores passivos ou meios de transmissão, mas efetivamente exerciam controle editorial do material e do tratamento a ser dispensado a temas de interesse público. Por isso, a obrigação de que cobrissem determinados assuntos ou cedessem espaço para respostas caracterizaria violação à sua liberdade editorial.

Em 1987, embora o precedente de Red Lion ainda estivesse em vigor, a FCC revogou a *fairness doctrine*, destacando que ela (i) aparentemente violava a liberdade de expressão dos meios de transmissão; (ii) tinha um efeito silenciador sobre o discurso, pois os meios de comunicação prefeririam cobrir menos conteúdo controvertido, do que correr o risco de aplicação de sanções por não terem apresentado todos os pontos de vista pertinentes; e (iii) não era mais necessária, considerando o aumento de competição entre diferentes meios de comunicação em massa.[122]

Em 1994, a Suprema Corte americana julgou a constitucionalidade de lei federal que exigia que os sistemas de televisão a cabo dedicassem uma porção dos seus canais, gratuitamente, a estações locais - comerciais e públicas - transmitidas por antena.[123] A justificativa era a de que os operadores dos sistemas de TV a cabo tinham monopólio efetivo sobre a prestação do serviço, em razão de concessões locais e do alto custo para construção de mais de um sistema de infraestrutura. Essas leis eram chamadas de "must-carry" – em tradução literal, "deve carregar" – pois obrigavam as empresas proprietárias da infraestrutura dos cabos a alocarem determinados canais para estações específicas.

A decisão da Suprema Corte começa destacando as diferenças entre a tecnologia a cabo e a tecnologia de transmissão por frequência: primeiro, a tecnologia por cabo elimina a interferência de sinal ocasionalmente encontrada na transmissão por frequência; e, segundo, permite a transmissão de um número muito maior de canais, oferecendo uma variedade de programação muito mais ampla. A indústria da televisão a cabo inclui tanto os operadores dos cabos – que são proprietários da rede física dos cabos e levam o sinal ao telespectador – e os programadores –

---

[122] PICKARD, Victor. The Fairness Doctrine won't solve our problems – but it can foster needed debate. *Washington Post*, 4 fev. 2021. Disponível em: https://www.washingtonpost.com/outlook/2021/02/04/fairness-doctrine-wont-solve-our-problems-it-can-foster-needed-debate/. Acesso em 06 set. 2021.

[123] SUPREMA CORTE DOS ESTADOS UNIDOS. *Turner Broadcasting System, Inc. v. FCC*, 512 U.S. 622. 27 jun. 1994. Disponível em: https://supreme.justia.com/cases/federal/us/512/622/. Acesso em 06 set. 2021.

que produzem os programas de televisão e vendem ou licenciam os programas aos operadores. Uma vez que o operador dos cabos tenha selecionado as suas fontes de programação, o seu sistema funciona, em essência, como um meio de transmissão para o discurso de terceiros, transmitindo o material aos telespectadores sem exercer nenhum controle editorial. Os operadores dos cabos cobram dos telespectadores um valor mensal pelo direito de receber a programação e selecionam, eles próprios, os canais que serão transmitidos.

Ao reconhecer a constitucionalidade da exigência de que os operadores dos cabos dedicassem alguns canais a programadores locais, a Suprema Corte concluiu que esses operadores, que têm o monopólio sobre a infraestrutura de comunicação por cabos, exercem um controle de mercado que dá a eles o poder de prejudicar os canais gratuitos transmitidos por antena. Entendeu, assim, que os operadores dos sistemas de televisão a cabo estão no meio do caminho entre jornais e meros transmissores: por um lado, disponibilizam a infraestrutura que permite a conexão aos canais; por outro lado, fazem uma seleção dos canais a serem disponibilizados na sua infraestrutura e poderiam inviabilizar a transmissão de canais gratuitos por antena. Assim, a Corte considerou que uma regulação, desde que neutra quanto ao conteúdo, poderia minimizar essa vantagem econômica das empresas de televisão a cabo, nivelar o jogo e permitir que todos tenham acesso à programação gratuita. Mais uma vez, destacou que "o comando da Primeira Emenda de que o governo não limite a liberdade de expressão não o impede de adotar as medidas necessárias para garantir que interesses privados não limitem, pelo controle físico de meios críticos de comunicação, o livre fluxo de informação e ideias".[124] A Corte destacou, ainda, que "a garantia de que o público tenha acesso a uma multiplicidade de fontes de informação é um propósito governamental de primeira ordem, pois promove valores centrais da Primeira Emenda". Assim, a Corte reconheceu a constitucionalidade da regra, destacando que ela atende a um relevante interesse governamental de proteger emissoras locais e não restringe substancialmente mais discurso do que o necessário para promover esse interesse.

---

[124] No original: The First Amendment's command that government not impede the freedom of speech does not disable the government from taking steps to ensure that private interests not restrict, through physical control of a critical pathway of communication, the free flow of information and ideas (SUPREMA CORTE DOS ESTADOS UNIDOS. *Turner Broadcasting System, Inc. v. FCC*, 512 U.S. 622. 27 jun. 1994. Disponível em: https://supreme.justia.com/cases/federal/us/512/622/. Acesso em 06 set. 2021).

De forma ainda mais nítida no Brasil, o art. 220, §5º da Constituição Federal estabelece que os meios de comunicação social não podem, direta ou indiretamente, ser objeto de monopólio ou oligopólio. Em sentido semelhante, o art. 221 estabelece que a produção e a programação das emissoras de rádio e televisão atenderão aos princípios de: (i) preferência a finalidades educativas, artísticas, culturais e informativas; (ii) promoção da cultura nacional e regional e estímulo à produção independente que objetive sua divulgação; (iii) regionalização da produção cultural, artística e jornalística; e (iv) respeito aos valores éticos e sociais da pessoa e da família. Embora a interpretação dos referidos dispositivos deva ser restritiva, sob pena de representarem uma restrição desproporcional à liberdade de iniciativa e de expressão dos meios de comunicação social ou de permitirem uma atuação dirigista do Estado nesse campo, é certo que eles evidenciam uma preocupação constitucional em garantir mecanismos suficientes para a promoção da pluralidade e a formação informada da consciência.

Sintomaticamente, o STF, ao analisar previsões do Marco Regulatório da Televisão por Assinatura, reconheceu a constitucionalidade dos dispositivos que previam obrigação de exibição de conteúdo nacional, restrições à propriedade cruzada entre os setores de radiodifusão e de telecomunicações, bem como a vedação à verticalização da cadeia de valor do audiovisual.[125] Destacando que o objetivo do Congresso nacional com os referidos dispositivos não foi o de restringir a competição, mas sim promovê-la, evitando que agentes econômicos dotados de significativo poder de mercado pudessem dominar o setor e, ao final, aniquilar a livre concorrência, a Corte reconheceu que os dispositivos realizam "a dimensão objetiva do direito fundamental à liberdade de expressão e de informação, no que tem destaque o papel promocional do Estado no combate à concentração do poder comunicativo". Por isso, os dispositivos representam uma "restrição pontual à liberdade de *iniciativa de* alguns (...) em proveito da liberdade de iniciativa de todos os demais players do segmento e, a fortiori, do hígido funcionamento daquele setor". O voto do Relator, Min. Luiz Fux, destacou que a concorrência imperfeita tem desdobramentos nocivos sobre o direito à liberdade de expressão e à liberdade de informação.

Como se vê, tanto nos Estados Unidos, quanto no Brasil, já se reconheceu que a concentração econômica dos meios de comunicação deve ser considerada uma ameaça ao livre mercado de ideias. Por isso,

---

[125] STF, *j.* 08 nov. 2017, ADI nº 4679, Rel. Min. Luiz Fux.

podem vir a justificar "uma postura não meramente passiva do Estado na regulação (...) viabilizando (e porque não dizer reclamando) verdadeira atuação positiva do Poder Público na promoção dos valores constitucionais pertinentes ao setor".[126] Embora o mercado das plataformas digitais seja diverso do setor de televisão, rádio e jornais, as premissas desses precedentes podem direcionar, em algum grau, as propostas de regulação das plataformas digitais. Com efeito, embora não se trate de licenciamento de recursos escassos pelo governo, propriedade cruzada de meios de comunicação ou verticalização de uma cadeia, o mercado digital confere às principais plataformas uma posição de oligopólio que pode justificar algum tipo de regulação positiva. O ponto será retomado em capítulo específico.

1.2 O Direito internacional

Os tratados e convenções internacionais sobre direitos humanos também consagram a liberdade de expressão como um direito fundamental, textualmente reconhecendo o direito de todos de cultivar opiniões sem interferências e de buscar, receber ou compartilhar informações e ideias de qualquer tipo. Nesse sentido, a Declaração Universal de Direitos Humanos dispõe, em seu artigo 19, que "todo ser humano tem direito à liberdade de opinião e expressão; esse direito inclui a liberdade de, sem interferência, ter opiniões e de procurar, receber e transmitir informações e ideias por quaisquer meios e independentemente de fronteiras".[127]

O Pacto Internacional de Direitos Civis e Políticos (PIDCP), por sua vez, reconhece, também em seu artigo 19, que: (i) ninguém poderá ser molestado por suas opiniões; (ii) toda pessoa terá o direito à liberdade de expressão, o que inclui "a liberdade de procurar, receber e difundir informações e ideias de qualquer natureza, independentemente de fronteiras, verbalmente ou por escrito, de forma impressa ou artística, ou por qualquer meio de sua escolha"; e (iii) o exercício da liberdade de expressão poderá estar sujeito a certas restrições, desde que expressamente previstas em lei, e apenas quando forem necessárias para (a) assegurar o respeito dos direitos e da reputação das demais

---

[126] STF, j. 08 nov. 2017, ADI nº 4679, Rel. Min. Luiz Fux.
[127] Cf.: Declaração Universal dos Direitos Humanos, artigo 19. *UNICEF*, [s.d]. Disponível em: https://www.unicef.org/brazil/declaracao-universal-dos-direitos-humanos. Acesso em 01 fev. 2021.

pessoas; ou (b) proteger a segurança nacional, a ordem, a saúde ou a moral pública.[128]

Quanto à possibilidade de restrição da liberdade de expressão com fundamento no respeito aos direitos e à reputação das demais pessoas, o Conselho de Direitos Humanos das Nações Unidas esclareceu que, em situações de debate público em sociedades democráticas, especialmente na mídia e envolvendo figuras do espaço político, o valor alocado pelo Pacto à expressão livre é particularmente elevado.[129] Nesses casos, o simples fato de manifestações serem consideradas ofensivas não é suficiente para justificar a imposição de penalidades. Figuras públicas, inclusive aquelas que exerçam os cargos mais altos de autoridade política, devem, nos termos do direito internacional, estar sujeitas a críticas e à oposição política,[130] ainda que dura ou veemente.

O Comentário Geral nº 34 das Nações Unidas sobre o artigo 19 do PIDCP fornece importantes diretrizes sobre o escopo atribuído à liberdade de expressão no plano internacional.[131] De forma específica, o documento destaca que as liberdades de opinião e expressão são condições indispensáveis para o pleno desenvolvimento das pessoas e constituem elementos fundacionais de toda sociedade livre e democrática, protegendo, inclusive, manifestações ofensivas ou duras. Destaca, ainda, que além de serem condições necessárias para a transparência

---

[128] Pacto Internacional de Direitos Civis e Políticos, artigo 19: "1. Ninguém será molestado por suas opiniões. 2. Toda pessoa terá direito à liberdade de expressão; esse direito incluirá a liberdade de procurar, receber e difundir informações e ideias de qualquer natureza, independentemente de considerações de fronteiras, verbalmente ou por escrito, em forma impressa ou artística, ou por qualquer outro meio de sua escolha. 3. O exercício do direito previsto no parágrafo 2 do presente artigo implicará deveres e responsabilidades especiais. Consequentemente, poderá estar sujeito a certas restrições, que devem, entretanto, ser expressamente previstas em lei e que se façam necessárias para: a) assegurar o respeito dos direitos e da reputação das demais pessoas; b) proteger a segurança nacional, a ordem, a saúde ou a moral públicas". (Cf.: Pacto Internacional de Direitos Civis e Políticos. OEA, [s.d]. Disponível em: https://www.oas.org/pt/cidh/expressao/jurisprudencia/sistema_universal.asp. Acesso 15 set. 2021).

[129] "The Committee observes, moreover, that in circumstances of public debate in a democratic society, especially in the media, concerning figures in the political domain, the value placed by the Covenant upon uninhibited expression is particularly high" (HUMAN RIGHTS COMMITTEE. *Views*: communication No 1180/2003. 31 Oct. 2005; UN Doc CCPR/C/85/D/1180/2003 (*Bodrožic v Serbia and Montenegro*) [7.2]). Disponível em: http://www.worldcourts.com/hrc/eng/decisions/2005.10.31_Bodrozic_v_Serbia_and_Montenegro.htm. Acesso em 27 set. 2021).

[130] HUMAN RIGHTS COMMITTEE. *General Comment No. 34*. 12 set. 2011. UN Doc CCPR/C/GC/34. Disponível em: https://www2.ohchr.org/english/bodies/hrc/docs/gc34.pdf. Acesso em 17 nov. 2021.

[131] HUMAN RIGHTS COMMITTEE. *General Comment No. 34*. 12 set. 2011. UN Doc CCPR/C/GC/34. Disponível em: https://www2.ohchr.org/english/bodies/hrc/docs/gc34.pdf. Acesso em 17 nov. 2021.

e accountability, que permitem a proteção de direitos humanos, são também liberdades meio para uma série de outros direitos fundamentais, como os de associação e de exercício do direito ao voto.

Quanto à restrição da liberdade de expressão, o comentário reitera a previsão do artigo 19, de que todas as hipóteses devem estar expressamente previstas em lei e só serão admitidas quando tiverem por finalidade promover um dos dois objetivos identificados no artigo, destacando que nenhum outro fundamento será considerado legítimo. Ademais, a restrição deve ser formulada de maneira suficientemente precisa e clara, de modo a permitir a um indivíduo que ajuste a sua conduta, e deve fornecer diretrizes para os encarregados de sua fiscalização. Deve, ainda, atender aos testes de necessidade e proporcionalidade – o que significa que deve demonstrar que as medidas restritivas são a forma menos intrusiva de promover a finalidade desejada.

Em resumo, no direito internacional, qualquer limitação à liberdade de expressão estará condicionada à observância dos seguintes princípios: (i) o da reserva legal, que só será atendido por leis que tenham sido aprovadas seguindo o devido processo e que limitem a discricionariedade governamental de forma a permitir a distinção com "precisão suficiente" entre discurso lícito e ilícito; (ii) os da necessidade e proporcionalidade, o que significa que o Estado precisará demonstrar que as restrições impõem o menor ônus possível ao exercício da liberdade de expressão e protegem o interesse legítimo do Estado que justificou a restrição; e (iii) o da legitimidade, que significa que qualquer restrição deve ter como fundamento a proteção dos interesses enumerados no artigo 19(3): os direitos ou a reputação de terceiros, a segurança nacional ou a ordem pública, e a saúde ou a moral pública.[132] Qualquer outro fundamento é considerado ilegítimo.

Quanto a leis de difamação, o Comentário destaca que elas devem ser cuidadosamente elaboradas, a fim de garantir que atendam aos requisitos estabelecidos no artigo 19 do PIDCP, e não permitam a sua aplicação de forma a enfraquecer a liberdade de expressão de cidadãos. De forma específica, para que sejam consideradas legítimas, devem conter exceção de aplicação para: (i) afirmações verdadeiras; (ii) manifestações que, pela sua natureza, não sejam passíveis de verificação; e (iii) alegações de interesse público. Em relação a comentários sobre figuras públicas, o Comentário recomenda que afirmações errôneas,

---

[132] HUMAN RIGHTS COMMITTEE. *Report of the Special Rapporteur on the promotion and protection of the right to freedom of opinion and expression.* 06 abr. 2018. UN Doc A/HRC/38/35. Disponível em: https://undocs.org/A/HRC/38/35. Acesso em 17 nov. 2021.

quando proferidas sem malícia, não ensejem punição. O Comentário Geral nº 34 também esclarece que leis que punem a expressão de opiniões sobre fatos históricos também serão consideradas incompatíveis com o PIDCP, que veda proibições genéricas à expressão de opiniões equivocadas ou a intepretações incorretas de eventos passados. Por fim, o Comentário também destaca que a prisão jamais deverá ser considerada uma medida legítima no campo da liberdade de expressão.

Quanto à internet, o Comentário Geral nº 34, que foi elaborado em 2011, observa apenas que quaisquer restrições ao funcionamento de *sites*, *blogs* ou outros meios de comunicação digitais só serão permissíveis na medida em que compatíveis com o disposto no artigo 19 do PIDCP: previstos em lei, para promover as finalidades especificadas e proporcionais. O Comentário reconhece, ainda, que influenciadores e usuários que publiquem conteúdo político de forma autônoma podem ser considerados jornalistas e, consequentemente, ser legalmente tratados como tal, disfrutando das proteções conferidas a esse grupo.[133]

Embora o artigo 19 do PIDCP seja o coração do sistema de proteção à liberdade de expressão do pacto, o artigo 20 também é relevante. O referido artigo especifica duas formas de expressão que *devem* ser limitadas: (i) propagandas de guerra; e (ii) qualquer defesa de ódio nacional, racial ou religioso que caracterize incitação à discriminação, hostilidade ou violência. Sobre esse dispositivo, o Conselho de Direitos Humanos das Nações Unidas já esclareceu que as restrições impostas com fundamento no artigo 20 devem, ainda assim, observar as exigências estipuladas no artigo 19: legalidade, interesses legítimos e proporcionalidade.

No mesmo sentido, a Convenção Internacional sobre a Eliminação de todas as Formas de Discriminação Racial obriga os Estados a reconhecerem como delitos puníveis por lei,

> qualquer difusão de ideias baseadas na superioridade ou ódio raciais, qualquer incitamento à discriminação racial, assim como quaisquer atos de violência ou provocação a tais atos, dirigidos contra qualquer raça ou qualquer grupo de pessoas de outra cor ou de outra origem técnica, como também qualquer assistência prestada a atividades racistas, inclusive seu financiamento.[134]

---

[133] HUMAN RIGHTS COMMITTEE. *General Comment No. 34*. 12 set. 2011. UN Doc CCPR/C/GC/34. Disponível em: https://www2.ohchr.org/english/bodies/hrc/docs/gc34.pdf. Acesso em 17 nov. 2021.

[134] Artigo IV, *a*. BRASIL. Decreto nº 65.810, de 8 de dezembro de 1969. Promulga a Convenção Internacional sobre a Eliminação de todas as Formas de Discriminação Racial. *Diário Oficial*

O Comitê para a Eliminação da Discriminação Racial já reconheceu que "medidas de monitoramento e combate ao discurso racista não devem ser usadas como pretexto para restringir a expressão de protesto contra injustiças, insatisfação social ou oposição".[135]

A Declaração Americana dos Direitos e Deveres do Homem,[136] a Carta Democrática Interamericana da Organização dos Estados Americanos[137] e a Convenção Americana sobre Direitos Humanos[138] também consagram a liberdade de expressão como um direito fundamental. De forma ainda mais protetiva, a Convenção Americana sobre Direitos Humanos, conhecida como Pacto de San José da Costa Rica, é expressa no sentido de que o direito à liberdade de expressão não se sujeita a censura prévia, mas apenas a responsabilidades ulteriores, que ainda assim devem estar expressamente previstas em lei.[139]

---

da União, Brasília, 10 dez. 1969. Disponível em: http://www.planalto.gov.br/ccivil_03/decreto/1950-1969/D65810.html. Acesso em 05 fev. 2021.

[135] UNITED NATIONS. Committee on the Elimination of Racial Discrimination. *General recommendation nº 35*. 26 set. 2013. UN Doc CERD/C/GC/35. Disponível em: https://www.refworld.org/docid/53f457db4.html. Acesso em 06 fev. 2021.

[136] Art. IV: Toda pessoa tem direito à liberdade de investigação, de opinião e de expressão e difusão do pensamento, por qualquer meio.

[137] Art. 4º: São componentes fundamentais do exercício da democracia a transparência das atividades governamentais, a probidade, a responsabilidade dos governos na gestão pública, o respeito dos direitos sociais e a liberdade de expressão e de imprensa.

[138] Art. 13: 1. Toda pessoa tem direito à liberdade de pensamento e de expressão. Esse direito compreende a liberdade de buscar, receber e difundir informações e ideias de toda natureza, sem consideração de fronteiras, verbalmente ou por escrito, ou em forma impressa ou artística, ou por qualquer outro processo de sua escolha. 2. O exercício do direito previsto no inciso precedente não pode estar sujeito a censura prévia, mas a responsabilidades ulteriores, que devem ser expressamente fixadas pela lei e ser necessárias para assegurar: a. o respeito aos direitos ou à reputação das demais pessoas; ou b. a proteção da segurança nacional, da ordem pública, ou da saúde ou da moral públicas. 3. Não se pode restringir o direito de expressão por vias ou meios indiretos, tais como o abuso de controles oficiais ou particulares de papel de imprensa, de frequências radioelétricas ou de equipamentos e aparelhos usados na difusão de informação, nem por quaisquer outros meios destinados a obstar a comunicação e a circulação de ideias e opiniões. 4. A lei pode submeter os espetáculos públicos a censura prévia, com o objetivo exclusivo de regular o acesso a eles, para proteção moral da infância e da adolescência, sem prejuízo do disposto no inciso 2. 5. A lei deve proibir toda propaganda a favor da guerra, bem como toda apologia ao ódio nacional, racial ou religioso que constitua incitação à discriminação, à hostilidade, ao crime ou à violência.

[139] Art. 13: 1. Toda pessoa tem direito à liberdade de pensamento e de expressão. Esse direito compreende a liberdade de buscar, receber e difundir informações e ideias de toda natureza, sem consideração de fronteiras, verbalmente ou por escrito, ou em forma impressa ou artística, ou por qualquer outro processo de sua escolha. 2. *O exercício do direito previsto no inciso precedente não pode estar sujeito a censura prévia, mas a responsabilidades ulteriores, que devem ser expressamente fixadas pela lei e ser necessárias para assegurar: a. o respeito aos direitos ou à reputação das demais pessoas; ou b. a proteção da segurança nacional, da ordem pública, ou da saúde ou da moral públicas*. 3. Não se pode restringir o direito de expressão por vias ou meios

O Conselho de Direitos Humanos das Nações Unidas, por sua vez, já enfatizou a importância da proteção reforçada "ao discurso político, a comentários sobre assuntos particulares ou de interesse público e a discussões sobre direitos humanos".[140] O *status* privilegiado conferido ao discurso político resultou em proteções robustas à dissidência política, incluindo críticas a políticos incumbentes e a chamadas para boicote a eleições. Em um caso específico, autoridades da Bielorrússia tentaram defender que a imposição de sanções administrativas pela convocação a boicote eleitoral seria necessária para proteger eleitores de intimidação. O Conselho, porém, embora tenha concordado que a intimidação e a coação de eleitores devem ser proibidas, enfatizou que "intimidação e coerção devem ser distinguidas do encorajamento para que eleitores boicotem eleições".[141] Em voto concorrente, Nigel Rodley enfatizou que "em qualquer sistema deve sempre ser assegurado a um indivíduo advogar pela não cooperação com um procedimento democrático cuja legitimidade aquele indivíduo pretenda questionar".

O Conselho também tem reiteradamente afirmado que restrições ao exercício da liberdade de expressão devem atender a um teste rígido de justificativa, recaindo sobre o Estado o ônus de demonstrar a necessidade das restrições impostas.[142] Justificativas especulativas são consideradas insuficientes, sendo necessária a demonstração específica e precisa da ameaça a qualquer um dos propósitos enumerados.[143] O Conselho também já afirmou que defesas da democracia multipartidária, dos princípios democráticos e de direitos humanos não poderão ser restringidos com fundamento na proteção dos direitos e da reputação

---

indiretos, tais como o abuso de controles oficiais ou particulares de papel de imprensa, de frequências radioelétricas ou de equipamentos e aparelhos usados na difusão de informação, nem por quaisquer outros meios destinados a obstar a comunicação e a circulação de ideias e opiniões. 4. A lei pode submeter os espetáculos públicos a censura prévia, com o objetivo exclusivo de regular o acesso a eles, para proteção moral da infância e da adolescência, sem prejuízo do disposto no inciso 2. 5. A lei deve proibir toda propaganda a favor da guerra, bem como toda apologia ao ódio nacional, racial ou religioso que constitua incitação à discriminação, à hostilidade, ao crime ou à violência.

[140] HUMAN RIGHTS COMMITTEE. *Views*: communication No 2627/2015. 7 Nov. 2017. UN Doc CCPR/C/121/D/2627/2015. (*Reyes and others v Chile*), [7.3].

[141] HUMAN RIGHTS COMMITTEE. *Views*: communication No 927/2000. 8 Jul. 2004. UN Doc CCPR/C/81/D/927/2000. (*Svetik v Belarus*) [7.3].

[142] HAMILTON, Michael. Freedom of Speech in International Law. *In*: STONE, Adrienne; SCHAUER, Frederick (Eds.). *Freedom of Speech*. United Kingdom: Oxford University Press, 2021. p. 193-212.

[143] HAMILTON, Michael. Freedom of Speech in International Law. *In*: STONE, Adrienne; SCHAUER, Frederick (Eds.). *Freedom of Speech*. United Kingdom: Oxford University Press, 2021. p. 193-212.

das demais pessoas ou da proteção da segurança nacional, da ordem, da saúde ou da moral pública.[144]

Por outro lado, e mais recentemente, o Conselho também já suscitou preocupações de que a internet e plataformas digitais podem contribuir para a disseminação de discurso de ódio.[145] De forma ainda mais relevante, o relatório da Missão Internacional Independente de Apuração dos Fatos em Myanmar destacou o papel "significativo" das redes sociais na disseminação de "linguagem desumanizante e estigmatizante contra os Royingya" e classificou a atuação do Facebook como "lenta e ineficiente".[146]

Em outubro de 2012, impulsionado em grande medida pela hostilidade dirigida a imigrantes em diversos países, foi adotado o Plano de Ação de Rabat, que dispõe sobre a proibição ao discurso de ódio nacional, racial ou religioso que caracterize incitação à discriminação, hostilidade ou violência.[147] Dentre as diversas medidas explicitadas no Pacto, ele também dispõe sobre os fatores contextuais a serem considerados na qualificação de determinado discurso como incitação ao ódio sujeito à punição legal. São eles: (i) a forma e o conteúdo do discurso, incluindo considerações sobre o grau em que ele foi provocativo e direto, bem como o estilo e a natureza dos argumentos; (ii) o contexto econômico, social e político; (iii) a posição ou o *status* do orador, especificamente a sua posição no contexto do público a quem o discurso é dirigido; (iv) o alcance do discurso, incluindo considerações sobre a sua natureza pública ou privada, o tamanho do seu público e os meios utilizados para divulgação; (v) a intenção do orador de incitar ou defender o ódio; e (vi) a probabilidade, incluindo a iminência, de que o discurso cause atos de violência. Não precisa ser cometida nenhuma ação com fundamento no discurso, mas é preciso demonstrar uma probabilidade razoável de que ele conseguisse incitar uma ação real contra o grupo-alvo.

---

[144] HAMILTON, Michael. Freedom of Speech in International Law. *In*: STONE, Adrienne; SCHAUER, Frederick (Eds.). *Freedom of Speech*. United Kingdom: Oxford University Press, 2021. p. 204.

[145] HUMAN RIGHTS COMMITTEE. Concluding Observations on the Fifth Periodic Report of Austria. 3 Dec. 2015. UN Doc CCPR/C/AUT/CO/5, [15].

[146] HUMAN RIGHTS COMMITTEE. *Report of the Independent International Fact-Finding Mission on Myanmar*. 12 Sep. 2018. Un Doc A/HRC/39/64, [73] apud. HAMILTON, Michael. Freedom of Speech in International Law. *In*: STONE, Adrienne; SCHAUER, Frederick (Eds.). *Freedom of Speech*. United Kingdom: Oxford University Press, 2021. p. 193-212.

[147] HUMAN RIGHTS COMMITTEE. *Annual report of the United Nations High Commissioner for Human Rights*. 11 jan. 2013. UN Doc A/HRC/22/17/Add.4. Disponível em: https://www.ohchr.org/Documents/Issues/Opinion/SeminarRabat/Rabat_draft_outcome.pdf. Acesso em 09 out. 2021.

O Comitê para a Eliminação da Discriminação Racial já afirmou que "a relação entre a vedação do discurso de ódio racista e o florescimento da liberdade de expressão devem ser enxergados como complementares".[148] Em aparente contradição com a recomendação do Conselho de Direitos Humanos da ONU, no sentido de que leis que punem a expressão de opiniões sobre fatos históricos são incompatíveis com o PIDCP, o Comitê para Eliminação da Discriminação Racial recomenda que "refutações públicas ou tentativas de justificar genocídios ou crimes contra a humanidade, como definidos no direito internacional, devem ser consideradas ofensas puníveis em lei, tendo em vista que elas claramente caracterizam incitação à violência ou ódio racial".[149]

Em resumo, o escopo da liberdade de expressão no direito internacional é tradicionalmente amplo. Embora haja uma priorização do discurso político, o direito internacional pretende oferecer proteção também para discurso ofensivo e até mesmo difamação religiosa.[150] Não obstante, como destaca Michael Hamilton, o direito internacional, tal como cortes domésticas, começa a se deparar com dificuldades para manter a teoria compatível com as mudanças no cenário de exercício desse direito fundamental, notadamente a proliferação de conteúdo produzido por usuários na internet e a saturação da audiência pela quantidade de informação disponível. O autor sugere, portanto, que o paradigma clássico de proteção da liberdade de expressão – contra o Estado – deve ceder a uma matriz mais complexa de responsabilidade, que reconheça o papel fundamental de outros atores institucionais, como as plataformas digitais.[151]

---

[148] UNITED NATIONS. Committee on the Elimination of Racial Discrimination. *General recommendation nº 35*. 26 set. 2013. UN Doc CERD/C/GC/35. Disponível em: https://www.refworld.org/docid/53f457db4.html. Acesso em 06 fev. 2021 *apud*. HAMILTON, Michael. Freedom of Speech in International Law. *In*: STONE, Adrienne; SCHAUER, Frederick (Eds.). *Freedom of Speech*. United Kingdom: Oxford University Press, 2021. p. 193-212.

[149] HAMILTON, Michael. Freedom of Speech in International Law. *In*: STONE, Adrienne; SCHAUER, Frederick (Eds.). *Freedom of Speech*. United Kingdom: Oxford University Press, 2021. p. 193-212.

[150] HAMILTON, Michael. Freedom of Speech in International Law. *In*: STONE, Adrienne; SCHAUER, Frederick (Eds.). *Freedom of Speech*. United Kingdom: Oxford University Press, 2021. p. 193-212.

[151] HAMILTON, Michael. Freedom of Speech in International Law. *In*: STONE, Adrienne; SCHAUER, Frederick (Eds.). *Freedom of Speech*. United Kingdom: Oxford University Press, 2021. p. 193-212.

1.3 O ordenamento jurídico brasileiro: a Constituição, o Supremo Tribunal Federal e os Tribunais Estaduais

Tal como no direito internacional, poucos direitos fundamentais foram tão privilegiados pela Constituição Federal de 1988 quanto as liberdades de expressão, informação e imprensa. No art. 5º, reconhece-se: (i) a livre manifestação do pensamento, sendo vedado o anonimato (inciso IV); (ii) a livre expressão da atividade intelectual, artística, científica e de comunicação, independentemente de censura ou licença (inciso IX); e (iii) o direito de acesso à informação (inciso XIV). O inciso V do mesmo artigo, por sua vez, contempla o direito de resposta, proporcional ao agravo, e a indenização por dano material, moral ou à imagem, como formas de reparação em caso de excesso no exercício das liberdades de expressão e de informação. Mais adiante, o art. 220 da Constituição proíbe qualquer restrição à manifestação do pensamento, criação, expressão e informação, sob qualquer forma, processo ou veículo. Em seu parágrafo 1º, reforça que "nenhuma lei conterá dispositivo que possa constituir embaraço à plena liberdade de informação jornalística em qualquer veículo de comunicação social" e, no parágrafo 2º, que "*é vedada toda e qualquer censura de natureza política, ideológica e artística*". Ainda no art. 220, o §6º também estabelece que "a publicação de veículo impresso de comunicação independe de licença de autoridade".

Ademais, o art. 220, §5º estabelece que os meios de comunicação social não podem, direta ou indiretamente, ser objeto de monopólio ou oligopólio. Em sentido semelhante, o art. 221 estabelece que a produção e a programação das emissoras de rádio e televisão atenderão aos princípios de: (i) preferência a finalidades educativas, artísticas, culturais e informativas; (ii) promoção da cultura nacional e regional e estímulo à produção independente que objetive sua divulgação; (iii) regionalização da produção cultural, artística e jornalística; e (iv) respeito aos valores éticos e sociais da pessoa e da família. Embora a interpretação dos referidos dispositivos deva ser restritiva, sob pena de representarem uma restrição desproporcional à liberdade de iniciativa e de expressão dos meios de comunicação social ou de permitirem uma atuação dirigista do Estado nesse campo, é certo que eles evidenciam uma preocupação constitucional em garantir mecanismos suficientes para a promoção da pluralidade e a formação informada da consciência.

A partir desse conjunto de dispositivos, é possível extrair três conclusões relevantes acerca da proteção constitucional conferida à liberdade de expressão:

Em primeiro lugar, a Constituição atribui à liberdade de expressão uma dupla dimensão: (i) a individual, que corresponde ao direito de cada indivíduo de se manifestar livremente, como corolário da sua dignidade humana e autonomia individual; e (ii) a dimensão coletiva, que corresponde ao direito da coletividade de ter acesso à informação e às manifestações de terceiros.

Em segundo lugar, e de forma complementar, a Constituição também desdobra a liberdade de expressão *lato sensu* em três liberdades específicas:[152] (i) a liberdade de expressão *stricto sensu*, que, na sua dimensão individual, corresponde ao direito de todos os indivíduos de externarem ideias, opiniões, juízos de valor, ou qualquer outra forma de manifestação do pensamento humano e, na sua dimensão coletiva, ao direito de todos de terem acesso às manifestações do pensamento de terceiros;[153] (ii) a liberdade de informação, que corresponde ao direito individual de comunicar *fatos* e ao direito coletivo de ser deles informado;[154] e (iii) a liberdade de imprensa, que corresponde ao direito dos meios de comunicação social de exteriorizarem fatos e acontecimentos, mas também ideias, opiniões e manifestações – ou seja, corresponde ao direito dos meios de comunicação social de, com especial proteção, exercerem a sua *liberdade de expressão stricto senso* e a sua *liberdade de informação*.

Aqui, vale o registro de que a distinção entre *liberdade de expressão stricto senso* e *liberdade de informação* está no fato de que, na primeira, trata-se de manifestações de pensamento – como opiniões e juízos de valor –, enquanto, na segunda, trata-se de comunicações de fato. A liberdade de informação, portanto, tutela principalmente o interesse da coletividade de ter acesso a informações verídicas e imparciais, permitindo que participem do debate público e tomem decisões individuais informadas. A distinção é pertinente pelo interesse prático de identificar os diferentes requisitos exigíveis no exercício de cada uma dessas liberdades, bem como as diferentes possibilidades de restrição.[155]

---

[152] OSÓRIO, Aline. *Direito eleitoral e liberdade de expressão*. Belo Horizonte: Fórum, 2017. p. 44.

[153] BARROSO, Luís Roberto. Colisão entre liberdade de expressão e Direitos da personalidade. Critérios de ponderação. Interpretação Constitucionalmente adequada do Código Civil e da Lei de Imprensa. *Revista de Direito Administrativo*, v. 235, p. 1-36, 2001. p. 18. Disponível em: https://doi.org/10.12660/rda.v235.2004.45123. Acesso em 30 ago. 2021.

[154] BARROSO, Luís Roberto. Colisão entre liberdade de expressão e Direitos da personalidade. Critérios de ponderação. Interpretação Constitucionalmente adequada do Código Civil e da Lei de Imprensa. *Revista de Direito Administrativo*, v. 235, p. 1-36, 2001. p. 18. Disponível em: https://doi.org/10.12660/rda.v235.2004.45123. Acesso em 30 ago. 2021.

[155] BARROSO, Luís Roberto. Colisão entre liberdade de expressão e Direitos da personalidade. Critérios de ponderação. Interpretação Constitucionalmente adequada do Código Civil e

Ou seja: haverá exercício da liberdade de informação quando a finalidade da manifestação seja a comunicação de fatos noticiáveis, suscetíveis de prova. O mesmo não ocorrerá quando a expressão veicular pensamentos, ideias, opiniões ou juízos de valor que, pela sua natureza abstrata, não se prestam a uma demonstração de exatidão. Assim, não se exige prova da verdade de quem exercita a sua liberdade de expressão *stricto senso*.[156] É claro que "a comunicação de fatos nunca é uma atividade completamente neutra: até mesmo na seleção dos fatos a serem divulgados há uma interferência do componente pessoal".[157] Além disso, a distinção entre fatos e juízo de opinião nem sempre é clara. Não obstante, a distinção tem um papel prático importante e, como ensina o Min. Luís Roberto Barroso, deve se pautar por um critério de prevalência: haverá exercício da liberdade de informação quando a finalidade da manifestação for a comunicação de fatos noticiáveis, cuja caracterização pode ser comprovada.

Por fim, a *terceira* conclusão que se extrai do texto constitucional é a de que a Constituição fez uma escolha expressa por meios de reparação *a posteriori*, acima da censura prévia. A constatação decorre do inciso V do art. 5º, que reconhece o direito de resposta e a indenização por danos moral, material e à imagem como as medidas de reparação em caso de exercício abusivo da liberdade de expressão, bem como do art. 220 e seus respectivos parágrafos, que, inseridos no capítulo da comunicação social, textualmente vedam qualquer censura de natureza política, ideológica e artística.

Interpretando esses dispositivos, o Supremo Tribunal Federal tem sido um ator fundamental na definição do campo de proteção da liberdade de expressão. Por isso, para entender o tratamento do tema no direito brasileiro, é importante percorrer, também, os principais precedentes da Corte sobre o tema.

---

da Lei de Imprensa. *Revista de Direito Administrativo*, v. 235, p. 1-36, 2001. Disponível em: https://doi.org/10.12660/rda.v235.2004.45123. Acesso em 30 ago. 2021.

[156] SERRA, LLuís de Carrera. *Régimen jurídico de la Información*, 1996 apud. BARROSO, Porfirio; TALAVERA, María del Mar López. *La libertad de expresión y sus limitaciones constitucionales*, 1998. Madrid: Editorial Fragua, 1997. p. 49 apud. BARROSO, Luís Roberto. Colisão entre liberdade de expressão e Direitos da personalidade. Critérios de ponderação. Interpretação Constitucionalmente adequada do Código Civil e da Lei de Imprensa. *Revista de Direito Administrativo*, v. 235, p. 1-36, 2001. p. 20. Disponível em: https://doi.org/10.12660/rda.v235.2004.45123. Acesso em 30 ago. 2021.

[157] BARROSO, Luís Roberto. Colisão entre liberdade de expressão e Direitos da personalidade. Critérios de ponderação. Interpretação Constitucionalmente adequada do Código Civil e da Lei de Imprensa. *Revista de Direito Administrativo*, v. 235, p. 1-36, 2001. Disponível em: https://doi.org/10.12660/rda.v235.2004.45123. Acesso em 30 ago. 2021.

O primeiro precedente que merece registro é o HC nº 82.424, julgado em 2003 e comumente chamado de Caso Ellwanger, que analisou a licitude da publicação de obra literária que negava a existência do holocausto. No julgamento, o Tribunal reconheceu que as manifestações do paciente do HC não estavam protegidas pela cláusula constitucional que assegura a liberdade de expressão, porque "extravasam os limites da indagação científica e da pesquisa histórica, degradando-se ao nível primário do insulto, da ofensa e, sobretudo, do estímulo à intolerância e ao ódio público pelos judeus".[158] Na ocasião, o Tribunal conferiu interpretação ampla ao conceito de racismo, considerando que o ataque ao povo judeu caracterizaria esse tipo penal, e destacou que "o direito à livre expressão não pode abrigar, em sua abrangência, manifestações de conteúdo imoral que implicam ilicitude penal".[159] Em seu voto, o Min. Celso de Mello observou que

> os postulados da igualdade e da dignidade pessoal dos seres humanos constituem limitações externas à liberdade de expressão, que não pode, e não deve, ser exercida com o propósito subalterno de veicular práticas criminosas, tendentes a fomentar e a estimular situações de intolerância e de ódio público.

O Min. Gilmar Mendes, por sua vez, ressaltou que, embora a liberdade de expressão seja "pedra angular do próprio sistema democrático", o seu exercício para fomentar discriminação racial compromete a igualdade e a tolerância entre grupos, que também constituem pilares do sistema democrático. Por isso, a liberdade de expressão não se afigura absoluta e encontra limites no que diz respeito às manifestações de conteúdo discriminatório ou racista.

Ficaram vencidos os Ministros Carlos Ayres Britto e Marco Aurélio. O Min. Ayres Britto considerou lícita a publicação da obra literária, destacando que, embora o ódio ao povo judeu pudesse, sim, ser considerado crime de racismo no ordenamento jurídico brasileiro, o livro em análise não teria como objetivo apresentar os judeus como uma sub-raça, mas apenas propor um revisionismo histórico sobre o Holocausto, o que, em sua visão, deveria ser permitido à luz da liberdade

---

[158] STF, *DJ* 19 mar. 2004, HC nº 82.424, Rel. p/ acórdão Min. Maurício Corrêa. Trecho extraído do voto do Min. Celso de Mello.

[159] STF, *DJ* 19 mar. 2004, HC nº 82.424, Rel. p/ acórdão Min. Maurício Corrêa.

de expressão.[160] O Min. Marco Aurélio, por sua vez, avaliou que o potencial de proliferação do conteúdo deveria ser um fator relevante na análise sobre a liberdade de expressão conferida a discursos ofensivos. Para o Ministro, a censura só se justificaria se, a partir da consideração das condições sociais, políticas, econômicas e culturais do Brasil, se constatasse que as ideias do livro tinham potencial de proliferação. Por isso, esclareceu que o seu voto seria diferente se a discussão envolvesse discursos relacionados ao tema da integração de negros, de índios ou de nordestinos, nos quais, para ele, percebe-se um preconceito arraigado no país, capaz de predispor um livro a se transformar em atos violentos concretos de discriminação.[161]

A segunda decisão do STF que merece registro foi proferida na ADPF nº 130 e se tornou a mais emblemática da Corte sobre o tema.[162] Na ocasião, a Corte declarou, por maioria, que a Lei de Imprensa de 1967 era incompatível com a ordem constitucional democrática. O acórdão, de relatoria do Min. Ayres Britto, consignou que as liberdades de expressão e de informação e, mais especificamente, a liberdade de imprensa, só poderiam ser restringidas em hipóteses excepcionais e sempre com a finalidade de proteger outros valores constitucionais igualmente relevantes, como a honra, a imagem, a privacidade e a personalidade. O STF afirmou enfaticamente a tese de que a liberdade de expressão é um direito fundamental, que merece proteção qualificada e, na ponderação com outros princípios constitucionais, possui um peso *prima facie* maior.

Além de esse precedente ser mencionado em quase todos os acórdãos subsequentes sobre liberdade de expressão, o Supremo Tribunal Federal também tem admitido reclamação constitucional para garantir a autoridade dessa decisão, "uma vez que tal paradigma estabelece as balizas para o adensamento do debate sobre liberdade de expressão quando se está diante de atos do poder público tendentes à obliteração dessas garantias".[163]

Também em 2009, o STF declarou a inconstitucionalidade da exigência de diploma de curso superior para o exercício da profissão de jornalista e da criação de conselho profissional para fiscalização da

---

[160] STF, *DJ* 19 mar. 2004, HC nº 82.424, Rel. p/ acórdão Min. Maurício Corrêa. Voto do Min. Ayres Britto.
[161] STF, *DJ* 19 mar. 2004, HC nº 82.424, Rel. p/ acórdão Min. Maurício Corrêa. Voto do Min. Marco Aurélio.
[162] STF, *DJe* 05 nov. 2009, ADPF nº 130, Rel. Min. Ayres Britto.
[163] STF, *DJe* 03 nov. 2020, Rcl. nº 38.782, Rel. Min. Gilmar Mendes.

profissão. Com fundamento nas liberdades de profissão, de expressão e de informação, a Corte concluiu que a previsão, veiculada em Decreto-Lei de 1969, não fora recepcionada pela CF/88. A Corte foi enfática ao concluir que "a exigência de diploma de curso superior para a prática do jornalismo – o qual, em sua essência, é o desenvolvimento profissional das liberdades de expressão e de informação – não está autorizada pela ordem constitucional" e que "no campo da profissão de jornalista, não há espaço para a regulação estatal quanto às qualificações profissionais" ou para o exercício do poder de polícia.[164]

De forma relevante para o presente estudo, o voto do Relator, Min. Gilmar Mendes, destacou que o jornalismo despreparado seria combatido pela ausência de leitores e pela dificuldade de publicação e de contratação pelos meios de comunicação, não havendo prejuízo direto a direitos, à vida ou à saúde de terceiros. Quanto à proteção de direitos e prerrogativas profissionais dos jornalistas, concluiu que "a autorregulação é a solução mais consentânea com a ordem constitucional e, especificamente, com as liberdades de expressão e de informação", de modo que "são os próprios meios de comunicação que devem estabelecer os mecanismos de controle quanto à contratação, avaliação, desempenho, conduta ética dos profissionais do jornalismo".[165] É interessante indagar *se, e em que medida*, esses argumentos se mantêm em um cenário em que qualquer usuário pode se apresentar como jornalista e publicar qualquer conteúdo na rede: não há mais sanções como ausência de leitores ou dificuldade de publicação e de contratação, como havia em 2009, quando o Ministro proferiu o seu voto.

Em 2011, no julgamento da ADPF nº 187 e da ADI nº 4.274, o STF autorizou a realização de eventos intitulados "Marcha da Maconha", que defendiam a legalização ou a descriminalização do uso de entorpecentes. Para a Corte, são constitucionais as

> assembleias, reuniões, marcas, passeatas ou encontros coletivos realizados em espaços públicos (ou privados) com o objetivo de obter apoio para oferecimento de projetos de lei, de iniciativa popular, de criticar modelos normativos em vigor, de exercer o direito de petição e de promover atos de proselitismo em favor das posições sustentadas pelos manifestantes e participantes da reunião.[166]

---

[164] STF, *DJe* 12 nov. 2009, RE nº 511.961, Rel. Min. Gilmar Mendes.
[165] STF, *DJe* 12 nov. 2009, RE nº 511.961, Rel. Min. Gilmar Mendes.
[166] STF, j. 15 jun. 2011, ADPF nº 187, Rel. Min. Celso de Mello.

A Corte reconheceu que os direitos de crítica, protesto, discordância e de livre circulação de ideias compõem o núcleo do direito à livre manifestação do pensamento, de modo que manifestações defendendo a abolição penal de condutas puníveis não se confundiria com incitação à prática do delito ou apologia de fato criminoso.

Nos termos do voto do Relator, a sociedade tem o direito de se engajar em debates públicos sobre projetos de lei e alterações legislativas, inclusive sobre a abolição penal de condutas puníveis, devendo o debate "ser realizado de forma racional, com respeito entre interlocutores, ainda que a ideia, para a maioria, possa ser eventualmente considerada estranha, extravagante, inaceitável ou, até mesmo, perigosa".[167] E a praça pública seria "o espaço, por excelência, do debate, da persuasão racional, do discurso argumentativo, da transmissão de ideias, da veiculação de opiniões". Acompanhando o Relator, o Min. Luiz Fux observou que, "se reprimido, o debate fica subterrâneo, estimulando-se a formulação de juízos parciais e míopes, com elevado risco do surgimento de visões maniqueístas de ambos os lados".

É interessante observar que a ADPF nº 187 foi julgada em 2011, quando acontecia a Primavera Árabe e vivia-se possivelmente o auge do otimismo com as novas plataformas digitais. Sintomaticamente, o voto da Min. Cármen Lúcia reflete esse contexto, observando que

> algumas discussões nossas, de hoje, provavelmente daqui a trinta anos serão absolutamente banais, como hoje falar-se de ir à praça, neste caso específico, buscando discutir se é preciso manter a criminalização ou a descriminalização de drogas como novidade. (...) a praça é do povo e, na democracia, ou se deixa o povo ir à praça, ou agora, muito mais no ano 2011 – nós já vimos um governo cair no estado estrangeiro exatamente pela força da praça virtual –, nem essa proibição se pode mais ter.

Em 2015, no julgamento da ADI nº 4.815, o STF declarou inexigível o consentimento para publicação de obras bibliográficas, literárias ou audiovisuais.[168] A Min. Cármen Lúcia, relatora da ação, avaliou que "o sistema constitucional brasileiro traz, em norma taxativa, a proibição de qualquer censura, valendo a vedação ao Estado e a particulares". Afirmou, assim, a eficácia horizontal do direito fundamental à liberdade de expressão, destacando que a sua eficácia "impõe-se a toda a sociedade,

---

[167] STF, j. 15 jun. 2011, ADPF nº 187, Rel. Min. Celso de Mello.
[168] STF, j. 10 jun. 2015, ADI nº 4.815, Rel. Min. Cármen Lúcia.

não persistindo o agir isolado ou privado pela só circunstância de não ser estatal".[169]

O Min. Luís Roberto Barroso, por sua vez, enfatizou que a Constituição Federal de 1988 contemplou as liberdades de expressão, informação e imprensa como liberdades preferenciais, "reconhecendo uma prioridade prima facie dessas liberdades públicas na colisão com outros interesses juridicamente tutelados, inclusive com os direitos da personalidade".[170] Ao fazê-lo, também reafirmou a importância da liberdade de expressão como um meio ou um pressuposto para o exercício de diversos outros direitos fundamentais, como os direitos políticos e o próprio desenvolvimento da personalidade. Não obstante, destacou duas hipóteses em que se admitiria a proibição à divulgação de determinada informação: (i) se ela tiver sido obtida de forma ilícita, mediante extorsão, invasão de domicílio ou interceptação clandestina de conversa telefônica; e (ii) se ela for uma "mentira dolosa e deliberada, com intuito de fazer mal a alguém". Quanto a essa segunda possibilidade, explicou que, embora não existam verdades absolutas em uma sociedade democrática, "existem algumas certezas positivas e negativas, e, quando elas estejam bem caracterizadas, pode-se revelar a ilegitimidade da expressão". Não obstante, o Ministro destacou a percepção de que o Poder Judiciário deve ter uma "autocontenção quase absoluta", para só intervir nas situações "de ilicitude na obtenção da informação, ou da mentira deliberada, ou algum outro fundamento de gravidade insuperável, mas por exceção manifesta".[171]

Em 2018, no julgamento da ADI nº 4.451, o STF analisou a constitucionalidade de dispositivos da Lei das Eleições que impediam a veiculação, por emissoras de rádio e televisão, de programas de humor que envolvessem candidatos, partidos e coligações no período de três meses anteriores ao pleito.[172] No julgamento, o Tribunal destacou a importância da proteção à liberdade de expressão para o florescimento da democracia e da livre participação política. Destacou, ainda, que

> o direito fundamental à liberdade de expressão não se direciona somente a proteger as opiniões supostamente verdadeiras, admiráveis ou convencionais, mas também aquelas que são duvidosas, exageradas, condenáveis, satíricas, humorísticas, bem como as não compartilhadas

---

[169] STF, j. 10 jun. 2015, ADI nº 4.815, Rel. Min. Cármen Lúcia.
[170] STF, j. 10 jun. 2015, ADI nº 4.815, Rel. Min. Cármen Lúcia.
[171] STF, j. 10 jun. 2015, ADI nº 4.815, Rel. Min. Cármen Lúcia.
[172] STF, j. 21 jun. 2018, ADI nº 4.451, Rel. Min. Alexandre de Moraes.

pelas maiorias e que mesmo as declarações errôneas, estão sob a guarda dessa garantia constitucional.[173]

O relator, Ministro Alexandre de Moraes, destacou que, embora a comunicação de massa imponha riscos ao processo eleitoral, "como o fenômeno das fake news –, revela-se constitucionalmente inidôneo e realisticamente falso assumir que o debate eleitoral, ao perder em liberdade e pluralidade de opiniões, ganharia em lisura ou legitimidade".[174] O Min. Luiz Fux, que à época era presidente do Tribunal Superior Eleitoral, também demonstrou preocupação com o fenômeno das *fake news*, destacando que, embora a liberdade de expressão no Direito Eleitoral goze de maior deferência em razão da sua importância para as disputas político-eleitorais, o voto só será livre na medida em que ele também seja livre da desinformação e de notícias sabidamente inverídicas e massificadas.

Mais recentemente, em 2019, quando fiscais da prefeitura do Rio de Janeiro apreenderam revistas na Bienal do Livro por conterem beijo gay na capa, alegando necessidade de proteção de crianças e adolescentes, o Min. Dias Toffoli deferiu pedido liminar para suspender decisão da Presidência do TJRJ que havia declarado a legalidade da apreensão. Reconhecendo que "o Supremo Tribunal Federal tem construído uma jurisprudência consistente em defesa da liberdade de expressão", o Min. Dias Toffoli reafirmou que "a democracia somente se firma e progride em um ambiente em que diferentes convicções e visões de mundo possam ser expostas, defendidas e confrontadas umas com as outras, em um debate rico, plural e resolutivo".[175] Assim, reconheceu o caráter instrumental da liberdade de expressão para a democracia, além de o seu status de direito humano universal, "sendo condição para o exercício pleno da cidadania e da autonomia individual". Também aqui, o Min. Dias Toffoli destacou que "a liberdade de expressão está amplamente protegida em nossa ordem constitucional", "sendo um dos grandes legados da Carta Cidadã".[176]

No mesmo dia dessa primeira decisão, o Min. Gilmar Mendes também deferiu outra liminar na Reclamação nº 36.742, ajuizada contra

---

[173] STF, *j.* 21 jun. 2018, ADI nº 4.451, Rel. Min. Alexandre de Moraes.
[174] STF, *j.* 21 jun. 2018, ADI nº 4.451, Rel. Min. Alexandre de Moraes.
[175] STF, *DJe* 10 set. 2019, SL nº 1.248, Rel. Min. Dias Toffoli.
[176] STF, *DJe* 10 set. 2019, SL nº 1.248, Rel. Min. Dias Toffoli.

o mesmo ato da Prefeitura do Rio de Janeiro.[177] Em sua argumentação, o Min. Gilmar Mendes destacou que

> ao determinar de forma sumária o recolhimento de obras que tratem do tema do homotransexualismo de maneira desavisada para público jovem e infantil, a ordem da Administração Municipal consubstanciou-se em verdadeiro ato de censura prévia, com o nítido objetivo de promover a patrulha do conteúdo de publicação artística, o que seria incompatível com a Constituição Federal e com o precedente firmado pelo STF no julgamento da ADPF nº 130.[178]

Também em 2019, o Tribunal julgou a Ação Direta de Inconstitucionalidade por Omissão nº 26, que pedia a criminalização da homofobia. Na ocasião, a Corte reconheceu a omissão do Poder Legislativo em relação à edição dos atos normativos necessários para a punição dos atos de discriminação praticados em razão da orientação sexual ou identidade de gênero da vítima e, portanto, determinou o enquadramento das práticas de homofobia e transfobia no conceito de racismo para fins de responsabilização penal.[179] Em seu voto, o Relator ponderou que

> o discurso de ódio, assim entendidas aquelas exteriorizações e manifestações que incitem a discriminação, que estimulem a hostilidade ou que provoquem a violência (física ou moral) contra pessoas em razão de sua orientação sexual ou de sua identidade de gênero, não encontra amparo na liberdade constitucional de expressão nem na Convenção Americana de Direitos Humanos (art. 13, §5º), que expressamente o repele.[180]

O Min. Celso de Mello destacou, ainda, que, em linha com a orientação firmada no Caso Ellwanger,

> a noção de racismo – para efeito de configuração típica dos delitos previstos na Lei nº 7.716/89 – não se resume a um conceito de ordem estritamente antropológica ou biológica, projetando-se, ao contrário, numa dimensão abertamente cultural e sociológica, abrangendo, inclusive, as situações de agressão injusta resultantes de discriminação

---

[177] STF, *DJe* 11 set. 2019, Rcl. nº 36.742, Rel. Min. Gilmar Mendes.
[178] STF, *DJe* 11 set. 2019, Rcl. nº 36.742, Rel. Min. Gilmar Mendes.
[179] STF, *DJe* 05 out. 2020, ADO nº 26, Rel. Min. Celso de Mello.
[180] STF, *DJe* 05 out. 2020, ADO nº 26, Rel. Min. Celso de Mello.

ou de preconceito contra pessoas em razão de sua orientação sexual ou em decorrência de sua identidade de gênero.[181]

No mesmo sentido, o voto do Min. Barroso também destacou a definição de racismo fixada no julgamento do Caso Ellwanger, de que

> o racismo é antes de tudo uma realidade social e política, sem nenhuma referência à raça enquanto caracterização física ou biológica, refletindo, na verdade, reprovável comportamento que decorre da convicção de que há hierarquia entre os grupos humanos, suficiente para justificar atos de segregação, inferiorização e até de eliminação de pessoas.[182]

O voto do Relator destacou, ainda, que

> pronunciamentos de índole religiosa que extravasam os limites da livre manifestação de ideias, degradando-se ao nível primário do insulto, da ofensa e, sobretudo, do estímulo à intolerância e ao ódio público contra os integrantes da comunidade LGBT, por exemplo, não merecem a dignidade da proteção constitucional que assegura a liberdade de expressão do pensamento, que não pode compreender, em seu âmbito de tutela, manifestações revestidas de ilicitude penal.[183]

Portanto, embora o voto tenha destacado a importância de que temas de caráter teológico ou concepções de índole filosófica, política, cultural ou ideológica, estejam fora do alcance do poder censório e jurídico-penal do Estado, também registra que

> a prerrogativa concernente à liberdade de manifestação do pensamento, por mais abrangente que deva ser o seu campo de incidência, não constitui meio que possa legitimar a exteriorização de propósitos criminosos, especialmente quando as expressões de ódio público – veiculadas com evidente superação dos limites da propagação de ideias – transgridem, de modo inaceitável, valores tutelados pela própria ordem constitucional.[184]

Quanto a esse ponto, o voto esclarece que a mera divulgação objetiva de fatos ou de narrativas religiosas não basta, por si só, para configurar hipótese de ilicitude, civil e/ou penal, pois jamais se pode

---

[181] STF, *DJe* 05 out. 2020, ADO nº 26, Rel. Min. Celso de Mello.
[182] STF, *DJe* 05 out. 2020, ADO nº 26, Rel. Min. Celso de Mello.
[183] STF, *DJe* 05 out. 2020, ADO nº 26, Rel. Min. Celso de Mello.
[184] STF, *DJe* 05 out. 2020, ADO nº 26, Rel. Min. Celso de Mello.

presumir o intuito doloso de ofender subjacente à exposição descritiva veiculada pelos líderes e pregadores religiosos. A caracterização formal dos crimes de calúnia, difamação e injúria, portanto, exigem a presença do dolo específico, que não pode ser presumido pela mera existência de expressão ofensiva.

Em 2020, na ADPF nº 548, o Supremo confirmou medida cautelar previamente deferida, que declarava a nulidade de decisões da Justiça Eleitoral que permitiam o ingresso de agentes públicos em universidades públicas e privadas para recolhimento de documentos, interrupção de aulas, debates ou manifestações de docentes e discentes universitários, atividade disciplinar docente e discente e coleta irregular de depoimentos pela prática de manifestação livre de ideias e divulgação de pensamento nos ambientes universitários.[185] A ação, que foi ajuizada pela Procuradora-Geral da República, em 2018, tinha por objeto decisões de juízes eleitorais que determinavam a interrupção de manifestações públicas de apreço ou reprovação a candidatos nas eleições gerais de 2018, em ambiente virtual ou físico de universidades federais e estaduais.

Em seu voto, a Relatora, Min. Cármen Lúcia, destacou que

> o processo eleitoral, no Estado democrático, fundamenta-se nos princípios da liberdade de manifestação do pensamento, da liberdade de informação e de ensino e aprendizagem, da liberdade de criação e artística, da liberdade de escolhas políticas, em perfeita compatibilidade com elas se tendo o princípio, também constitucionalmente adotado, da autonomia universitária.[186]

O Min. Alexandre de Moraes também destacou, em seu voto, que

> a liberdade de discussão, a ampla participação política e o princípio democrático estão interligados com a liberdade de expressão (...), que tem por objeto não somente a proteção de pensamentos e ideias, mas também opiniões, crenças, realização de juízo de valor e críticas a agentes públicos, no sentido de garantir a real participação dos cidadãos na vida coletiva.[187]

O Min. Ricardo Lewandowski também observou que "dentre todas as corporações, públicas ou privadas, é precisamente no seio

---

[185] STF, *DJe* 08 jun. 2020, ADPF nº 548, Rel. Min. Cármen Lúcia.
[186] STF, *DJe* 08 jun. 2020, ADPF nº 548, Rel. Min. Cármen Lúcia.
[187] STF, *DJe* 08 jun. 2020, ADPF nº 548, Rel. Min. Cármen Lúcia.

das universidades que a liberdade de expressão e de manifestação de pensamento deve ser assegurada do modo mais amplo possível".[188]

Ainda em 2020, o Supremo avaliou discussão sobre a possibilidade de limitação prévia, por decisão judicial, de obra artística que supostamente violaria valores cristãos. O Ministro Dias Toffoli, na condição de presidente do STF, concedeu medida liminar pleiteada pela Netflix, para suspender os efeitos de decisão proferida por Desembargador do TJRJ, que determinara a suspensão da exibição de sátira intitulada "Especial de Natal Porta dos Fundos: a primeira tentação de Cristo". Na sequência, o processo foi distribuído ao Ministro Gilmar Mendes e, no julgamento do mérito, a Segunda Turma confirmou a liminar e julgou procedente o pedido.

O Relator entendeu que a obra

> não incita violência contra grupos religiosos, mas constitui mera crítica, realizada por meio de sátira, a elementos caros ao Cristianismo. Por mais questionável que possa vir a ser a qualidade desta produção artística, não identifico em seu conteúdo fundamento que justifique qualquer tipo de ingerência estatal.[189]

Destacou, também, a importância de se enfatizar "a capacidade crítica que os indivíduos possuem em uma sociedade plural e democrática", bem como a "sua autodeterminação para decidir quanto ao que querem, ou não, ter acesso – o que inclui obras que possam ser consideradas provocativas ou chocantes – para, daí, formar sua própria convicção". A decisão também ressaltou, novamente, que "a proibição de divulgação de determinado conteúdo deve se dar apenas em casos excepcionalíssimos, como na hipótese de configurar ocorrência de prática ilícita, de incitação à violência ou à discriminação, bem como de propagação de discurso de ódio". O Relator também observou que, por se tratar de conteúdo veiculado em plataforma de transmissão particular, "há diversas formas de indicar descontentamento com determinada opinião e de manifestar-se contra ideais com os quais não se concorda – o que, em verdade, nada mais é do que a dinâmica do chamado mercado livre de ideias".[190]

Por fim, mais recentemente, o Supremo Tribunal Federal julgou o caso Aida Curi, que envolvia um pedido de reconhecimento de um

---

[188] STF, *DJe* 08 jun. 2020, ADPF nº 548, Rel. Min. Cármen Lúcia.
[189] STF, *DJe* 23 fev. 2021, Rcl. nº 38.782, Rel. Min. Gilmar Mendes.
[190] STF, *DJe* 23 fev. 2021, Rcl. nº 38.782, Rel. Min. Gilmar Mendes.

direito ao esquecimento.[191] No julgamento, o STF firmou a tese de que *"é incompatível com a Constituição a ideia de um direito ao esquecimento, assim entendido como o poder de obstar, em razão da passagem do tempo, a divulgação de fatos ou dados verídicos e licitamente obtidos e publicados em meios de comunicação social analógicos ou digitais"*. Nos termos da tese firmada pela Corte,

> eventuais excessos ou abusos no exercício da liberdade de expressão e de informação devem ser analisados caso a caso, a partir dos parâmetros constitucionais – especialmente os relativos à proteção da honra, da imagem, da privacidade e da personalidade em geral – e as expressas e específicas previsões legais nos âmbitos penal e cível.

O voto do Relator, Ministro Dias Toffoli, observou que "tanto quanto possível, portanto, deve-se priorizar: o complemento da informação, em vez de sua exclusão; a retificação de um dado, em vez de sua ocultação; o direito de resposta, em lugar da proibição ao posicionamento".[192] Importante frisar que a tese firmada pelo STF é expressa no sentido de que ela vale tanto para os meios analógicos, quanto para os meios digitais.

Além desses precedentes, convém registrar também a jurisprudência do Supremo quanto à tipificação de crimes contra a honra – calúnia, injúria e difamação. A conduta típica nos crimes de calúnia consiste em imputar a alguém falsamente a prática de fato concreto definido como crime. No crime de difamação, por sua vez, exige-se a imputação de fato ofensivo à reputação de alguém. Por fim, no crime de injúria, exige-se ofensa a alguém com violação de sua dignidade ou decoro. A difamação é diferente da injúria, pois, na primeira, exige-se a imputação de fato concreto à pessoa, enquanto na segunda, trata-se de simples juízo de valor depreciativo.[193] Quanto a esses crimes, o STF consolidou jurisprudência no sentido de que eles "pressupõem que as palavras atribuídas ao agente, além de se revelarem aptas a ofender, tenham sido proferidas exclusiva ou principalmente com esta finalidade, sob pena de criminalizar-se o exercício da crítica, manifestação do direito fundamental à liberdade de expressão".[194]

---

[191] STF, *DJe* 19 mai. 2021, RE nº 1.010.606, Rel. Min. Dias Toffoli.
[192] STF, *DJe* 19 mai. 2021, RE nº 1.010.606, Rel. Min. Dias Toffoli.
[193] PRADO, Luiz Regis. Curso de direito penal brasileiro. [livro eletrônico] v. 2. *In*: PRADO, Luiz Regis; MENDES DE CARVALHO, Gisele. *Curso de direito penal brasileiro*. 3. ed. São Paulo: Editora Revista dos Tribunais, 2017.
[194] STF, *DJe* 13 set. 2017, Pet. nº 5.735, Rel. Min. Luiz Fux.

A título de exemplo, em caso que envolvia vídeo de entrevista do político Alexandre Frota, compartilhado no Facebook pelo Deputado Federal Jean Wyllys, acompanhado de uma análise escrita classificando a fala do vídeo em questão como caracterizadora do crime de estupro e reveladora de preconceito contra religiões de matriz africana, a Primeira Turma do Supremo destacou que "disso não decorre a possibilidade de inferir o propósito direto de ofender a honra do querelante, haja vista o conteúdo meramente narrativo do fato tido por criminoso, utilizando-se do próprio teor da entrevista concedida pelo querelante".[195] Por isso, não estaria presente a justa causa necessária para o início da ação penal, porquanto ausente o *animus caluniandi ou difamandi*.

Em outro caso relevante, a Primeira Turma considerou que a edição de vídeo para atribuir-lhe sentido racista, quando, na fala original, o objetivo era justamente o inverso, caracteriza crime contra a honra.[196] Ao fazê-lo, consignou que "a liberdade de expressão no debate democrático distingue-se, indubitavelmente, da veiculação dolosa de conteúdos voltados a simplesmente alterar a verdade factual e, assim, alcançar finalidade criminosa de natureza difamatória, caluniosa ou injuriosa". Destacou, ainda, que a

> alavancagem de conteúdos fraudulentos, mediante artifício ardilosamente voltado à destruição da honra de terceiros nas redes sociais, revela alto potencial lesivo, tolhendo, até mesmo, o exercício de outros direitos fundamentais das vítimas – direitos políticos, liberdade de locomoção e, no limite, integridade física e direito à vida, não revelando qualquer interesse em contribuir para ganhos na construção de uma sociedade democrática.

Na ocasião, a Primeira Turma também esclareceu que a autoria dos crimes contra a honra praticados na internet demanda: (i) demonstração de que o réu é o titular da página, blog ou perfil pelo qual o conteúdo difamatório foi divulgado; (ii) demonstração do consentimento, prévio, concomitante ou sucessivo, com a veiculação da publicação difamatória em seu perfil; (iii) *animus injuriandi, caluniani ou diffamandi*, que demandam a demonstração de que o réu tinha conhecimento do conteúdo fraudulento da postagem.[197]

---

[195] STF, *DJe* 13 set. 2017, Pet. nº 5.735, Rel. Min. Luiz Fux. No mesmo sentido: RHC nº 81.750/SP, Rel. Min. Celso de Mello, Segunda Turma, *DJe* de 09.08.2007; e HC nº 84.693/DF, Rel. Min. Cezar Peluso, Primeira Turma, *DJ* de 30.06.2006.
[196] STF, *DJe* 20 out. 2020, AP nº 1.021, Rel. Min. Dias Toffoli.
[197] STF, *DJe* 20 out. 2020, AP nº 1.021, Rel. Min. Dias Toffoli.

Feito esse breve relato dos casos mais relevantes sobre liberdade de expressão julgados pelo Supremo Tribunal Federal, é possível extrair algumas conclusões importantes e pertinentes para os pontos que serão desenvolvidos a seguir. Em resumo, a jurisprudência demonstra que a Corte:

(i) reconhece os três fundamentos teóricos previamente indicados – busca da verdade, dignidade humana e promoção da democracia – como fatores que justificam a proteção da liberdade de expressão no ordenamento jurídico brasileiro, além de reconhecer esse direito fundamental como um meio ou pressuposto para o exercício de outros direitos;

(ii) reconhece a posição preferencial da liberdade de expressão, o que impõe uma primazia *prima facie* desse direito fundamental, de modo que quem pretenda cerceá-lo em nome de direitos da personalidade é quem tem o ônus argumentativo de demonstrar a validade da sua pretensão. A posição preferencial também implica em uma "forte suspeição e o escrutínio rigoroso" de qualquer manifestação de cerceamento da liberdade de expressão, "seja legal, seja administrativa, seja judicial ou seja privada";[198]

(iii) reconhece, como regra geral, a proibição à censura prévia, "de modo que, em qualquer sanção pelo uso abusivo da liberdade de expressão – que pode ocorrer –, deve-se dar preferência para os mecanismos de reparação a posteriori e não impeditivas da fala da manifestação".[199] Trata-se, aqui, do reconhecimento do direito de resposta e da indenização por danos morais e materiais como as formas preferíveis de reparação pelo abuso no exercício da liberdade de expressão;

(iv) reconhece três hipóteses em que a proibição do discurso é permitida: (i) discurso de ódio, incitação à violência ou discriminação;[200] (ii) se a informação tiver sido obtida de

---

[198] STF, j. 10 jun. 2015, ADI nº 4.815, Rel. Min. Cármen Lúcia. Trecho extraído do voto do Min. Luís Roberto Barroso.
[199] STF, j. 10 jun. 2015, ADI nº 4.815, Rel. Min. Cármen Lúcia. Trecho extraído do voto do Min. Luís Roberto Barroso.
[200] STF, *DJ* 19 mar. 2004, HC nº 82.424, Rel. p/ acórdão Min. Maurício Corrêa; e STF, *DJe* 05 out. 2020, ADO nº 26, Rel. Min. Celso de Mello.

forma ilícita;[201] e (iii) a mentira dolosa e deliberada, com intuito de fazer mal a alguém;[202] e

(v) apreciou, predominantemente, hipóteses de censura estatal (no que se incluem decisões judiciais proferidas em disputas provocadas por particulares). Nos dois únicos casos em que a hipótese envolvia uma pretensão de censura privada direta – autorização do biografado para publicação de biografias e direito ao esquecimento –, o Supremo reconheceu a eficácia horizontal do direito fundamental à liberdade de expressão.[203]

Todos os casos narrados anteriormente envolviam o exercício da liberdade de expressão em sua concepção tradicional: tratava-se da proibição à publicação de livros, revistas e filmes, e a restrições impostas ao exercício da profissão de jornalista no âmbito de organizações jornalísticas que sujeitavam publicações a boas práticas e parâmetros de ética profissional. A exceção talvez seja o julgamento do direito ao esquecimento, que também abrangeu publicações digitais. Nesse caso, porém, tratava-se de informações verídicas e licitamente obtidas, de modo que não foram abordadas as questões mais complexas sobre a liberdade de expressão na internet. Como se verá no capítulo seguinte, a era digital introduziu complexidades e novos desafios que não podem ser resolvidos a partir da mera aplicação da teoria tradicional ou dos entendimentos jurisprudenciais do STF. No Brasil, o Inquérito nº 4.781, comumente chamado de *Inquérito das Fake News*, é reflexo paradigmático dessa insuficiência e, por isso, justifica análise mais detida, realizada adiante, após apresentação do novo cenário da liberdade de expressão na era digital.

---

[201] STF, *j.* 10 jun. 2015, ADI nº 4.815, Rel. Min. Cármen Lúcia.
[202] STF, *DJe* 20 out. 2020, AP nº 1.021, Rel. Min. Dias Toffoli; STF, *j.* 10 jun. 2015, ADI nº 4.815, Rel. Min. Cármen Lúcia. Trecho extraído do voto do Min. Luís Roberto Barroso; e STF, *DJe* 13 set. 2017, Pet. nº 5.735, Rel. Min. Luiz Fux.
[203] STF, *j.* 10 jun. 2015, ADI nº 4.815, Rel. Min. Cármen Lúcia; e STF, *DJe* 19 mai. 2021, RE nº 1.010.606, Rel. Min. Dias Toffoli.

CAPÍTULO 2

O NOVO CENÁRIO DA LIBERDADE DE EXPRESSÃO: A ERA DAS PLATAFORMAS DIGITAIS

Qualquer teoria de proteção à liberdade de expressão deve partir das características essenciais das formas de comunicação humanas.[204] O advento de tecnologias que revolucionam as estruturas técnicas, econômicas e políticas desses meios pode alterar paradigmas de forma a desestabilizar princípios e proteções existentes. As plataformas digitais são exemplo emblemático de uma evolução nesse sentido. Com efeito, antes delas, o exercício da liberdade de expressão estava centralizado em jornais, rádios e canais de televisão, de modo que as discussões sobre o exercício desse direito fundamental recaíam sobre dois principais agentes: o Estado, de um lado, e essas organizações de mídia, de outro.[205] A participação no debate público estava sujeita ao controle editorial exercido por esses veículos, que consequentemente detinham controle direto sobre o que era publicado no debate público. Discursos que não quisessem se sujeitar a esse controle editorial dependiam de reuniões físicas em espaços públicos, como ruas, praças e *shoppings centers*, ou de mobilizações em associações civis.

Por um lado, essa concentração excessiva limitava a participação de cidadãos comuns, especialmente minorias, e facilitava a censura estatal prévia, que precisava direcionar as suas investidas contra poucas

---

[204] MAGARIAN, Gregory P. The Internet and Social Media. *In*: STONE, Adrienne; SCHAUER, Frederick (Eds.). *Freedom of Speech*. United Kingdom: Oxford University Press, 2021. p. 350-368.

[205] BALKIN, Jack M. Free Speech is a Triangle. *Columbia Law Review*, v. 118, n. 07, p. 2011-2056, 2018. Disponível em: https://columbialawreview.org/wp-content/uploads/2018/11/Balkin-FREE_SPEECH_IS_A_TRIANGLE.pdf. Acesso em 02 fev. 2020.

empresas, tanto pela regulação, quanto pela ameaça de responsabilização civil posterior, quanto pelo aliciamento. Por outro lado, o fato de essas empresas exercerem controle editorial sobre todo o conteúdo publicado significava que leis de responsabilidade civil e de direito de resposta criavam os incentivos necessários para o desenvolvimento de regras éticas de jornalismo, especialmente de verificação de fatos. Mesmo nos regimes mais libertários, como nos Estados Unidos, a publicação de informações sabidamente falsas sobre terceiros ou publicadas com *desconsideração imprudente* ("reckless disregard") sobre a sua veracidade poderia levar à responsabilização de veículos de mídia por difamação.[206] Embora os Estados Unidos não admitam a possibilidade de que o Estado imponha normas éticas a organizações jornalísticas, havia um senso de responsabilidade associado ao exercício da profissão que, no século XX, com a proliferação de veículos partidários e propagandísticos, levou ao desenvolvimento de normas profissionais.[207] No Brasil, de forma ainda mais nítida, a possibilidade de responsabilização civil posterior pela publicação de informações injuriosas, difamantes, mentirosas ou por violação dos direitos à honra, à intimidade, à vida privada e à própria imagem também influenciava o conteúdo das publicações. Aliás, vale o registro de que, no Brasil, o problema sempre foi a apropriação dos direitos da personalidade como mecanismo para censurar informações verídicas ou críticas que, embora contundentes, devem ser consideradas lícitas em qualquer regime democrático.

De todo modo, o ponto mais amplo é que, mesmo quando interpretadas de forma restritiva – como deve ser –, essas regras de responsabilização civil minimizavam os abusos discursivos mais evidentes. Nesse cenário, a teoria da liberdade de expressão de vedação à censura prévia tinha por objetivo proteger veículos de mídia de intervenções estatais, ao mesmo tempo em que os mecanismos de responsabilização civil posterior e de exercício de direito de resposta asseguravam um nível mínimo de qualidade editorial. Nesse contexto, o exercício abusivo da liberdade de expressão era marginal, e o arcabouço jurídico equilibrava adequadamente os interesses em jogo.

A Era Digital encerrou essa dependência em veículos de mídia tradicionais para participação no debate público, revolucionando os atores institucionais que regulam o discurso e aqueles que têm os seus

---

[206] New York Times Co. v. Sullivan, 376 U.S. 254 (1964).
[207] BALKIN, Jack M. Free Speech is a Triangle. *Columbia Law Review*, v. 118, n. 07, p. 2011-2056, 2018. Disponível em: https://columbialawreview.org/wp-content/uploads/2018/11/Balkin-FREE_SPEECH_IS_A_TRIANGLE.pdf. Acesso em 02 fev. 2020.

discursos regulados.[208] De forma inovadora, as plataformas digitais criaram comunidades *online*, para compartilhamento de textos, imagens, vídeos e *links* produzidos pelos próprios usuários, sem controle editorial. Ofereciam, portanto, um espaço aberto para que qualquer usuário compartilhasse conteúdo, de forma pública ou privada, sem depender de recursos financeiros, de intermediação de veículos de mídia ou de aprovação por conselhos de redação ou editoriais. Ao fazê-lo, facilitaram o discurso, diversificaram as fontes e multiplicaram exponencialmente a quantidade de informação disponível. Em 2018, mais de 3 bilhões de pessoas usavam redes sociais[209] e, atualmente, apenas o Facebook tem mais de 2.5 bilhões de usuários, que podem compartilhar informações sobre os mais diversos assuntos.[210]

Essa realidade tem um componente democrático indiscutível: a facilidade do discurso deu voz a minorias, a movimentos da sociedade civil, a políticos e agentes públicos, a personalidades e influenciadores digitais, e permitiu mobilizações pela igualdade e pela democracia em nível mundial. Representou, assim, contribuição poderosa para o dinamismo político e para a oposição ao poder, especialmente em países autoritários.[211] Para além de manifestações políticas, a internet também possibilita, promove e estimula a criatividade artística, conhecimentos científicos e trocas comerciais.[212] Portanto, a superação da concentração de poder existente no século XX diversificou o debate público, permitindo que qualquer indivíduo participe e fale para um número potencialmente ilimitado de pessoas. Levou, também, à perda de eficácia da censura estatal, pois a facilidade de se republicar conteúdo removido tornou infrutíferas, em muitos casos, as medidas de remoção de conteúdo da internet.

---

[208] BALKIN, Jack M. Free Speech is a Triangle. *Columbia Law Review*, v. 118, n. 07, p. 2011-2056, 2018. Disponível em: https://columbialawreview.org/wp-content/uploads/2018/11/Balkin-FREE_SPEECH_IS_A_TRIANGLE.pdf. Acesso em 02 fev. 2020.

[209] KEMP, Simon. Digital in 2018: world's internet users pass the 4 billion mark. *We Are Social*, 30 jan. 2018. Disponível em: https://wearesocial.com/blog/2018/01/global-digital-report-2018. Acesso em 29 jul. 2021.

[210] Cf.: Leading countries based on Facebook audience size as of July 2021. *Statista.com*. Disponível em: https://www.statista.com/statistics/268136/top-15-countries-based-on-number-of-facebook-users/#:~:text=With%20more%20than%202.85%20billion,most%20popular%20social%20media%20worldwide. Acesso em 25 jul. 2021.

[211] MAGARIAN, Gregory P. The Internet and Social Media. *In*: STONE, Adrienne; SCHAUER, Frederick (Eds.). *Freedom of Speech*. United Kingdom: Oxford University Press, 2021. p. 350-368.

[212] MAGARIAN, Gregory P. The Internet and Social Media. *In*: STONE, Adrienne; SCHAUER, Frederick (Eds.). *Freedom of Speech*. United Kingdom: Oxford University Press, 2021. p. 350-368.

Um exemplo brasileiro recente evidencia esse ponto: em decisão controvertida, o Min. Alexandre de Moraes determinou que os sites *O Antagonista* e *Cruzoé* "retirem, imediatamente, dos respectivos ambientes virtuais, a matéria intitulada 'O amigo do amigo de meu pai' e todas as postagens subsequentes que tratem sobre o assunto, sob pena de multa diária de R$100.000,00 (cem mil reais)".[213] A decisão, além de não ter conseguido impedir a disseminação da publicação – que foi amplamente compartilhada no WhatsApp mesmo após a remoção dos sites indicados –, acabou por atrair ainda mais atenção às reportagens. Esse último fenômeno, aliás, tem nome específico: efeito Streisand, que descreve situações em que a tentativa de censurar publicações acaba, contraditoriamente, atraindo ainda mais atenção – nacional e internacional – para o conteúdo e para a censura governamental.[214]

De outra ponta, porém, o crescimento dessas plataformas e a sua utilização por pessoas diversas em diferentes partes do mundo também permitiu a apropriação dessas comunidades abertas para cometer abusos e disseminar discursos danosos ou ilícitos para fins políticos e/ou econômicos. Inevitavelmente, as plataformas digitais se deram conta da necessidade de imporem termos e condições que definissem os valores e normas representados por aquela comunidade e de moderarem o discurso que violasse essas regras. Com o tempo, portanto, essas estruturas que antes se apresentavam como meras empresas de tecnologia aceitaram um papel como governantes de espaços digitais.[215]

Esse processo, contudo, se desenvolveu dentro de uma lógica de maximização de lucros. As empresas criaram Termos de Uso de fácil aplicação e treinaram uma ampla base de funcionários burocratas para aplicá-las sem muita liberdade na resolução da grande maioria dos casos, escalando apenas algumas questões pontuais mais complexas.[216] Regras básicas e de fácil aplicação são, como intuitivo, uma exigência decorrente do fato de que os funcionários e os usuários originam de todos os cantos

---

[213] STF, Decisão monocrática, *j.* 13 abr. 2019, Inq. nº 4.781, Rel. Min. Alexandre de Moraes. Disponível em: https://www.migalhas.com.br/arquivos/2019/4/art20190415-15.pdf. Acesso em 11 ago. 2021.

[214] Cf.: The streisand effect: when censorship backfires. *BBC News*, 15 jun. 2012. Disponível em: https://www.bbc.com/news/uk-18458567. Acesso em 26 jul. 2021.

[215] KLONICK, Kate. The new governors: the people, rules, and processes governing online speech. *Harvard Law Review*, v. 131, p. 1598-1670, 2018.

[216] BALKIN, Jack M. Free Speech is a Triangle. *Columbia Law Review*, v. 118, n. 07, p. 2011-2056, 2018. p. 2024. Disponível em: https://columbialawreview.org/wp-content/uploads/2018/11/Balkin-FREE_SPEECH_IS_A_TRIANGLE.pdf. Acesso em 02 fev. 2020.

do mundo, dificultando o uso de conceitos cuja interpretação pode variar entre países.[217] Visando a maximização dos lucros, as empresas criaram ainda algoritmos que substituem revisores humanos e filtram conteúdo de forma automatizada, a partir de parâmetros previamente definidos.[218]

Assim, verificou-se que a descentralização do controle sobre o discurso com o advento da internet foi gradativamente substituída por uma centralização em poucas empresas de tecnologia, que agora detinham estruturas burocráticas internas para fiscalização e aplicação de termos e condições privados. Não obstante, a quantidade massiva de conteúdo publicado nesses espaços inviabiliza qualquer possibilidade de controle editorial semelhante ao que era exercido pelos veículos de mídia tradicionais. Portanto, embora não sejam neutras, as plataformas digitais tampouco realizam uma curadoria específica do que será publicado, sendo a regra geral a de publicação livre, salvo quando violar os termos de uso. Portanto, "há intervenção editorial, mas sob uma lógica mais excepcional, que não determina de partida qual conteúdo 'entra' na plataforma".[219]

Essa posição híbrida assumida pelas plataformas digitais tornou o debate sobre questões relacionadas à liberdade de expressão mais complexo. Antes dual, ele passou a ser triangular: na primeira ponta, permanecem os Estados e governos. Na segunda, permanecem os oradores, mas eles não se limitam mais aos veículos de mídia tradicionais. Agora, organizações da sociedade civil, cidadãos, políticos, personalidades públicas e, infelizmente, também *hackers*, *trolls* e *bots*, podem participar livremente do debate público. Na terceira ponta, por sua vez, estão as plataformas intermediárias que fornecem a infraestrutura para as publicações dos usuários.[220] Essa nova dinâmica introduziu novos desafios ao exercício da liberdade de expressão e à promoção do seu fundamento subjacente de proteção à democracia. Esses desafios são endereçados a seguir.

---

[217] BALKIN, Jack M. Free Speech is a Triangle. *Columbia Law Review*, v. 118, n. 07, p. 2011-2056, 2018. p. 2024. Disponível em: https://columbialawreview.org/wp-content/uploads/2018/11/Balkin-FREE_SPEECH_IS_A_TRIANGLE.pdf. Acesso em 02 fev. 2020.

[218] BALKIN, Jack M. Free Speech is a Triangle. *Columbia Law Review*, v. 118, n. 07, p. 2011-2056, 2018. p. 2024. Disponível em: https://columbialawreview.org/wp-content/uploads/2018/11/Balkin-FREE_SPEECH_IS_A_TRIANGLE.pdf. Acesso em 02 fev. 2020.

[219] NITRINI, Rodrigo Vidal. *Liberdade de expressão nas redes sociais*. Belo Horizonte: Dialética Editora, 2021. E-book. p. 127.

[220] BALKIN, Jack M. Free Speech is a Triangle. *Columbia Law Review*, v. 118, n. 07, p. 2011-2056, 2018. p. 2011-2055. Disponível em: https://columbialawreview.org/wp-content/uploads/2018/11/Balkin-FREE_SPEECH_IS_A_TRIANGLE.pdf. Acesso em 02 fev. 2020.

2.1 A privatização da liberdade de expressão

As plataformas digitais desempenham um papel cada vez mais essencial ao exercício da liberdade de expressão e participação em democracias. Embora a percepção inicial tenha sido de que permitem que usuários publiquem conteúdo livremente, elas gradativamente passaram a exercer controle sobre o discurso com fundamento nos seus termos de uso.[221] Como antecipado, embora não exerçam um controle editorial prévio sobre tudo o que é disponibilizado, como ocorria com veículos tradicionais do século XX, tampouco se pode afirmar que oferecem um serviço neutro, que serve apenas como um meio para qualquer discurso. Com efeito, uma parte fundamental do serviço prestado por essas empresas envolve a moderação de conteúdo, atividade aqui compreendida como o conjunto de práticas implementadas para identificar, remover e combater conteúdo ilegal ou incompatível com termos e condições fixados pelas próprias plataformas, e que abarca medidas que vão desde a remoção do conteúdo, até a redução ou amplificação de compartilhamento, ou a inclusão de esclarecimentos ou remissões a conteúdo alternativo.

E, de forma ainda mais relevante, também envolve algoritmos de recomendação, que fazem uma curadoria de todo o conteúdo disponível na plataforma, a fim de fornecer a cada usuário uma experiência individual e personalizada. Por isso, nas palavras de Kate Klonick, essas plataformas são "os novos governantes" do discurso digital, se situando entre o Estado e os usuários-editores.[222]

Ocorre que, devido aos efeitos de rede que predominam no mercado digital – ou seja, o fato de que as plataformas digitais se tornam valiosas apenas na medida em que outros usuários também as utilizem –, o exercício da liberdade de expressão na internet se concentrou em pouquíssimas plataformas digitais – Youtube, Facebook, Twitter, Instagram e TikTok, de mais relevante. Ao contrário do que se imaginava, portanto, não houve propriamente uma descentralização absoluta do exercício da liberdade de expressão. Agora, a arquitetura privada dessas plataformas digitais e os termos e condições que elas próprias definem, têm um papel decisivo sobre o debate público. Descrevendo

---

[221] KLONICK, Kate. The new governors: the people, rules, and processes governing online speech. *Harvard Law Review*, v. 131, p. 1598-1670, 2018.
[222] KLONICK, Kate. The new governors: the people, rules, and processes governing online speech. *Harvard Law Review*, v. 131, p. 1598-1670, 2018.

o Facebook, mas cujo modelo se aplica às demais plataformas digitais de maior relevância, Klonick afirma:

> A fim de implementar as suas Regras de Comunidade, o Facebook desenvolveu um sistema burocrático imenso para moderar conteúdo de usuários e adjudicar disputas decorrentes desse conteúdo. Devido ao enorme volume de conteúdo publicado diariamente, o Facebook não consegue fazer e não faz monitoramento proativo de violações a suas regras. Detecções automatizadas de violações são sofisticadas e bem-sucedidas para diversos tipos de conteúdo visual (como pornografia infantil), mas menos eficazes para conteúdo escrito que apresenta 'desafios linguísticos diferenciados' (como assédio e discurso de ódio). Como consequência, a plataforma ainda depende de usuários que reativamente denunciem discurso que pode violar as suas regras. Conteúdo reportado por usuários é colocado em uma fila para revisão humana efetivada por moderadores de conteúdo.[223]

Como se vê, as políticas de uso desses poucos intermediários, a forma como são aplicadas, bem como o *design* e o funcionamento de seus algoritmos, têm efeitos significativos sobre o exercício da liberdade de expressão digital. E, embora os termos de uso frequentemente reflitam proibições a conteúdos semelhantes àquelas previstas em lei (como assédio, discurso de ódio, defesa de atividades ilícitas, violência gratuita e ameaças), eles são formulados de forma genérica, dificultando que se antecipe como serão aplicados a casos concretos.[224] Ademais, a falta de transparência sobre a aplicação das regras gera temores de que a fiscalização ocorra de forma inconsistente, com o potencial de prejudicar minorias, e reforça o coro de acusações de remoção excessiva de conteúdo incômodo, embora perfeitamente lícito. O cenário é agravado pela falta de mecanismos efetivos de recurso ou de comunicação direta com as companhias para fornecimento de informações básicas sobre os motivos que ensejaram a remoção do conteúdo ou a desativação da conta.[225]

Especificamente quanto aos algoritmos de recomendação, eles atribuem às plataformas digitais o poder de definir a ordem e a

---

[223] KADRI; Thomas E.; KLONICK, Kate. Facebook v. Sullivan: public figures and newsworthiness in online speech. *Southern California Law Review*, v. 93, p. 37-99, 2019. p. 59.

[224] HUMAN RIGHTS COMMITTEE. *Report of the Special Rapporteur on the promotion and protection of the right to freedom of opinion and expression*. 11 mai. 2016. UN Doc A/HRC/32/35. Disponível em: https://undocs.org/en/A/HRC/32/38. Acesso em 17 nov. 2021.

[225] HUMAN RIGHTS COMMITTEE. *Report of the Special Rapporteur on the promotion and protection of the right to freedom of opinion and expression*. 11 mai. 2016. UN Doc A/HRC/32/35. Disponível em: https://undocs.org/en/A/HRC/32/38. Acesso em 17 nov. 2021.

proeminência das informações e dos conteúdos que serão acessados por cada usuário – um poder enorme em um cenário de informação ilimitada –, e podem amplificar ou reduzir o alcance de publicações.[226] Assim, o uso de algoritmos para antecipar preferências e direcionar anúncios e conteúdo, ou para amplificar ou reduzir o alcance de determinado discurso, igualmente suscita questões relevantes sobre a conciliação de escolhas de engenharia privadas e o exercício da liberdade de expressão.[227]

Portanto, grande parte da governança sobre o discurso digital é desempenhada pelas plataformas digitais, que exercem simultaneamente funções legislativas, executivas e jurídicas: (i) desenvolvem unilateralmente as regras sobre conteúdo permitido; (ii) os seus moderadores humanos ou os seus algoritmos fiscalizam e aplicam essas regras; e (iii) os seus próprios times internos revisam os recursos.[228] Somado a isso, a falta de transparência sobre as condições de aplicação dos termos de uso dificulta o controle público dessa atuação. Nesse cenário, elas surgem como atores privados com potencial de influenciar diretamente o exercício do direito fundamental à liberdade de expressão dos usuários. Assim, como explica Fukuyama, embora a nossa expectativa seja a de que o debate democrático e político devam ser pluralistas e proteger a liberdade de expressão, a escala e relevância das plataformas digitais na atualidade dá a elas um poder extraordinário de alcançar vastas audiências e o seu controle sobre o que é publicado e disseminado em seus espaços pode unilateralmente moldar comportamentos, crenças e resultados eleitorais.[229]

De forma específica, os principais pontos de preocupação em relação à moderação de conteúdo das plataformas digitais envolvem: (i) regras vagas, que não indicam claramente o que caracteriza violação; (ii) possibilidade de aplicação inconsistente e não isonômica dos termos e condições, com impacto prejudicial sobre minorias; (iii) falta de análise do contexto em que as manifestações foram proferidas, que

---

[226] HUMAN RIGHTS COMMITTEE. *Report of the Special Rapporteur on the promotion and protection of the right to freedom of opinion and expression*. 11 mai. 2016. UN Doc A/HRC/32/35. Disponível em: https://undocs.org/en/A/HRC/32/38. Acesso em 17 nov. 2021.

[227] HUMAN RIGHTS COMMITTEE. *Report of the Special Rapporteur on the promotion and protection of the right to freedom of opinion and expression*. 11 mai. 2016. UN Doc A/HRC/32/35. Disponível em: https://undocs.org/en/A/HRC/32/38. Acesso em 17 nov. 2021.

[228] KADRI; Thomas E.; KLONICK, Kate. Facebook v. Sullivan: public figures and newsworthiness in online speech. *Southern California Law Review*, v. 93, p. 37-99, 2019. p. 94.

[229] FUKUYAMA, Francis, *et al*. Report of the working group on platform scale. *Stanford Program on Democracy and the Internet*, 2020. Disponível em: https://cyber.fsi.stanford.edu/publication/report-working-group-platform-scale. Acesso em 10 set. 2021.

são fundamentais para a definição da licitude ou ilicitude do discurso; (iv) dificuldade de adoção de medidas proporcionais de combate a conteúdo ilícito ou danoso, incluindo a disseminação de desinformação e propaganda que ameaçam a confiança pública nos veículos de mídia e nas instituições governamentais; (v) uso de algoritmos e mecanismos automatizados de remoção ou filtragem de conteúdo; (vi) possibilidade de que os mecanismos de denúncia de conteúdo sejam subvertidos por usuários e usados para silenciar conteúdo lícito; (vii) ausência de notificação ao usuário afetado sobre a remoção de conteúdo e do fundamento para tanto; e (viii) insuficiência dos mecanismos de recurso interno às plataformas.[230]

2.2 O risco de potencialização da censura estatal

Além das ameaças de censura privada, as plataformas digitais também apresentam o risco de potencialização da censura estatal. Agora, governos com pretensões antiliberais e antidemocráticas, em vez de restringirem diretamente as manifestações, podem pressionar as empresas de tecnologia – por meio de regulação, ameaças, coação ou aliciamento – para que elas próprias o façam.[231] O interesse estatal em que a censura seja efetivada por essas empresas privadas decorre de quatro principais motivos: (i) a capacidade técnica de moderação e controle do discurso pelas plataformas digitais é muito mais amplo, pois elas controlam o código e os algoritmos que definem a possibilidade e a escala de disseminação de conteúdo; (ii) o controle do discurso em ampla escala depende de dados que permitam identificar o que os usuários estão fazendo e publicando, e as plataformas digitais são a fonte primária de coleta e processamento desses dados; (iii) é menos custoso e mais fácil regular ou cooptar algumas poucas empresas que podem facilmente regular o discurso de milhões de usuários do que regular cidadãos individualmente; e (iv) esse tipo de censura pode ser efetivado de forma obscura e sem associação direta ao governo.[232]

---

[230] HUMAN RIGHTS COMMITTEE. *Report of the Special Rapporteur on the promotion and protection of the right to freedom of opinion and expression*. 11 mai. 2016. UN Doc A/HRC/32/35. Disponível em: https://undocs.org/en/A/HRC/32/38. Acesso em 17 nov. 2021.

[231] BALKIN, Jack M. Free Speech is a Triangle. *Columbia Law Review*, v. 118, n. 07, p. 2011-2056, 2018. Disponível em: https://columbialawreview.org/wp-content/uploads/2018/11/Balkin-FREE_SPEECH_IS_A_TRIANGLE.pdf. Acesso em 02 fev. 2020.

[232] BALKIN, Jack M. Free Speech is a Triangle. *Columbia Law Review*, v. 118, n. 07, p. 2011-2056, 2018. Disponível em: https://columbialawreview.org/wp-content/uploads/2018/11/Balkin-FREE_SPEECH_IS_A_TRIANGLE.pdf. Acesso em 02 fev. 2020.

Sintomaticamente, em relatório sobre a liberdade de expressão na era digital, David Kaye, então Relator Especial das Nações Unidas para a Liberdade de Opinião e Expressão, destacou que

> leis restritivas formuladas com termos vagos como 'extremismo', blasfêmia, difamação, discurso 'ofensivo', 'notícias falsas' e 'propaganda' costumam servir como pretextos para exigências de que as empresas suprimam discurso legítimo. Cada vez mais, os Estados têm como alvo específico conteúdo publicado em plataformas digitais.[233]

Além da possibilidade de controle do discurso em maior escala, a efetivação da censura estatal por intermédio das empresas de tecnologia apresenta dois grandes riscos adicionais: (i) censura colateral; e (ii) censura prévia.[234] A censura colateral surge quando o Estado regula ou obriga uma empresa de tecnologia a restringir o discurso de um terceiro, que não integra a estrutura da plataforma digital. Como essa empresa não tem nenhuma relação direta com esse terceiro e nenhum interesse específico na defesa do conteúdo, não tem incentivos para litigar contra o Estado para mantê-lo disponível, mesmo nos casos em que entenda que o discurso seja perfeitamente lícito. Ainda que deseje fazê-lo, sequer detém o conhecimento necessário dos fatos subjacentes para uma defesa completa do discurso. Nesses casos, a fim de evitar sanções ou ameaças regulatórias, as plataformas digitais têm os incentivos perversos de remover o conteúdo sem maiores questionamentos e sem que se oportunize ao autor a defesa da licitude do discurso. Essas circunstâncias podem levar à remoção de conteúdo lícito, criando uma espécie de efeito silenciador (*chilling* effect) em versão digital: não são os oradores que deixarão de falar por medo, mas as plataformas que restringirão e filtrarão conteúdo em excesso para evitar a aplicação de sanções.[235]

Nessa mesma linha, exigências governamentais de filtragem e moderação de conteúdo pelas plataformas digitais também se assemelham

---

[233] HUMAN RIGHTS COMMITTEE. *Report of the Special Rapporteur on the promotion and protection of the right to freedom of opinion and expression*. 06 abr. 2018. UN Doc A/HRC/38/35. Disponível em: https://undocs.org/A/HRC/38/35. Acesso em 17 nov. 2021.

[234] BALKIN, Jack M. Free Speech is a Triangle. *Columbia Law Review*, v. 118, n. 07, p. 2011-2056, 2018. Disponível em: https://columbialawreview.org/wp-content/uploads/2018/11/Balkin-FREE_SPEECH_IS_A_TRIANGLE.pdf. Acesso em 02 fev. 2020.

[235] BALKIN, Jack M. Free Speech is a Triangle. *Columbia Law Review*, v. 118, n. 07, p. 2011-2056, 2018. Disponível em: https://columbialawreview.org/wp-content/uploads/2018/11/Balkin-FREE_SPEECH_IS_A_TRIANGLE.pdf. Acesso em 02 fev. 2020.

a uma modalidade de censura prévia.²³⁶ Quando o Estado determina que um indivíduo seja removido ou bloqueado das plataformas, ou que algoritmos impeçam genericamente a publicação de determinado tipo de conteúdo, ou que funcionários fiscalizem proativamente as publicações de determinados usuários ou de determinado tipo de discurso, os usuários afetados não poderão publicar ou exercer a sua liberdade de expressão até que algum algoritmo ou algum funcionário interno assim autorize. A possibilidade de remoção ou o bloqueio de conteúdo nessas circunstâncias, sem análise judicial ou possibilidade de defesa do conteúdo antes da suspensão, se assemelha a uma espécie de censura prévia.²³⁷ A diferença é que, em algumas ocasiões, o conteúdo pode ser removido depois de aparecer por um breve período, de modo que não será propriamente "prévia", mas ainda assim impedirá a circulação até posterior autorização, sem análise judicial ou possibilidade de defesa anterior.

Os riscos de cooperação voluntária entre as esferas públicas e privadas, ou de aliciamento das empresas por governos, que podem condicionar a operação em território nacional à observância das ordens governamentais, ou recorrer a incentivos financeiros, ameaças de sanção e/ou regulação para forçar essas entidades privadas a monitorarem e regularem o discurso, potencializam esses riscos. A título de exemplo, o Facebook esclarece que "se, após cuidadosa revisão legal, nós reconhecermos que o conteúdo é ilegal à luz da legislação local, então nós o indisponibilizamos no país ou território pertinente".²³⁸ Esse compromisso com a legislação local pode se tornar delicado quando a legislação pertinente seja vaga e sujeita a interpretações variadas e contextuais.

Esses riscos foram evidenciados recentemente, quando empresas de tecnologia indisponibilizaram aplicativo desenvolvido pelo líder da oposição Russa, Alexey Navalny, que tinha por objetivo consolidar os votos contra Putin nas eleições de 2021, ou restringiram o acesso a

---

[236] BALKIN, Jack M. Free Speech is a Triangle. *Columbia Law Review*, v. 118, n. 07, p. 2011-2056, 2018. Disponível em: https://columbialawreview.org/wp-content/uploads/2018/11/Balkin-FREE_SPEECH_IS_A_TRIANGLE.pdf. Acesso em 02 fev. 2020.
[237] BALKIN, Jack M. Free Speech is a Triangle. *Columbia Law Review*, v. 118, n. 07, p. 2011-2056, 2018. Disponível em: https://columbialawreview.org/wp-content/uploads/2018/11/Balkin-FREE_SPEECH_IS_A_TRIANGLE.pdf. Acesso em 02 fev. 2020.
[238] Cf.: Facebook, Government requests: FAQs. *Meta*, [s.d]. Disponível em: https://transparency.fb.com/data/government-data-requests/. Acesso em 17 abr. 2021.

recomendações de candidatos da oposição publicados por Navalny.[239] No mesmo sentido, a Article 19, instituição para a proteção da liberdade de expressão, aponta que o governo chinês condiciona a autorização para funcionamento em território nacional ao cumprimento de ordens abrangentes de censura e monitoramento, em violação a compromissos mínimos com direitos humanos.[240] Decisões judiciais ou administrativas suspendendo o funcionamento de serviços, como ocorreu no Brasil no caso do WhatsApp, também são instrumentos que podem ser utilizados para coagir as empresas a cumprirem ordens governamentais.[241]

Somando-se a esses riscos, a coleta de dados e vigilância sobre o comportamento de usuários na rede também pode ter um efeito silenciador sobre a liberdade de expressão digital de usuários, que podem se autocensurar por medo de terem as suas atividades constantemente monitoradas pelo governo.[242] Esse temor tende a afetar desproporcionalmente grupos vulneráveis, como minorias raciais, étnicas, sexuais e religiosas, membros de determinados partidos políticos, a sociedade civil, defensores de direitos humanos, jornalistas e vítimas de violência e abuso.[243] Nesse sentido, o Relator alerta para o risco de que empresas de tecnologia, na medida em que acumulam uma enorme quantidade de dados de seus usuários, tornem-se alvos de requisições governamentais de fornecimento de dados de usuários.[244]

Como se vê, na era digital, as empresas de tecnologia são aliadas cada vez mais importantes para os Estados, que podem tentar utilizá-las como instrumentos de vigilância e controle de discursos e atividades.

---

[239] SHERMAN, Justin. In Russia, apple and google staff get muscled by the state. *Wired*, 26 set. 2021. Disponível em: https://www.wired.com/story/opinion-in-russia-apple-and-google-staff-get-muscled-up-by-the-state/. Acesso em 28 set. 2021.

[240] CASTER, Michael. Blog: big tech needs a reset on Chinese censorship. *Article 19*, jun. 2021. Disponível em: https://www.article19.org/resources/big-tech-needs-reset-chinese-censorship/. Acesso em 28 set. 2021.

[241] HUMAN RIGHTS COMMITTEE. *Report of the Special Rapporteur on the promotion and protection of the right to freedom of opinion and expression*. 11 mai. 2016. UN Doc A/HRC/32/35. Disponível em: https://undocs.org/en/A/HRC/32/38. Acesso em 17 nov. 2021.

[242] HUMAN RIGHTS COMMITTEE. *Report of the Special Rapporteur on the promotion and protection of the right to freedom of opinion and expression*. 11 mai. 2016. UN Doc A/HRC/32/35. Disponível em: https://undocs.org/en/A/HRC/32/38. Acesso em 17 nov. 2021.

[243] HUMAN RIGHTS COMMITTEE. *Report of the Special Rapporteur on the promotion and protection of the right to freedom of opinion and expression*. 11 mai. 2016. UN Doc A/HRC/32/35. Disponível em: https://undocs.org/en/A/HRC/32/38. Acesso em 17 nov. 2021.

[244] HUMAN RIGHTS COMMITTEE. *Report of the Special Rapporteur on the promotion and protection of the right to freedom of opinion and expression*. 11 mai. 2016. UN Doc A/HRC/32/35. Disponível em: https://undocs.org/en/A/HRC/32/38. Acesso em 17 nov. 2021.

Um modelo de regulação da liberdade de expressão na era digital também deve ter presente essa nova ameaça.

2.3 Novas formas de censura: o uso do discurso como arma

Somando-se à possibilidade de censura privada pelas empresas de tecnologia e de potencialização da censura estatal, as plataformas digitais também deram lugar a táticas alternativas de controle do discurso, implementadas tanto por atores privados, quanto por atores políticos. Embora não caracterizem censura no sentido estrito, porque não removem propriamente nenhum conteúdo da rede, essas táticas usam o discurso como um instrumento para confundir, ameaçar, desmoralizar, subverter e paralisar.[245] O que se verificou é que, paradoxalmente, o baixo custo do discurso permitiu o seu uso como um mecanismo de controle e supressão do discurso de quem pense diferente, ou de ataque às instituições e opositores.[246] De forma específica, as novas táticas de silenciamento e de ataque à democracia adotadas por atores privados ou por governos domésticos e estrangeiros envolvem: (i) ataques pessoais executados por *trolls*[247] e campanhas de cancelamento coordenadas para atacar a imprensa e outros críticos e opositores – sejam eles instituições ou indivíduos; e (ii) táticas de inundação da internet que contaminam o debate público, atacam a democracia, distorcem, confundem ou "afogam" discursos contrários pela disseminação de notícias fraudulentas, o financiamento de falsos 'jornalistas' e o emprego de *bots* para fins propagandísticos.[248]

---

[245] POMERANTSEV, Peter. The menace of unreality: how the kremlin weaponizes information, culture and money. *Interpreter*, 22 nov. 2014. Disponível em: https://www.interpretermag.com/the-menace-of-unreality-how-the-kremlin-weaponizes-information-culture-and-money/. Acesso em 01 set. 2021.

[246] WU, Tim. Is the First Amendment Obsolete? *In*: POZEN, David E. (Ed.). *The Perilous Public Square*. New York: Columbia University Press, E-book Kindle. (Não paginado).

[247] Um indivíduo que intencionalmente tenta instigar conflito, hostilidade, ou discussões em uma comunidade digital. Os trolls frequentemente utilizam mensagens inflamatórias para provocar respostas emocionais, perturbando discussões civilizadas (Cf.: What is trolling? *GCF Global*, [s.d]. Disponível em: https://edu.gcfglobal.org/en/thenow/what-is-trolling/1/. Acesso em 26 set. 2021.

[248] Uma aplicação de software programada para desempenhar determinadas funções. Os *bots* operam a partir de instruções prévias, de modo que não precisam de intervenção humana para funcionamento. Eles frequentemente replicam ou substituem o comportamento humano. Tipicamente, são usados para funções repetitivas, executadas em velocidade muito superior à humana. Os *bots* inicialmente eram utilizados para finalidades legítimas, mas passaram a ser utilizados também para a disseminação de conteúdo inflamatório ou

O uso de *trolls* e campanhas de cancelamento coordenadas, além de descredibilizarem a vítima, aumentam os custos da crítica.²⁴⁹ A lógica aqui é a de que o temor de se tornar alvo de campanhas de ataque à reputação ou de ameaças a familiares leva ao silenciamento de opositores. Na Rússia, por exemplo, o governo usa *trolls* para atacar e assediar críticos e propagar informações favoráveis ao governo. Peter Pomerantsev, narrando as táticas utilizadas pelo governo russo, indaga:

> O que acontece quando um ator poderoso sistematicamente abusa da liberdade de informação para disseminar desinformação? Usa a liberdade de expressão de modo a subverter a própria possibilidade de debate? E o faz não apenas dentro de um país, como parte de campanhas eleitorais perversas, mas também como parte de uma campanha militar transnacional? Desde ao menos 2008, as forças militares e de inteligência do Kremlin têm se referido à informação não nos sentidos conhecidos de 'persuasão', 'diplomacia pública' ou mesmo 'propaganda', mas em termos militares, como uma arma para confundir, ameaçar, desmoralizar, subverter e paralisar.²⁵⁰

Na China, feministas também acusam nacionalistas defensores do governo de tentativas de silenciamento pelo uso de *trolls*, alegando que elas foram "coletivamente silenciadas por um ataque em toda a internet que nos atingiu como um tsunami. A esfera pública digital que superamos todas as dificuldades para construir foi implacavelmente sufocada".²⁵¹ O fenômeno, que aparentemente teve origem em governos autoritários, se espalhou também para democracias. David French e Rosa Brooks, repórteres alvos de ataques após críticas ao Presidente

---

fraudulento (Cf.: What is a bot? Bot definition. *Cloudfare.com*, [s.d]. Disponível em: https://www.cloudflare.com/pt-br/learning/bots/what-is-a-bot/. Acesso em 26 set. 2021).

²⁴⁹ WU, Tim. Is the First Amendment Obsolete? *In*: POZEN, David E. (Ed.). *The Perilous Public Square*. New York: Columbia University Press, E-book Kindle. (Não paginado).

²⁵⁰ Tradução livre. No original: "What happens when a powerful actor systematically abuses freedom of information to spread disinformation? Uses freedom of speech in such a way as to subvert the very possibility of a debate? And does so not merely inside a country, as part of vicious election campaigns, but as part of a transnational military campaign? Since at least 2008, Kremlin military and intelligence thinkers have been talking about information not in the familiar terms of 'persuasion', 'public diplomacy' or even 'propaganda', but in weaponized terms, as a tool to confuse, blackmail, demoralize, subvert and paralyze".

²⁵¹ Tradução livre. No original: ""(We) were collectively silenced by an internet-wide crackdown that hit like a tsunami. The online public sphere that we have overcome all difficulties to build was relentlessly smothered" (GAN, Nectar. Chinese feminists are being silenced by nationalist trolls. Some are fighting back. *CNN*, 19 abr. 2021. Disponível em: https://edition.cnn.com/2021/04/19/china/china-feminists-silenced-intl-hnk-dst/index.html. Acesso em 28 set. 2021).

Donald Trump, descreveram a sua experiência com as milícias digitais nos Estados Unidos:

> Eu via imagens do rosto da minha filha em câmaras de gás, com Trump sorrindo em um uniforme nazista preparado para apertar um botão e matá-la. Eu via o seu rosto em imagens editadas de escravos. Ela era chamada de 'negrinha' e 'dindu'. A extrema direita atacou a minha mulher, Nancy, alegando que ela teria dormido com homens negros enquanto eu estava no Iraque, e que eu gostava de assistir enquanto ela mantinha relações sexuais com negros antílopes. As pessoas me enviavam imagens pornográficas de homens negros mantendo relações sexuais com mulheres brancas, com alguém editado para parecer comigo, ao lado, assistindo.[252]

> No meio da tarde, eu já estava recebendo ameaças de morte. 'EU VOU CORTAR A SUA CABEÇA FORA... ..... VADIA!, berrava um e-mail. Outros correspondentes ameaçavam me estrangular, atirar, deportar, prender e/ou conseguir a minha demissão (essa última parecia um pouco anticlímax). O reitor da faculdade de direito de Georgetown, onde leciono, recebeu e-mails sórdidos sobre mim. A presidente da Universidade de Georgetown recebeu uma mensagem de voz de alguém ameaçando atirar em mim.[253]

No Brasil, senadores da CPI da COVID relataram ter sido alvos de campanhas orquestradas de ataques virtuais que têm origem em milícias digitais.[254] No âmbito do Inquérito das Fake News conduzido pelo Supremo Tribunal Federal e narrado em detalhes adiante, constatou-se a existência de uma associação criminosa dedicada à disseminação de ataques ofensivos a diversas pessoas, autoridades e instituições.[255] Segundo depoimento da Deputada Joice Hasselmann,

---

[252] FRENCH, David. The price I've paid for opposing Donald Trump. Nat'l Rev, 21 out. 2016. Disponível em: https://www.nationalreview.com/2016/10/donald-trump-alt-right-internet-abuse-never-trump-movement. Acesso em 20 nov. 2019 apud. WU, Tim. Is the First Amendment Obsolete? In: POZEN, David E. (Ed.). The Perilous Public Square. New York: Columbia University Press, E-book Kindle. (Não paginado).

[253] BROOKS, Rosa. And then the Britbart Lynch mob came for me. Foreign Policy, 06 fev. 2017. Disponível em: https://foreignpolicy.com/2017/02/06/and-then-the-breitbart-lynch-mob-came-for-me-bannon-trolls-trump/. Acesso em: 14 fev. 2021 apud. WU, Tim. Is the First Amendment Obsolete? In: POZEN, David E. (Ed.). The Perilous Public Square. New York: Columbia University Press, E-book Kindle. (Não paginado).

[254] Cf.: Defesa do governo na CPI da Covid mobiliza milícias digitais. IstoÉ Dinheiro, 29 abr. 2021. Disponível em: https://www.istoedinheiro.com.br/defesa-do-governo-na-cpi-da-covid-mobiliza-milicias-digitais/. Acesso em 28 set. 2021.

[255] STF, DJe 07 mai. 2021, ADPF nº 572, Rel. Min. Edson Fachin.

a cúpula dessa organização sabe trabalhar com a construção de narrativas, bem como os canais mais eficazes para sua rápida divulgação, contando para isso com o chamado efeito manada que atinge pequenos grupos e até indivíduos isolados, amplificando em nível nacional as mensagens ofensivas, calúnias e notícias falsas e de ódio contra inúmeras autoridades ou quaisquer pessoas que representem algum incômodo.[256]

O relatório técnico pericial conduzido no âmbito do inquérito revelou que haveria um mecanismo coordenado de criação e divulgação dessas mensagens com conteúdo difamatório e ofensivo, bem como mensagens defendendo a subversão da ordem e incentivando a quebra da normalidade institucional e democrática, contando, inclusive, com o financiamento de diversos empresários:

> Conforme apresentado anteriormente, os perfis influenciadores iniciam os ataques selecionando um tema, por exemplo, o Impeachment de membros do STF. Nesta etapa inicial estes perfis não necessariamente utilizam uma hashtag para disseminar o ataque escolhido, valendo-se muitas vezes de seus seguidores (followers) para "criar" uma hashtag e impulsionar este ataque. Desta forma, os perfis influenciadores não apareceriam como criadores da hashtag que simboliza o ataque. (...)
> Conforme exposto os perfis influenciadores identificados, iniciaram seus ataques a partir do dia 07.11.2019, declarando que o STF é uma vergonha e clamando por pedidos de impeachment de seus membros, sem necessariamente utilizar a hashtag #ImpeachmentGilmarMendes. Em seguida, seus seguidores passaram a compartilhar e comentar estas publicações, introduzindo a hashtag em questão. Finalmente, no dia 11 de novembro de 2019, 10 (dez) destes perfis influenciadores adotam a hashtag #ImpeachmentGilmarMendes neste mesmo dia, de forma aparentemente coordenada, impulsionando ainda mais a adoção desta hashtag por seus seguidores de forma que esta alcançasse o "Trend Topics" da rede social Twitter.
> Uma vez que uma hashtag alcança o "Trend Topics", sua visualização é ampliada significativamente para fora da "bolha", alcançando muitos outros usuários, que não são seguidores dos influenciadores iniciais.[257]

Em linha semelhante, as táticas de inundação da internet que contaminam o debate público, inclusive pelo uso de *bots* e financiamento de falsos jornalistas, frequentemente chamadas de *censura reversa*,

---

[256] STF, *DJe* 07 mai. 2021, ADPF nº 572, Rel. Min. Edson Fachin.
[257] STF, *DJe* 07 mai. 2021, ADPF nº 572, Rel. Min. Edson Fachin.

também são uma técnica contemporânea de controle do discurso.[258] O objetivo aqui é silenciar o discurso contrário ou distorcer o ambiente informacional pelo uso de notícias fraudulentas ou irrelevantes, que confundem o debate público, descredibilizam a imprensa e atacam a democracia. Trata-se de uma tentativa de controle que tem os ouvintes como alvo.[259]

Também aqui, o uso dessas táticas teve origem nos governos da Rússia e da China, que empregam milhões de pessoas cuja função é fazer publicações e disseminar informações favoráveis ao governo. De acordo com pesquisa conduzida por King, Pan e Roberts, o governo chinês fabrica e publica aproximadamente 448 milhões de comentários nas redes sociais por ano, e "a estratégia é evitar discutir com céticos quanto ao partido ou ao governo, e nem sequer discutir assuntos controvertidos. (...) o objetivo dessa operação massiva e secreta é distrair o público e mudar o assunto".[260] A eficácia dessas medidas é potencializada pelo uso de *bots*, que propagam a mensagem por contas falsas em redes sociais.

Em livro que detalha a operação dessas campanhas de descredibilização do debate público, Philip N. Howard, diretor do Oxford Internet Institute, consagra o termo "máquinas de mentira" para designar os mecanismos complexos integrados por pessoas, organizações e algoritmos de recomendação de redes sociais que disseminam mensagens falsas em favor de determinada agenda política. Segundo o autor, as plataformas das redes sociais, dos mecanismos de busca e de diversos dispositivos fornecem a tecnologia e a infraestrutura necessárias para a disseminação de desinformação diretamente aos cidadãos nos momentos cruciais do debate público. Alterações sutis na mensagem ajudam a evitar filtros de *spam*, verificações de fato e editores humanos e, consequentemente, permite que se espalhem pelas redes sociais.[261]

---

[258] WU, Tim. Is the First Amendment Obsolete? *In*: POZEN, David E. (Ed.). *The Perilous Public Square*. New York: Columbia University Press, E-book Kindle. (Não paginado).

[259] WU, Tim. Is the First Amendment Obsolete? *In*: POZEN, David E. (Ed.). *The Perilous Public Square*. New York: Columbia University Press, E-book Kindle. (Não paginado).

[260] KING, Gary; PAN, Jennifer; ROBERTS, Margaret E. How censorship in China allows government criticism but silences collective expression. *107 Am. Pol. Sci. Rev.*, n. 326, 2013. p. 497 *apud*. WU, Tim. Is the First Amendment Obsolete? *In*: POZEN, David E. (Ed.). *The Perilous Public Square*. New York: Columbia University Press, E-book Kindle. (Não paginado).

[261] HOWARD, Philip N. *Lie machines*: How to save democracy from troll armies, deceitful robots, junk news operations, and political operatives. New Haven: Yale University Press, 2020. p. 14.

As melhores máquinas de mentira envolvem três componentes: produção, distribuição e marketing.[262] Primeiro, agências governamentais, líderes políticos, candidatos a eleições ou partidos políticos produzem desinformação a serviço de sua agenda política ou projeto ideológico. Depois, o sistema de distribuição utiliza as estruturas das plataformas para, por meio de *bots*, contas falsas e algoritmos, empacotar a mentira e endereçar àqueles que podem ser influenciados. Por fim, consultores e agências de marketing lapidam a desinformação para produzir matérias jornalísticas de qualidade questionável, mas que amparam as informações disseminadas nas redes.[263] A automatização, a escalabilidade e o anonimato possibilitados pela propaganda computacional potencializam os seus efeitos e as suas ameaças à democracia.

Howard aponta, ainda, que *trolls* e *bots* profissionais foram agressivamente utilizados no Brasil durante três campanhas presidenciais, e na disputa pela prefeitura do Rio.[264] No mesmo sentido, o Inquérito das Fake News também apontou a existência de máquinas de disseminação de notícias fraudulentas, inclusive com a etapa de produção atribuída a pessoas ligadas ao governo, como ocorre nas máquinas de mentira descritas por Philip Howard:

> É do conhecimento do depoente que Matheus Sales, Mateus Matos Diniz e Tercio Arnaud Tomaz, todos assessores especiais da Presidência da República, são os integrantes principais do chamado Gabinete do Ódio, que se especializou em produzir e distribuir Fake News contra diversas autoridades, personalidades e até integrantes do Supremo Tribunal Federal. Esse gabinete coordena nacional e regionalmente a propagação dessas mensagens falsas ou agressivas, contando para isso com a atuação interligada de uma grande quantidade de páginas nas redes sociais, que replicam quase instantaneamente as mensagens de interesse do gabinete. Essa organização conta com vários colaboradores nos diferentes Estados, a grande maioria sendo assessores de parlamentares federais e estaduais. (...)

---

[262] HOWARD, Philip N. *Lie machines*: How to save democracy from troll armies, deceitful robots, junk news operations, and political operatives. New Haven: Yale University Press, 2020. p. 17.

[263] HOWARD, Philip N. *Lie machines*: How to save democracy from troll armies, deceitful robots, junk news operations, and political operatives. New Haven: Yale University Press, 2020. p. 17.

[264] HOWARD, Philip N. *Lie machines*: How to save democracy from troll armies, deceitful robots, junk news operations, and political operatives. New Haven: Yale University Press, 2020. p. 55.

Esses assessores parlamentares administram diversas páginas nas redes sociais, incluindo grupos de WhatsApp, e por meio dessas páginas divulgam postagens ofensivas, quase sempre orientados pelo aludido grupo de assessores da Presidência.
(...)
Dentre esses ataques coordenados, o depoente salienta a postagem quase simultânea em diversas páginas do Facebook de um vídeo ofensivo ao Supremo Tribunal Federal, comparando-o a uma hiena que deveria ser fustigada por leões.
(...)
Esse esquema é repetido em diversos outros Estados, podendo o depoente referir-se expressamente a Paraíba, Bahia, Pernambuco, São Paulo, Minas Gerais, Rio de Janeiro, Rio Grande do Sul. Possivelmente essas filiais existam em todos os Estados da Federação.[265]

Também aqui, portanto, deve-se conceber um modelo de regulação da liberdade de expressão digital capaz de lidar com esses fenômenos, em que o próprio discurso é utilizado como um mecanismo de censura ou de ataque à democracia, subvertendo os fundamentos que tradicionalmente justificaram a proteção da liberdade de expressão. Discursos de (i) desinformação, (ii) ódio, (iii) *cyberbullying* e (iv) ataques à democracia não promovem – antes infirmam – os fundamentos subjacentes à proteção desse direito fundamental.

De forma específica, a desinformação, aqui compreendida como a disseminação de notícias falsas, criadas mediante o uso de artifícios fraudulentos, de forma consciente e deliberada, e com o objetivo de causar danos a pessoas, grupos ou instituições,[266] não promove a verdade ou o conhecimento. Um sistema robusto de liberdade de expressão depende de compromissos sociais, políticos e culturais mínimos, e de fontes, práticas e instituições confiáveis para a produção do conhecimento. Ademais, os fundamentos da dignidade humana e da autonomia tampouco são promovidos por discursos que buscam induzir reações impulsivas e mal informadas. Como visto, há uma diferença entre o discurso que "persuade", apresentando argumentos legítimos e verdadeiros, e o discurso que "induz em falso": o discurso que persuade enseja reações a partir de um processo racional de convencimento e, portanto, é perfeitamente legítimo. Por outro lado, o discurso que manipula a partir de afirmações objetivamente falsas

---

[265] STF, *DJe* 07 mai. 2021, ADPF nº 572, Rel. Min. Edson Fachin.
[266] High level Group on fake news and online disinformation. A multi-dimensional approach to disinformation. União Europeia, 2018.

de fatos não promove a dignidade ou a autonomia do indivíduo, que, sem essa manipulação, teria agido de forma diversa.

Além disso, a promoção da democracia também depende de conhecimento técnico e científico, e de eleições cujos resultados não sejam influenciados ou manipulados por campanhas de desinformação ou notícias fraudulentas. Sociedades modernas não são capazes de sobreviver e prosperar sem a produção de conhecimento técnico, sujeito a procedimentos metodológicos que assegurem a sua confiabilidade. O conhecimento técnico não pode ser produzido meramente por meio de um engajamento indiscriminado de todos os indivíduos. Nesse campo, o maior número de interlocutores ou a maior quantidade de informação não significa uma melhor qualidade da informação produzida. Conhecimentos técnicos não se tornam confiáveis simplesmente porque são amplamente compartilhados: são confiáveis porque se sujeitam a critérios de verificabilidade, reprodução e falseabilidade.[267]

De outra ponta, porém, há riscos reais de que o conceito seja manipulado para classificar desde erros sinceros de repórteres, discursos político-partidários, utilização de "manchetes iscas" que atraem o leitor, à fabricação deliberada de informações falsas e técnicas automatizadas de reprodução de informação.[268] Além disso, o termo tem sido empregado por figuras públicas com o objetivo de questionar a credibilidade de jornalistas e veículos de comunicação renomados ou para rebater informações críticas de seus governos, contribuindo para a depreciação do ambiente informacional das democracias. Por isso, a restrição à liberdade de expressão para combater a desinformação deve se limitar às verdades objetivas, que sejam factuais e possam ser demonstradas e conhecidas – como, por exemplo, a evolução da temperatura do planeta Terra, os impactos do cigarro sobre o corpo humano e os benefícios de vacinas. No campo das verdades subjetivas, particulares a cada indivíduo e que decorram de suas convicções normativas, religiosas, ideológicas ou políticas, não há espaço para restrições.

Quanto ao discurso de ódio, como visto, o próprio Supremo Tribunal Federal reconhece que ele não está protegido pela liberdade de expressão. O entendimento é acertado, pois esse tipo de discurso impede ou dificulta a participação de grupos minoritários no debate público, de modo que o remédio clássico de simplesmente permitir mais

---

[267] POST, Robert C. *Democracy, expertise, academic freedom*: a first amendment jurisprudence for the modern state. *Yale University Press*, 2012.

[268] High level Group on fake news and online disinformation. A multi-dimensional approach to disinformation. União Europeia, 2018.

discurso revela-se insuficiente. O objetivo é impedir que o discurso dos mais poderosos silencie ou subjugue o discurso dos menos poderosos,[269] além de evitar ataques a comunidades vulneráveis e a propagação da discriminação, que impede a participação isonômica na vida pública. A mesma lógica vale para o *cyberbullying*, que também busca silenciar as vítimas, por meio de ataques pessoais e ameaças de violência.

Porém, para impedir que os conceitos sejam apropriados para cometer abusos e impor restrições desproporcionais à liberdade de expressão, a restrição a essas categorias deve estar sujeita aos parâmetros fixados no Plano de Rabat e no direito internacional, que delimitam fatores específicos para a identificação de discurso de ódio: (i) a forma e o conteúdo do discurso, incluindo considerações sobre o grau em que ele foi provocativo e direto, bem como o estilo e a natureza dos argumentos; (ii) o contexto econômico, social e político; (iii) a posição ou o *status* do orador, especificamente a sua posição no contexto do público a quem o discurso é dirigido; (iv) o alcance do discurso, incluindo considerações sobre a sua natureza pública ou privada, o tamanho do seu público e os meios utilizados para divulgação; (v) a intenção do orador de incitar ou defender o ódio; e (vi) a probabilidade, incluindo a iminência, de que o discurso cause atos de violência.[270] O Plano também esclarece que os termos "ódio" e "hostilidade" devem se referir apenas a "emoções intensas e irracionais de opróbrio, inimizade e ódio publicamente contra o grupo alvo" e "incitamento" deve se referir apenas "a declarações sobre grupos nacionais, raciais ou religiosos que criam um risco iminente de discriminação".[271]

Por fim, quanto aos ataques antidemocráticos, é preciso destacar que críticas à democracia, mesmo que duras, devem ser permitidas. As restrições à categoria de ataques antidemocráticos não devem, portanto, abarcar defesas intelectuais contra a democracia, mas apenas atos de concertação por meio do discurso, que gerem riscos iminentes de atos de violência ou de subversão da ordem democrática.

---

[269] FISS, Owen. *The Irony of Free Speech*. Cambridge: Harvard University Press, 1996. E-book Kindle. (Não paginado).

[270] HUMAN RIGHTS COMMITTEE. *Annual report of the United Nations High Commissioner for Human Rights*. 11 jan. 2013. UN Doc A/HRC/22/17/Add.4. Disponível em: https://www.ohchr.org/Documents/Issues/Opinion/SeminarRabat/Rabat_draft_outcome.pdf. Acesso em 09 out. 2021.

[271] HUMAN RIGHTS COMMITTEE. *Annual report of the United Nations High Commissioner for Human Rights*. 11 jan. 2013. UN Doc A/HRC/22/17/Add.4. Disponível em: https://www.ohchr.org/Documents/Issues/Opinion/SeminarRabat/Rabat_draft_outcome.pdf. Acesso em 09 out. 2021.

Esses apontamentos teóricos quanto ao fato de que a liberdade de expressão não protege essas categorias específicas de discurso não significam que a operacionalização desses conceitos não seja problemática, ou tampouco que o Estado deva ser o principal – ou mesmo um dos – agente de controle de discursos ilícitos. Significa, tão somente, que o modelo de regulação da liberdade de expressão deve ter presente essas considerações teóricas, bem como os riscos da intervenção estatal nesse campo, para que seja capaz de equilibrar as ameaças adequadamente. O ponto será detalhado no capítulo propositivo do livro.

2.4 A ascensão do ciberpopulismo

Quando um governo falha em concretizar as expectativas e demandas populares, é normal que os cidadãos se sintam insatisfeitos e busquem alternativas. O que diferencia essa decepção natural em toda democracia do populismo é o fato de que os cidadãos que recorrem a esses líderes populistas não estão apenas descontentes com os resultados da política, mas desacreditados das instituições em si.[272] Os populistas se aproveitam desse sentimento e responsabilizam as instituições pela desconfiguração da vontade popular, sugerindo que elas atendem apenas a interesses corruptos e individualistas e representam obstáculos à realização plena da vontade popular.[273] Apesar disso – e esse é o seu principal risco –, o populismo, diferentemente de ditaduras, apenas descaracteriza as instituições democráticas, sem desintegrá-las totalmente. Mantém, portanto, uma fachada democrática, ao mesmo tempo em que ataca e enfraquece atores institucionais como a imprensa, os outros poderes, o aparato burocrático, as elites e as demais instituições que equilibram e freiam o exercício de poder pelo executivo. Como explica Vania Baldi:

> O cimento cultural que une os movimentos populistas é habitualmente identificado como um conjunto de tendências socioculturais: querer destruir tudo aquilo que simboliza uma cultura e uma prática de intermediação e representatividade políticas; denunciar a suposta falsidade das autoridades e entidades institucionais; ambicionar a estabelecer uma relação direta e imediata com o "povo", genericamente preconcebido

---

[272] KUO, Ming-Sung. Against instantaneous democracy. *International Journal of Constitutional Law*, v. 17, Issue 2, p. 554-575, aril 2019.

[273] KUO, Ming-Sung. Against instantaneous democracy. *International Journal of Constitutional Law*, v. 17, Issue 2, p. 554-575, april 2019.

como único, homogêneo e imune à impureza dos filtros jornalísticos, das estruturas verticais e da identidade multicultural; construir uma identidade política apostando enfaticamente em micronarrativas nem sempre coerentes, substituindo o marco ideológico pela fluidez do storytelling.[274]

O *ciberpopulismo* ou o populismo digital, por sua vez, designa o uso das plataformas de internet para perpetrar esses ataques às instituições democráticas. Quando a atividade populista se apropria de uma tecnologia de informação altamente disseminada, o populismo adquire um instrumento crucial para o recrutamento de indivíduos e para a intensificação da polarização que o impulsiona.[275] Esse novo populismo é marcado por uma política da instantaneidade possibilitada por comunicações tecnológicas simultâneas, e representa novos desafios para as democracias constitucionais, para além daqueles já apresentados pela tradicional política de identidade excludente e de entrincheiramento institucional anti-constitucionalista observados em outras fases do populismo.[276]

Youngmi Kim, por exemplo, argumenta que o encontro do populismo com as tecnologias digitais enseja três principais consequências politicamente relevantes: (i) para os políticos ou ativistas populistas, o uso da internet como uma arma política fornece um acesso barato (ou mesmo gratuito) a potenciais apoiadores e eleitores. Os custos de transação são reduzidos e a internet potencialmente permite uma maior capacidade de mobilização; (ii) a desintermediação possibilitada pela redes sociais permite que as pessoas publiquem ou respondam a eventos e interações impulsivamente, sem maiores reflexões ou pesquisas, e esses meios se tornam a sua principal fonte de informação; e (iii) o imediatismo e a falta de intermediação potencializam ataques verbais, a divulgação de informações falsas e a polarização, que retroalimentam o discurso populista.[277]

Outros autores como Santiago Zabala e Ming-Sung Kuo alertam que as redes sociais permitem a criação de um canal de comunicação

---

[274] BALDI, Vania. A construção viral da realidade: ciberpopulismos e polarização dos públicos em rede. *Observatório Special Issue*, 004-020, 2018.
[275] Cf.: Digital Populism. *ECPS – European Center for Populism Studies*, [s.d]. Disponível em: https://www.populismstudies.org/Vocabulary/digital-populism/. Acesso em 29 ago. 2021.
[276] KUO, Ming-Sung. Against instantaneous democracy. *International Journal of Constitutional Law*, v. 17, Issue 2, p. 554-575, april 2019.
[277] Cf.: Digital Populism. *ECPS – European Center for Populism Studies*, [s.d]. Disponível em: https://www.populismstudies.org/Vocabulary/digital-populism/. Acesso em 29 ago. 2021.

direta com o povo, por meio do qual o líder eleito, adotando uma postura autêntica e carismática, se apresenta como o mensageiro das escolhas populares e um combatente contra a elite política inimiga da nação.[278] Antes das redes sociais, deficiências no canal de comunicação entre o líder eleito e os seus eleitores (*i.e.* dependência de instituições como a mídia ou de mobilizações presenciais) dificultavam ou mesmo inviabilizavam essa interação direta e a criação desse vínculo.[279] Essa estrutura, porém, é fundamentalmente alterada pela *democracia instantânea* possibilitada pelas redes sociais e as novas tecnologias.[280] Nesse cenário, a mídia se torna dispensável e, pelo espaço virtual, o político eleito se comunica direta e imediatamente com os seus eleitores, legitimando a sua atuação e o seu ataque às instituições em nome da vontade popular.

A democracia constitucional tem por premissas: (i) uma forma de política articulada, onde a tomada de decisão ocorre por meio de um processo composto por diversas fases individuais e independentes, articuladas entre si,[281] que fomentam a acomodação institucional e freiam a vontade da maioria ou do poder executivo; e (ii) um filtro institucional entre a vontade popular e a tomada de decisão política. O pressuposto desses dois elementos é o de que haverá um lapso temporal entre cada etapa formal de tomada de decisão (primeiro elemento) e entre a incubação da opinião pública e a tomada de decisão política (segundo elemento).[282] Com a democracia instantânea possibilitada pelas redes sociais, a comunicação da vontade popular aos representantes eleitos ocorre de forma imediata e quase plebiscitária, fortalecendo o ataque às instituições intermediárias e a aprovação apressada de pautas.

Para a criação desse vínculo com o povo, o novo populismo frequentemente adota uma linguagem vulgar e manifestações exageradas e caricatas. É uma estratégia para desmistificar a política e apresentá-la

---

[278] Cf.: Individualismo é alimentado por 'populismo digital' de Bolsonaro. *Rede Brasil Atual*, 21 dez. 2020. Disponível em: https://www.redebrasilatual.com.br/politica/2020/12/populismo-digital-bolsonaro-individualismo-pandemia/. Acesso em 29 ago. 2021.

[279] KUO, Ming-Sung. Against instantaneous democracy. *International Journal of Constitutional Law*, v. 17, Issue 2, p. 554-575, april 2019.

[280] KUO, Ming-Sung. Against instantaneous democracy. *International Journal of Constitutional Law*, v. 17, Issue 2, p. 554-575, april 2019.

[281] KUO, Ming-Sung. Against instantaneous democracy. *International Journal of Constitutional Law*, v. 17, Issue 2, p. 554-575, april 2019.

[282] KUO, Ming-Sung. Against instantaneous democracy. *International Journal of Constitutional Law*, v. 17, Issue 2, p. 554-575, april 2019.

como transparente e acessível,[283] retratando o líder eleito como um membro do povo, e não mais como um símbolo político superior. Analisando esses fenômenos, Ming-Sung Kuo conclui que

> a democracia da instantaneidade dá vida a um novo cenário político. De um lado, ela libera uma energia política antes inexplorada em sociedades democráticas, sugerindo uma forma de política mais responsiva e não mediada. De outro lado, a instantaneidade libera a magia da autenticidade. (...) O novo populismo aponta na direção de uma política não mediada.[284]

A população agora é capaz de interferir diretamente em qualquer etapa do exercício do poder político, ameaçando os procedimentos criados para assegurar um lapso temporal para a tomada de decisão. Essa circunstância torna o governo hiper-responsivo à opinião popular,[285] ameaçando a liberdade, a igualdade e os direitos fundamentais. O apoio direto da opinião pública encoraja atores políticos a desconsiderarem freios institucionais e a recorrerem diretamente ao povo para se legitimar e pressionar outros atores a ignorarem o processo democrático.[286] Assim, a instantaneidade dessa nova democracia ameaça a representatividade, a deliberação e a articulação imprescindíveis para a subsistência de democracias constitucionais. Nas palavras de Ming-Sung Kuo, "se beneficiando da democracia instantânea induzida pela tecnologia, o novo populismo apresenta uma política alternativa que busca substituir a complexidade constitucional por uma simplicidade anti-institucional".[287]

O cenário é agravado pelas táticas de polarização adotadas por líderes populistas. A saúde de uma democracia depende de uma opinião pública que compartilhe uma base comum de fatos mínimos. A fragmentação e a dispersão de atenção, já detalhadas em tópicos anteriores, somadas a narrativas distorcidas e radicais sobre temas

---

[283] KUO, Ming-Sung. Against instantaneous democracy. *International Journal of Constitutional Law*, v. 17, Issue 2, p. 554-575, april 2019.
[284] KUO, Ming-Sung. Against instantaneous democracy. *International Journal of Constitutional Law*, v. 17, Issue 2, p. 554-575, april 2019. p. 561.
[285] KUO, Ming-Sung. Against instantaneous democracy. *International Journal of Constitutional Law*, v. 17, Issue 2, p. 554-575, april 2019.
[286] KUO, Ming-Sung. Against instantaneous democracy. *International Journal of Constitutional Law*, v. 17, Issue 2, p. 554-575, april 2019.
[287] No original: "Benefiting from the technology-induces instantaneous democracy, new populism present an alternative politics that envisages the displacement of constitutional complexity with anti-institutional simplicity" (KUO, Ming-Sung. Against instantaneous democracy. *International Journal of Constitutional Law*, v. 17, Issue 2, p. 554-575, april 2019. p. 574).

sociais divisíveis, criam um ambiente propício para a fragmentação e divisão social necessárias para o triunfo do populismo, que busca semear discórdia e hostilidade entre os grupos com visões contrapostas – nas palavras do Professor Vania Baldi, trata-se de tática que *divide et impera*.[288] A radicalização do discurso político online, sob o disfarce de uma liberdade de expressão ilimitada, fomenta a polarização.[289] Ademais, campanhas digitais microdirecionadas a usuários com tendência a desconfiar das principais instituições políticas também influenciam eleitores, criam confusão política, promovem a desconfiança e incitam ataques físicos e digitais a pessoas e instituições.[290] Assim, políticos populistas passaram a se aproveitar dos espaços desregulados das redes sociais para disseminar informações fraudulentas e acusações não embasadas, bem como ataques verbais a instituições e críticos.[291]

Em resumo, o populismo do século XXI, à semelhança de seus antecessores, acusa as instituições que filtram e moderam a vontade popular de fraudarem a vontade do povo e estarem capturadas por interesses de uma elite corrupta. Ao fazê-lo, líderes populistas se apresentam como os únicos representantes da soberania popular, atacando os outros poderes, as instâncias administrativas, o aparato burocrático e as organizações da sociedade civil que, em democracias constitucionais, freiam o poder da maioria e o executivo. O que singulariza o *ciberpopulismo* é o fato de que as redes sociais facilitam o alcance e a mobilização desses movimentos, criam um canal de comunicação direta e simultânea entre o líder e o povo e permitem a disseminação de discursos com o objetivo de semear discórdia, confusão e ataques às instituições. Consequentemente, o mandato é exercido pelo líder eleito de forma quase plebiscitária e hiper-responsiva à vontade de uma maioria apresentada como a dona da verdade. Essa instantaneidade e hiper-responsividade minam as estruturas da democracia e o lapso temporal imprescindível para a tomada de decisões políticas. Assim, permite que atores institucionais, atuando em nome do povo, desconsiderem regras procedimentais e direitos substantivos fundamentais para a subsistência de uma democracia constitucional.

---

[288] BALDI, Vania. A construção viral da realidade: ciberpopulismos e polarização dos públicos em rede. *Observatório Special Issue*, 004-020, 2018.

[289] MEYER, Emilio Peluso Neder; Polido, Fabrício Bertini Pasquot. Usando o constitucionalismo digital para conter o populismo digital. *Icon-S*, 29 jul. 2021.

[290] MEYER, Emilio Peluso Neder; Polido, Fabrício Bertini Pasquot. Usando o constitucionalismo digital para conter o populismo digital. *Icon-S*, 29 jul. 2021.

[291] TSERENJAMTS, Munkhtsetseg. Digital populism. *Friedrich Ebert Stiftung*, 20 dez. 2017. Disponível em: https://asia.fes.de/news/digital-populism/. Acesso em 22 ago. 2021.

2.5 A transnacionalização da liberdade de expressão

Como visto, plataformas privadas que inicialmente se apresentavam como meras empresas de tecnologia, atualmente tomam decisões com impacto direto sobre o exercício de direitos fundamentais por usuários localizados ao redor do mundo. A crescente capacidade de vigilância e controle privados levou à criação de estruturas internas de governança privada para aplicação de termos de uso e condições padronizados, que aplicam conceitos genéricos e de fácil compreensão em variadas culturas e países.[292] O objetivo é permitir a governança de comunidades e interações digitais que se dão em nível mundial, cada qual com a sua cultura e formas de expressão. Assim, decisões de moderação de conteúdo, quando tomadas com fundamento em termos de uso das plataformas digitais, frequentemente têm efeito global.[293]

Contrastando com esse poder, decisões de cortes nacionais – as instituições tradicionalmente responsáveis pela adjudicação de conflitos relacionados à liberdade de expressão – estão limitadas à jurisdição nacional. Contudo, em razão da natureza "a-territorial" da internet, que torna as fronteiras nacionais "altamente permeáveis",[294] essa limitação gerou situações práticas em que decisões domésticas se revelaram inócuas. Isso porque mecanismos chamados "VPN" (Virtual Private Networks), ou *web proxies* ou softwares como TOR, omitem a localização real dos usuários e a origem de seu IP. Assim, conteúdo bloqueado por força de decisões judiciais em território nacional pode ser acessado por indivíduos que utilizem esses recursos, mesmo que estejam dentro do território em tese abarcado pela ordem de bloqueio. Tribunais locais passaram, então, a reivindicar jurisdição sobre o ambiente digital por meio de decisões determinando a remoção global de conteúdo.

Embora esse assunto seja de importância internacional,[295] ele se tornou especialmente proeminente no Brasil, após o início do Inquérito

---

[292] BALKIN, Jack M. Free Speech is a Triangle. *Columbia Law Review*, v. 118, n. 07, p. 2011-2056, 2018. p. 2021. Disponível em: https://columbialawreview.org/wp-content/uploads/2018/11/Balkin-FREE_SPEECH_IS_A_TRIANGLE.pdf. Acesso em 02 fev. 2020.

[293] RENIK. The Functions of Publicity and of Privatization in Courts and Their Replacements (from Jeremy Bentham to #MeToo and Google Spain). *In*: OPEN JUSTICE: THE ROLE OF COURTS IN A DEMOCRATIC SOCIETY (Burkhard Hess & Ana Koprivica eds., 2019); KLONICK, Kate. The new governors: the people, rules, and processes governing online speech. *Harvard Law Review*, v. 131, p. 1598-1670, 2018.

[294] Yahoo! Inc. *vs.* La Ligue Contre Le Racismo et L'Antisémitisme, 433 F.3d 1199 (9th Cir. 2006) (en banc).

[295] A título de exemplo: Case C-507/17, Google L.L.C. v. Commission National de L'Informatique et des libertés, ECLI:EU:C:2019:772, (Set. 24, 2019). Disponível em: http://curia.europa.eu/juris/

das Fake News. Com efeito, em 27 de maio de 2020, o Min. Alexandre de Moraes proferiu decisão determinando, dentre outras coisas, o bloqueio de contas em redes sociais, tais como Facebook, Twitter e Instagram, dos investigados, "para interrupção dos discursos com conteúdo de ódio, subversão da ordem e incentivo à quebra da normalidade institucional e democrática".[296] Em 22 de julho, o Ministro reiterou a ordem de bloqueio integral, em relação à visualização em território nacional, de perfis e contas mantidas ou vinculadas aos investigados.[297] Em 24 de julho, as contas indicadas na decisão foram suspensas pelas redes sociais Twitter e Facebook. Ocorre que alguns dos alvos do bloqueio alteraram as configurações de suas contas, que só haviam sido bloqueadas em território nacional, e conseguiram utilizá-las para retomar o acesso. Um deles, inclusive, divulgou o passo a passo a seus seguidores, para que também utilizassem recursos que omitem a origem do IP e, assim, pudessem continuar acessando as contas, tendo em vista que conexões originadas fora do Brasil conseguiam visualizar os perfis suspensos.[298]

Em nova decisão, o Min. Alexandre considerou que

> a suspensão parcial das contas e perfis, utilizados aqui como meio para o cometimento dos crimes em apuração, por limitar seus efeitos práticos a postagens feitas em contas registradas no território nacional, caracteriza descumprimento da ordem judicial, tendo em conta seu objetivo, pois permite plena manutenção de divulgação e acesso das mensagens criminosas em todo o território nacional, perpetuando-se verdadeira imunidade para a manutenção da divulgação de ilícitos penais já perpetrados.[299]

Em resposta aos argumentos do Facebook de que a decisão extrapolaria a jurisdição nacional, o Ministro afirmou que

---

document/document.jsf?text=&docid=218105&pageIndex=0&doclang=en&mode=req&dir=&occ=first&part=1&cid=13384303. Acesso em 08 nov. 2020.

[296] STF, decisão monocrática, 26 mai. 2020, Inq. nº 4.781, Rel. Min. Alexandre de Moraes. Disponível em: https://www.conjur.com.br/dl/inq-4781.pdf. Acesso em 05 abr. 2021.

[297] STF, decisão monocrática, 22 jul. 2020, Inq. nº 4.781, Rel. Min. Alexandre de Moraes. Disponível em: https://static.poder360.com.br/2020/07/Decisao-Bloqueio.pdf. Acesso em 05 abr. 2021.

[298] Cf.: Bolsonaristas driblam bloqueio e seguem atacando STF nas redes sociais. *Folha de São Paulo*, 24 jul. 2020. Disponível em: https://www1.folha.uol.com.br/colunas/painel/2020/07/bolsonaristas-driblam-bloqueio-e-seguem-atacando-stf-nas-redes-sociais.shtml. Acesso em 07 abr. 2021.

[299] STF, decisão monocrática, 31 jul. 2020, Inq. nº 4.781, Rel. Min. Alexandre de Moraes. Disponível em: https://www.conjur.com.br/dl/inq-4781.pdf. Acesso em 08 abr. 2021.

não se discute a questão de jurisdição nacional sobre o que é postado e visualizado no exterior, mas sim a divulgação de fatos criminosos no território nacional, por meio de notícias e comentários por contas que se determinou o bloqueio judicial. Ou seja, em momento algum se determinou o bloqueio de divulgação no exterior, mas o efetivo bloqueio de contas e divulgação de suas mensagens ilícitas no território nacional, não importando o local de origem da postagem.

As redes sociais cumpriram a ordem, embora tenham afirmado que a decisão seria "extrema" e representaria riscos para a liberdade de expressão fora da jurisdição brasileira. Esse embate é exemplo paradigmático da abrangência mundial da internet e da transnacionalização das discussões sobre liberdade de expressão.

O principal problema da decisão do STF é que ela não enfrenta as dificuldades de se conferir efeitos extraterritoriais a decisões domésticas, dentre elas a violação a princípios de direito internacional de não intervenção e os riscos reais de que, se admitidas ordens como essa, o exercício da liberdade de expressão na internet se tornará apenas tão livre quanto permitirem os países mais autoritários, que censuram manifestações legítimas e também têm a pretensão de exercer esse poder globalmente. A ideia de que um juiz brasileiro possa definir o que será acessado por usuários fora do território nacional significa admitir, igualmente, que um juiz da Síria pode definir o que será acessado por usuários no Brasil. Também aqui, a solução é pensar arranjos corregulatórios capazes de identificar consensos mínimos e viabilizar a cooperação entre diferentes jurisdições.[300] Fora disso, decisões como as do Inquérito das Fake News revelam-se altamente problemáticas e incompatíveis com os princípios de direito internacional e limites à jurisdição.

2.6 Estudo de caso: o inquérito das fake news

2.6.1 Instauração do inquérito

Em 14 de março de 2019, o então Presidente do Supremo Tribunal Federal, Min. Dias Toffoli, determinou, por meio da Portaria GP nº 69, a

---

[300] VIANA, Diego. Sociedade repensa o que é liberdade de expressão, segundo Gustavo Binenbojm. *Valor*, 21 ago. 2020. Disponível em: https://valor.globo.com/eu-e/noticia/2020/08/21/sociedade-repensa-o-que-e-liberdade-de-expressao-segundo-gustavo-binenbojm.ghtml. Acesso em 28 set. 2021.

instauração do Inquérito Policial nº 4.781, para apuração da disseminação de "notícias fraudulentas (fake news), denunciações caluniosas, ameaças e infrações revestidas de *animus calumniandi, diffamandi* e *injuriandi*, que atingem a honorabilidade e a segurança do Supremo Tribunal Federal". O Min. Alexandre de Moraes foi designado sem sorteio para a condução do feito. A Portaria foi editada com fundamento no art. 43 do Regimento Interno do Supremo Tribunal Federal, que prevê que, ocorrendo infração à lei penal na sede ou dependência do Tribunal, o Presidente da Corte "instaurará inquérito, se envolver autoridade ou pessoa sujeita à sua jurisdição, ou delegará esta atribuição a outro Ministro".[301]

Como a Portaria não indicou alvos ou ataques específicos que teriam justificado a instauração do Inquérito, houve ampla especulação de que o objetivo seria investigar procuradores da Operação Lava Jato e servidores da Receita Federal. Essa suspeita se fortaleceu quando, em 12 de abril de 2019, o Min. Dias Toffoli enviou mensagem ao Ministro Alexandre de Moraes requerendo "a devida apuração das mentiras recém divulgadas por pessoas e sites ignóbeis que querem atingir as instituições brasileiras". A mensagem referia-se a matérias veiculadas no site *O Antagonista* e na *Revista Crusoé*, intituladas "Amigo do amigo de meu pai", que citavam o Min. Dias Toffoli.

Em 13 de abril de 2019, o Min. Alexandre de Moraes determinou que "o site *O Antagonista* e a revista Cruzoé (sic) retirem, imediatamente, dos respectivos ambientes virtuais a matéria intitulada 'O amigo do amigo de meu pai' e todas as postagens subsequentes que tratem sobre o assunto, sob pena de multa diária de R$100.000,00 (cem mil reais)". O Ministro também determinou a intimação dos responsáveis para depor, no prazo de 72 horas. Segundo a decisão, embora a Constituição Federal consagre a plena liberdade de manifestação do pensamento, a criação, a expressão, a informação e a livre divulgação dos fatos, essas liberdades

> não significa[m] a impossibilidade posterior de análise e responsabilização por eventuais informações injuriosas, difamantes, mentirosas e em relação a eventuais danos materiais e morais, pois os direitos à honra,

---

[301] RISTF, art. 43. "Ocorrendo infração à lei penal na sede ou dependência do Tribunal, o Presidente instaurará inquérito, se envolver autoridade ou pessoa sujeita à sua jurisdição, ou delegará esta atribuição a outro Ministro. §1º Nos demais casos, o Presidente poderá proceder na forma deste artigo ou requisitar a instauração de inquérito à autoridade competente. §2º O Ministro incumbido do inquérito designará escrivão dentre os servidores do Tribunal".

à intimidade, à vida privada e à própria imagem formam a proteção constitucional à dignidade da pessoa humana.

Para o Ministro, haveria "claro abuso no conteúdo da matéria veiculada", pois ele, embora desmentido pela Procuradoria Geral da República (PGR), teria sido reiterado pelo site *O Antagonista*, o que traria ao caso "contornos antidemocráticos". Confiram-se os trechos relevantes:

> Obviamente, o esclarecimento feito pela PROCURADORIA GERAL DA REPÚBLICA tornam falsas as afirmações veiculadas na matéria "O amigo do amigo de meu pai", em típico exemplo de fake news – o que exige a intervenção do Poder Judiciário, pois, repita-se, a plena proteção constitucional da exteriorização da opinião (aspecto positivo) não constitui cláusula de isenção de eventual responsabilidade por publicações injuriosas e difamatórias, que, contudo, deverão ser analisadas sempre a posteriori, jamais como restrição prévia e genérica à liberdade de manifestação (Rcl nº 33.040, *Dje* de 18.2.2019; Rcl nº 31.858, *Dje* de 26.9.2018; Rcl nº 31.130, *Dje* de 29.8.2018; Rcl nº 30.203, *Dje* de 30.4.2018). Em razão do exposto, DETERMINO que o site O Antagonista e a revista Cruzoé retirem, imediatamente, dos respectivos ambientes virtuais a matéria intitulada "O amigo do amigo de meu pai" e todas as postagens subsequentes que tratem sobre o assunto, sob pena de multa diária de R$100.000,00 (cem mil reais), cujo prazo será contado a partir da intimação dos responsáveis. A Polícia Federal deverá intimar os responsáveis pelo site O Antagonista e pela Revista CRUSOÉ para que prestem depoimentos no prazo de 72 horas.[302]

A decisão foi alvo de críticas de diversas instituições e setores da sociedade civil e, em nova decisão proferida cinco dias depois, foi revogada pelo Min. Alexandre de Moraes. Nessa segunda decisão, o Ministro alegou que havia solicitado à PGR cópia integral dos autos mencionados pela matéria, "para verificação das afirmações realizadas" e que "comprovou-se que o documento sigiloso citado na matéria realmente existe". Portanto, esses fatos supervenientes tornariam

> desnecessária a manutenção da medida determinada cautelarmente, pois inexiste qualquer apontamento no documento sigiloso obtido mediante suposta colaboração premiada, cuja eventual manipulação de conteúdo

---

[302] STF, Decisão monocrática, j. 13 abr. 2019, Inq. nº 4.781, Rel. Min. Alexandre de Moraes. Disponível em: https://www.migalhas.com.br/arquivos/2019/4/art20190415-15.pdf. Acesso em 11 ago. 2021.

pudesse gerar irreversível dano a dignidade e honra do envolvido e da própria Corte, pela clareza de seus termos.[303]

Nessa segunda decisão, o Ministro Alexandre de Moraes fez questão de explicitar a importância da liberdade de expressão em uma democracia e reiterar que o "nosso texto constitucional consagra, portanto, a plena liberdade de expressão, sem censura prévia e com possibilidade de responsabilização posterior". Em defesa do Inquérito nº 4.781, observou que o seu objeto seria "claro e específico", tendo por finalidade exclusiva investigar "condutas criminosas, que desvirtuando a liberdade de expressão, pretendem utilizá-la como verdadeiro escudo protetivo para a consumação de atividades ilícitas contra os membros da Corte e a própria estabilidade institucional do Supremo Tribunal Federal". E, em defesa de sua primeira decisão, observou que não teria incorrido em censura prévia, pois apenas determinou "cautelarmente a retirada posterior de matéria baseada em documento sigiloso cuja existência e veracidade não estavam sequer comprovadas e com potencialidade lesiva à honra pessoal do Presidente do Supremo Tribunal Federal".

Apesar da tentativa de corrigir a primeira decisão, é certo que a argumentação do Ministro Alexandre de Moraes não observou a posição preferencial conferida à liberdade de expressão pela jurisprudência do STF e inverteu o ônus argumentativo, atribuindo-o aos veículos de imprensa, e não a quem pretendia impedir a publicação do conteúdo. Ademais, definiu, sem maiores esclarecimentos ou critérios, que a publicação da matéria teria "contornos antidemocráticos", evidenciando a importância de que esses conceitos sejam estritamente definidos, se forem ser utilizados como fundamentos para restrição à liberdade de expressão. Por fim, a própria jurisprudência do STF reconhece que a proibição à circulação de uma notícia, mesmo que após a sua publicação inicial, caracteriza censura prévia:

> 29. Censura é forma de controle da informação: alguém, não o autor do pensamento e do que quer se expressar, impede a produção, a circulação ou a divulgação do pensamento ou, se obra artística, do sentimento. Controla-se a palavra ou a forma de expressão do outro. Pode-se afirmar que se controla o outro. Alguém – o censor – faz-se

---

[303] Cf.: Alexandre de Moraes revoga decisão que censurou reportagens de 'Crusoé' e 'O Antagonista'. *G1*, 18 abr. 2019. Disponível em: https://g1.globo.com/politica/noticia/2019/04/18/alexandre-de-moraes-revoga-decisao-que-censurou-reportagens-de-crusoe-e-antagonista.ghtml. Acesso em 20 abr. 2021.

senhor não apenas da expressão do pensamento ou do sentimento de alguém, mas também – o que é mais – controla o acervo de informação que se pode passar a outros.
Para Daniel Sarmento:
'A proibição da censura é um dos aspectos centrais da liberdade de expressão. É natural a inclinação dos regimes autoritários em censurar a difusão de ideias e informações que não convêm aos governantes. Mas, mesmo fora das ditaduras, a sociedade muitas vezes reage contra posições que questionem os seus valores mais encarecidos e sedimentados, e daí pode surgir a pretensão das maiorias de silenciar os dissidentes. O constituinte brasileiro foi muito firme nesta matéria, ao proibir peremptoriamente a censura. Pode-se adotar uma definição estrita de censura, ou preferir conceitos mais amplos. Em sentido estrito, censura é a restrição prévia à liberdade de expressão realizada por autorizada por autoridades administrativas, que resulta na vedação à veiculação de um determinado conteúdo. Este é o significado mais tradicional do termo. (...) Em sentido um pouco mais amplo, a censura abrange também as restrições administrativas posteriores à manifestação ou à obra, que impliquem vedação à continuidade da sua circulação. A censura posterior pode envolver, por exemplo, a apreensão de livros após o seu lançamento, ou a proibição de exibição de filmes ou de encenação de peças teatrais depois de sua estreia. Ela também é inaceitável, por ofender gravemente a Constituição. Um conceito ainda mais amplo de censura envolve os atos judiciais, que, em linha de princípio, também não podem proibir a comunicação de mensagens e informações ou a circulação de obras. Porém, aqui já não é mais possível falar numa vedação absoluta, mas apenas numa forte presunção de inconstitucionalidade das medidas judiciais que impliquem neste tipo de restrição à liberdade de expressão. É que, não sendo a liberdade de expressão um direito absoluto, em algumas hipóteses extremas pode ser admissível a proibição de manifestações que atentem gravemente contra outros bens jurídicos constitucionalmente protegido. E, diante da importância da liberdade de expressão no nosso regime constitucional, deve-se reservar apenas ao Poder Judiciário a possibilidade de intervir neste campo para decretar tais proibições, nas situações absolutamente excepcionais em que forem constitucionalmente justificadas'.[304] [305]

Esse início turbulento e controvertido do Inquérito nº 4.781 levou o partido político Rede Sustentabilidade a ajuizar arguição de descumprimento de preceito fundamental (ADPF nº 572), requerendo,

---

[304] STF, *j.* 10 jun. 2015, ADI nº 4.815, Rel. Min. Cármen Lúcia.
[305] SARMENTO, Daniel. Art. 5º, IX. *In*: CANOTILHO, J. J. Gomes *et al*. Comentários à Constituição do Brasil. São Paulo: Saraiva, 2013. p. 275.

inclusive liminarmente, a suspensão da eficácia da Portaria que o instaurou. A ação foi distribuída ao Min. Fachin que, em 15 de maio de 2019, solicitou a inclusão em pauta para análise da medida cautelar.

2.6.2 Evolução do inquérito e pedido de desistência do partido político autor da ação

Embora a ADPF nº 572 tenha sido ajuizada em maio de 2019, ela só foi incluída na pauta de julgamento em meados de junho de 2020. Por mais de um ano, portanto, o Inquérito continuou em curso, pendente de validação pelo plenário do STF. Ocorre que, nesse período, houve uma alteração relevante no seu objeto, que evoluiu para apurar a

> existência de uma associação criminosa, denominada nos depoimentos dos parlamentares como Gabinete do Ódio, dedicada [à] disseminação de notícias falsas, ataques ofensivos a diversas pessoas, às autoridades e às Instituições, dentre elas o Supremo Tribunal Federal, com flagrante conteúdo de ódio, subversão da ordem e incentivo à quebra da normalidade institucional e democrática.[306]

À luz desses elementos, em 27 de maio de 2020, o Min. Alexandre de Moraes proferiu decisão determinando: (i) o cumprimento de 16 mandados de busca e apreensão, incluindo empresários como Luciano Hang e Edgard Corona, e blogueiros como Sara Winter e Allan dos Santos; (ii) o bloqueio de contas em redes sociais, tais como Facebook, Twitter e Instagram, dos investigados, "para interrupção dos discursos com conteúdo de ódio, subversão da ordem e incentivo à quebra da normalidade institucional e democrática"; (iii) a quebra do sigilo bancário dos possíveis financiadores da rede – Edgard Corona, Luciano Hang, Reynaldo Bianchi e Winston Lima; (iv) oitiva de alguns deputados federais, incluindo Bia Kicis, Carla Zambelli, Daniel Lúcio, Filipe Barros e Luiz Philipe de Orleans e Bragança, e a quebra de sigilo bancário dos possíveis financiadores da rede (Edgard Corona, Luciano Hang, Reynaldo Bianchi e Winston Lima); (v) expedição de ofício para as redes sociais determinando a preservação de todos os conteúdos das postagens dos deputados federais indicados; e (vi) expedição de ofício para que a rede social Twitter forneça a identificação de três usuários.[307]

---

[306] STF, *DJe* 07 mai. 2021, ADPF nº 572, Rel. Min. Edson Fachin.
[307] STF, decisão monocrática, 26 mai. 2020, Inq. nº 4.781, Rel. Min. Alexandre de Moraes. Disponível em: https://www.conjur.com.br/dl/inq-4781.pdf. Acesso em 05 abr. 2021.

Como antecipado, em 22 de julho, o Ministro reiterou a ordem de bloqueio integral, em relação à visualização em território nacional, de perfis e contas mantidas ou vinculadas aos investigados[308] e, em 24 de julho, as contas indicadas na decisão foram suspensas pelas redes sociais Twitter e Facebook no território nacional. Após os alvos da decisão utilizarem mecanismos para retomar o acesso, o Min. Alexandre determinou a remoção em nível global. Ao final, as redes sociais cumpriram a ordem.

De volta à narrativa dos fatos, é certo que essa alteração fático-jurídica do objeto do Inquérito levou o próprio partido político que ajuizou a ADPF nº 572 a pedir a desistência da ação e o prosseguimento da investigação, alegando que

> *há de se reconhecer que o inquérito, ao se afastar dos aparentes intentos originais de perseguição à operação Lava Jato e à Receita Federal (na visão da imprensa relevante), tem revelado uma verdadeira organização criminosa cujo alvo são as instituições democráticas e cujo instrumento* são as fake news: distribuídas em massa, financiadas por esquemas ilícitos e coordenadas, aparentemente, por autoridades públicas.[309]

O Min. Fachin, contudo, em observância à jurisprudência do STF, entendeu que não caberia desistência em ação direta e, por isso, a ADPF seguiu, sendo finalmente julgada em junho de 2020.

2.6.3 Validação da continuidade do Inquérito pelo plenário do STF

Em 18 de junho de 2020, o processo foi incluído em pauta e o Plenário, por maioria, vencido o Min. Marco Aurélio, conheceu da ADPF e converteu o julgamento da medida cautelar em julgamento definitivo de mérito. Assim, julgou improcedente o pedido, declarando a constitucionalidade da Portaria GP nº 69/2019. Não obstante, o voto do Min. Fachin limitou expressamente o objeto do inquérito

> a manifestações que denotam risco efetivo à independência do Poder Judiciário (CRFB, art. 2º), pela via da ameaça a seus membros e, assim,

---

[308] STF, decisão monocrática, 22 jul. 2020, Inq. nº 4.781, Rel. Min. Alexandre de Moraes. Disponível em: https://static.poder360.com.br/2020/07/Decisao-Bloqueio.pdf. Acesso em 05 abr. 2021.
[309] STF, *DJe* 07 mai. 2021, ADPF nº 572, Rel. Min. Edson Fachin.

risco aos Poderes instituídos, ao Estado de Direito e à democracia e excluiu de seu escopo matérias jornalísticas e postagens, compartilhamentos ou outras manifestações (inclusive pessoais) na internet, feitas anonimamente ou não, desde que não integrem esquemas de financiamento e divulgação em massa nas redes sociais.[310]

Na ocasião, o Min. Fachin observou que "os limites à liberdade de expressão estão em constante conformação" e "demandarão ainda reflexão do Poder Legislativo e do Poder Judiciário e, especialmente, dessa Corte, no tocante ao que se denomina atualmente de 'fake news'". Reiterando a posição preferencial da liberdade de expressão no ordenamento jurídico brasileiro, o voto do Relator ponderou que "atentar contra um dos Poderes, incitando o seu fechamento, a morte, a prisão de seus membros, a desobediência a seus atos, o vazamento de informações sigilosas não são, enfim, manifestações protegidas pela liberdade de expressão". Confiram-se os trechos relevantes do voto do Relator:

> Nenhuma disposição do texto Constitucional pode ser interpretada ou praticada no sentido de permitir a grupos ou pessoas suprimirem o gozo e o exercício dos direitos e garantias fundamentais. Nenhuma disposição pode ser interpretada ou praticada no sentido de excluir outros direitos e garantias que são inerentes ao ser humano ou que decorrem da forma democrática representativa de governo.
> Essa ordem de ideias ecoa o que Karl Loewestein chamava de democracia militante (*streitbare Demokratie*), mas, ao invés de simplesmente abolir grupo ou partidos, como às vezes é lida a tese do constitucionalista alemão, elas restringem sua aplicação aos *atos* que, abusando dos direitos e garantias protegidos pela Constituição, invocando-os a pretexto de ideologia política, visam abolir ou restringir direitos de determinadas pessoas ou grupos.
> Como aponta Ulrich Wagrandl, do texto dos tratados de direitos humanos emerge a exigência de que os instrumentos de democracia militante se restrinjam a aplacar os abusos de direitos que se materializam em atos, como, notadamente, a liberdade de expressão, nas situações em que ela é invocada para, precisamente, suprimir o direito de manifestação de outras pessoas ou de outros grupos. (...)
> Não há ordem democrática sem o respeito às decisões judiciais. Não há direito que possa justificar o descumprimento de uma decisão judicial da última instância do Poder Judiciário. Afinal, é o Poder Judiciário o

---

[310] STF, *DJe* 07 mai. 2021, ADPF nº 572, Rel. Min. Edson Fachin.

órgão responsável por afastar, mesmo contra maiorias constitucionais, quaisquer medidas que suprimam os direitos assegurados na Constituição. São inadmissíveis no Estado de Direito democrático, portanto, a defesa da ditadura, do fechamento do Congresso Nacional ou do Supremo Tribunal Federal.
Não há liberdade de expressão que ampare a defesa desses atos. Quem quer que os pratique precisa saber que enfrentará a justiça constitucional. Quem quer que os pratique precisa saber que o Supremo Tribunal Federal não os tolerará.[311]

O Min. Alexandre de Moraes, por sua vez, destacou que não se pode confundir críticas, por mais ácidas que sejam, com ameaças, agressões e coações e concluiu que

a Constituição não permite que criminosos se escondam, sob o manto da liberdade de expressão, utilizando esse direito como verdadeiro escudo protetivo para a prática de discursos de ódio e antidemocráticos, de ameaças e agressões e para a prática de infrações penais e de toda sorte de atividades ilícitas. Registrou, ainda, que liberdade de expressão não é liberdade de destruição da democracia, das instituições e da honra alheia.

O Min. Luís Roberto Barroso, por sua vez, destacou que "a democracia não tem espaço para a violência, para as ameaças e para o discurso de ódio" e que, embora a crítica severa às pessoas ou às instituições seja legítima, ela não pode ser confundida "com a possibilidade de, em associação criminosa, agredir ou ameaçar pessoas, os próprios prédios, bens físicos onde se reúne a instituição". Enfatizou, também, a importância de que uma democracia seja "capaz de agir em legítima defesa dentro da Constituição, dentro das leis, sempre com proporcionalidade, mas as instituições não podem ficar estáticas, paralisadas ou amedrontadas diante de movimentos que visem a destruí-las".

A Min. Rosa Weber, por sua vez, considerou que

ataques deliberados e destrutivos contra o Poder Judiciário e seus membros, às vezes com anunciada pretensão a seu fechamento ou eliminação (...) revelam não só absoluto desapreço à democracia e total incompreensão do que ela representa, como também se inserem, em seu extremo de ameaças graves, no âmbito da criminalidade, configurando crimes previstos em nosso ordenamento jurídico.

---

[311] STF, *DJe* 07 mai. 2021, ADPF nº 572, Rel. Min. Edson Fachin.

A Min. Cármen Lucia observou que

> não se inclui, na liberdade de expressão, criminalidade verbal e que discursos de ódio, discursos de destruição do Estado Democrático, falas de incitação a crime são contrários ao Direito, são contrários aos valores de humanidade, da dignidade humana, da pluralidade democrática, e não é uma ou outra pessoa, um ou outro juiz que não suporta, é o sistema constitucional que não a permite.

Apontando especificamente para a relação do Inquérito com o avanço das plataformas digitais, o Min. Ricardo Lewandowski destacou que

> atualmente, as redes sociais e os novos meios de comunicação – cujo meio de propagação, por excelência é a internet – não veiculam apenas manifestações, reflexões ou críticas condizentes com a realidade factual, mas dão curso, de forma crescente, a mentiras, ameaças, ofensas e outras aleivosias, sobretudo a ataques criminosos aos membros e servidores desta Suprema Corte e a autoridades de outros poderes.

O Min. Gilmar Mendes também observou que "o uso orquestrado de robôs, recursos e pessoas para divulgar, de forma sistemática, ataques ao STF, ameaças pessoais aos Ministros e a seus familiares, passa longe da mera crítica ou manifestação de opinião". Observou, também, que "a divulgação sistemática de notícias inverídicas é capaz de violar o direito dos indivíduos e da sociedade de ser corretamente informada, inclusive para que possa tomar suas próprias decisões de maneira livre e consciente". Assim, ressalvou que "os casos de atuação organizada que objetivam minar as instituições e cometer crimes não se encontram abrangidos pelo âmbito de alcance [da liberdade de expressão]".

O Min. Celso de Mello também destacou que a liberdade de expressão se deslegitima

> quando a sua exteriorização atingir, lesionando-os, valores e bens jurídicos postos sob a imediata tutela da ordem constitucional, como sucede com o direito de terceiros à incolumidade de seu patrimônio moral (ADPF nº 187/DF, Rel. Min. CELSO DE MELLO, v.g.) e, também, com o necessário respeito à paz pública (CP, art. 286 e 287) e à preservação da integridade das instituições republicanas.

E, portanto, concluiu:

Pronunciamentos que abusivamente extravasam os limites ético-jurídicos da livre manifestação de ideias – como ocorre com aqueles que se valem do anonimato no plano das 'fake news', muitas das quais alegadamente forjadas e emanadas de um suposto 'gabinete do ódio', degradando suas declarações anônimas ao nível primário (e criminoso) do insulto, da ofensa e, sobretudo, do estímulo à intolerância e ao ódio público ao regime político e às instituições democráticas (como o Supremo Tribunal Federal e o Congresso Nacional) – não merecem a dignidade da proteção constitucional que assegura a liberdade de expressão do pensamento.[312]

O Min. Dias Toffoli, em defesa de sua Portaria, observou que "impulsionadas por uma extensa rede de programadores e robôs, por perfis falsos, as fakes news têm triunfado nas redes sociais", do que decorreria a "necessidade de o Supremo Tribunal se valer, como o fez, do procedimento administrativo de investigação como um instrumento eficaz de autodefesa". Nesses termos, foi reconhecida a constitucionalidade do Inquérito e a validade de sua continuação.

2.6.4 Prisão do Deputado Federal Daniel Silveira

Em 16 de fevereiro de 2021, o Deputado Federal Daniel Silveira foi preso em flagrante pela Polícia Federal, por determinação do Min. Alexandre de Moraes, proferida no âmbito do Inquérito das *Fake News*. Segundo a decisão, o referido Deputado teria disponibilizado vídeo no Youtube em que,

> além de atacar frontalmente os Ministros do Supremo Tribunal Federal, por meio de diversas ameaças e ofensas à honra, expressamente propaga a adoção de medidas antidemocráticas contra o Supremo Tribunal Federal, defendendo o AI-5; inclusive com a substituição imediata de todos os Ministros, bem como instigando a adoção de medidas violentas contra a vida e segurança dos mesmos, em clara afronta aos princípios democráticos, republicanos e da separação de poderes.

O Ministro considerou que a Constituição Brasileira "não permite a propagação de ideias contrárias *à* ordem constitucional e ao Estado Democrático (CF, artigos 5º, XLIV; 34, III e IV), nem tampouco a realização de manifestações nas redes sociais visando ao rompimento do Estado de Direito, com a extinção das cláusulas pétreas constitucionais".

---

[312] STF, *DJe* 07 mai. 2021, ADPF nº 572, Rel. Min. Edson Fachin.

A decisão monocrática foi prontamente submetida ao Plenário do STF, que a confirmou por unanimidade e, na sequência, em cumprimento ao art. 53, 2º da Constituição, foi também submetida ao plenário da Câmara dos Deputados, que também manteve a prisão por 364 votos a 130.

2.6.5 O Tribunal Superior Eleitoral e a inclusão do Presidente Jair Bolsonaro como investigado

Em 02 de agosto de 2021, considerando a escalada das manifestações do Presidente da República de que teria havido fraude nas urnas eletrônicas nas eleições de 2018 e de que o voto impresso garantiria a lisura do pleito, o Tribunal Superior Eleitoral aprovou a conversão em inquérito administrativo de procedimento aberto para que autoridades públicas do país apresentassem provas comprovando ocorrências de fraude nas urnas eletrônicas nas eleições de 2018.[313] A decisão de conversão do procedimento menciona como motivação "os relatos e declarações, sem comprovação, de fraudes no sistema eletrônico de votação, com potenciais ataques à democracia e à legitimidade das eleições".[314]

Na mesma ocasião, o Tribunal Superior Eleitoral também aprovou, por unanimidade, o encaminhamento de notícia-crime em face do Presidente Jair Bolsonaro, para "apuração de possível conduta criminosa relacionada ao objeto do Inquérito nº 4.781/DF".[315] O Ofício contém *link* para *live* do presidente da República no dia 29 de julho, na qual insistiu nas alegações de fraudes nas eleições de 2014 e 2018. Em 04 de agosto de 2021, o Min. Alexandre de Moraes acolheu a notícia-crime encaminhada pelo TSE e determinou a instauração imediata da investigação das condutas do presidente da República. Na decisão, o Ministro resume as apurações no Inquérito das Fake News, bem como aquelas do

---

[313] Cf.: Plenário aprova abertura de inquérito administrativo para apurar denúncias de fraude no sistema eletrônico de votação. *Tribunal Superior Eleitoral*, 02 ago. 2021. Disponível em: https://www.tse.jus.br/imprensa/noticias-tse/2021/Agosto/plenario-do-tse-aprova-abertura-de-inquerito-para-apurar-denuncias-de-fraudes-no-sistema-eletronico-de-votacao. Acesso em 03 ago. 2021.

[314] Cf.: *Portaria CGE nº /2021*. Tribunal Superior Eleitoral. [s.d]. Disponível em: https://www.tse.jus.br/imprensa/noticias-tse/arquivos/corregedoria-geral-eleitoral-inquerito-administrativo/rybena_pdf?file=https://www.tse.jus.br/imprensa/noticias-tse/arquivos/corregedoria-geral-eleitoral-inquerito-administrativo/at_download/file. Acesso em 03 ago. 2021.

[315] Cf.: Ofício GAB-SPR nº 2868/2021. *Tribunal Superior Eleitoral*, 02 ago. 2021. Disponível em: https://www.tse.jus.br/imprensa/noticias-tse/arquivos/tse-noticia-crime-stf/rybena_pdf?file=https://www.tse.jus.br/imprensa/noticias-tse/arquivos/tse-noticia-crime-stf/at_download/file. Acesso em 15 mai. 2021.

Inquérito nº 4.828/DF, instaurado para a apuração de fatos relacionados à ocorrência de aglomerações de indivíduos diante de quartéis do Exército brasileiro. No âmbito desse Inquérito, também foi apurada

> a existência de semelhante e coincidente organização criminosa, de forte atuação digital e com núcleos de produção, publicação, financiamento e político absolutamente semelhantes àqueles identificados no Inquérito nº 4781, com a nítida finalidade de atentar contra as Instituições, a Democracia e o Estado de Direito.[316]

Segundo os fatos apurados, a organização criminosa tem por fins desestabilizar as instituições republicanas, e a sua estrutura de produção, divulgação e financiamento de ataques organizados repete aquela observada no Inquérito das *Fake News*. Por isso, também foi instaurado o Inquérito nº 4.874, para apuração específica desses fatos.

A decisão cita ainda que essas conclusões foram corroboradas em relatório da empresa Atlantic Council, por meio do Facebook, que observou comportamento inautêntico das contas investigadas, que fingiam ser repórteres, publicando conteúdo e gerenciando páginas simulando serem veículos de notícias. O relatório concluiu ainda que ao menos três dessas contas mantidas no Facebook se vinculavam a servidores públicos que possuem cargos de assessoramento de políticos e adotam a postura de atacar opositores individuais, instituições e qualquer sistema de fiscalização. Em resumo, verificou-se

> a atuação de investigados comuns aos dois inquéritos, com uso de perfis falsos por particulares e servidores públicos, bem como com possível uso de infraestrutura pública, para a publicação e divulgação de ataques a instituições como o Supremo Tribunal Federal e seus Ministros e o Congresso Nacional e seus integrantes, por meio de redes sociais.[317]

Especificamente quanto à notícia-crime enviada pelo TSE, a decisão observa que

---

[316] STF, decisão monocrática, 04 ago. 2021, Inq. nº 4.781/DF, Rel. Min. Alexandre de Moraes. Disponível em: https://images.jota.info/wp-content/uploads/2021/08/despacho-4781-04-08.pdf?x93516. Acesso em 11 ago. 2021.

[317] STF, decisão monocrática, 04 ago. 2021, Inq. nº 4.781/DF, Rel. Min. Alexandre de Moraes. Disponível em: https://images.jota.info/wp-content/uploads/2021/08/despacho-4781-04-08.pdf?x93516. Acesso em 11 ago. 2021.

tanto a conduta noticiada quanto a sua posterior divulgação por meio das redes sociais se assemelham ao *modus operandi* anteriormente detalhado e investigado nos autos deste Inquérito nº 4.781/DF, bem como no Inquérito nº 4.874/DF, no qual se revela a existência de uma verdadeira organização criminosa, de forte atuação digital e com núcleos de produção, publicação, financiamento e político, com a nítida finalidade de atentar contra as Instituições, a Democracia e o Estado de Direito.[318]

Assim, a decisão acolheu a notícia-crime encaminhada pelo TSE e determinou a instauração imediata de investigação em face das condutas do Presidente da República, bem como a oitiva dos envolvidos no pronunciamento.

2.6.6 A prisão de Roberto Jefferson

Em 13 de agosto de 2021, o Min. Alexandre de Moraes determinou a prisão preventiva de Roberto Jefferson, ex-deputado federal e atual presidente nacional do PTB.[319] Segundo o pedido de prisão apresentado pela Polícia Federal, o investigado teria praticado reiteradas manifestações por meio de postagens em redes sociais e em entrevistas concedidas, demonstrando associação com os fatos investigados no âmbito do Inquérito nº 4.874, com os objetivos de "atacar integrantes de instituições públicas, desacreditar o processo eleitoral brasileiro, reforçar o discurso de polarização e de ódio; e gerar animosidade dentro da própria sociedade brasileira, promovendo o descrédito dos poderes da república". Dentre as manifestações indicadas para fundamentar o pedido, havia convocações para "invadir o Senado e colocar para fora da CPI a pescoção", afirmações de que essa seria uma luta do "mal contra o bem", de que "se não houver voto impresso e contagem pública de votos, não haverá eleição" e pedidos pelo fechamento do Supremo.[320]

Segundo a decisão, as manifestações caracterizavam discurso de ódio e homofobia, além de incitação de violência e de ataque às estruturas

---

[318] STF, decisão monocrática, 04 ago. 2021, Inq. nº 4.781/DF, Rel. Min. Alexandre de Moraes. Disponível em: https://images.jota.info/wp-content/uploads/2021/08/despacho-4781-04-08.pdf?x93516. Acesso em 11 ago. 2021.

[319] SCHREIBER, Mariana. Por que prisão de Roberto Jefferson divide opinião de juristas. *BBC News*, 13 ago. 2021. Disponível em: https://www.bbc.com/portuguese/brasil-58209461. Acesso em 29 set. 2021.

[320] STF, decisão monocrática, j. 12 ago. 2021, Pet. nº 9.844/DF, Rel. Min. Alexandre de Moraes. Disponível em: https://www.conjur.com.br/dl/alexandre-manda-prender-roberto.pdf. Acesso em 29 set. 2021.

do regime democrático e do Estado de Direito. O Min. fundamentou a prisão nos seguintes dispositivos: (i) art. 5º, XLIV da Constituição, que estabelece que "constitui crime inafiançável e imprescritível a ação de grupos armados, civis ou militares, contra a ordem constitucional e o Estado Democrático"; (ii) arts. 34, III e IV da Constituição, que autorizam a intervenção federal para "pôr termo a grave comprometimento da ordem pública" e "garantir o livre exercício de qualquer dos Poderes nas unidades da Federação"; e (iii) art. 60, §4º, III da Constituição, que contempla como cláusula pétrea a separação dos Poderes. Segundo a decisão, a liberdade de expressão não protege

> manifestações que tenham a nítida finalidade de controlar ou mesmo aniquilar a força do pensamento crítico, indispensável ao regime democrático; quanto aquelas que pretendam destruí-lo, juntamente com suas instituições republicanas; pregando a violência, o arbítrio, o desrespeito à Separação de Poderes e aos direitos fundamentais, em suma, pleiteando a tirania, o arbítrio, a violência e a quebra dos princípios republicanos.

Como se vê, os Inquéritos das Fake News e de Atos Antidemocráticos tornaram-se exemplos emblemáticos dos abusos que podem ser cometidos por indivíduos e líderes eleitos que, por meio de discursos populistas, buscam capturar a lógica da liberdade de expressão para praticar ilícitos e proferir ataques à democracia. São, também, evidência da ausência de remédios legais claros para nortear a atuação do Supremo Tribunal Federal e do Tribunal Superior Eleitoral em casos como esses. Pela primeira vez, a Corte passou de uma posição de análise do conteúdo para uma posição de combate à estrutura e às engrenagens de projetos de disseminação e financiamento de material fraudulento, antidemocrático ou de propagação de ódio. Contudo, a falta de fundamento jurídico para justificar as medidas adotadas pelo STF e pelo TSE fortalece o discurso daqueles que buscam apresentá-los como instituições autoritárias. Também por isso, é importante desenvolver um modelo regulatório capaz de legitimar e direcionar as respostas institucionais aos abusos cometidos sob o manto da liberdade de expressão.

Não obstante, para além de propostas de regulação das plataformas digitais, é preciso que a sociedade brasileira olhe para esses discursos – desinformação, discursos de ódio, ataques antidemocráticos – e se repactue para definir, substantivamente, qual é o limite legítimo de circulação e/ou repressão a esse tipo de ideia. A falta de clareza quanto a esses limites e aos mecanismos adequados para endereçar esses novos problemas coloca as instituições de controle – como STF e TSE – em posições muito difíceis.

Embora seja possível legitimar a atuação de ambas as cortes nesses inquéritos e investigações, há algumas decisões proferidas no âmbito desses procedimentos que determinam a remoção de conteúdo sem qualquer fundamentação e, em certas situações, que abrangem perfis inteiros e não apenas determinada publicação. Essas decisões são problemáticas sob o ponto de vista da liberdade de expressão, pois (i) as decisões de remoção de determinado conteúdo devem sempre demonstrar que atendem aos requisitos para restrição à liberdade de expressão – legitimidade, legalidade e proporcionalidade, e (ii) quando abrangem perfis inteiros, são uma censura baseada no orador, e não no discurso – o que não pode ser a regra em uma democracia. Embora essas ordens possam vir a ser admitidas, elas devem vir acompanhadas de fundamentações públicas e robustas demonstrando a sua proporcionalidade.

CAPÍTULO 3

OS IMPACTOS DA ERA DIGITAL SOBRE A REGULAÇÃO DA LIBERDADE DE EXPRESSÃO

A proteção da livre iniciativa e da livre concorrência é a forma mais eficiente de se incentivar a produção de bens e serviços de melhor preço e qualidade. O livre mercado, em situação de concorrência perfeita, garante a alocação eficiente de recursos, pois: (i) atua para inibir o controle de preços por agentes monopolistas; (ii) elimina do mercado produtos de baixa qualidade; e (iii) cria os incentivos necessários para a inovação e o desenvolvimento, em busca de melhores produtos e serviços a menores preços.[321] Frequentemente, porém, o mercado desregulado não opera nesse cenário de concorrência perfeita e sua livre atuação pode gerar resultados indesejados e violações a direitos fundamentais.

Historicamente, o avanço de novas tecnologias de comunicação sempre gerou discussões complexas acerca das falhas do mercado de comunicação e da necessidade de regulação para minimizar potenciais impactos prejudiciais à liberdade de expressão ou outros direitos fundamentais. Por isso, muitos argumentos que fundamentam propostas de regulação das novas tecnologias já foram apresentados em diferentes momentos históricos, inclusive com o advento da rádio e da televisão a cabo. Contudo, eles agora adquirem novas formas e relevância a partir da organização econômica e tecnológica dos meios de comunicação na Era Digital. Como se passa a detalhar, determinadas falhas de mercado específicas ao ambiente digital tornaram a regulação mais imperativa

---

[321] BINENBOJM, Gustavo. *Poder de polícia, ordenação, regulação*. 2. ed. Belo Horizonte: Fórum, 2017. p. 152.

para a proteção do direito fundamental à liberdade de expressão e da democracia.

Em primeiro lugar, dentre as falhas de mercado, destacam-se os efeitos de rede, que levam à dominação de mercado e dificultam ou inviabilizam a competitividade de empresas que ofereçam regras de moderação de conteúdo alternativas. De forma específica, embora os recursos para criação de plataformas digitais não sejam propriamente escassos – como eram na época de alocação de frequências de rádio –, as plataformas só têm valor na medida em que outros usuários também as utilizem. Esse elemento favorece a dominação de mercado pelas principais plataformas digitais, cujos concorrentes, independentemente de seus recursos financeiros, enfrentam barreiras de entrada significativas e frequentemente insuperáveis. A título de exemplo, a tabela a seguir lista as redes sociais mais populares em outubro de 2020, elencadas por número de usuários ativos, em milhões:[322]

---

[322] FUKUYAMA, Francis, *et al*. Report of the working group on platform scale. *Stanford Program on Democracy and the Internet*, 2020. Disponível em: https://cyber.fsi.stanford.edu/publication/report-working-group-platform-scale. Acesso em 10 set. 2021.

FIGURA 1
Redes sociais mais populares em outubro de 2020, elencadas por número de usuários ativos (em milhões)

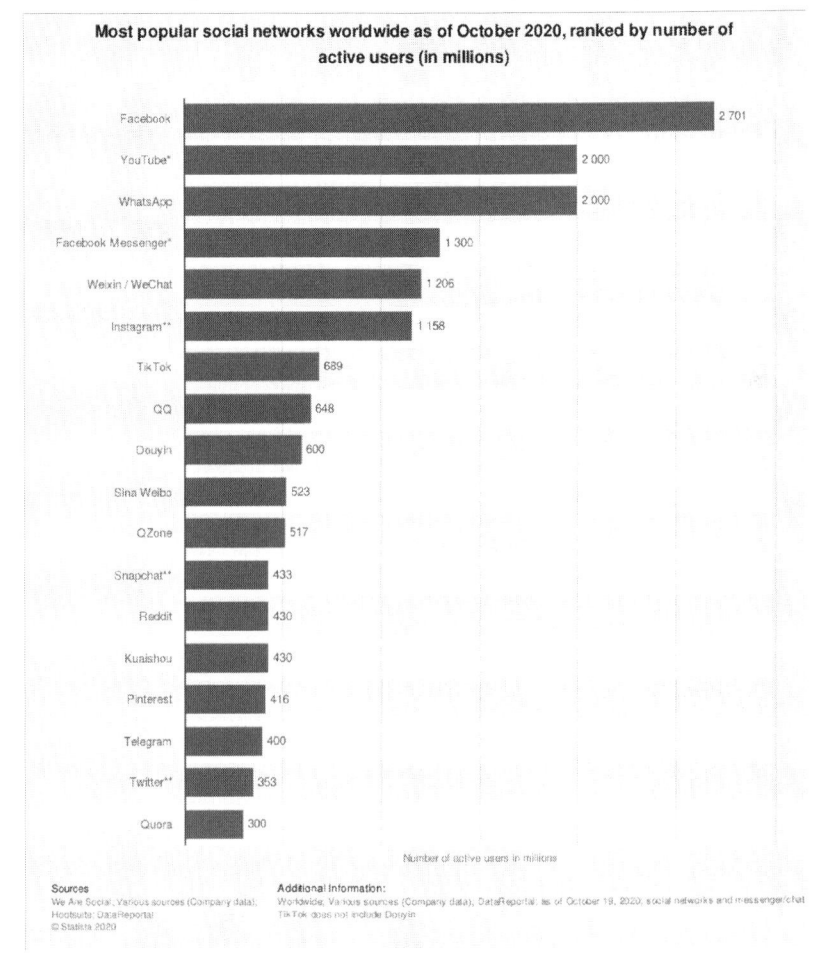

Most popular social networks worldwide as of October 2020, ranked by number of active users (in millions)

Rede social	Usuários ativos (milhões)
Facebook	2 701
YouTube*	2 000
WhatsApp	2 000
Facebook Messenger*	1 300
Weixin / WeChat	1 205
Instagram**	1 158
TikTok	689
QQ	648
Douyin	600
Sina Weibo	523
QZone	517
Snapchat**	433
Reddit	430
Kuaishou	430
Pinterest	416
Telegram	400
Twitter**	353
Quora	300

Number of active users in millions

Sources: We Are Social, Various sources (Company data); Hootsuite; DataReportal © Statista 2020

Additional Information: Worldwide; Various sources (Company data); DataReportal; as of October 19, 2020; social networks and messenger/chat; TikTok does not include Douyin

No campo da liberdade de expressão, o monopólio sobre o debate público é especialmente pernicioso, pois ameaça a pluralidade, a veracidade e a objetividade das informações:

> Monopólios e oligopólios acarretam a diminuição da diversidade de informação ofertada na esfera pública com consequências deletérias para a democracia coparticipativa. Concentrações ilegais, nesse campo, não terão como consequência o mero aumento do preço do jornal, mas podem afetar o pluralismo, a veracidade e a objetividade da informação divulgada. Ademais, a diversidade dos produtos midiáticos exerce influência considerável sobre os valores da sociedade que consome tais produtos e contribui para a formação da agenda pública e da opinião da população sobre temas de relevante interesse nacional.
> Na mídia, a concentração econômica é considerada uma ameaça ao mercado de ideias, pois tende a provocar um impacto negativo no pluralismo informativo e de conteúdos que se espera dos meios de comunicação social. Quanto menor o número de instituições, menor o número de pessoas tomando decisões sobre a diversidade de conteúdo e, em princípio, menor o número de vozes que conseguem se fazer representar na esfera pública.
> Os efeitos indesejados da concentração ademais não são circunscritos apenas à redução da diversidade. Eles também aumentam o risco de que certos interesses políticos, pessoais ou econômicos prevaleçam sobre o dever de veracidade e objetividade. Na área da comunicação social, em especial, concentração econômica significa concentração de influência, que pode ser facilmente usada para obtenção de lucros políticos e ideológicos.[323]

Assim, a principal consequência do monopólio de poucas plataformas digitais é a falta de diversidade de regras de moderação de conteúdo. Nesse contexto, os usuários, ainda que insatisfeitos com os termos e condições de determinada rede social, possuem poucas alternativas viáveis e terminam vinculados às regras unilateralmente definidas por essas empresas. Em um cenário em que todas as discussões políticas, sociais e culturais relevantes passaram a se desenrolar nessas plataformas digitais, esse monopólio justifica alguma forma de regulação, independentemente do fato de esses serviços serem prestados "gratuitamente" – sabe-se, é claro, que as plataformas se remuneram pela coleta e comercialização de dados para divulgação de anúncios.

---

[323] SANKIEVICZ, Alexandre. *Liberdade de expressão e pluralismo. Perspectivas de regulação.* São Paulo: Saraiva, 2011. p. 89-90 *apud.* STF, *j.* 08 nov. 2017, ADI nº 4679, Rel. Min. Luiz Fux.

É certo que a concentração de poder sobre o debate público existia também – e talvez em ainda maior medida – no mundo pré-digital, em que a participação dependia da intermediação de veículos de mídia tradicionais, como televisão e jornais, que exerciam controle editorial próprios e, assim, selecionavam o que era publicado. Embora, como antecipado, as plataformas digitais de fato tenham revolucionado essa dinâmica e fornecido um espaço tecnicamente aberto para publicações de usuários, elas também representaram uma nova forma de concentração de poder, com impacto potencialmente ainda mais grave sobre o debate público.

Com efeito, nos veículos tradicionais, todos sabiam o que estava sendo veiculado aos assinantes e essas escolhas editoriais sujeitavam-se ao escrutínio público[324] e até mesmo à responsabilização civil, em hipóteses de violação a direitos da personalidade ou difamação, calúnia e injúria, no caso do Brasil. Nas plataformas digitais, porém, o controle é mais sutil, incremental e muito menos transparente, pois é introduzido por filtros de difícil detecção. Agravando o cenário, e como será detalhado adiante, as empresas de tecnologia ainda detêm informações muito mais expressivas e detalhadas sobre as preferências políticas, ideológicas, religiosas e comerciais de seus usuários, o que potencializa o seu poder de influenciar comportamentos ou de vender dados para que outros o façam.[325] Esse poder privado só pode ser limitado pela regulação ou pela competição com outros focos de poder.[326] Como os efeitos de rede narrados inviabilizam a competição no livre mercado, a regulação apresenta-se como a forma possível de mitigação desses impactos.

Em segundo lugar, há relevante assimetria de informação entre as plataformas e os seus usuários, que não têm conhecimento do funcionamento dos algoritmos de recomendação e moderação de conteúdo, de eventuais filtros adotados para direcionamento de conteúdo, nem, tampouco, de como os termos e condições são aplicados aos demais usuários. Como alertam Catherine Buni e Soraya Chemaly, a moderação

---

[324] FUKUYAMA, Francis, *et al*. Report of the working group on platform scale. *Stanford Program on Democracy and the Internet*, 2020. Disponível em: https://cyber.fsi.stanford.edu/publication/report-working-group-platform-scale. Acesso em 10 set. 2021.

[325] FUKUYAMA, Francis, *et al*. Report of the working group on platform scale. *Stanford Program on Democracy and the Internet*, 2020. Disponível em: https://cyber.fsi.stanford.edu/publication/report-working-group-platform-scale. Acesso em 10 set. 2021.

[326] FUKUYAMA, Francis, *et al*. Report of the working group on platform scale. *Stanford Program on Democracy and the Internet*, 2020. Disponível em: https://cyber.fsi.stanford.edu/publication/report-working-group-platform-scale. Acesso em 10 set. 2021.

de conteúdo de usuários por sistemas de recomendação ou aplicação de termos de uso constitui uma transferência silenciosa de decisões relacionadas à liberdade de expressão e privacidade a corporações privadas que, em sua tomada de decisão, ponderam as suas alternativas com base em critérios obscuros, protegidos por alegações genéricas de que constituem "segredo comercial".[327] Por isso, o principal objetivo de qualquer iniciativa regulatória deve ser endereçar essa assimetria de informação pela imposição de deveres de transparência, como será explorado adiante.

Em terceiro lugar, a operação desregulada de plataformas digitais resultou em externalidades negativas à democracia e violações a direitos fundamentais. Para fins do presente estudo, destacam-se aquelas já exploradas no capítulo 2: (i) a privatização do exercício da liberdade de expressão; (ii) os riscos de potencialização da censura estatal; (iii) as novas táticas de censura reversa e o uso do discurso como uma arma para silenciar opositores e atacar instituições democráticas; (iv) a ascensão do ciberpopulismo digital; e (v) a transnacionalização do exercício da liberdade de expressão.

É certo que campanhas de propaganda política para persuadir eleitores, discurso de ódio, desinformação e *bullying* sempre fizeram parte da vida política. A novidade das plataformas digitais, no entanto, está na escala e no escopo dessas externalidades. Na verdade, o problema atualmente reside na interseção entre: (i) a abundância de informação promovida pelas redes sociais, ao permitir a publicação de conteúdo ilimitado e sem custo; (ii) a psicologia humana, que é atraída por conteúdo que provoca emoções fortes, especialmente a raiva; (iii) o perfilamento de usuários possibilitado pela coleta de dados; e (iv) o uso de sistemas de recomendação para direcionamento de conteúdo excessivamente personalizado para cada usuário:

> Desde que temos informação, temos desinformação. Desde que temos publicidade, temos tentativas de construir perfis psicográficos. Desde a invenção da imprensa, temos preocupações com a influência corruptora dos meios de comunicação de massa. Mas existem algumas coisas que são novas na última década. As informações são abundantes de uma forma que não poderíamos conceber há apenas uma ou duas décadas, e a nova ciência dos mecanismos de recomendação – conteúdo selecionado por

---

[327] BUNI, Catherine; CHEMALY, Soraya. The Secret Rules of the Internet. *The Verge*, [s.d]. Disponível em: https://www.theverge.com/2016/4/13/11387934/internet-moderator-history-youtube-facebook-reddit-censorship-free-speech. Acesso em 07 dez. 2020.

algoritmos, com base em perfis de dados pessoais – domina o panorama da mídia moderna.

(...)

Isto é, a estrutura das plataformas de mídia que usamos diariamente tem um impacto na forma como percebemos o mundo. Por exemplo, sabemos que usuários engajam mais com conteúdo que evoque emoções fortes, particularmente se essa emoção for a raiva. Nós também sabemos que as pessoas cada vez mais consomem notícias por meio das redes sociais, que organizam o conteúdo a partir de algoritmos que buscam maximizar 'engajamento' (cliques, curtidas, favoritos, compartilhamentos, *emojis* bravos, etc.), e tentativas de maximizar engajamento frequentemente se traduzem na maximização de emoções fortes, especialmente raiva. Não é nenhuma surpresa, portanto, que aqueles que estudam política e mídias digitais têm observado um aumento na polarização em torno de assuntos políticos – emoções passionais, menos nuance, posições ideológicas aglomeradas longe do centro. Essa atenção natural da nossa atenção a assuntos que evocam emoções fortes é exacerbada pela competição pela nossa atenção, na medida em que a quantidade de dados, e de produtores, cresce em níveis impressionantes.[328]

A transição de um mundo de escassez de informação para um mundo de abundância de informação gerou uma competição de mercado pela atenção de usuários – esse, sim, o recurso escasso na Era Digital. Nesse sistema, a competição não é pelo conteúdo de melhor qualidade, mas pelo que gere mais engajamento. Prosperam aqueles que podem atrair e manter a atenção de terceiros. Nesse contexto, surgem os sistemas

---

[328] Tradução livre. No original: "As long as we've had information, we've had disinformation. As long as we've had advertising, we've had attempts at 'psychographic profiling'. Ever since the invention of the print press, we've had concerns about the corrupting influence of mass media. But there are some things that are new in the past decade. Information is abundant in a way we couldn't conceive of just a decade or two ago, and the new science of recommendation engines – algorithmically selected content, based on personal data profiles – dominates the modern media landscape. (....) That is, the structure of media platforms we use on a daily basis has an impact on the way we perceive the world. For example, we know that users engage more with media that elicits strong emotions, particularly if that emotion is anger. We also know that people are increasingly consuming news via social media platforms, which deliver content based on an algorithm that seeks to maximize 'engagement' (clicks, likes, favorites, shares, angry emoji, etc.), and attempts to maximize engagement often translate into maximizing strong emotions, especially anger. It's no surprise, then, that those who study politics and digital media observe an increased polarization around political issues – strong emotions, diminished nuance, and ideological positions clumped further from the center. This natural draw of our attention to things that elicit strong emotions is exacerbated by the competition for our attention, as the amount of data, and data producers, is growing at mind-boggling rates" (SHAFFER, Kris. *Data versus democracy*: how big data algorithms shape opinions and alter the course of history. Colorado: Apress, 2019. pp. xi-xv).

ou algoritmos de recomendação, desenvolvidos para ajudar usuários a encontrar o conteúdo que seja mais relevante para eles e a permitir que produtores e anunciantes encontrem o seu público-alvo. Devido a esse papel de organização do conteúdo abundante nas plataformas digitais, esses algoritmos têm impacto direto e determinante sobre a liberdade de expressão e a pluralidade de ideias.[329] Ocorre que a forma como os produtores de conteúdo disputam a atenção, cumulada com a quantidade de dados pessoais coletados para fazer esses algoritmos funcionarem e o modo como o nosso sistema cognitivo opera, resultaram em um mundo digital propício para a manipulação de comportamentos e a disseminação de conteúdo ilícito ou danoso.

Tornando o cenário ainda mais complexo, os resultados dos sistemas de algoritmos não são pré-determinados ou mesmo totalmente controlados pelas plataformas. Na verdade, eles são diretamente influenciados pelo comportamento de usuários, que: (i) são responsáveis pelo conteúdo que é publicado e do qual os algoritmos extraem as suas recomendações; e (ii) fornecem os sinais (curtidas, comentários, compartilhamentos etc.) que os algoritmos utilizam para produzir sugestões alinhadas aos seus interesses.[330] Assim, podem se tornar veículos de amplificação de vieses e de disseminação de discurso que evoca reações emocionais, ainda que essa não seja a sua programação inicial. Num círculo vicioso, a recomendação dos algoritmos será por ainda mais desse conteúdo incendiário e, assim, a interação constante entre usuários e algoritmos a longo prazo pode levar à radicalização de comportamentos, moldando preferências, hábitos e expectativas.[331] Esses sistemas podem ainda ser manipulados, por ações coordenadas e inautênticas, a fim de facilitar a disseminação de desinformação e outros tipos de conteúdo danoso.[332]

Nessa linha, os sistemas de recomendação das plataformas digitais têm sido acusados de acelerar conteúdo extremista, polarizar

---

[329] LEERSSEN, Paddy. The soap box as a black box: regulating transparency in social media recommender systems. *European Journal of Law and Technology*, v. 11, n. 2, 2020. p. 5. Disponível em: https://ssrn.com/abstract=3544009. Acesso em 05 ago. 2021.

[330] LEERSSEN, Paddy. The soap box as a black box: regulating transparency in social media recommender systems. *European Journal of Law and Technology*, v. 11, n. 2, 2020. p. 4. Disponível em: https://ssrn.com/abstract=3544009. Acesso em 05 ago. 2021.

[331] LEERSSEN, Paddy. The soap box as a black box: regulating transparency in social media recommender systems. *European Journal of Law and Technology*, v. 11, n. 2, 2020. p. 4. Disponível em: https://ssrn.com/abstract=3544009. Acesso em 05 ago. 2021.

[332] Cf.: European democracy action plan: making EU democracies stronger. *European Commission*, 03 dez. 2020. Disponível em: https://eur-lex.europa.eu/legal-content/EN/TXT/?uri=COM%3A2020%3A790%3AFIN&qid=1607079662423. Acesso em 30 jul. 2021.

audiências e criar *câmaras de echo* (nas quais usuários só são expostos a conteúdo que reforça os seus pré-conceitos), prejudicar conteúdo de movimentos sociais e acontecimentos de interesse público, ou de censurar determinadas ideologias políticas, expor crianças e outros grupos vulneráveis a conteúdo danoso e refletir ou amplificar preconceitos da sociedade e vieses contra grupos marginalizados.[333] As plataformas também têm sido acusadas de censura intencional, sempre que intervêm sobre o funcionamento automatizado de seus algoritmos para produzir resultados específicos.[334]

Ainda nessa linha, pesquisas também demonstram que *troll farms*, definidas como grupos profissionais que atuam de forma coordenada para publicar conteúdo provocativo, frequentemente propaganda, em redes sociais, alcançavam 140 milhões de usuários americanos e 360 milhões de usuários globalmente por mês nos meses que antecederam as eleições americanas,[335] bem como que a disseminação de notícias fraudulentas está associada a uma maior desconfiança na imprensa.[336] No mesmo sentido, uma série de reportagens recentemente publicadas pelo *The Washington Post*, intituladas "The Facebook Files" revelou que pesquisas internas da companhia apuraram que usuários e partidos políticos estavam reorientando as suas publicações para promover incitação e sensacionalismo, o que, por sua vez, produzia elevados níveis de engajamento na plataforma. Um grupo de cientistas envolvidos na pesquisa afirmou que "a nossa abordagem teve efeitos colaterais ruins em importantes parcelas de conteúdo público, como políticas e notícias", e que a "desinformação, toxicidade e conteúdo violento predominam significativamente em repostagens".[337]

---

[333] LEERSSEN, Paddy. The soap box as a black box: regulating transparency in social media recommender systems. *European Journal of Law and Technology*, v. 11, n. 2, 2020. p. 8. Disponível em: https://ssrn.com/abstract=3544009. Acesso em 05 ago. 2021.

[334] LEERSSEN, Paddy. The soap box as a black box: regulating transparency in social media recommender systems. *European Journal of Law and Technology*, v. 11, n. 2, 2020. p. 8. Disponível em: https://ssrn.com/abstract=3544009. Acesso em 05 ago. 2021.

[335] HAO, Karen. Troll farms reached 140 million Americans a month on Facebook before 2020 election, internal report shows. *MIT Technology Review*, 16 set. 2021. Disponível em: https://www.technologyreview.com/2021/09/16/1035851/facebook-troll-farms-report-us-2020-election/. Acesso em 22 set. 2021.

[336] OGNYANOVA, Katherine *et al*. Misinformation in action: Fake news exposure is linked to lower trust in media, higher trust in government when your side is in power. *The Harvard Kennedy School Misinformation Review*, v. 1, Issue 4, mai. 2020. Disponível em: https://misinforeview.hks.harvard.edu/article/misinformation-in-action-fake-news-exposure-is-linked-to-lower-trust-in-media-higher-trust-in-government-when-your-side-is-in-power/. Acesso em 22 set. 2021.

[337] HAGEY, Keach; HORWITZ, Jeff. Facebook tried to make its platform a healthier place. It got angrier instead. *The Wall Street Journal*, 15 set. 2021. Disponível em: https://www.wsj.com/articles/facebook-algorithm-change-zuckerberg-11631654215. Acesso em 15 set. 2021.

É certo que alguns estudos empíricos oferecem visões mais moderadas dos efeitos das plataformas digitais sobre a polarização, além de questionamentos sobre a eficácia de medidas de moderação de conteúdo sobre a qualidade do debate público. A título de exemplo, algumas pesquisas demonstram que a exposição a notícias de fontes diversas é maior nas plataformas digitais do que em outros meios, e que os algoritmos de recomendação não têm um impacto expressivo sobre o consumo ideológico de notícias.[338] Há, ainda, preocupações de que a adoção de medidas de moderação de conteúdo inverídico possa gerar uma falsa sensação de que o conteúdo que permanece na plataforma é necessariamente verídico.

Preocupações como essas são legítimas e a existência de pesquisas com resultados contraintuitivos ou a ausência de pesquisas conclusivas significa que a regulação dessa matéria deve ser flexível. Uma das principais razões para a inconclusividade e aparente contradição entre estudos empíricos decorre justamente da falta de acesso a dados das plataformas digitais para condução dessas pesquisas. Por isso, como se verá adiante, uma das medidas mais importantes para a regulação da liberdade de expressão é justamente a garantia de maior transparência sobre o funcionamento dos sistemas de recomendação – inclusive para que se avalie a (des)necessidade de exigências regulatórias adicionais. À luz desses elementos, não parecem razoáveis as alegações de que a regulação seria desnecessária, pela ausência de provas dos impactos de discursos danosos ou de atuação seletiva pelas plataformas. Nas palavras de Francis Fukuyama:

> O crescente poder político das plataformas digitais é como uma arma carregada sobre uma mesa à nossa frente. No momento, temos confiança razoável de que as pessoas sentadas do outro lado não vão deliberadamente pegar a arma e atirar contra nós. A pergunta para a democracia americana, contudo, é se é seguro deixar a arma na mesa, onde qualquer pessoa com intenções menos nobres – sejam elas donas de plataformas ou terceiros que descubram como manipulá-las para os seus propósitos – podem pegá-la. Nenhuma democracia liberal se contenta em concentrar tanto poder político nas mãos de indivíduos baseados em premissas sobre as suas boas intenções ou os méritos dos

---

[338] BARBERÁ, Pablo. Social media, echo chambers, and political polarization. *In*: PERSILY, Nathaniel; TUCKER, Joshua. *Social media and democracy*: the state of the field and prospects for reform. Cambridge: Cambridge University Press, 2020. p. 35.

seus modelos de negócios, e é por isso que impomos freios e contrapesos a esse poder.[339]

À luz dessas reflexões, o livro apresenta uma proposta de autorregulação regulada, capaz de equilibrar tanto os riscos de censura privada, quanto os riscos de censura estatal, e endereçar alguns dos principais desafios para o exercício da liberdade de expressão na Era Digital. Antes disso, porém, convém analisar o estado da arte da regulação do tema no Brasil e em outras democracias mundiais. É para isso que se atenta agora.

---

[339] FUKUYAMA, Francis, *et al*. Report of the working group on platform scale. *Stanford Program on Democracy and the Internet*, 2020. Disponível em: https://cyber.fsi.stanford.edu/publication/report-working-group-platform-scale. Acesso em 10 set. 2021.

CAPÍTULO 4

ESTUDO COMPARADO: INICIATIVAS REGULATÓRIAS EXISTENTES

4.1 Brasil

4.1.1 Marco Civil da Internet

A principal lei sobre o uso da internet no Brasil é a Lei nº 12.965/2014, também conhecida como Marco Civil da Internet (MCI). O Diploma tem um compromisso explícito com a preservação da liberdade de expressão. De partida, em seu art. 2º, reconhece o respeito a esse direito fundamental como fundamento para a disciplina do uso da internet no país. E, embora enuncie outros fundamentos em seus incisos, como os direitos humanos e os direitos da personalidade, a liberdade de expressão foi o único contemplado já no *caput*, destacando esse direito fundamental como um vetor nítido de preocupação do legislador.

O Diploma regula três tipos de provedores na internet: conexão, aplicação e conteúdo. Os provedores de conexão são as empresas que levam o acesso à internet aos consumidores. Aqui, enquadram-se empresas como Net Virtua, Brasil Telecom, GVT e operadoras de telefonia. Os de aplicação, por sua vez, são as empresas que oferecem os aplicativos e serviços na internet, como Youtube, Facebook, Google Search, Twitter e Instagram. São elas as empresas consideradas intermediárias, que fornecem a estrutura para que terceiros postem conteúdo na internet. Os provedores de conteúdo, por sua vez, são aqueles que possuem controle editorial sobre o que é publicado. Aqui, entram sites de jornais como O Globo, Folha de São Paulo, CNN, dentre inúmeros outros. Para o presente estudo, importam as disposições do MCI sobre a responsabilidade dos provedores de aplicação.

O coração do sistema de responsabilidade civil desses agentes está no art. 19, que estabelece que

> o provedor de aplicações de internet somente poderá ser responsabilizado civilmente por danos decorrentes de conteúdo gerado por terceiros se, após ordem judicial específica, não tomar as providências para, no âmbito e nos limites técnicos do seu serviço e dentro do prazo assinalado, tornar indisponível o conteúdo apontado como infringente, ressalvadas as disposições legais em contrário.

O §1º do referido dispositivo exige, ainda, que a ordem judicial tratada no *caput* contenha, sob pena de nulidade, identificação clara e específica do conteúdo apontado como infringente, que permita a localização inequívoca do material. Quanto a esse ponto, a jurisprudência pacífica do Superior Tribunal de Justiça (STJ) considera que a ordem só será clara e específica quando indicar a URL ("Universal Resource Locator") do conteúdo a ser removido, que corresponde ao endereço virtual único de cada página ou conteúdo na internet. Exigir URL específica serve a dois propósitos fundamentais: (i) garantir que tenha havido exame judicial prévio classificando determinado conteúdo como ilícito; e (ii) reduzir litígios derivados, pois ordens de remoção frequentemente vêm acompanhadas de multa por descumprimento e, se não houver clareza sobre o objeto da ordem, surge uma disputa derivada para avaliar se e em qual medida houve descumprimento.

A lógica geral do MCI, portanto, é a de que só haverá responsabilização de intermediários pela disponibilização de conteúdo de terceiros em caso de descumprimento de decisão judicial reputando o conteúdo como ilícito e determinando a sua remoção, com a indicação da URL. Só então surgirá um dever para que os provedores de aplicação façam a remoção. No sistema brasileiro, portanto, a mera notificação *extrajudicial* de conteúdo não é suficiente para ensejar a responsabilidade civil dos intermediários.

A exigência de indicação de URL específica também significa que o ordenamento jurídico não admite deveres de monitoramento prévio, ou seja, ordens que determinem que as plataformas monitorem o conteúdo publicado por usuários para impedir determinadas publicações e removê-las antes mesmo de uma decisão judicial. A preocupação notória do legislador brasileiro ao instituir esse sistema, como expresso no próprio *caput* do dispositivo, foi a proteção da liberdade de expressão.

Um sistema que exija decisão judicial prévia minimiza os riscos de censura colateral, pois as empresas não precisam fazer juízos de valor sobre a licitude de determinado conteúdo sob ameaça de serem responsabilizadas se, posteriormente, o judiciário entender que o conteúdo é ilícito e deveria ter sido removido. Como se detalhará adiante, um modelo em que as empresas convivem com a ameaça constante de responsabilização civil caso o judiciário discorde de seus juízos quanto à licitude do conteúdo cria incentivos econômicos para a remoção em excesso.

A exceção à regra geral do art. 19 está contida no art. 21 do mesmo diploma, que impõe aos provedores de aplicação a obrigação de remover imagens, vídeos ou outros materiais contendo "cenas de nudez ou de atos sexuais de caráter privado", após o recebimento de notificação *extrajudicial* pelo participante ou seu representante legal. O objetivo aqui é o de proteger vítimas do que se convencionou chamar de *pornografia de vingança*, quando há a divulgação, por terceiros, de cenas íntimas, gravadas para fins privados.[340] Nesses casos, a Lei não exige decisão judicial prévia – basta uma notificação extrajudicial à empresa, desde que seja clara e específica, com indicação das URLs (art. 21, §1º). A lógica desse dispositivo, além do reconhecimento da extrema sensibilidade de conteúdo de nudez não consentida, é o pressuposto de que a ilicitude de conteúdo de nudez é objetivamente verificável,

---

[340] "O art. 21 do Marco Civil da internet traz exceção à regra de reserva da jurisdição estabelecida no art. 19 do mesmo diploma legal, a fim de impor ao provedor, de imediato, a exclusão, em sua plataforma, da chamada "pornografia de vingança" – que, por definição, ostenta conteúdo produzido em caráter particular –, bem como de toda reprodução de nudez ou de ato sexual privado, divulgado sem o consentimento da pessoa reproduzida. 2.1 A motivação da divulgação de materiais contendo cenas de nudez ou de atos sexuais, sem a autorização da pessoa reproduzida, se por vingança ou por qualquer outro propósito espúrio do agente que procede à divulgação não autorizada, é, de fato, absolutamente indiferente para a incidência do dispositivo em comento, sobretudo porque, de seu teor, não há qualquer menção a esse fator de ordem subjetiva. Todavia, o dispositivo legal exige, de modo expresso e objetivo, que o conteúdo íntimo, divulgado sem autorização, seja produzido em "caráter privado", ou seja, de modo absolutamente reservado, íntimo e privativo, advindo, daí, sua natureza particular. 2.2 Há, dado o caráter absolutamente privado em que este material foi confeccionado (independentemente do conhecimento ou do consentimento da pessoa ali reproduzida quando de sua produção), uma exposição profundamente invasiva e lesiva, de modo indelével, à intimidade da pessoa retratada, o que justifica sua pronta exclusão da plataforma, a requerimento da pessoa prejudicada, independentemente de determinação judicial para tanto. 2.3 O preceito legal tem por propósito proteger/impedir a "disponibilização, na rede mundial de computadores, de conteúdo íntimo produzido em caráter privado, sem autorização da pessoa reproduzida, independentemente da motivação do agente infrator. Não é, porém, a divulgação não autorizada de todo e qualquer material de nudez ou de conteúdo sexual que atrai a regra do art. 21, mas apenas e necessariamente aquele que apresenta, intrinsecamente, uma natureza privada" (STJ, *DJ* 17 dez. 2021, REsp nº 1.930.256/SP, Rel. p/ acórdão Min. Marco Aurélio Bellizze).

ao contrário do que ocorre em casos de violações à honra, privacidade, intimidade, imagem, ou mesmo desinformação, discurso de ódio e ataques antidemocráticos.

Quanto ao regime aplicável a alegadas violações a direitos autorais, o art. 19, §2º estabelece que "a aplicação do disposto neste artigo para infrações a direitos de autor ou a direitos conexos depende de previsão legal específica, que deverá respeitar a liberdade de expressão e demais garantias previstas no art. 5º da Constituição Federal". Desde a entrada em vigor do Marco Civil, no entanto, não houve a edição da lei específica prevista no art. 19, de modo que são aplicáveis a essas disputas as disposições constantes na Lei nº 9.610/1998, que consolida a legislação sobre direitos autorais. O STJ, em julgamento sobre o tema, reconheceu que os arts. 102 e 104 da Lei nº 9.610/1998 atribuem responsabilidade civil por violação a direitos autorais a quem fraudulentamente reproduz, divulga, de qualquer forma utiliza, vende, distribui ou utiliza obra de titularidade de outrem. Quanto aos provedores de internet comuns, como redes sociais, o acórdão do STJ reconheceu que "não é óbvia a inserção de sua conduta regular em algum dos verbos constantes nos arts. 102 e 104 da Lei de Direitos Autorais. Há que investigar como e em que medida a estrutura do provedor de internet ou sua conduta culposa ou dolosamente omissiva contribuíram para a violação de direitos autorais". Assim, o acórdão estabeleceu que estará caracterizada a responsabilidade do provedor de internet "nas hipóteses em que há intencional induzimento ou encorajamento para que terceiros cometam diretamente ato ilícito" ou "nos casos em que há lucratividade com ilícitos praticados por outrem e o beneficiado se nega a exercer o poder de controle ou de limitação de danos".[341]

O Marco Civil da Internet também não contém nenhuma proibição a que as próprias empresas, por atuação e vontade própria, removam conteúdo que viole as regras de comunidade previamente aceitas pelos usuários. Recentemente, esse ponto se tornou objeto de controvérsia, com a elaboração de minuta de Decreto Presidencial que pretendia proibir as empresas de moderarem conteúdo fora de hipóteses taxativamente previstas. Os arts. 2-B e 2-C da minuta de Decreto estabeleciam, respectivamente, que os provedores de aplicações de internet não poderiam, sem ordem judicial, (i) excluir, cancelar ou suspender total ou parcialmente os serviços e as funcionalidades das *contas* mantidas pelos usuários em seus aplicativos, fora das hipóteses previstas em

---

[341] STJ, *DJe* 05 ago. 2015, REsp nº 1.512.647, Rel. Min. Luís Felipe Salomão.

lei; e (ii) excluir, suspender ou limitar a divulgação de *conteúdo* gerado pelo usuário em seus aplicativos sem ordem judicial, fora das hipóteses previstas em lei. As hipóteses permitidas de moderação de conteúdo sem ordem judicial prévia não incluíam remoção de conteúdo de desinformação ou de discurso de ódio. A minuta do Decreto previa possibilidade de aplicação das penas de advertência, multa, suspensão temporária das atividades e proibição de exercício das atividades.

Como amplamente apontado por especialistas,[342] o Decreto incorria em flagrante violação ao princípio da legalidade, pois o Marco Civil não proíbe esse tipo de moderação pelas plataformas, tampouco contém qualquer dispositivo que poderia servir como fundamento normativo para essa atuação do Poder Executivo. Além disso, o conteúdo do Decreto ia na contramão de todas as iniciativas mundiais de regulação, que têm clamado por maior combate a campanhas de desinformação, discurso de ódio e afins. E, mais do que isso: o Decreto sequer era necessário no Brasil. Há diversos casos no judiciário determinando que empresas de tecnologia reestabeleçam conteúdo removido por plataformas com fundamento em seus termos de uso. Um exemplo recente ocorreu com o caso do Canal Terça Livre, do Youtube, que foi suspenso por decisão da plataforma e, posteriormente, revertida pelo TJSP em efeito suspensivo na apelação. Então, como apontado por Carlos Affonso Souza, no Brasil, embora as plataformas tenham "a primeira palavra" sobre qual conteúdo sai ou fica, o judiciário tem a última[343] – o mesmo regime é adotado na Alemanha. Isso é diferente do que ocorre nos Estados Unidos, onde as empresas têm liberdade para remover conteúdo de acordo com as suas regras privadas e as ações no judiciário pedindo restabelecimento de conteúdo (conhecidas como obrigações de "must-carry") jamais foram acatadas. Até houve alguns casos de ações propostas, mas nenhuma foi deferida.[344]

---

[342] AFFONSO SOUZA, Carlos. Decreto de Bolsonaro inverte lógica ao impedir moderação de contas e criar index do que pode ser removido na internet. *Folha de São Paulo*, 20 mai. 2021. Disponível em: https://www1.folha.uol.com.br/poder/2021/05/decreto-de-bolsonaro-inverte-logica-ao-impedir-moderacao-de-contas-e-criar-index-do-que-pode-ser-removido-na-internet.shtml. Acesso em 05 ago. 2021. No mesmo sentido: MENDONÇA, Eduardo. Retrocesso autoritário. *Estadão*, 01 jun. 2021. Disponível em: https://politica.estadao.com.br/blogs/fausto-macedo/retrocesso-autoritario/. Acesso em 02 jun. 2021.

[343] AFFONSO SOUZA, Carlos. Decreto de Bolsonaro inverte lógica ao impedir moderação de contas e criar index do que pode ser removido na internet. *Folha de São Paulo*, 20 mai. 2021. Disponível em: https://www1.folha.uol.com.br/poder/2021/05/decreto-de-bolsonaro-inverte-logica-ao-impedir-moderacao-de-contas-e-criar-index-do-que-pode-ser-removido-na-internet.shtml. Acesso em 05 ago. 2021.

[344] ABBOUD, Georges; NERY JÚNIOR, Nelson; CAMPOS, Ricardo. *Fake news e regulação*. São Paulo: Thomson Reuters Brasil, 2021.

Após ampla mobilização social contrária ao Decreto, e logo antes das manifestações convocadas pelo Presidente para o dia 07 de setembro, a minuta foi substituída pela Medida Provisória nº 1.068/2021. Em síntese, a MP: (i) criava alguns requisitos procedimentais para remoção de conteúdo ou exclusão de conta, incluindo a necessidade de garantia de informações claras sobre as políticas e procedimentos de moderação de conteúdo adotados pelas plataformas, bem como garantia do contraditório, ampla defesa e possibilidade de recurso; (ii) continha uma vedação a que os provedores de redes sociais adotassem critérios de moderação de conteúdo que impliquem "em censura de ordem política, ideológica, científica, artística ou religiosa"; e (iii) de forma mais controvertida, vedava a exclusão de contas e perfis, ou a remoção de conteúdo, por plataformas digitais sem decisão judicial prévia, exceto quando demonstrada justa causa. A MP listava, então, as situações em que se consideraria caracterizada justa causa: (a) violação aos direitos da criança e do adolescente; (b) conteúdo de nudez; (c) prática ou incitação de atos criminosos, terrorismo ou atos de ameaça ou violência, inclusive por razões de discriminação ou preconceito; (d) incentivo ao uso de drogas ilícitas; (e) prática, apoio, promoção ou incitação de atos contra a segurança pública, defesa nacional ou segurança do Estado; (e) comercialização de produtos impróprios para consumo; (f) requerimento do ofendido, nos casos de violação à intimidade, privacidade, imagem, honra, proteção de dados pessoais ou propriedade intelectual; e (g) cumprimento de decisão judicial.

A MP também foi considerada inconstitucional por especialistas. Para além de apontarem a ausência de urgência para a edição de uma medida provisória – especialmente à luz das discussões sobre o tema no Congresso Nacional, no âmbito do PL nº 2.630/20, que será comentado adiante –, a medida impedia o combate à desinformação, ao *bullying* e, dependendo de como os conceitos de "segurança pública", "defesa nacional" e "segurança do Estado" fossem operacionalizados, a ataques antidemocráticos. A remoção desse tipo de conteúdo, nos termos da MP, dependeria de decisão judicial prévia. Além de ir na contramão de todas as iniciativas mundiais de combate a esse conteúdo, a MP também violava a liberdade de iniciativa das próprias plataformas, que têm o direito de definir, nos seus termos e condições e dentro de alguns limites que serão discutidos adiante, o tipo de ambiente que se propõem a disponibilizar aos usuários.

Ademais, iniciativas como a MP também violam a liberdade de expressão de todos os demais usuários das plataformas digitais, que seriam afugentados desses espaços dominados por discurso ofensivo e fraudulento. A velocidade em que novos conteúdos são publicados impediria qualquer controle em tempo real pelo judiciário, então sempre haveria uma proliferação de conteúdo tóxico, que desagrada a maior parte dos usuários que usam essas plataformas para fins legítimos.[345] Por fim, igualmente grave, a MP atribuía a uma autoridade administrativa a competência para aplicar sanções por eventuais violações aos termos da Medida Provisória, instituindo uma espécie de censura administrativa sobre o conteúdo publicado nas redes.[346]

Confirmando a percepção compartilhada de inconstitucionalidade da MP, o Senado Federal devolveu a medida provisória, destacando que ela

> versa sobre o mesmo tema tratado no Projeto de Lei nº 2.630/2020, que visa a instituir a Lei Brasileira de Liberdade, Responsabilidade e Transparência na Internet, uma matéria de alta complexidade técnica e elevada sensibilidade jurídico-constitucional para a qual o Congresso Nacional já está direcionando o seu esforço analítico e deliberativo e gera considerável insegurança jurídica aos agentes a ela sujeitos.

No mesmo sentido, a Ministra Rosa Weber, relatora de sete ações diretas de inconstitucionalidades ajuizadas contra a MP, também suspendeu na íntegra a eficácia da medida, destacando a ausência do requisito de urgência, pela caracterização do abuso do poder normativo presidencial.

A decisão da Relatora destacou ainda que

> a propagação de fake news, de discursos de ódio, de ataques às instituições e à própria democracia, bem como a regulamentação da retirada de conteúdos de redes sociais, consubstanciam um dos maiores desafios contemporâneos à conformação dos direitos fundamentais. Não por outra razão, este Supremo Tribunal Federal, o Tribunal Superior Eleitoral e o Congresso Nacional têm enfrentado, cada um dentro de suas competências constitucionais.[347]

---

[345] MENDONÇA, Eduardo. Retrocesso autoritário. *Estadão*, 01 jun. 2021. Disponível em: https://politica.estadao.com.br/blogs/fausto-macedo/retrocesso-autoritario/. Acesso em 02 jun. 2021.

[346] MENDONÇA, Eduardo. Retrocesso autoritário. *Estadão*, 01 jun. 2021. Disponível em: https://politica.estadao.com.br/blogs/fausto-macedo/retrocesso-autoritario/. Acesso em 02 jun. 2021.

[347] STF, decisão monocrática, 14 set. 2021, ADI nº 6.991, Rel. Min. Rosa Weber. Disponível em: http://portal.stf.jus.br/processos/downloadPeca.asp?id=15347792736&ext=.pdf. Acesso em 05 abr. 2021.

Assim, reiterou que a discussão dessas questões, de elevada complexidade, não prescinde de deliberação legislativa ampla, transparente e plural. Na sequência, o Presidente Bolsonaro encaminhou ao Congresso Nacional projeto de lei com teor idêntico ao da MP. Embora não tenha os vícios formais da Medida Provisória e do Decreto inicialmente cogitados, a proposta conserva as inconstitucionalidades materiais de violação à liberdade de iniciativa das plataformas digitais e à liberdade de expressão dos demais usuários, inclusive pela atribuição a uma entidade administrativa dos deveres de fiscalização das decisões de remoção de conteúdo das plataformas.

Vale registrar, ainda, que o art. 20 do MCI estabelece que o provedor, ao fazer a remoção, deve, sempre que tiver informações de contato do usuário diretamente responsável pelo conteúdo, comunicá-lo dos motivos e informações relativos à indisponibilização do conteúdo, com informações que permitam o contraditório e a ampla defesa em juízo, salvo expressa previsão legal ou expressa determinação fundamentada em contrário. Essa previsão faz sentido porque ações pela remoção de conteúdo na internet geralmente são movidas contra a plataforma, e não contra o responsável pelo conteúdo. A notificação é uma forma de minimizar os efeitos dessa censura colateral e garantir que o indivíduo possa, se desejar, tomar as providências para defesa do conteúdo.

4.1.1.1 Discussões sobre a constitucionalidade do art. 19

Em abril de 2018, o Supremo Tribunal Federal, por maioria, conferiu repercussão geral à discussão sobre a constitucionalidade do regime previsto no art. 19 do Marco Civil da Internet. O *leading case*, RE nº 1.037.396, foi interposto pelo Facebook contra acórdão que considerou que condicionar a responsabilização dos provedores de aplicação à decisão judicial, como exige o art. 19, "fulminaria seu direito básico de efetiva prevenção e reparação de danos patrimoniais e morais, individuais, coletivos e difusos". Ao reconhecer a repercussão geral, o STF destacou que a discussão contrapõe "a dignidade da pessoa humana e a proteção aos direitos da personalidade à liberdade de expressão, à livre manifestação do pensamento, ao livre acesso à informação e à reserva de jurisdição".

De forma específica, os que defendem a inconstitucionalidade do art. 19 argumentam que o dispositivo protege excessivamente as sociedades empresárias que exploram as redes sociais, desconsiderando que a divulgação de informações falsas ou difamatórias na rede pode ter efeitos concretos e muito prejudiciais sobre a vida dos usuários. Para eles, a necessária judicialização do conflito ameaçaria a efetividade do remédio jurisdicional, especialmente no contexto dinâmico da internet, em que publicações podem se disseminar rapidamente, dificultando a sua remoção posterior.[348] Alinhando-se a esse posicionamento, o Professor Anderson Schreiber defende que o artigo 19 viola a garantia constitucional de reparação plena e integral por danos à honra, privacidade e imagem, ao limitar a reparação dos danos derivados aos casos em que haja descumprimento de decisão judicial. Segundo ele, os danos são causados no momento da publicação, e não no momento do descumprimento da ordem judicial.[349] O contra-argumento aqui, naturalmente, é o de que o dispositivo condiciona apenas a responsabilização das *plataformas intermediárias* a uma decisão judicial prévia, sem prejuízo de o usuário responsável pela publicação do conteúdo ser responsabilizado pelos danos causados desde a publicação do conteúdo.

Quanto a esse ponto, o Professor Anderson Schreiber argumenta que ele seria "quase ficcional", na medida em que a identificação do terceiro dependeria da atuação das plataformas e,

> mesmo quando ocorre a identificação, a chance de obtenção da reparação não apenas é reduzida por circunstâncias recorrentes no ambiente virtual (ausência de identificação da localização do indivíduo, insuficiência patrimonial do usuário etc.), mas também acaba se limitando a indenizações em dinheiro, quando aquelas empresas contam com meios técnicos bem mais eficazes para evitar a propagação do dano (supressão do conteúdo lesivo, desidentificação da vítima etc.).[350]

Esse ponto, no entanto, também nos parece improcedente. Além de ser frequente e eficiente no Brasil a atuação dos intermediários para fornecer os endereços de IP para identificação dos responsáveis por publicações – inclusive sob pena de sanção imposta pelo judiciário –,

---

[348] SCHREIBER, Anderson. *Marco Civil da internet*: avanço ou retrocesso? A responsabilidade Civil por danos derivado do conteúdo gerado por terceiro. [s.d.]. Disponível em: http://www.andersonschreiber.com.br/downloads/artigo-marco-civil-internet.pdf. Acesso em 23 ago. 2021.

[349] SCHREIBER, Anderson. *Marco Civil da internet*: avanço ou retrocesso? A responsabilidade Civil por danos derivado do conteúdo gerado por terceiro. [s.d.]. Disponível em: http://www.andersonschreiber.com.br/downloads/artigo-marco-civil-internet.pdf. Acesso em 23 ago. 2021.

[350] SCHREIBER, Anderson. *Marco Civil da internet*: avanço ou retrocesso? A responsabilidade Civil por danos derivado do conteúdo gerado por terceiro. [s.d.]. Disponível em: http://www.andersonschreiber.com.br/downloads/artigo-marco-civil-internet.pdf. Acesso em 23 ago. 2021.

o fato de os responsáveis pela publicação eventualmente não terem recursos para pagamento de indenização não pode servir como um argumento para atribuir a responsabilidade a terceiros, independentemente de considerações concretas sobre a sua responsabilidade ou contribuição para o ato ilícito, ou mesmo sobre o impacto dessa política sobre outros direitos fundamentais. Como se detalhará em tópico específico, a pretensão de responsabilização das plataformas pelo conteúdo de terceiros após mera notificação extrajudicial aumenta os riscos de censura colateral e remoções em excesso – na teoria e na prática documentada em estudos empíricos.

O Professor Anderson Schreiber alega, ainda, que, ao impor o recurso ao Judiciário como condição imprescindível à reparação do dano sofrido, o art. 19 do MCI viola o art. 5º, XXXV, que garante o acesso à justiça, na medida em que, para o autor, esse dispositivo consiste em *direito* da vítima, e não em *dever*. Ademais, o autor defende que o dispositivo também viola o princípio da vedação ao retrocesso, pois o art. 19 supostamente seria pior ao direito dos usuários do que a regra de *notice and takedown* que vinha sendo construída pela jurisprudência brasileira antes do Marco Civil. Para o autor, a regra geral deveria ser a prevista no artigo 21, pois

> se a tutela de intimidade sexual do indivíduo, com a consequente responsabilização do provedor de aplicações por danos decorrentes da exposição da sua nudez ou sexualidade, pode ser deflagrada por meio de mera notificação extrajudicial, não se pode compreender porque a tutela de outros atributos da personalidade humana – cuja proteção é situada em idêntico patamar pela Constituição da República – fica a depender, na linguagem do art. 19, de 'ordem judicial específica'.[351]

Quanto ao argumento de vedação ao retrocesso, ele parece *ad terrorem*, além de partir do pressuposto de que não há um outro direito fundamental contraposto aos direitos da personalidade que poderia ser maximizado em um regime como o do art. 19. Com efeito, partindo-se da premissa de que a liberdade de expressão é um direito fundamental de posição preferencial e que ela seria excessivamente limitada em um modelo de *notice and takedown*, por criar incentivos financeiros para remoção em excesso, um regime como o do art. 19, na verdade, avança

---

[351] SCHREIBER, Anderson. *Marco Civil da internet*: avanço ou retrocesso? A responsabilidade Civil por danos derivado do conteúdo gerado por terceiro. [s.d.]. Disponível em: http://www.andersonschreiber.com.br/downloads/artigo-marco-civil-internet.pdf. Acesso em 23 ago. 2021.

na proteção de direitos fundamentais, ao realizar uma ponderação mais adequada dos interesses contrapostos. Essa percepção, aliás, parece alinhada com a jurisprudência do STF, inclusive no julgamento recente do direito ao esquecimento, em que se reconheceu que informações verdadeiras e licitamente obtidas não devem ser removidas da internet pelo mero decurso do tempo, e que, independentemente de seus impactos sobre direitos da personalidade, deve-se privilegiar medidas "de complemento da informação, em vez de sua exclusão; a retificação de um dado, em vez de sua ocultação; o direito de resposta, em lugar da proibição ao posicionamento". Ademais, o regime do art. 21 se justifica para conteúdo de nudez não consentida pela objetividade da ilicitude, o que não se pode afirmar sobre alegações de violações a direitos da personalidade, ou mesmo sobre desinformação, ataques antidemocráticos e discurso de ódio.

Também defendendo a inconstitucionalidade do art. 19, a Confederação Israelita do Brasil (CONIB) argumenta que o dispositivo potencializa "o uso da internet como um meio inseguro e para fins ilícitos de toda natureza, especialmente aqueles que implicam o desrespeito profundo à dignidade humana".[352] Para a Confederação, o artigo 19 desincentiva o desenvolvimento de um sistema de autorregulação pelas próprias plataformas, que teria o potencial de facilitar o combate a conteúdo ilícito. De forma específica, alega que "o que faz o art. 19, portanto, (...) é flexibilizar a exigência da atuação diligente na apuração das solicitações extrajudiciais em virtude de potenciais ilicitudes em seu próprio ambiente". Para a CONIB, portanto, a partir da ciência de possível ilícito, os provedores de aplicação deverão:

> (i) resolver diretamente a questão, em conformidade com as suas regras e o ordenamento jurídico aplicável, principalmente em demandas que envolvam discurso de ódio; ou, se assim não considerar pertinente;
> (ii) abrir um procedimento administrativo interno, com eventual contraditório e ampla defesa, adotando um posicionamento ao final.[353]

Nesse modelo, o judiciário seria uma segunda instância para solução de controvérsias. Embora a proposta da CONIB apresente os

---

[352] STF, Resp nº 1.037.396/SP, Manifestação Confederação Israelita do Brasil – CONIB. Disponível em: https://redir.stf.jus.br/paginadorpub/paginador.jsp?docTP=TP&docID=751505352&prcID=5160549#. Acesso em 27 ago. 2021.

[353] STF, Resp nº 1.037.396/SP, Manifestação Confederação Israelita do Brasil – CONIB. Disponível em: https://redir.stf.jus.br/paginadorpub/paginador.jsp?docTP=TP&docID=751505352&prcID=5160549#. Acesso em 27 ago. 2021.

mesmos efeitos prejudiciais sobre a liberdade de expressão, ao cogitar da possibilidade de responsabilização posterior das plataformas pela não remoção de conteúdo denunciado por usuários, a ideia de que o art. 19 pode coexistir com um sistema de autorregulação regulada para aprimorar a proteção a direitos fundamentais é positiva e será mais bem explorada no capítulo propositivo do presente trabalho.

4.1.2 PL nº 2.630/2020

Além da discussão no STF sobre a constitucionalidade do art. 19 do Marco Civil, também há inúmeros projetos de lei que buscam regular as plataformas digitais. A título de exemplo, o Congresso Nacional aprovou projeto de lei que tratava como crime contra o funcionamento das instituições democráticas no processo eleitoral

> promover ou financiar, pessoalmente ou por interposta pessoa, mediante uso de expediente não fornecido diretamente pelo provedor de aplicação de mensagem privada, campanha ou iniciativa para disseminar fatos que sabe inverídicos, e que sejam capazes de comprometer a higidez do processo eleitoral.[354]

O dispositivo, no entanto, foi vetado pelo Presidente Jair Bolsonaro, sob o fundamento de que a previsão pressupõe a atuação de

> um 'tribunal da verdade' para definir o que viria a ser entendido por inverídico e afast[a] o eleitor do debate público, o que reduziria a sua capacidade de definir as suas escolhas eleitorais, inibindo o debate de ideias, limitando a concorrência de opiniões, indo de encontro ao Estado Democrático de Direito, o que enfraqueceria o processo democrático e, em última análise, a própria atuação parlamentar.[355]

De mais relevante para o presente trabalho, em maio de 2020, o Senado Federal iniciou discussões sobre o Projeto de Lei nº 2.630/2020, que institui a Lei Brasileira de Liberdade, Responsabilidade e Transparência

---

[354] BRASIL. Presidência da República. Mensagem de veto nº 427, Subchefia para Assuntos Jurídicos, 01 set. 2021. *Diário Oficial da União*, 02 set. 2021. Disponível em: http://www.planalto.gov.br/ccivil_03/_ato2019-2022/2021/Msg/VEP/VEP-427.htm#acao%20penal. Acesso em 27 set. 2021.

[355] BRASIL. Presidência da República. Mensagem de veto nº 427, Subchefia para Assuntos Jurídicos, 01 set. 2021. *Diário Oficial da União*, 02 set. 2021. Disponível em: http://www.planalto.gov.br/ccivil_03/_ato2019-2022/2021/Msg/VEP/VEP-427.htm#acao%20penal. Acesso em 27 set. 2021.

na Internet. A versão final aprovada no Senado em 30 de junho de 2020 e remetida à Câmara dos Deputados estabelece normas sobre transparência para provedores de redes sociais e serviços de mensageria privada com dois milhões ou mais de usuários registrados no Brasil. O projeto tem um compromisso explícito com a liberdade de expressão e pluralidade, ao contemplar dentre os princípios que devem nortear a sua aplicação, a liberdade de expressão e de imprensa, a responsabilidade compartilhada pela preservação de uma esfera pública livre, plural, diversa e democrática, a promoção do acesso ao conhecimento na condução dos assuntos de interesse público e a necessidade de se garantir a confiabilidade e a integridade dos sistemas informacionais. De outra ponta, consagra também como princípio o fomento à livre formação de preferências políticas e de visão de mundo pessoal de usuários e a necessidade de se garantir transparência nas regras para veiculação de anúncios e conteúdos pagos. Por fim, contempla os direitos da personalidade, da dignidade, da honra e da privacidade, que, como visto, podem ser fundamentos para restrições legítimas à liberdade de expressão, desde que proporcionais.

O art. 4º da Lei, por sua vez, estabelece como objetivos: (i) o fortalecimento do processo democrático por meio do combate ao comportamento inautêntico e às redes de distribuição artificial de conteúdo e do fomento ao acesso à diversidade de informações na internet no Brasil; (ii) a defesa da liberdade de expressão e o impedimento da censura no ambiente online; (iii) a busca por maior transparência das práticas de moderação de conteúdo postado por terceiros em redes sociais, com a garantia do contraditório e da ampla defesa; e (iv) a adoção de mecanismos e ferramentas de informação sobre conteúdos impulsionados e publicitários disponibilizados para o usuário. Os princípios e objetivos do Projeto, portanto, estão alinhados com as principais propostas democráticas de regulação do exercício da liberdade de expressão na Era Digital.

De forma específica, o PL não entra no mérito de tentar definir discursos ilícitos e atribuir ao Estado o controle sobre o que é publicado no ambiente virtual. Os seus principais focos são (i) o combate às engrenagens utilizadas para a disseminação de conteúdo ilícito ou danoso – contas inautênticas ou automatizadas –, (ii) a garantia de maior transparência no ambiente digital, e (iii) o reconhecimento de direitos procedimentais aos usuários. A questão, portanto, é analisar se os dispositivos do Projeto são adequados para promover essas finalidades. Como se verá, embora bem inspirado, o projeto contém deficiências importantes que impedem a plena concretização de seus princípios e objetivos. Para a demonstração do ponto, passa-se à análise dos principais dispositivos do PL nº 2.630/2020.

Em primeiro lugar, o PL estabelece que os provedores de redes sociais e os serviços de mensageria privada devem adotar medidas para: (i) vedar o funcionamento de contas inautênticas, criadas ou usadas com o propósito de assumir ou simular identidade de terceiros para enganar o público; (ii) vedar contas automatizadas não identificadas como tal; e (iii) identificar de forma destacada todos os conteúdos impulsionados e publicitários cuja distribuição tenha sido realizada mediante pagamento ao provedor de redes sociais, inclusive quando o conteúdo for compartilhado, encaminhado ou repassado. Há, ainda, obrigações correlatas para que os provedores de redes sociais e de serviços de mensageria privada (iv) adotem medidas técnicas que viabilizem a identificação de contas com movimentação incompatível com a capacidade humana, e (v) desenvolvam políticas de uso que limitem o número de contas controladas pelo mesmo usuário.

O foco do PL em comportamento, e não em conteúdo, traz dois benefícios: (i) campanhas de desinformação frequentemente envolvem usuários inocentes que inadvertidamente compartilham o conteúdo fraudulento, de modo que o foco exclusivo no combate a conteúdo poderia ter um impacto desproporcional sobre esses indivíduos ou sobre posts que, embora fraudulentos, sejam irrelevantes em seu impacto sobre o debate público; e (ii) permite o uso de critérios objetivos – existência de contas falsas e inautênticas – que podem ser aplicados de forma mais imparcial. É claro que sem exigências de transparência correspondentes, as categorias de "contas inautênticas" ou "contas automatizadas" podem ser aplicadas de forma genérica, para abarcar uma ampla variedade de comportamentos e atividades.

Portanto, deve-se exigir que as plataformas digitais esclareçam nos seus termos de uso informações básicas sobre quais são os critérios adotados para classificar uma conta como inautêntica ou falsa e o que caracteriza comportamento coordenado inautêntico e como ele é identificado.[356] Nessa linha, é positiva a previsão do PL de que os relatórios de transparência devem indicar o número total de contas automatizadas e de redes de distribuição artificial detectadas, com a especificação das medidas adotadas e suas motivações, bem como a metodologia utilizada na detecção da irregularidade.

---

[356] DOUEK, Evelyn. What does "coordinated inauthentic behavior" actually mean? *Slate*, 02 jul. 2020. Disponível em: https://slate.com/technology/2020/07/coordinated-inauthentic-behavior-facebook-twitter.html. Acesso em 06 out. 2021.

Para garantir maior efetividade à previsão, no entanto, é preciso que se exija que o detalhamento sobre a metodologia utilizada na detecção da irregularidade inclua informações como: (i) quantas contas constituem uma *rede*, que enseja a desativação de todas as contas envolvidas, mesmo quando algumas delas sejam autênticas?; (ii) quais são os critérios adotados para classificar uma conta como inautêntica ou falsa?; (iii) simplesmente fazer alegações falsas sobre o seu nome, localização ou laços financeiros é suficiente para que se considere a conta inautêntica?; e (iv) o que caracteriza comportamento coordenado e como ele é identificado pelas plataformas?[357] Para permitir a fiscalização efetiva dessa política, as plataformas devem divulgar as redes desabilitadas e incluir exemplos de redes que foram analisadas e não desabilitadas por não se enquadrarem nas políticas. Nos casos em que a divulgação pública de determinada rede possa representar ameaças ao interesse público, à privacidade ou ao sigilo empresarial, as informações devem ser disponibilizadas apenas a pesquisadores previamente habilitados – esse ponto será explorado em tópico próprio sobre transparência.

É importante destacar também que as estruturas de disseminação de conteúdo danoso frequentemente envolvem redes com uma combinação de contas autênticas e inautênticas, que atuam de forma coordenada para disseminar o conteúdo. Assim, também é positiva a previsão do art. 13, §4º, que exige que os relatórios disponibilizados apontem a relação entre contas automatizadas não identificadas como tal, contas e disseminação de conteúdo, de modo que seja possível a identificação de redes artificiais de disseminação de conteúdo. Para tornar a previsão ainda mais clara, as redes de distribuição artificial poderiam ser definidas como *"redes* de contas, páginas ou grupos que dependam fundamentalmente da utilização de contas falsas para enganar as pessoas sobre quem está por trás da operação e o que estão fazendo"[358] – isso deixaria mais claro que mesmo contas de usuários reais poderiam vir a ser suspensas, caso se constate que estavam envolvidos em uma dessas redes.

Como a capacidade técnica para detecção dessas contas varia de acordo com o tamanho da plataforma, bem como com o avanço

---

[357] DOUEK, Evelyn. What does "coordinated inauthentic behavior" actually mean? *Slate*, 02 jul. 2020. Disponível em: https://slate.com/technology/2020/07/coordinated-inauthentic-behavior-facebook-twitter.html. Acesso em 06 out. 2021.

[358] Esta é a definição de comportamento coordenado inautêntico adotada pelo Facebook, que já tem uma estrutura específica instituída para o combate a esse comportamento.

da tecnologia, é preciso que as plataformas tenham liberdade para adaptar as suas políticas e sejam responsabilizadas apenas no limite da tecnologia disponível. Por fim, embora não seja adequado atribuir ao Estado qualquer poder de censurar discurso na internet, tampouco se pode afirmar que a categoria de comportamento coordenado inautêntico seja suficiente para endereçar todas as ilicitudes praticadas na internet. Por isso, é preciso pensar em alguma forma de regulação da matéria capaz de endereçar conteúdo ilícito mesmo quando ele não seja parte de uma rede inautêntica – por isso, o ponto será explorado na parte propositiva da tese.

Em segundo lugar, quanto aos procedimentos de moderação, o Projeto estabelece que as plataformas devem disponibilizar "mecanismos de recurso e devido processo" (art. 12), incluindo o direito de recorrer da indisponibilização de conteúdos e contas (art. 12, §3º). Prevê, ainda, que, em caso de denúncia ou de medida aplicada em função dos termos de uso das aplicações ou das disposições do PL, o usuário deve ser notificado sobre a fundamentação, o processo de análise e a aplicação da medida, assim como sobre os prazos e procedimentos para sua contestação.[359] Quanto a esse ponto, entende-se que a proporcionalidade e a legitimidade do dispositivo dependerão do grau de exigência da especificação da fundamentação e do processo de análise. Como a moderação de conteúdo inevitavelmente depende do uso de ferramentas automatizadas, as decisões devem ser consideradas suficientemente fundamentadas para fins de cumprimento do dispositivo, sempre que apontarem a previsão violada dos termos de uso, sem necessidade de maior detalhamento quanto ao caso concreto. Uma exigência mais rigorosa inviabilizaria a moderação de conteúdo em escala e, consequentemente, resultaria em proliferação de conteúdo danoso no ambiente digital.

Ainda sobre os procedimentos de moderação, o §4º do art. 12 estabelece que, havendo dano decorrente da caracterização equivocada de conteúdo como violador dos padrões de uso de aplicações ou do disposto na Lei, caberá ao provedor de redes sociais repará-lo, no âmbito e nos limites técnicos do serviço. O dispositivo parece problemático, pois desconsidera dois pontos fundamentais sobre a moderação de

---

[359] A notificação será dispensada se os provedores verificarem risco: (i) de dano imediato de difícil reparação; (ii) para a segurança da informação ou do usuário; (iii) de violação a direitos de crianças e adolescentes; (iv) de crimes resultantes de preconceito de raça ou de cor; ou (v) de grave comprometimento da usabilidade, integridade ou estabilidade da aplicação.

conteúdo. Em primeiro lugar, no campo da liberdade de expressão, a avaliação sobre aplicação devida ou indevida de termos de uso ou de disposições legais a determinado discurso será sempre subjetiva. Por isso, a previsão pode gerar responsabilização indevida ou criar incentivos inadequados para que plataformas evitem moderar discursos sobre determinados temas, como desinformação e ataques antidemocráticos, a fim de evitar eventual responsabilização. Ao final, portanto, pode piorar a qualidade do debate público digital.

Em segundo lugar, tendo em vista que a moderação de conteúdo inevitavelmente ocorre em escala, com o uso de algoritmos e soluções automatizadas, sempre haverá casos de decisões equivocadas. Isso significa que a responsabilização das plataformas não deve ter por base casos específicos de erro, mas uma avaliação global do funcionamento do sistema de moderação de conteúdo. O ponto será retomado na parte propositiva da tese, mas, por ora, é importante o registro de que o dispositivo é problemático e contrário à tendência mundial – como se verá adiante, o Section 230 dos Estados Unidos também garante imunidade às plataformas sempre que atuem de boa-fé para moderar conteúdo indevido, assim como fazem os regulamentos pertinentes da União Europeia. Por fim, a apuração da extensão dos danos causados pela restrição de determinado discurso não é uma atividade objetiva que possa ser facilmente quantificada ou compensada.

Ainda quanto ao procedimento de moderação, o projeto também contém uma previsão de que a decisão deve assegurar ao ofendido o direito de resposta na mesma medida e alcance do conteúdo considerado inadequado. Esse dispositivo, no entanto, desconsidera que o alcance de determinada publicação não depende de um único fator controlado, mas da combinação de uma série de fatores, incluindo a interação de usuários com o conteúdo. Não se pode, portanto, assegurar a garantia do mesmo alcance.

Em terceiro lugar, e de forma positiva, a Lei estabelece requisitos de transparência, exigindo a publicação de relatórios trimestrais para informar sobre os procedimentos e as decisões de tratamento de conteúdo gerado por terceiros, bem como sobre as medidas empregadas para cumprimento da lei. Os relatórios devem conter, no mínimo, informações como: (i) número total de usuários que acessaram os provedores de redes sociais a partir de conexões localizadas no Brasil e número de usuários brasileiros ativos no período analisado; (ii) número total de medidas de moderação de contas e conteúdos adotados em razão do cumprimento dos termos de uso privado dos provedores de redes sociais, especificando as motivações, a metodologia utilizada para detectar a irregularidade e o tipo de medida adotada; (iii) número total de medidas de moderação de contas adotadas em razão do cumprimento da Lei, especificando as motivações, a metodologia utilizada na detecção da irregularidade e o tipo de medida adotada; (iv) número total de medidas de moderação de contas e conteúdos adotadas em razão de cumprimento de ordem judicial, especificando as motivações; (v) número total de contas automatizadas e de redes de distribuição artificial detectadas pelos provedores e de conteúdos impulsionados e publicitários não identificados, especificando as correspondentes medidas adotadas e suas motivações e a metodologia utilizada na detecção da irregularidade; (vi) número total de medidas de identificação de conteúdo e os tipos de identificação, remoções ou suspensões que foram revertidas pela plataforma; (vii) características gerais do setor responsável por políticas aplicáveis a conteúdos gerados por terceiros, incluindo informações sobre a qualificação, a independência e a integridade das equipes de revisão de conteúdo, por pessoa natural; (viii) média de tempo entre a detecção de irregularidades e a adoção de medidas em relação às contas e aos conteúdos referidos nos pontos II, III e IV; (ix) dados relacionados a engajamentos ou interações com conteúdo identificado como irregular, incluindo número de visualizações e de compartilhamentos e alcance; e (x) atualizações das políticas e termos de uso feitas no trimestre, a data da modificação e a justificativa para a sua adoção. O §6º estabelece que, resguardado o respeito à proteção de dados pessoais, os provedores de redes sociais devem facilitar o compartilhamento de dados com instituições de pesquisa acadêmica, incluindo os dados desagregados.

 Embora o Projeto de Lei caminhe na direção certa ao revelar uma preocupação prioritária com a garantia de maior transparência, as informações exigidas, apesar de importantes, são insuficientes para promover a *accountability* necessária. As plataformas devem ter obrigações adicionais, inclusive de disponibilização do conteúdo que foi objeto de algum tipo de análise pela plataforma em uma base de dados acessível, ao menos, a pesquisadores, para que se possa avaliar o mérito das decisões de moderação de conteúdo. Sem acesso ao conteúdo de fundo, apenas aos números, não é possível avaliar se os termos e condições são aplicados como dito ou mesmo se estão sendo aplicados de forma isonômica, e pode criar incentivos para a remoção em excesso, na tentativa de mostrar números elevados de remoção. O ponto é abordado em detalhes em tópico específico sobre transparência.

 O Projeto também contém previsões positivas para o aumento da transparência de conteúdo impulsionado e publicitário, estabelecendo que as plataformas devem identificar esse tipo de conteúdo, de forma que: (i) seja possível saber a conta responsável pelo impulsionamento ou quem é o anunciante; e (ii) seja possível acessar informações de contato da conta responsável pelo impulsionamento ou anunciante (art. 14). Os provedores que fornecerem impulsionamento de propaganda eleitoral ou de conteúdo que mencione candidato, coligação ou partido devem, ainda, disponibilizar ao público todo o conjunto de anúncios para efeito de checagem pela Justiça Eleitoral e outros fins, incluindo: (i) valor total gasto pelo candidato, partido ou coligação para realização de propaganda na internet por meio de impulsionamento de conteúdo no respectivo provedor de aplicação; (ii) identificação do anunciante por meio do número de inscrição no CNPJ ou no CPF do responsável pela contratação do impulsionamento; (iii) tempo de veiculação; (iv) identificação de que o conteúdo se relaciona a propaganda eleitoral; e (v) características gerais da audiência contratada.

O art. 16 estabelece, ainda, que os provedores de redes sociais devem disponibilizar mecanismos para fornecer aos usuários as informações do histórico dos conteúdos impulsionados e publicitários com os quais tiveram contato nos últimos seis meses. O art. 17, por sua vez, prevê que os provedores de redes sociais devem requerer dos anunciantes e responsáveis pelas contas que impulsionam conteúdos que confirmem sua identificação, inclusive por meio da apresentação de documento de identidade válido.

Na transparência quanto a anúncios políticos, o PL contém disposições importantes e fundamentais, notadamente com a obrigação de disponibilização ao público de todo o conjunto de anúncios para efeito de checagem pela Justiça Eleitoral. No entanto, como há anúncios de caráter político que não necessariamente são eleitorais ou mencionam candidato, coligação, ou partido – por exemplo, sobre vacinação, urnas eletrônicas e conteúdo simplesmente criado para fins de polarização –, as exigências do PL devem ser complementadas por obrigações de disponibilização de repositórios de publicidade com todos os anúncios veiculados digitalmente, bem como com informações sobre o público alcançado e dados de engajamento. Além disso, a obrigação de identificação do anunciante por meio do CNPJ ou do CPF do responsável pela contratação deve incluir não apenas as informações das empresas intermediárias de mídia, mas também os dados de quem contratou a publicidade perante a empresa. O ponto também será detalhado no tópico específico sobre transparência.

Em quarto lugar, o projeto de lei também dispõe sobre a criação do Conselho de Transparência e Responsabilidade na Internet, que deverá ser instituído pelo Congresso Nacional. O Conselho de Transparência e

Responsabilidade na Internet será responsável pelo acompanhamento das medidas de que trata a Lei, e a ele compete, dentre outras funções: (i) elaborar seu regimento interno, que deverá ser aprovado pela Mesa do Senado Federal; (ii) elaborar código de conduta para redes sociais e serviços de mensageria privada, a ser avaliado e aprovado pelo Congresso Nacional, aplicável para a garantia dos princípios e objetivos estabelecidos nos arts. 3º e 4º da Lei, dispondo sobre fenômenos relevantes no uso de plataformas por terceiros, incluindo, no mínimo, desinformação, discurso de incitação à violência, ataques à honra e intimidação vexatória; (iii) avaliar os dados constantes dos relatórios elaborados pelas redes sociais; (iv) publicar indicadores sobre o cumprimento dos códigos de conduta pelo setor; (v) avaliar a adequação das políticas de uso adotadas pelos provedores de redes sociais e de serviços de mensageria privada; (vi) avaliar os procedimentos de moderação adotados pelos provedores de redes sociais, bem como sugerir diretrizes para sua implementação; e (vii) estabelecer diretrizes e fornecer subsídios para a autorregulação e para as políticas de uso dos provedores de redes sociais e de serviços de mensageria privada. A Lei dispõe sobre a composição do Conselho, que será aprovada pelo Congresso Nacional e terá mandato de dois anos, e incluirá representantes do Senado, da Câmara, do Conselho Nacional de Justiça, do Comitê Gestor da Internet no Brasil, representantes da sociedade civil, representantes da academia e comunidade técnica, representantes dos provedores de acesso, aplicações e conteúdo, dentre outros. As despesas com a instalação e funcionamento do Conselho correrão à conta do orçamento do Senado Federal.

Quanto a esse ponto, embora seja importante o reconhecimento de que o acompanhamento das exigências do PL deve ser realizado por órgão especializado, não está claro se a competência do órgão estaria limitada a uma função de consulta, para que o judiciário dê a palavra final sobre eventual aplicação de sanções, ou se a fiscalização e aplicação das sanções estaria concentrada exclusivamente nesse Conselho. Ademais, a previsão de que o código de conduta para redes sociais e serviços de mensageria privada seja avaliado e aprovado pelo Congresso Nacional engessa o funcionamento e a flexibilidade do órgão, além de reduzir a sua independência. Ademais, a competência do órgão para avaliar a adequação das políticas de uso adotadas pelos provedores de redes sociais pode representar intervenção excessiva sobre uma atividade privada e deve ser restrita apenas à confirmação de que os termos e condições contêm previsões para endereçar conteúdo ilícito e/ou danoso – a proposta também será detalhada na parte propositiva da tese. Por fim, a proposta também apresenta custos para a criação de um novo órgão, de estrutura muito semelhante a outro já existente no Brasil, que é a do Comitê Gestor da Internet (CGI.br). Por isso, como será detalhado adiante, as funções deveriam ser concentradas no CGI.br, e não em outro órgão vinculado ao Congresso Nacional e financiado pelo Senado Federal.

Em quinto lugar, o Projeto de Lei também prevê que os provedores de redes sociais e de serviços de mensageria privada poderão criar instituição de autorregulação voltada à transparência e à responsabilidade no uso da internet, que deverá ser certificada pelo Conselho de Transparência e Responsabilidade. A instituição de autorregulação poderá elaborar relatórios trimestrais, bem como informações acerca das políticas de uso e de monitoramento de volume de conteúdo compartilhado pelos usuários dos serviços de mensageria privada. A instituição terá atribuições como: (i) criar e administrar plataforma digital voltada à transparência e à responsabilidade no uso da internet, que contenha regras e procedimentos para decidir sobre a adoção de medida informativa; (ii) disponibilizar serviço eficiente de atendimento e encaminhamento de reclamações; (iii) desenvolver, em articulação com as empresas de telefonia móvel, boas práticas para suspensão das contas de usuários cuja autenticidade for questionada ou cuja inautenticidade for estabelecida; e (iv) elaborar e encaminhar ao Conselho de Transparência e Responsabilidade na Internet relatórios trimestrais em atendimento ao disposto nesta Lei, bem como informações acerca das políticas de uso e de monitoramento de volume de conteúdo compartilhado pelos usuários dos serviços de mensageria privada.

A previsão, no entanto, é confusa, pois o título do capítulo sugere a criação de um modelo de "autorregulação regulada", enquanto a proposta detalhada é apenas de uma instituição de autorregulação, que elabora relatórios autônomos que podem ou não ser enviados ou considerados pelo órgão de fiscalização. Como está, o projeto não delimita com clareza qual seria o papel do Estado, qual seria o papel do Conselho e qual seria o papel do órgão de "autorregulação regulada" na implementação da lei, podendo gerar confusão sobre quem tem competência efetiva para fiscalizar e aplicar sanções por eventual descumprimento da lei.

Por fim, quanto às sanções, o Projeto de Lei prevê que os provedores de redes sociais e os serviços de mensageria privada ficam sujeitos a: (i) advertência, com indicação de prazo para adoção de medidas corretivas; e (ii) multa de até 10% do faturamento do grupo econômico no Brasil no seu último exercício. De problemático, a lei atribui ao judiciário a competência para aplicação da sanção. Ocorre que, para além do fato de que a responsabilização das plataformas por violação ao sistema de autorregulação regulada deveria se dar apenas a partir de uma análise sistêmica, e não a partir de eventuais violações pontuais – como será detalhado em tópico específico –, o judiciário não é um órgão especializado para tomar decisões que levem em consideração a situação real do setor. Por isso, a função deve ser atribuída a um órgão especializado, como será aprofundado na parte propositiva da tese.

A Lei também determina que os provedores de redes sociais e os serviços de mensageria privada tenham sede no Brasil e nomeiem representantes legais no país, bem como mantenham acesso remoto, a partir do Brasil, aos seus bancos de dados, os quais conterão informações referentes aos usuários brasileiros e servirão para a guarda de conteúdo nas situações previstas em lei. A exigência de representantes legais no país tem como objetivo permitir a intimação para cumprimento de decisões judiciais e o efetivo monitoramento do cumprimento das leis pertinentes. Embates recentes entre o Tribunal Superior Eleitoral e o Telegram evidenciaram a dificuldade de se permitir a operação de uma plataforma que não responde a ofícios judiciais e não respeita a legislação nacional.[360] Entretanto, é importante destacar que essa exigência de representante em território brasileiro não pode ser utilizada como um meio de coerção para ameaçar os funcionários locais de responsabilização civil ou criminal para coagir a empresa a cumprir determinações judiciais.

Em resumo, o Projeto de Lei tem objetivos e princípios bem inspirados, alinhados com as iniciativas internacionais de promover maior transparência e instituir um sistema de autorregulação regulada ou corregulação. No entanto, os dispositivos atualmente previstos apresentam limitações relevantes para a concretização desses objetivos. Atualmente, o PL está em discussão na Câmara dos Deputados, onde têm ocorrido audiências públicas e reuniões de grupo de trabalho designado sobre a matéria. Em dezembro de 2021, o Grupo de trabalho (GT) destinado a analisar e elaborar parecer ao PL nº 2.630 apresentou a sua proposta de substitutivo que, de partida, propõe que a lei seja aplicável apenas aos serviços com número de usuários registrados no Brasil superior a dez milhões, o que parece um número excessivamente

---

[360] Disponível em: https://www.tecmundo.com.br/mercado/232304-tse-quer-banir-telegram-durante-eleicoes-combater-fake-news.htm. Acesso em 14 jan. 2022.

alto[361] – a versão original era aplicável àqueles com apenas dois milhões de usuários registrados. Para além dessa alteração, algumas outras merecem comentários nesse momento, embora seja importante lembrar que o substitutivo ainda não foi apresentado ao plenário e, se aprovado, precisará retornar ao Senado, já que sofreu alterações.[362]

Em primeiro lugar, ao contrário da versão original do PL, o substitutivo pretende regulamentar também as ferramentas de busca, que deverão publicar relatórios semestrais de transparência, contendo informações como: (i) número total de medidas de remoção aplicadas a resultados de busca, adotadas em razão do cumprimento dos termos de uso ou políticas próprias dos provedores, segmentadas por regra aplicada e por metodologia utilizada na detecção da irregularidade; (ii) número de solicitações de desindexação e medidas semelhantes recebidas por ordem judicial e o número de páginas desindexadas no período, incluindo os critérios de desindexação e a origem da solicitação ou decisão; (iii) número total de pedidos de revisão apresentados por usuários a medidas aplicadas a resultados de busca, em razão das regras próprias dos provedores e do cumprimento desta Lei, bem como as medidas revertidas após análise dos recursos, segmentados por regra aplicada e metodologia utilizada na detecção da irregularidade; (iv) número total de medidas de remoção aplicadas a resultados de busca adotadas e suas motivações em razão de cumprimento de ordem judicial, especificadas as bases legais que fundamentaram a decisão de remoção, respeitadas as informações sob sigilo judicial; (v) informações sobre o alcance de conteúdos identificados como irregulares pelo provedor, incluindo número médio de visualizações e interações antes da aplicação de medidas.

O substitutivo apresentado pelo GT também altera a seção IV do projeto original, intitulada "Dos procedimentos de moderação", para uma seção intitulada "Dos procedimentos do devido processo legal".

---

[361] Essa alteração excluiria, por exemplo, o TikTok do âmbito de incidência da lei, já que a plataforma conta atualmente apenas com 4,72 milhões de usuários brasileiros. (WALLITER, Carolina. *Tiktok no Brasil e na sua marca*: 10 estatísticas para arrasa em 2022. 14 dez. 2021. Disponível em: https://www.shopify.com.br/blog/tiktok-brasil#:~:text=Segundo%20um%20 levantamento%20realizado%20pela,4%2C92%20milh%C3%B5es%20em%202025. Acesso em 14 jan. 2022).

[362] BRASIL. Senado Federal. Relatório nº 3/2021. Complementação de voto do Relator. Altera a Constituição Federal para incluir a proteção de dados pessoais entre os direitos e garantias fundamentais e para fixar a competência privativa da União para legislar sobre proteção e tratamento de dados pessoais. Relator: Dep. Orlando Silva. *Sala das Sessões*, 2021. Disponível em: https://static.poder360.com.br/2021/12/inteiroTeor-2115423-fake-news-orlando-silva-1. dez_.2021.pdf. Acesso em 14 jan. 2022.

Nesse capítulo, reformula quase todas as previsões da versão anterior, passando a prever que, ao aplicar regras próprias que impliquem a exclusão, indisponibilização, redução de alcance ou sinalização de conteúdo, as plataformas devem notificar os usuários sobre: (a) a natureza da medida aplicada e o seu âmbito territorial; (b) a fundamentação, que deve necessariamente apontar a cláusula aplicada de suas regras ou a base legal para aplicação e o conteúdo ou a conta que deu causa à decisão – uma exigência aparentemente mais razoável do que a anterior, como explicado anteriormente; (c) procedimentos e prazos para exercer o direito de pedir a revisão; (d) se a decisão foi tomada exclusivamente por meio de sistemas automatizados fornecendo informações claras e adequadas a respeito dos critérios e dos procedimentos utilizados para a decisão.

Devem, ainda, disponibilizar canal próprio para consulta, por um prazo mínimo de 6 meses, das informações prestadas, formulação de denúncias sobre conteúdos e contas em operação e envio de pedidos de revisão, bem como responder, de modo objetivo, mas fundamentado, aos pedidos de revisão de decisões e providenciar a sua reversão imediata quando constatado equívoco. Caso constatado equívoco na aplicação de regras previstas após avaliação de pedido de revisão, havendo dano individual, coletivo ou difuso a direitos fundamentais, os provedores de redes sociais ou mensageria instantânea devem, no âmbito e nos limites técnicos de seus serviços, informar aos usuários sobre o seu erro, na mesma proporção de alcance do conteúdo considerado inadequado, podendo esta obrigação ser requerida a autoridade judicial. Embora seja preciso aguardar para ver como essa previsão será operacionalizada na prática, ela representa uma alteração positiva em relação à versão anterior, que previa a obrigação de reparar danos causados pela moderação alegadamente indevida. Ainda assim, não se sabe como os provedores poderão garantir que as notificações sobre eventuais equívocos sejam divulgadas na mesma proporção de alcance – já que, como mencionado, o alcance de determinado conteúdo depende de uma série de fatores, dentre eles o engajamento de usuários.

O substitutivo também prevê requisitos adicionais de transparência, incluindo informações sobre o emprego e o funcionamento de sistemas automatizados, como: (a) as taxas de detecção ativa de conteúdos considerados irregulares por sistemas automatizados, por tipo de conteúdo; (b) critérios para operação e grau de acurácia desses sistemas, respeitada a sua segurança em face de atores maliciosos; e (c) informações sobre bases de treinamento desses sistemas e seus mecanismos, para monitoramento, mensuração e controle de vieses.

Essa preocupação com a transparência dos algoritmos é positiva, embora ainda enfrente algumas dificuldades práticas, que serão detalhadas no capítulo específico sobre transparência.

A versão do GT também prevê que as plataformas e serviços de mensageria privada devem incluir em seus relatórios informações sobre o número total de pedidos de revisão apresentados por usuários a medidas aplicadas a contas e conteúdo, em razão das regras próprias dos provedores e do cumprimento da Lei, bem como sobre as medidas revertidas após análise dos recursos, segmentados por regra aplicada, metodologia utilizada na detecção da irregularidade e tipo de medida adotada.

Os provedores que fornecerem impulsionamento de propaganda eleitoral ou de conteúdo que mencione candidato, coligação ou partido devem disponibilizar ao público informações além daquelas inicialmente previstas no PL, notadamente: (i) as técnicas e as categorias de perfilhamento; (ii) o endereço eletrônico dos anúncios eleitorais exibidos; e (iii) cópia eletrônica das mensagens e o nome do responsável pela autorização de seu envio. Devem fornecer aos usuários, ainda, as informações do histórico do conteúdo impulsionado e publicitário com os quais a conta teve contato nos últimos seis meses, inclusive detalhando informações a respeito dos critérios e procedimentos utilizados para perfilhamento em cada caso.

Quanto às sanções, o substitutivo acrescenta as penas de suspensão temporária das atividades e proibição de exercício das atividades, esclarecendo que, para a fixação e gradação da sanção, deverão ser observados, além da proporcionalidade e razoabilidade, elementos como a gravidade da infração, a reincidência, a capacidade econômica do infrator e a finalidade social do provedor de aplicação de internet. Os tribunais só poderão impor as sanções de suspensão ou proibição com o voto da maioria absoluta de seus membros.

A proposta do GT também acrescenta um crime em espécie, notadamente o de promover ou financiar, mediante uso de contas automatizadas e outros meios ou expedientes não fornecidos diretamente pelo provedor de aplicações de internet, disseminação em massa de mensagens que contenham fato que sabe inverídico e passíveis de sanção criminal que causem dano à integridade física das pessoas ou sejam capazes de comprometer a higidez do processo eleitoral. Para garantir a proporcionalidade do dispositivo e impedir que ele seja, de qualquer forma, utilizado como uma forma de censura, é preciso que ele seja limitado apenas aos casos em que fique confirmada a atuação deliberada para produzir e disseminar mensagens que se sabe inverídicas, jamais podendo abarcar usuários que apenas compartilharam as mensagens.

Também há uma previsão no substitutivo de que os conteúdos jornalísticos utilizados pelos provedores ensejarão remuneração ao detentor dos direitos do autor do conteúdo utilizado, ressalvado o simples compartilhamento do conteúdo original. Os debates sobre a adequação dessa previsão fogem do escopo do presente trabalho, mas é importante apontar que uma previsão semelhante foi implementada na Austrália e dividiu especialistas no tema, inclusive a partir de uma preocupação concorrencial de que apenas as plataformas grandes possam arcar com esse custo.[363] No mínimo, a redação atual é superficial e dependerá da regulamentação para garantir que o funcionamento do dispositivo na prática seja proporcional.

Ademais, o substitutivo veda "a combinação do tratamento de dados pessoais dos serviços essenciais dos provedores com os de serviços prestados por terceiros, quando tiverem como objetivo exclusivo a exploração direta e indireta no mercado em que atua ou em outros mercados", sob pena de tal ação implicar infração à ordem econômica. Essa previsão inviabiliza o direcionamento de publicidade nas redes. No entanto, pelo impacto que tem sobre um setor inteiro de publicidade digital, é prejudicial que tenha sido incluída sem maiores debates ou estudos econômicos sobre a pertinência e proporcionalidade da previsão, especialmente quando já há no país uma legislação específica sobre proteção de dados e que não contém previsão nesse sentido. Dessa forma, o dispositivo deve ser removido e submetido a análises de impacto regulatório antes que se cogite adotar algo nesse sentido.

Por fim, o substitutivo também exclui a previsão de criação do Conselho de Transparência e Responsabilidade na Internet, atribuindo as suas funções ao Comitê Gestor da Internet (CGI), órgão já existente, economizando tempo e recursos. De positivo, o substitutivo também afasta o controle do Congresso Nacional sobre códigos de conduta a serem adotados pelas plataformas digitais e afasta o controle do CGI sobre as políticas de uso adotadas pelos provedores de redes sociais e de serviços de mensageria privada.

Quanto ao sistema de autorregulação regulada, estabelece que os provedores deverão – e não mais "poderão" – criar instituição de

---

[363] HOWELL, Jen Patja. The lawfare podcast: Rasmus Kleis Nielsen on Australia, Facebook and the Future of Journalism. *Lawfare*, 25 fev. 2021, Disponível em: https://www.lawfareblog.com/lawfare-podcast-rasmus-kleis-nielsen-australia-facebook-and-future-journalism. Acesso em 10 fev. 2022.

autorregulação com as atribuições de: (i) criar e administrar plataforma digital voltada ao recebimento de denúncias sobre conteúdos ou contas e tomada de decisão sobre medidas a serem implementadas por seus associados, bem como a revisão de decisões de conteúdos e contas; (ii) tomar decisões em tempo útil e eficaz sobre as denúncias e revisão de medidas abrangidas pela lei; e (iii) desenvolver boas práticas para suspensão das contas de usuários cuja autenticidade seja questionada ou cuja inautenticidade seja confirmada. A previsão de que as decisões sobre moderação de conteúdo serão tomadas de forma unificada por todas as plataformas digitais é prejudicial. Se o objetivo é garantir pluralidade, é normal e até desejável que as plataformas tenham algum grau de liberdade para aplicarem os seus termos de uso e chegarem a conclusões diversas sobre a licitude ou ilicitude de determinado discurso. A *cartelização* das decisões sobre moderação de conteúdo mina a pluralidade e tende a ter efeitos prejudiciais.[364]

De um modo geral, são positivas as previsões do substitutivo no sentido de garantir maior transparência e prever a revisão da lei no prazo de 5 (cinco) anos, a contar da data de publicação – o que é particularmente importante em um cenário em que os riscos e possibilidades de regulação são diretamente influenciados pelo avanço da tecnologia. Por outro lado, a proposta continua a atribuir aos tribunais o papel de fiscalização e aplicação de sanções. Acontece que, como já mencionado, essas instituições não são tecnicamente capacitadas para entender o funcionamento do mercado e a sua atuação sobre a matéria pode aumentar os riscos de interferência indevida do Estado sobre o discurso na internet e gerar decisões incompatíveis e contraditórias pela diversidade dos órgãos julgadores. Um modelo mais eficiente de autorregulação regulada ou corregulação atribuiria a um único órgão independente o poder de fiscalizar o cumprimento da lei, como será proposto adiante.

4.2 Estados Unidos

A responsabilidade dos intermediários nos Estados Unidos é regida por três principais leis: o Communications Decency Act (CDA), para as pretensões cíveis; o Digital Millennium Copyright Act (DMCA),

---

[364] DOUEK, Evelyn. The rise of content cartels. *Knight First Amendment Institute at Columbia University*, 11 fev. 2020. Disponível em: https://knightcolumbia.org/content/the-rise-of-content-cartels. Acesso em 10 mar. 2021.

para as pretensões de direitos autorais; e o Title 18 do US Code, para as pretensões criminais.[365]

O CDA contém o principal dispositivo que regulamenta a responsabilidade dos intermediários, conhecido como Section 230, que confere a eles imunidade contra pretensões de responsabilização civil pelo discurso publicado por usuários em suas plataformas. Além disso, também confere textualmente imunidade para que possam atuar como "bons samaritanos" na remoção de conteúdo ilícito. Esse dispositivo foi resultado de uma avaliação pragmática do Congresso americano, motivado por dois casos concretos julgados pelos tribunais nacionais. No primeiro deles, uma plataforma fez um esforço de boa-fé para moderar conteúdo inapropriado de um de seus usuários, mas, como consequência, as cortes a trataram como uma editora que, por exercer controle sobre o que era publicado, poderia ser responsabilizada pelos danos causados pelo conteúdo. No segundo caso, a plataforma não tinha feito nenhum esforço para remover conteúdo ilícito e, portanto, não foi considerada editora para fins de responsabilização civil.

Com a previsão de proteção às plataformas que moderam conteúdo de boa-fé, o Congresso pretendia remover esses incentivos perversos e criar um porto seguro para que as plataformas agissem de forma bem-intencionada para combater conteúdo ilícito.[366] A escolha feita pelo Congresso Americano também representou uma proteção reforçada ao desenvolvimento econômico das empresas de tecnologia e à liberdade de expressão, ao imunizar as plataformas pelo conteúdo postado por terceiros, ainda que isso se dê em prejuízo da proteção célere das vítimas de discursos potencialmente ofensivos ou ilegais[367] – como visto, essa também foi a opção legislativa brasileira.

Em 2018, duas leis assinadas pelo Presidente Donald Trump – conjuntamente chamadas de FOSTA-SESTA – criaram uma exceção à Section 230, permitindo a responsabilização de plataformas digitais

---

[365] KELLER, Daphne. Internet platforms: observations on speech, danger, and money. *Hoover Working Group on National Security, Technology, and Law*, Aegis Series Paper n. 1807, 13 jun. 2018. Disponível em: https://lawfareblog.com/internet-platforms-observations-speech-danger-and-money. Acesso em 10 set. 2020.

[366] KELLER, Daphne. Internet platforms: observations on speech, danger, and money. *Hoover Working Group on National Security, Technology, and Law*, Aegis Series Paper n. 1807, 13 jun. 2018. Disponível em: https://lawfareblog.com/internet-platforms-observations-speech-danger-and-money. Acesso em 10 set. 2020.

[367] KELLER, Daphne. Internet platforms: observations on speech, danger, and money. *Hoover Working Group on National Security, Technology, and Law*, Aegis Series Paper n. 1807, 13 jun. 2018. Disponível em: https://lawfareblog.com/internet-platforms-observations-speech-danger-and-money. Acesso em 10 set. 2020.

que facilitem o tráfico sexual. O principal alvo das leis era um site intitulado *Backpage.com*, reconhecidamente um espaço com anúncios de profissionais do sexo. Porém, como as leis permitem a responsabilização de plataformas por conteúdo postado por terceiros relacionado ao tráfico sexual ou por qualquer conduta que "promova ou facilite a prostituição", elas levaram diversos sites a proibirem publicações de alguns usuários (sobre massagens, por exemplo, ou mesmo de ativistas contra o tráfico sexual)[368] ou a encerrarem as atividades completamente – não porque divulgavam esse tipo de conteúdo, mas porque não tinham capacidade de fazer esse monitoramento. Assim, as leis têm sido amplamente criticadas pela sociedade civil, sob o argumento de que promovem uma censura digital, e estão sendo questionadas judicialmente.

O DMCA, por sua vez, regula a responsabilidade por conteúdo relacionado a direitos autorais, instituindo um modelo de notificação e retirada ("notice and takedown"), no qual as plataformas, após serem notificadas de violações a direitos autorais, devem dar início a um procedimento específico para apuração da denúncia. Visando proteger a liberdade de expressão, o DMCA estabelece requisitos procedimentais, incluindo (i) a obrigatoriedade de notificação ao usuário cujo conteúdo foi denunciado, permitindo que ele apresente defesa, e (ii) a previsão de multa para acusações feitas de má-fé.

As leis federais criminais também podem impor obrigações às plataformas. A mais significativa delas nos Estados Unidos diz respeito à pornografia infantil: intermediários que tomem conhecimento da existência desse material em suas plataformas devem processar as remoções com urgência e seguir um procedimento detalhado e específico de preservação das provas e notificação das autoridades competentes.[369] Mesmo assim, a lei é expressa quanto ao fato de que as plataformas não são obrigadas a filtrarem conteúdo e que a lei não pode ser interpretada como uma exigência a que as plataformas monitorem as comunicações de usuários ou proativamente busquem potenciais violações. Porém, desde 2008, a lei federal americana permite que o Centro Nacional para Crianças Desaparecidas e Exploradas (National

---

[368] MACKEY, Aaron, Plaintiffs Continue Effort to Overturn Fosta, One of the Broadest Internet Censorship Laws, *Electronic Frontier Foundation*, 17 set. 2020. Disponível em: https://www.eff.org/deeplinks/2020/09/plaintiffs-continue-effort-overturn-fosta-one-broadest-internet-censorship-laws. Acesso em: 08 out. 2021.

[369] KELLER, Daphne. Internet platforms: observations on speech, danger, and money. *Hoover Working Group on National Security, Technology, and Law*, Aegis Series Paper n. 1807, 13 jun. 2018. Disponível em: https://lawfareblog.com/internet-platforms-observations-speech-danger-and-money. Acesso em 10 set. 2020.

Center for Missing and Exploited Children – NCMEC) compartilhe códigos *hash* de imagens reconhecidamente tidas como pornografia infantil com intermediários. Como será detalhado mais adiante, esses códigos *hash* podem ser utilizados pelas plataformas para encontrar, deletar e reportar conteúdo que reproduza essas imagens previamente classificadas. A lei federal americana também criminaliza a provisão deliberada de apoio material a organizações estrangeiras designadas como terroristas, mas os contornos específicos da aplicação dessa previsão às plataformas ainda não foram delineados.[370]

4.3 União Europeia

4.3.1 Diretiva sobre o Comércio Eletrônico (Diretiva nº 2000/31)

A Diretiva sobre o Comércio Eletrônico da União Europeia, editada em 2000, é aplicável a todas as disputas de liberdade de expressão na internet, salvo às de direitos autorais. De relevante para o presente trabalho, os artigos 12 a 15 da Diretiva imunizam os intermediários de qualquer responsabilidade pelo conteúdo de terceiros, desde que removam ou desabilitem o acesso a conteúdo ilícito assim que tomarem conhecimento da sua existência nas plataformas. Diferentemente do modelo americano e brasileiro, portanto, o modelo europeu instituiu um regime de *notice and takedown*, no qual os provedores só não serão responsabilizados por conteúdo de terceiros quando: (i) não tiverem conhecimento efetivo da atividade ou informação ilegal; ou (ii) a partir do momento em que tomarem conhecimento da ilicitude, atuarem de forma diligente para retirar ou bloquear o acesso ao conteúdo envolvido. Assim, embora a Diretiva estabeleça que os Estados-Membros não podem impor aos prestadores uma obrigação geral de monitoramento das informações que transmitem ou armazenam, ou uma obrigação geral de procurar ativamente fatos ou circunstâncias que indiquem ilicitudes, eles serão responsabilizados pelo conteúdo de terceiros quando tiverem conhecimento dele, inclusive mediante notificação extrajudicial de usuários. Como visto, esse sistema é diferente do brasileiro, em que a

---

[370] KELLER, Daphne. Internet platforms: observations on speech, danger, and money. *Hoover Working Group on National Security, Technology, and Law*, Aegis Series Paper n. 1807, 13 jun. 2018. Disponível em: https://lawfareblog.com/internet-platforms-observations-speech-danger-and-money. Acesso em 10 set. 2020.

responsabilidade dos intermediários só surge com uma decisão judicial determinando a remoção.

Em decisões sobre o escopo de aplicação desse dispositivo, o Tribunal de Justiça da União Europeia por muitos anos rejeitou a possibilidade de imposição de filtros genéricos para moderação de conteúdo[371] – por exemplo, uma decisão que determine que as plataformas impeçam qualquer publicação, inclusive futura, de um vídeo associando um indivíduo a um acontecimento. Contudo, em 2019, no caso *Eva Glawischnig-Piesczek vs. Facebook Ireland Limited.*, o Tribunal deferiu pela primeira vez uma ordem nesse sentido.[372] Tratava-se de um caso movido pela política Eva Glawisching-Piesczek, deputada e presidente do Partido Verde Austríaco, contra o Facebook, no qual a autora alegava que um usuário do Facebook teria compartilhado em sua página um artigo de um jornal austríaco sobre ela, acompanhado de um comentário a chamando de "traidora suja", "corrupta imbecil" e integrante de um "partido fascista".[373] Antes de propor a ação alegando difamação, a autora enviou uma notificação extrajudicial ao Facebook pedindo a remoção do conteúdo, que não foi atendida. Proposta a ação, o Tribunal de Comércio de Viena determinou ao Facebook que, além de remover a publicação específica, impedisse nova publicação ou divulgação de fotos da autora "quando a mensagem de acompanhamento contivesse as mesmas afirmações ou afirmações de conteúdo semelhante ao do comentário mencionado".[374] Em sede de recurso, o

---

[371] KELLER, Daphne. Dolphins in the net: internet content filters and the advocate general's glawischnig-piescek v. Facebook Ireland Opinion. *Stanford Center for Internet and Society*, 04 set. 2019. Disponível em: https://cyberlaw.stanford.edu/files/Dolphins-in-the-Net-AG-Analysis.pdf. Acesso em 08 abr. 2021.

[372] TRIBUNAL DE JUSTIÇA DA UNIÃO EUROPEIA. ECLI:EU:C:2019:821, Case C-18/18, 03 out. 2019. Disponível em: https://curia.europa.eu/juris/document/document.jsf?text=&docid=218621&pageIndex=0&doclang=EN&mode=req&dir=&occ=first&part=1&cid=6380440. Acesso em 07 out. 2021.

[373] O post completo, traduzido informalmente, era: "Traidor sujo. Essa imbecil corrupta nunca ganhou um centavo com trabalho de verdade e honesto em toda a sua vida, mas com o dinheiro dos nossos impostos está puxando o saco desses invasores contrabandeados para torná-los os mais valiosos de todos. Vamos, finalmente, proibir o Partido Verde Fascista" (The full post, informally translated, read "Lousy traitor. This corrupt oaf has never earned a single honest cent with real work in her whole life, but with our tax money is kissing the asses of these smuggled-in invaders to build them up into the most valuable of all. Let us finally prohibit this Green Fascist party)" (KELLER, Daphne. Dolphins in the net: internet content filters and the advocate general's glawischnig-piescek v. Facebook Ireland Opinion. *Stanford Center for Internet and Society*, 04 set. 2019. Disponível em: https://cyberlaw.stanford.edu/files/Dolphins-in-the-Net-AG-Analysis.pdf. Acesso em 08 abr. 2021).

[374] Tradução livre. No original: "Because Facebook Ireland did not withdraw the comment in question, Ms Glawischnig-Piesczek brought an action before the Handelsgericht Wien (Commercial Court, Vienna, Austria) which, by interim order of 7 December 2016, directed

Tribunal Regional Superior de Viena confirmou a ordem de impedir a divulgação de conteúdo idêntico, mas reformou a ordem quanto ao conteúdo semelhante.

Ambas as partes interpuseram recurso ao Supremo Tribunal da Áustria, para que se pronunciasse sobre a possibilidade de uma decisão de remoção de conteúdo poder ser alargada para abarcar também declarações de conteúdo literalmente idêntico e/ou semelhante de que as plataformas não tenham conhecimento. O Supremo Tribunal Austríaco, considerando que o caso suscitava questões de interpretação do direito da União, suspendeu o julgamento e submeteu a questão ao Tribunal de Justiça, suscitando as seguintes questões: (i) o artigo 15 da Diretiva de Comércio Eletrônico veda, em termos gerais, a imposição de obrigação de remover não apenas a informação ilegal indicada, mas também outras informações de conteúdo idêntico, (a) em nível mundial, (b) no respectivo Estado-Membro, (c) do respectivo utilizador a nível mundial; e (d) do respectivo utilizador no respectivo Estado-Membro?; e (ii) em caso de resposta negativa à primeira questão: o mesmo se aplica a informações de conteúdo semelhante?; e (iii) o mesmo se aplica a informações de conteúdo semelhante, a partir do momento em que o operador tenha tido conhecimento desta circunstância?

Quanto à primeira questão, o TJUE considerou que, embora a Diretiva proíba monitoramento genérico de todo o material publicado, ela não proíbe ordens de monitoramento em casos específicos. Assim, entendeu ser

> legítimo que o órgão jurisdicional competente possa exigir a esse fornecedor de armazenamento que bloqueie o acesso às informações armazenadas cujo conteúdo seja idêntico ao declarado ilegal anteriormente ou que retire essas informações, pois não se pode considerar que a medida inibitória emitida para esse efeito impõe ao fornecedor de armazenamento uma obrigação de vigilância, de maneira geral, sobre

---

Facebook Ireland, with immediate effect and until the proceedings relating to the action for a prohibitory injunction have been finally concluded, to cease and desist from publishing and/or disseminating photographs showing the applicant [in the main proceedings] if the accompanying text contained the assertions, verbatim and/or using words having an equivalent meaning as that of the comment referred to in paragraph 12 above" (TRIBUNAL DE JUSTIÇA DA UNIÃO EUROPEIA. ECLI:EU:C:2019:821, Case C-18/18, 03 out. 2019. Disponível em: https://curia.europa.eu/juris/document/document.jsf?text=&docid=218621&pageIndex=0&doclang=EN&mode=req&dir=&occ=first&part=1&cid=6380440. Acesso em 07 out. 2021).

as informações que este armazena ou uma obrigação geral de procurar ativamente fatos ou circunstâncias que indiquem atos ilícitos.[375]

Quanto à segunda questão – monitoramento de conteúdo semelhante –, o TJUE considerou que também deve ser permitido que essas ordens alcancem as informações cujo conteúdo veicule a mesma mensagem, contendo apenas ligeiras diferenças, para se evitar que a pessoa afetada tenha de propor diversas ações autônomas para cessar a violação aos seus direitos. O TJUE ponderou, porém, que, para serem consideradas semelhantes, as publicações devem conter elementos específicos idênticos e não devem, em nenhum caso, obrigar a plataforma a fazer uma apreciação autônoma do conteúdo. Em determinado trecho da decisão, o TJUE sugere, sem muito aprofundamento, que essas obrigações poderiam ser cumpridas de forma automatizada, pelo uso de filtros algorítmicos – como se verá adiante, porém, essa possibilidade não é banal à luz da tecnologia atual.

Quanto à possibilidade de se conferir alcance mundial à decisão, o Tribunal considerou que a Diretiva sobre o Comércio Eletrônico não impede a atribuição de efeitos extraterritoriais, de modo que não haveria nenhuma vedação a que os tribunais locais determinem que essas medidas produzam efeitos em escala mundial, desde que sejam compatíveis "com as regras em vigor a nível mundial".

Em resumo, o Tribunal de Justiça da União Europeia considerou que (i) ordens de monitoramento de conteúdo idêntico ou semelhante a conteúdo que já tenha sido considerado ilegal são permissíveis, e (ii) a Áustria poderia conferir efeitos globais à decisão. A decisão do TJUE parece problemática, porque: (i) como será detalhado adiante, filtros automatizados de moderação de conteúdo são frequentemente imprecisos, especialmente para matérias que exigem considerações contextuais, podendo levar à remoção excessiva de conteúdo perfeitamente lícito –

---

[375] Tradução livre. No original: "In those circumstances, in order to ensure that the host provider at issue prevents any further impairment of the interests involved, it is legitimate for the court having jurisdiction to be able to require that host provider to block access to the information stored, the content of which is identical to the content previously declared to be illegal, or to remove that information, irrespective of who requested the storage of that information. In particular, in view of the identical content of the information concerned, the injunction granted for that purpose cannot be regarded as imposing on the host provider an obligation to monitor generally the information which it stores, or a general obligation actively to seek facts or circumstances indicating illegal activity, as provided for in Article 15(1) of Directive 2000/31" (TRIBUNAL DE JUSTIÇA DA UNIÃO EUROPEIA. ECLI:EU:C:2019:821, Case C-18/18, 03 out. 2019. Disponível em: https://curia.europa.eu/juris/document/document.jsf?text=&docid=218621&pageIndex=0&doclang=EN&mode=req&dir=&occ=first&part=1&cid=6380440. Acesso em 07 out. 2021).

mesmo no caso de conteúdo idêntico ao que já tenha considerado ilícito, a reprodução pode ser legítima, por exemplo, em reportagens jornalísticas; (ii) o uso de filtros para escanear publicações de usuários violaria direitos à privacidade; (iii) o TJUE não fez nenhuma consideração sobre a extensão dessa obrigação a plataformas menores, que não possuem recursos financeiros para implementação dessas tecnologias; (iv) a decisão pode criar incentivos para que as plataformas removam conteúdo em excesso, para evitar responsabilização, violando a liberdade de expressão de usuários; e (v) quanto à atribuição de efeitos mundiais, permite que países tenham jurisdição para definir o que será acessível a usuários localizados fora de seus territórios, em países onde o discurso censurado poderia ser considerado plenamente legítimo, em violação ao princípio de não intervenção.

De todo modo, de volta ao cenário na União Europeia, é importante esclarecer que as diretivas não têm eficácia imediata. Para que sejam incorporadas aos ordenamentos jurídicos dos países membros, é preciso que haja a edição de leis nacionais incorporando as suas previsões. No caso da Diretiva de Comércio Eletrônico, as leis locais a implementando frequentemente instituem um modelo de "notice and takedown" semelhante ao que foi previsto no DMCA nos Estados Unidos. Porém, ao contrário dos EUA, em que o DMCA é limitado a disputas de direitos autorais, a Diretiva da União Europeia se aplica a questões mais delicadas e polêmicas, como difamação e direitos da personalidade. Isso significa que, frequentemente, as plataformas têm que fazer juízos subjetivos difíceis e controvertidos, com poucas informações sobre a disputa de fundo.[376] Além disso, as leis implementando a Diretiva raramente estabelecem exigências procedimentais para o funcionamento desse sistema de notificação e retirada – novamente, ao contrário do que faz o DMCA nos Estados Unidos –, o que também aumenta os riscos de censura colateral.

4.3.2 Diretiva de Direitos Autorais

Em abril de 2019, o Conselho da União Europeia aprovou a Diretiva de Direitos Autorais, cujo artigo 17 estabelece que, sempre que as plataformas digitais não obtiverem autorização específica dos

---

[376] KELLER, Daphne. Internet platforms: observations on speech, danger, and money. *Hoover Working Group on National Security, Technology, and Law*, Aegis Series Paper n. 1807, 13 jun. 2018. Disponível em: https://lawfareblog.com/internet-platforms-observations-speech-danger-and-money. Acesso em 10 set. 2020.

detentores dos direitos de licenciamento para publicação do conteúdo, poderão ser responsabilizadas pela divulgação não autorizada de obras protegidas, salvo se demonstrarem que: (i) envidaram todos os esforços para obter a autorização; (ii) efetuaram, de acordo com elevados padrões de diligência profissional do setor, os melhores esforços para assegurar a indisponibilidade de determinadas obras e outro material protegido, relativamente aos quais os titulares de direitos autorais forneceram aos prestadores de serviços as informações pertinentes e necessárias; e, em todo caso, (iii) agiram com diligência, após o recebimento de um aviso suficientemente fundamentado pelos titulares dos direitos, para bloquear o acesso ou remover o material protegido, e envidaram os melhores esforços para impedir o seu futuro carregamento. Ainda nos termos do artigo 17, para determinar se o prestador de serviço cumpriu as obrigações que lhe incumbem e à luz do princípio da proporcionalidade, devem ser tidos em conta, entre outros, os seguintes elementos: (i) o tipo, o público-alvo e a dimensão do serviço e o tipo de obra ou material protegido carregado pelos utilizadores do serviço; e (ii) a disponibilidade de meios adequados e eficazes, bem como o respectivo custo para os prestadores de serviços.

Para os novos prestadores de serviços de compartilhamento de conteúdo cujos serviços tenham sido disponibilizados ao público na União Europeia por um período inferior a três anos e cujo volume de negócios anual seja inferior a 10 milhões de EUR, as exigências limitam-se a envidar os esforços para obter autorização e à atuação com diligência, após o recebimento de um aviso suficientemente fundamentado, no sentido de bloquear o acesso ou remover as obras ou outro material protegido objeto de notificação. Caso o número médio mensal de visitantes individuais desses prestadores de serviços seja superior a 5 milhões, calculado com base no ano civil precedente, os prestadores devem igualmente demonstrar que envidaram os melhores esforços para impedir outros carregamentos das obras e outro material protegido objeto de notificação sobre os quais os titulares tenham fornecido as informações pertinentes e necessárias ("notice and staydown"). Os serviços com mais de três anos de funcionamento e receitas maiores que 10 milhões de euros por ano, devem, ainda, implementar filtros de *upload* para bloquear conteúdo não licenciado antes mesmo de os usuários postarem o conteúdo.[377]

---

[377] Cf.: Direito autoral e plataformas de internet: um assunto em aberto. *InternetLab*, 18 abr. 2019. Disponível em: https://www.internetlab.org.br/pt/especial/direito-autoral-e-plataformas-de-internet-um-assunto-em-aberto/. Acesso em 27 ago. 2021.

O artigo 17 esclarece textualmente que ele não implica qualquer obrigação geral de monitoramento, mas estabelece que os Estados-Membros devem prever que os prestadores de serviços de compartilhamento de conteúdo criem um mecanismo de reclamação e de recurso eficaz e rápido, para disputa ou remoção do conteúdo. Ao fazê-lo, estipula que, sempre que solicitem o bloqueio do acesso às suas obras ou outro material protegido ou a remoção desse material, os titulares de direitos devem justificar os seus pedidos. As queixas adequadamente apresentadas devem ser processadas sem demora injustificada e as decisões de bloqueio ou remoção do acesso a conteúdo carregados devem estar sujeitas a controle humano.

4.3.3 Digital Services Act (DSA)

Em dezembro de 2020, a Comissão Europeia, braço executivo da União Europeia, apresentou nova proposta de regulamento sobre as obrigações e responsabilidades dos intermediários, intitulada de Digital Services Act (DSA).[378] Ao longo de 2021, o Conselho Europeu e o Parlamento Europeu iniciaram a análise da proposta e, em janeiro de 2022, o Parlamento Europeu aprovou para discussão uma versão do texto com emendas. Agora, o projeto será negociado entre o Parlamento Europeu e o Conselho Europeu, em um procedimento que tende a durar no mínimo entre três e seis meses. Ao final dessas negociações, chegarão à versão final do DSA – a estimativa é de que essa versão seja apresentada no mínimo até abril de 2022. O projeto tem sido muito estudado por ser uma proposta abrangente e, de um modo geral, ponderado, para regulação do tema. Pela importância que adquiriu nos debates sobre a regulação da matéria, convém percorrer os principais dispositivos da versão original elaborada pela Comissão, bem como as principais emendas aprovadas no Parlamento Europeu. É para isso que se atenta agora.

A versão original elaborada pela Comissão dispõe sobre as condições para isenção de responsabilidade civil dos intermediários

---

[378] Embora o DSA regule diversos agentes, o que importa para o presente estudo são as disposições aplicáveis às plataformas digitais, definidas no regulamento como prestadores "de um serviço de hospedagem em servidor que, a pedido de um destinatário do serviço, armazene e divulgue informações ao público, a menos que essa atividade seja um elemento menor e meramente acessório de outro serviço, e que a sua integração no outro serviço não constitua uma forma de contornar a aplicabilidade do presente regulamento". Isso significa, portanto, que o DSA não se aplicaria à sessão de comentários de um *site* jornalístico, pois essa atividade é um elemento menor e acessório do serviço jornalístico prestado pelo site.

por conteúdo publicado por terceiros e impõe às plataformas digitais a observância de regras abrangentes de diligência e transparência.

O DSA parte da premissa de que os dispositivos da Diretiva de Comércio Eletrônico sobre responsabilidade de intermediários, explorados em tópico próprio, se tornaram insuficientes com o desenvolvimento de novos e inovadores serviços digitais nos anos seguintes à sua edição, o que justificaria a novel regulação. Não obstante, reconhece a importância da segurança jurídica trazida pelos dispositivos da Diretiva relativos à responsabilização de intermediários, que permitiram a criação e expansão do mercado interno digital na União Europeia. Por isso, embora revogue os dispositivos da Diretiva sobre esse tema, preserva a essência desse regime em seu texto. A principal diferença é que, enquanto a Diretiva de Comércio Eletrônico atribuía ao Estados ampla liberalidade para regular individualmente como funcionaria o procedimento de notificação e retirada estabelecido pela Diretiva, o DSA pretende uniformizar esse procedimento, que então passaria a ser aplicável a todas as plataformas em todos os estados-membros.

Vale o registro, ainda, de que o projeto não prejudica a vigência e a validade das leis específicas já existentes para determinados tipos de conteúdo – como direitos autorais e terrorismo. Contudo, observa que essas abordagens específicas são insuficientes, por isso a necessidade de um regulamento geral como o DSA.

O DSA se aplica a "conteúdo ilegal", definido no Regulamento como "quaisquer informações que, por si só ou por referência a uma atividade, incluindo a venda de produtos ou a prestação de serviços, não estejam em conformidade com o direito da União ou de um Estado-Membro, independentemente do objeto ou da natureza específica desse direito". Isso significa que a proposta abarca conteúdo como discurso de ódio, terrorismo, discriminação, imagens de abuso sexual infantil, compartilhamento ilegal não consentido de imagens de conteúdo privado, perseguição digital ("online stalking"), a venda e comercialização de produtos falsos ou ilegais, ou a veiculação não autorizada de material protegido por direitos autorais, todos os quais são considerados ilegais nos termos das leis europeias.

No entanto, a proposta de regulamento não abrange conteúdo de desinformação, na medida em que não existem leis específicas reconhecendo a ilegalidade desse conteúdo. Segundo a Comissão Europeia, porém, as regras propostas pelo DSA sobre publicidade, transparência de algoritmos e mitigação de riscos, que serão detalhadas a seguir, colocarão em evidência as responsabilidades das plataformas também quanto à disseminação de desinformação. Em paralelo, e como será detalhado adiante, a Comissão Europeia apresentou, em maio de 2021, recomendações específicas sobre o combate à desinformação, a serem incorporadas ao documento de autorregulação intitulado "Código de Boas Práticas no Combate à Desinformação", adotado por plataformas como Google, Facebook e Twitter.

Feitos esses esclarecimentos iniciais, passa-se às principais disposições da proposta apresentada pela Comissão.

Em primeiro lugar, o DSA dispõe sobre o regime de responsabilidade das plataformas digitais por conteúdo publicado por terceiros. De forma específica, o projeto mantém as previsões da Diretiva de Comércio Eletrônico no sentido de que as plataformas não serão responsáveis pelas informações publicadas por usuários, desde que: (i) não tenham conhecimento efetivo da atividade ou conteúdo ilegal; ou (ii) a partir do momento em que tomem conhecimento, atuem de forma diligente para remover ou impossibilitar o acesso ao conteúdo ilegal. O "conhecimento da atividade ou conteúdo ilegal" poderá ser obtido (i) por notificações apresentadas por cidadãos ou entidades, desde que suficientemente precisas e adequadamente fundamentada, ou (ii) por investigações proativas das próprias plataformas. Quanto a esse último ponto, porém, refletindo previsão da Section 230 dos EUA, o DSA esclarece que o fato de as plataformas digitais adotarem medidas voluntárias para detectar e combater conteúdo ilegal não enseja o afastamento automático da imunidade nos casos em que eventualmente não identifiquem todo o conteúdo ilegal nesse procedimento. Estabelece, ainda, que os intermediários não têm qualquer obrigação genérica de controlar as informações que transmitem ou armazenam, nem de procurar ativamente fatos ou circunstâncias que indiquem ilicitudes. Os *considerandos* do regulamento permitem, porém, obrigações de monitoramento em casos específicos – em linha com a mencionada jurisprudência do TJUE.

O DSA também prevê que esse regime geral de responsabilização não impede que tribunais ou autoridades administrativas exijam a remoção de conteúdo específico, de acordo com os sistemas legais particulares de cada Estado-Membro. Contudo, para que sejam consideradas válidas, essas ordens devem incluir: (i) uma exposição de motivos e o dispositivo legal específico que fundamente a classificação daquele discurso como ilegal; (ii) uma ou mais URLs e, sempre que necessário, informações adicionais que permitam a identificação do conteúdo ilegal em causa; e (iii) informações sobre as opções de recurso disponíveis. Quanto à extensão territorial dos efeitos da decisão, o DSA diz apenas que ela deve ser somente o "estritamente necessário para alcançar o seu objetivo" – novamente abrindo margem para atribuição de efeitos extraterritoriais às decisões.

Em segundo lugar, o DSA estabelece obrigações de diligência ("due diligence") para garantia de um ambiente digital "transparente e seguro". A primeira obrigação nesse tema é a de indicação de um ponto único de contato das plataformas digitais, que permita a comunicação direta com as autoridades dos Estados-Membros e os demais órgãos responsáveis pela fiscalização das obrigações dispostas no Regulamento. A ideia é que ele sirva objetivos logísticos, não sendo necessário que esteja fisicamente presente na UE. As plataformas que não possuam estabelecimento na União Europeia, mas que lá ofereçam seus serviços, devem também designar um representante legal em um dos Estados-Membros. As autoridades poderão se dirigir a esses representantes para abordar todas as questões necessárias ao recebimento, cumprimento e execução das decisões emitidas em relação ao Regulamento. Por isso, os representantes devem possuir os recursos necessários para cooperar com essas autoridades e dar cumprimento às suas decisões. O representante legal poderá ser pessoalmente responsabilizado em caso de descumprimento das obrigações, sem prejuízo da responsabilização adicional das plataformas digitais.

A segunda obrigação nesse capítulo é a de que as plataformas digitais adotem termos e condições com informações claras, não ambíguas e públicas sobre qualquer política, procedimento, medida e ferramenta utilizada para moderação de conteúdo, incluindo informações sobre quando utilizam algoritmos e quando utilizam revisão humana. Estabelece, ainda, a obrigação de que as plataformas digitais atuem de forma diligente, objetiva e proporcional ao aplicar as restrições previstas nos seus termos de uso, observando os direitos fundamentais reconhecidos na Carta dos Direitos Fundamentais da União Europeia.

A terceira obrigação do capítulo diz respeito à garantia de maior transparência, um dos principais eixos da proposta e que tem o potencial mais revolucionário. De forma específica, exige-se que os provedores de serviços intermediários – salvo aqueles que sejam classificados como micro ou pequenas empresas – disponibilizem relatório anual sobre a moderação de conteúdo realizada, incluindo informações como: (i) o número de ordens recebidas das autoridades dos Estados-Membros, categorizadas por tipo de conteúdo ilegal em causa, e o tempo médio para cumprimento das ordens; (ii) o número de notificações apresentadas pelos usuários, separadas por tipo de conteúdo ilegal, qualquer medida tomada em atenção às notificações, o fundamento para tanto (se a legislação do estado-membro ou os termos e condições do prestador), e o tempo médio necessário para a implementação da medida; (iii) a moderação de conteúdo realizada por iniciativa própria dos prestadores, divididas por fundamentos que justificaram a medida, e incluindo o número e o tipo de medidas adotadas que afetam a disponibilidade, a visibilidade e a acessibilidade do conteúdo, bem como informações sobre a capacidade de usuários afetados fornecerem informações; (iv) o número de reclamações recebidas contra decisões de moderação de conteúdo, a base para essas reclamações, as decisões tomadas em relação a elas, o tempo médio necessário para tomá-las e o número de casos em que essas decisões foram revertidas em recurso.

As plataformas digitais devem fornecer, ainda, as seguintes informações: (v) o número de litígios submetidos à apreciação dos organismos de resolução extrajudicial de litígios instituídos pelo DSA (cuja atuação é explicada a seguir), os resultados da resolução e o tempo médio necessário para conclusão dos procedimentos; (vi) o número de suspensões efetivadas pela publicação reiterada de conteúdo manifestamente ilegal ou pela denúncia manifestamente infundada de conteúdo; (vii) qualquer utilização de meios automatizados para moderação de conteúdo, incluindo a especificação dos objetivos buscados com a automatização, indicadores da precisão no cumprimento desses objetivos e quaisquer medidas protetivas garantidas aos usuários.

Ainda nesse capítulo de obrigações de diligência, o DSA determina a criação de mecanismos de "notificação e ação" ("notice and action") e de fundamentação das decisões tomadas pelas plataformas digitais. De forma específica, o artigo 14 estabelece que os provedores de serviços de hospedagem devem criar mecanismos eletrônicos de fácil acesso e utilização para que qualquer cidadão ou entidade possa apresentar notificações sobre a existência de conteúdo ilegal. Esses mecanismos devem facilitar a apresentação de notificações suficientemente precisas e fundamentadas, com base nas quais as plataformas digitais poderão avaliar a ilegalidade do conteúdo denunciado. Para que as notificações enviadas sejam consideradas válidas, devem conter: (i) uma explicação das razões pelas quais o conteúdo seria ilegal; (ii) indicação clara e inequívoca do conteúdo impugnado; (iii) nome e e-mail do notificante para contato; e (iv) declaração de que a notificação é feita em boa-fé e as informações nela contidas são exatas e completas. Notificações que cumpram esses requisitos serão consideradas suficientes para qualificar "conhecimento efetivo" da plataforma quanto à existência do conteúdo – o que, como visto, faz surgir o dever de que tomem medidas se ele for ilícito, sob pena de responsabilização civil.

O artigo 15, por sua vez, estabelece que sempre que a plataforma digital decidir remover ou bloquear o acesso a determinado conteúdo, independentemente de como tomou conhecimento de sua existência – se por mecanismos próprios ou pela notificação de usuários –, deve também notificar o usuário responsável pelo conteúdo, até no máximo o momento da remoção ou do bloqueio, e apresentar uma exposição clara e específica dos motivos de sua decisão, bem como informações sobre as opções disponíveis para recurso. Para que seja considerada suficiente, essa exposição deve indicar, ao menos: (i) se a decisão implica remoção ou bloqueio e a extensão territorial da medida; (ii) os fatos e as circunstâncias em que a decisão se baseou e se ela teve como origem uma notificação de outros usuários ou entidades; (iii) informações sobre a utilização de meios automatizados na tomada de decisão; (iv) quando o conteúdo for removido por ser considerado ilegal, referência ao fundamento jurídico invocado e explicações sobre a razão pela qual foi assim considerado; e (v) quando o conteúdo for removido por violação aos termos de uso, indicação da cláusula contratual violada e das razões pelas quais o conteúdo violou a referida cláusula. As decisões e as exposições de motivos das plataformas devem também ser publicadas em base de dados acessível ao público, sem indicação de dados pessoais dos usuários.

Ainda nessa linha, o artigo 17 do DSA estabelece que as plataformas, salvo as micro ou pequenas empresas (art. 16), devem oferecer aos usuários um sistema interno de reclamações contra decisões de: (i) remoção ou bloqueio de conteúdo; (ii) suspensão ou cessação da prestação do serviço; e (iii) suspensão ou encerramento de conta. Esse sistema deve ficar disponível por um período de pelo menos 6 meses da decisão reclamada. Sempre que uma reclamação estiver suficientemente fundamentada e a plataforma considerar que o conteúdo não é ilegal ou violador de seus termos e condições, deve restabelecer o conteúdo ou a conta, "sem demora injustificada". Deve, também, notificar o reclamante sobre a decisão tomada e informar sobre a possibilidade de recurso à resolução extrajudicial de litígios, ou outras vias alternativas. As decisões proferidas nessas reclamações não podem ser tomadas de forma exclusivamente automatizada.

O artigo 18 prevê a criação de um sistema de resolução extrajudicial de litígios, a ser administrado por organismos certificados pelo coordenador dos serviços digitais de cada Estado-membro, sempre que o organismo solicitante preencher condições de imparcialidade, independência e conhecimentos especializados, e possuir mecanismos para a resolução de conflito de forma acessível, rápida, eficiente e eficaz, garantindo regras processuais claras e justas. Assim, os usuários que tiveram os seus recursos internos na plataforma rejeitados, poderão submeter o seu caso a qualquer órgão de resolução extrajudicial de litígios que tenha sido certificado nesses termos. As plataformas estarão vinculadas à decisão tomada nesse âmbito e, se o órgão de resolução decidir de forma favorável ao usuário, a plataforma deverá indenizá-lo pelas taxas e custos desembolsados para a resolução do conflito. Se o organismo decidir de forma favorável à plataforma, o usuário não terá que indenizá-la.

O artigo 19 do DSA também prevê que os coordenadores dos serviços digitais do Estado-Membro podem atribuir a entidades (não cidadãos) a figura de "sinalizadores de confiança", cujas notificações sobre conteúdo ilegal devem ser tratadas com prioridade, sem prejuízo da obrigação de que as plataformas enderecem todas as notificações recebidas. O regulamento também permite que as próprias plataformas digitais deem tratamento semelhante às notificações apresentadas por outras entidades ou cidadãos que não possuam o status formal reconhecido de sinalizadores de confiança.

O artigo 20, por sua vez, dispõe sobre as medidas e proteção contra a utilização abusiva dos serviços, estabelecendo que as plataformas digitais devem suspender, por um período razoável e após aviso prévio: (i) a prestação de seus serviços aos usuários que divulguem conteúdo manifestamente ilegal com frequência; e (ii) o tratamento de notificações e reclamações apresentadas por cidadãos ou entidades que apresentem com frequência notificações ou reclamações manifestamente infundadas.[379] Também aqui essas decisões devem ser passíveis de recurso.

A seção 4 do capítulo de diligência dispõe sobre obrigações adicionais aplicáveis apenas às plataformas *de muito grande dimensão*.[380] A primeira delas é a de avaliação anual dos riscos sistêmicos do funcionamento e da utilização de seus serviços, bem como de potenciais utilizações abusivas pelos usuários, e tomar medidas de mitigação desses riscos. O Regulamento aponta três riscos aos quais deve ser dada atenção especial: (i) aqueles relacionados à utilização abusiva

---

[379] Segundo o DSA, serão considerados "conteúdo manifestamente ilegal" e "notificações ou reclamações manifestamente infundadas" "sempre que seja evidente para um leigo, sem qualquer análise substantiva, que o conteúdo é ilegal e que as notificações ou reclamações são infundadas, respectivamente".

[380] Nos termos do DSA, são plataformas de muito grande dimensão aquelas que fornecem os seus serviços a uma média mensal de usuários igual ou superior a 45 milhões.

de seus serviços para disseminar conteúdo ilegal, como imagens de exploração infantil ou discurso de ódio, bem como para conduzir atividades ilícitas; (ii) aqueles relacionados aos impactos do seu serviço sobre o exercício de direitos fundamentais, incluindo a liberdade de expressão, o direito à privacidade e o direito à não discriminação; e (iii) a manipulação intencional e, frequentemente, coordenada dos serviços da plataforma, com impactos sobre a saúde, o debate público, processos eleitorais, segurança pública e proteção de menores, sempre tendo em conta a garantia da ordem pública, a proteção da privacidade e o combate às práticas fraudulentas e enganosas. Ao conduzir essas análises de risco, as plataformas devem considerar como os seus sistemas de moderação e recomendação de conteúdo podem ter impacto sobre esses riscos sistêmicos. Exige-se, ainda, que essas plataformas *de muito grande dimensão* tomem as medidas necessárias para mitigação dos riscos sistêmicos identificados, como, por exemplo: (i) aprimorar ou adaptar o desenho e funcionamento das suas políticas de moderação de conteúdo e dos seus algoritmos e interfaces; (ii) adaptar os seus processos de tomada de decisão ou os seus termos e condições; (iii) suspender receitas publicitárias de conteúdo específico; e (iv) melhorar a visibilidade de informações disponibilizadas por fontes fidedignas.

O artigo 28 do DSA também estabelece que essas plataformas de muito grande dimensão devem ser anualmente submetidas a auditorias independentes, a seu próprio custo, a fim de verificar o cumprimento das obrigações impostas pelo regulamento e, quando pertinente, por quaisquer outros compromissos assumidos em códigos de conduta e protocolos de crise. De forma específica, as auditorias devem verificar pontos como a clareza, a coerência e a aplicação previsível dos termos de serviço, o cumprimento das obrigações de comunicação de transparência, a precisão, a previsibilidade e a clareza das decisões tomadas em relação a notificações de conteúdo ilegal e violações de termos de serviço, a precisão da classificação de informações removidas, o mecanismo interno de tratamento de reclamações, a interação com sinalizadores de confiança, a adequação e correção da avaliação de risco, a adequação e eficácia das medidas de mitigação de risco adotadas e, quando pertinente, quaisquer compromissos complementares assumidos de acordo com códigos de conduta e protocolos de crise.

Quanto aos sistemas de recomendação, o DSA estabelece que as plataformas que utilizem esses sistemas devem esclarecer em seus termos e condições, de forma clara, acessível e compreensível, os principais parâmetros utilizados, bem como quaisquer alternativas para os usuários modificarem ou influenciarem esses parâmetros, incluindo ao menos uma opção que não seja baseada em *perfilhamento*.[381]

Quanto à transparência de propagandas, o DSA estabelece que as plataformas que veiculem anúncios devem garantir que os usuários possam identificar, para cada publicidade veiculada, de forma clara e não ambígua: (i) que trata-se de anúncio publicitário; (ii) a pessoa ou entidade em nome de quem o anúncio é veiculado; e (iii) informações sobre os principais parâmetros utilizados para determinar o destinatário daquele conteúdo, inclusive indicando quando ele tiver sido distribuído por perfilamento. O artigo 30 complementa essas previsões, estabelecendo que as plataformas também devem garantir o acesso público a repositórios com as publicidades exibidas em suas plataformas, para facilitar a supervisão e pesquisa sobre os riscos emergentes apresentados pela distribuição de publicidade online – por exemplo, em relação a publicidades ilegais ou técnicas de manipulação e desinformação com riscos concretos para a saúde pública, a segurança pública, o debate público, a participação política e a isonomia. Esses repositórios devem incluir o conteúdo da publicidade e os dados sobre quem a financiou e quem recebeu a propaganda.

As plataformas *de muito grande dimensão* devem ainda incluir no repositório de publicidade todas as seguintes informações: (i) a pessoa em nome de quem o anúncio foi exibido, (ii) o período em que o anúncio foi exibido; (iii) informações que permitam saber se o anúncio publicitário se destinava a ser exibido especificamente a um ou mais grupos específicos e, em caso afirmativo, os principais parâmetros utilizados para esse feito; e (iv) o número total de destinatários alcançados e, quando aplicável, números agregados relativos aos grupos de destinatários visados especificamente pelo anúncio publicitário.

A fim de monitorar o cumprimento das obrigações estipuladas no DSA, o regulamento prevê a criação de uma figura chamada de Coordenador de Serviços Digitais para cada Estado-membro. O referido Coordenador, bem como a Comissão Europeia, pode solicitar acesso ou relatórios sobre determinados dados, incluindo, por exemplo, aqueles necessários para avaliação de riscos e possíveis danos causados pelos sistemas das plataformas, e sobre a precisão de seus algoritmos de moderação de conteúdo.

---

[381] O *perfilamento* ocorre quando o conteúdo é distribuído a determinado indivíduo devido a características pessoais, como idade, classe social, religião, raça, gênero, dentre outros.

O DSA também prevê um mecanismo para obrigar as plataformas de grande dimensão a permitirem o acesso a determinados dados por pesquisadores previamente habilitados, desde que o pedido seja proporcional e adequadamente proteja os direitos e legítimos interesses das plataformas, inclusive o sigilo empresarial. Prevê, ademais, a criação de um Comitê Europeu de Serviços Digitais, a ser composto pelos coordenadores dos serviços digitais dos Estados-membros, que terá como objetivo garantir a aplicação consistente do Regulamento pela União Europeia. O Comitê terá como função aconselhar a Comissão Europeia e os coordenadores dos serviços digitais sobre as medidas adequadas de investigação e execução do Regulamento, além de contribuir para a elaboração de códigos de conduta e para a análise das tendências gerais emergentes no desenvolvimento dos serviços digitais na União Europeia. As plataformas de grande dimensão também devem ter um funcionário designado para monitorar o *compliance* com as disposições do Regulamento.

Nos termos do Regulamento, as plataformas estão sujeitas a multas de até 6% do seu faturamento no ano fiscal anterior por violação a dispositivos relevantes do DSA e de até 1% em caso de fornecimento de informações incorretas ou incompletas. O projeto também contém uma previsão autorizando investigações *in loco* nas plataformas digitais de muito grande dimensão e estipula que a Comissão Europeia pode desenvolver protocolos de crise para coordenar uma resposta rápida, coletiva e transnacional no ambiente digital, como forma de reagir a eventos imprevisíveis, como pandemias, guerras e atos terroristas. Além disso, também estimula as plataformas a desenvolverem os seus próprios protocolos internos de crise, desde que compatíveis com as demais exigências do Regulamento e não representem um monitoramento contínuo das informações transmitidas ou armazenadas.

Após as discussões no Parlamento Europeu, foram acrescentadas algumas emendas à proposta inicialmente apresentada pela Comissão Europeia.[382] De mais relevante, foi acrescentada emenda observando que os usuários do serviço devem poder tomar decisões livres, autônomas e informadas ao utilizar os serviços, de modo que os intermediários não podem utilizar nenhum meio ou ferramenta para distorcer ou impedir a tomada de decisão. Em especial, os usuários do serviço devem ter capacidade para aceitar os termos e condições e eventuais

---

[382] Disponível em: https://www.europarl.europa.eu/doceo/document/TA-9-2022-0014_EN.html. Acesso em 14 jan. 2022.

mudanças implementadas, as regras de publicidade, privacidade e outras configurações, e sistemas de recomendação quando utilizar serviços intermediários. Os serviços intermediários devem, ainda, ser proibidos de enganar ou incitar os destinatários do serviço e de distorcer ou prejudicar a autonomia, a tomada de decisões ou a escolha dos destinatários através da estrutura, *design* ou funcionalidades da plataforma. Isso inclui, por exemplo, escolhas de design exploratórias para direcionar o usuário a ações que beneficiem o provedor de serviços intermediários, mas que podem não ser do interesse dos destinatários. Assim, opções prejudiciais aos usuários e favoráveis às plataformas não podem ser apresentadas de maneira parcial – por exemplo, não podem dar mais destaque visual a uma única opção de consentimento, solicitar ou incitar repetidamente o destinatário a manifestar consentimento, insistir para que o usuário mude a configuração depois que já tomou uma decisão, tornar o procedimento de cancelamento de um serviço significativamente mais complicado do que o de inscrição.[383]

No entanto, a emenda ainda observa que as regras que impedem essas práticas não devem ser entendidas como impedimentos a que os provedores interajam diretamente com os usuários e ofereçam serviços novos ou adicionais a eles. Em particular, deve ser possível abordar um usuário novamente em um prazo razoável, mesmo que este tenha negado o consentimento para fins específicos de processamento de dados. A Comissão deve ter competência para adotar um ato delegado para definir as práticas que podem ser consideradas ilícitas. Ainda nesse ponto de publicidade direcionada, o Parlamento Europeu aprovou emenda estabelecendo que as plataformas devem assegurar que os destinatários dos serviços possam fazer uma escolha informada sobre consentimento quanto ao tratamento dos seus dados pessoais para fins de publicidade, fornecendo-lhes informações suficientes para tanto, inclusive sobre como os seus dados serão monetizados. A recusa do consentimento não pode ser mais difícil ou demorada para o usuário do que a opção de dar consentimento.

Um segundo ponto acrescentado pelo Parlamentou Europeu prevê que as plataformas digitais devem assegurar que os destinatários do serviço possam recusar ou retirar o seu consentimento para fins de publicidade direcionada, de uma forma que não seja mais difícil nem demorada do que *dar* o seu consentimento e que não resulte na desativação do acesso às funcionalidades da plataforma. As plataformas

---

[383] Artigo 13A, acrescentado pelo Parlamento Europeu.

online também não devem utilizar os dados pessoais para fins comerciais relacionados à publicidade direcionada para menores e, tampouco, segmentar indivíduos (mesmo que maior de idade) com base em categorias especiais de dados que permitam a segmentação de grupos vulneráveis. No entanto, é importante observar que essas previsões sobre publicidade direcionada e padrões ocultos foram acrescentadas sem discussão e estudos específicos, de modo que a inclusão apressada desses dispositivos, que têm potencial de impacto expressivo sobre o funcionamento do modelo de negócios das plataformas digitais, deve ser vista com restrição e resistência. Idealmente, propostas abrangentes como essa devem ser submetidas a maior escrutínio e debate público.

Outro acréscimo relevante esclarece que o DSA não impede as autoridades judiciais ou administrativas de emitirem ordens de restituição de conteúdo pelos intermediários nos casos em que tal conteúdo, embora em conformidade com os termos e condições do provedor de serviços intermediário, tenha sido erroneamente considerado ilegal pelo provedor de serviços, tendo sido removido. O interessante nessa emenda é que ela parece permitir a interferência das autoridades judiciais e administrativas apenas na consideração do que deve ser considerado ilícito a partir da interpretação das leis, preservando a autonomia decisória dos intermediários quanto à aplicação dos seus termos e condições, ao afastar a possibilidade de interferência judicial ou administrativa sobre decisões fundamentadas nesses termos e condições.

Em quarto lugar, o art. 15A acrescentado pelo Parlamento Europeu estabelece uma obrigação de notificação de suspeita de práticas criminais às autoridades competentes. De forma específica, quando uma plataforma toma conhecimento de qualquer informação que dê origem a alguma suspeita de risco de crime grave envolvendo ameaça iminente à vida ou segurança das pessoas, ela deve prontamente informar as autoridades competentes do Estado-membro envolvido e fornecer, se solicitado, toda a informação disponível. As informações obtidas pelas autoridades não podem ser utilizadas para nenhum outro propósito além daqueles diretamente relacionados com a ofensa criminal grave notificada.

Quanto às disposições de transparência, o Parlamento Europeu acrescentou obrigação específica para que as plataformas incluam como dado obrigatório nos seus relatórios de transparência o número de anúncios que foram removidos, rotulados ou desabilitados e a justificativa para essas decisões. Também esclarece que os estados-membros devem se abster de impor obrigações adicionais de transparência, além daquelas que já estejam previstas no DSA.

Quanto à transparência dos sistemas de recomendação, o artigo 24A acrescentado pelo Parlamento Europeu prevê que as plataformas digitais devem definir em seus termos e condições e, por meio de recursos online designados direta e facilmente acessíveis da plataforma digital, os principais parâmetros utilizados pelos sistemas de recomendação, bem como quaisquer alternativas para que os usuários modifiquem ou influenciem esses principais parâmetros. De forma específica, essas informações devem esclarecer, ao menos: (i) os principais critérios usados pelo sistema de recomendação que individual ou coletivamente sejam mais importantes para definir as recomendações; (ii) a importância relativa desses parâmetros; (iii) para quais objetivos o sistema de recomendação foi otimizado; e (iv) quando aplicável, uma explicação sobre a influência do comportamento de usuários sobre o serviço de recomendação. Essa exigência, no entanto, não deve prejudicar as regras sobre proteção de segredos industriais ou direitos autorais. No caso das plataformas digitais de muito grande dimensão, elas devem oferecer ao menos um sistema de recomendação que não seja baseado em perfilhamento, bem como uma funcionalidade facilmente acessível que permita ao usuário do serviço selecionar e modificar a qualquer tempo a sua opção preferida para cada sistema de recomendação que determine a ordem da informação apresentada.

Por fim, o Parlamento Europeu aprovou emenda estabelecendo que, sempre que uma plataforma de muito grande dimensão tome conhecimento de que determinado conteúdo é uma imagem, áudio ou vídeo gerado ou manipulado que consideravelmente imite pessoas, objetos, lugares ou outras entidades ou eventos e falsamente pareça autêntico ou verdadeiro (*deep fakes*), o provedor deve rotular o conteúdo de uma maneira que informe que ele é inautêntico e de forma claramente visível para os usuários dos serviços.

4.4 Alemanha

Em janeiro de 2018, entrou em vigor na Alemanha o Network Enforcement Act (NetzDg), aplicável às plataformas digitais de compartilhamento de conteúdo entre usuários.[384] A NetzDg impõe obrigações de transparência e remoção de conteúdo ilegal, compreendido como todo conteúdo que viole dispositivos do código penal alemão.

---

[384] Estão excluídos do escopo da lei plataformas de conteúdo jornalístico ou editorial, bem como as redes sociais com menos de 2 milhões de usuários registrados no país.

De forma específica, a segunda seção da lei estabelece que as plataformas digitais que recebam mais de 100 reclamações por ano sobre conteúdo ilegal, serão obrigadas a produzirem relatórios semestrais sobre como essas reclamações foram endereçadas, incluindo, no mínimo, informações como: (i) observações gerais sobre os esforços adotados para eliminar atividade criminosa na plataforma; (ii) descrição dos mecanismos disponíveis para envio de reclamações sobre conteúdo ilegal e os critérios pertinentes para as decisões sobre remoção ou bloqueio do conteúdo; (iii) número de reclamações recebidas relativas a conteúdo ilegal, discriminadas de modo a indicar a sua origem (se denunciada entidades ou por indivíduos) e o seu fundamento; (iv) dados sobre organização, pessoal, especialistas e expertise linguística dos responsáveis por processar tais reclamações, bem como treinamento e apoio das pessoas responsáveis pelo processamento das reclamações; (v) número de reclamações para as quais um órgão externo foi consultado para a tomada de decisão; (vi) número de reclamações que resultaram na exclusão ou bloqueio do conteúdo em questão, discriminado para indicar (a) se a reclamação foi enviada por entidades ou usuários; (b) o fundamento da reclamação; (c) se o caso dependia da comprovação de falsidade de uma alegação factual e, em caso positivo, se a reclamação foi encaminhada ao usuário; e (d) se o caso foi enviado a alguma instituição de autorregulação certificada nos termos da NetzDg; (viii) tempo decorrido entre o recebimento da reclamação e a efetiva remoção ou exclusão do conteúdo, discriminada em períodos "dentro de 24h", dentro de 48h", "dentro de uma semana" e "em algum momento posterior"; e (ix) medidas adotadas para informar a pessoa que submeteu a reclamação, e o usuário responsável, sobre a decisão tomada.

A terceira seção da lei, e possivelmente a mais controvertida, estabelece um mecanismo para gestão das reclamações recebidas sobre conteúdo ilegal. A lei estabelece que as redes sociais devem manter um procedimento fácil, acessível, permanentemente disponível, eficiente e transparente para recebimento e administração de reclamações sobre conteúdo ilegal. O procedimento deve garantir que as redes sociais:

(i) tomem conhecimento imediato da reclamação e confirmem se o conteúdo denunciado é ilegal e deve ser removido ou bloqueado;

(ii) removam ou bloqueiem acesso a conteúdo *manifestamente ilegal* no prazo de 24 horas do recebimento da reclamação;

(iii) removam ou bloqueiem acesso a conteúdo *ilegal* no prazo de 7 dias do recebimento da reclamação. O prazo de 7 dias poderá ser estendido se: (a) a decisão acerca da ilegalidade do conteúdo depender da análise de uma alegação de fato ou de alguma outra consideração fática. Nesses casos, a rede social pode (a) conceder ao usuário titular do conteúdo a oportunidade de responder à reclamação antes de tomar a sua decisão; ou (b) remeter a decisão a alguma instituição de autorregulação certificada nos termos da NetzDg e acate a recomendação;

(iv) nos casos de remoção, as plataformas devem armazenar o conteúdo como prova por um período de 10 semanas; e

(v) imediatamente notifiquem a pessoa que submeteu a reclamação e o usuário responsável pelo conteúdo a respeito de qualquer decisão, indicando os fundamentos da decisão.

O procedimento deve, ainda, documentar todas as reclamações, bem como as medidas tomadas para endereçá-la. A gestão das reclamações será monitorada mensalmente pela administração das redes sociais, e todas as deficiências organizacionais devem ser imediatamente retificadas.

A quarta seção da NetzDg dispõe sobre as sanções que poderão ser aplicadas por ações ou omissões, incluindo a não publicação de um relatório de transparência adequado ou a não instituição de um procedimento para lidar com as denúncias feitas com fundamento na NetzDg. A multa pode chegar ao valor de até 5 milhões de euros, podendo ser majorado em até 10 vezes, alcançando o valor de 50 milhões de euros. Aqui, é importante esclarecer que a aplicação da multa não se dá pelo desatendimento a uma notificação específica de remoção de conteúdo, mas a falhas sistemáticas e persistentes.[385]

Portanto, as diretrizes da agência competente para aplicação das sanções esclarecem que casos em que seja difícil decidir sobre a legalidade do conteúdo, como afirmações contundentes em campanhas políticas de opinião, não resultam em aplicação de multa.[386] O cálculo da sanção é feito a partir de determinados parâmetros, como o número de usuários registrados na rede social, as circunstâncias econômicas,

---

[385] ZURTH, Patrick. The German NetzDg as role model or cautionary tale? Implications for the debate on social media Liability. *31 Fordham Intell, Prop, Media & Ent. L.J.* 1084, p. 1118, 2021. Disponível em: https://ir.lawnet.fordham.edu/iplj/vol31/iss4/4. Acesso em 20 ago. 2021.

[386] Cf.: *Network Enforcement Act Regulatory Fining Guidelines*. 22 mar. 2018. Disponível em: https://www.bmj.de/SharedDocs/Downloads/DE/Themen/Fokusthemen/NetzDG_Bu%C3%9Fgeldleitlinien_engl.pdf;jsessionid=86BF64853689ADA062C707CE783D44D7.1_cid289?__blob=publicationFile&v=2. Acesso em 10 dez. 2021.

e uma avaliação sobre a gravidade das circunstâncias e consequências da violação (leves, moderadas, graves, muito graves ou extremamente graves).[387] Em julho de 2019, a autoridade competente impôs uma multa de 2 milhões de euros ao Facebook, pela publicação de um relatório de transparência incompleto e por deixar a ferramenta de denúncia de publicações "muito escondida" na plataforma.[388]

Em fevereiro de 2022, entrou em efeito emenda à NetzDg que introduz a obrigação de que as plataformas reportem à Polícia Federal alemã conteúdo removido ou bloqueado com fundamento em ofensas específicas – por exemplo, de incitação às massas e discurso de ódio.[389] Além do conteúdo removido, os relatórios devem indicar o endereço de IP do usuário, se tiverem conhecimento. A ideia é que a Polícia Federal então encaminhe as informações relevantes às autoridades locais para prossecução criminal. Essa alteração tem sido alvo de críticas que alegam que a previsão de aplicação de multas para as plataformas que falharem em reportar as atividades criminosas às autoridades públicas, aliada à ausência de repercussão para as plataformas que equivocadamente reportarem conteúdo ilícito, gerem notificação em massa de publicações não danosas, o que potencialmente submeteria usuários a investigações estatais desnecessárias, desproporcionais e intrusivas.[390]

A principal crítica feita à NetzDg é de que ela levaria à remoção ou ao bloqueio excessivo de conteúdo, pois as plataformas, para evitar a aplicação de sanção, removeriam todo o conteúdo denunciado ou, ao menos, todo aquele que fosse potencialmente problemático. No entanto, alguns estudos sugerem que, na prática, esse temor foi mitigado por dois elementos relevantes: (i) o fato de as sanções só serem aplicadas em caso de violações sistêmicas; e (ii) o fato de as Cortes alemãs conhecerem ações que pedem a restituição de conteúdo removido. Por isso, alguns

---

[387] Cf.: *Network Enforcement Act Regulatory Fining Guidelines*. 22 mar. 2018. Disponível em: https://www.bmj.de/SharedDocs/Downloads/DE/Themen/Fokusthemen/NetzDG_Bu%C3%9Fgeldleitlinien_engl.pdf;jsessionid=86BF64853689ADA062C707CE783D44D7.1_cid289?__blob=publicationFile&v=2. Acesso em 10 dez. 2018.

[388] Cf.: Germany fines Facebook for under-reporting complaints. *Reuters*, 2 jul. 2019. Disponível em: https://www.reuters.com/article/us-facebook-germany-fine-idUSKCN1TX1IC. Acesso em 22 ago. 2021.

[389] Cf.: Germany Tightens online hate speech rules to make platforms send reports straight to the feds. *Techcrunch*, 19 jun. 2020. Disponível em: https://techcrunch.com/2020/06/19/germany-tightens-online-hate-speech-rules-to-make-platforms-send-reports-straight-to-the-feds/?guccounter=1. Acesso em 02 ago. 2021.

[390] KURTZ, Lahis Pasquali; DO CARMO, Paloma Rocillo Rolim; VIEIRA, Victor Barbieri Rodrigues. *Transparência na moderação de conteúdo*: tendências regulatórias nacionais. Belo Horizonte: Instituto de Referência em Internet e Sociedade, 2021. Disponível em: https://bit.ly/3xjAUka. Acesso em 08 ago. 2021.

anos após o início da vigência da lei, os relatórios de transparência publicados não indicam necessariamente uma tendência de remoção excessiva.[391] No mesmo sentido, um estudo sobre os primeiros seis meses de vigência da NetzDg concluiu que a Lei

> não levou a pedidos em massa pela remoção de conteúdo. Tampouco forçou plataformas digitais a adotarem um modelo de 'remova antes, esclareça depois'. Ao mesmo tempo, ainda é incerto se a NetzDG alcançou resultados efetivos quanto ao seu objetivo declarado de combater o discurso de ódio.[392]

Por outro lado, também é certo que qualquer análise empírica dos efeitos da NetzDG depende dos dados publicados nos relatórios de transparência das próprias plataformas digitais. Esses relatórios, no entanto, revelaram-se insuficientes para a análise dos impactos da lei, devido à falta de padronização entre os relatórios das diferentes plataformas, bem como à falta de acesso ao conteúdo removido, que permitiria a análise do mérito das decisões de remoção. Por isso, as opiniões permanecem divididas quanto ao impacto real da NetzDG sobre a liberdade de expressão e, até mesmo, quanto à sua capacidade de promover os seus objetivos declarados.[393] Ademais, também se constatou que a maior parte das remoções que se enquadrariam nas previsões da NetzDG foram removidas com fundamento nos termos de uso das próprias plataformas – o que sugere que o principal impacto da Lei pode ter sido no sentido de garantir aplicação mais rigorosa e rápida dos termos privados, e não das previsões legais. No entanto, de modo geral, as inconsistências entre os sistemas de notificação instituídos pelas plataformas e o modo como as informações são publicadas nos relatórios de transparência inviabilizam análises comparativas.

Ademais, a mera publicação de índices de remoção pode gerar a falsa impressão de que números mais elevados representam a eficácia

---

[391] ZURTH, Patrick. The German NetzDg as role model or cautionary tale? Implications for the debate on social media Liability. *31 Fordham Intell, Prop, Media & Ent. L.J.* 1084, p. 1130, 2021. Disponível em: https://ir.lawnet.fordham.edu/iplj/vol31/iss4/4. Acesso em 20 ago. 2021.

[392] ECHIKSON, William; KNODT, Echikson. Germany's NetzDG: a key test for combatting online hate, counter extremism project. *CEPS Research Report*, n. 09, nov. 2018. Disponível em: http://wp.ceps.eu/wp-content/uploads/2018/11/RR%20No2018-09_Germany's%20NetzDG.pdf. Acesso em 01 jul. 2021.

[393] TWOREK, Heidi. An analysis of Germany's NetzDG law. *Transatlantic Working Group*, 15 abr. 2019. Disponível em: https://www.ivir.nl/publicaties/download/NetzDG_Tworek_Leerssen_April_2019.pdf. Acesso em 08 out. 2021.

da Lei – porém, esse não é necessariamente o caso, já que discurso lícito pode estar sendo removido no bolo. Sem acesso ao conteúdo de fundo, não é possível fazer uma análise efetiva dos impactos da lei. Exatamente por isso, a maior crítica à NetzDG é quanto à insuficiência dos seus mecanismos de transparência, notadamente pela falta de padronização entre diferentes relatórios, bem como pela ausência de informações suficientes para que terceiros analisem o mérito das decisões das plataformas.[394]

4.5 Reino Unido

O governo do Reino Unido apresentou projeto de lei chamado Online Safety Bill que impõe às plataformas digitais um "dever de cuidado" para remover conteúdo danoso ou ilegal", sob a fiscalização do órgão de comunicação britânico (Office of Communications – OFCOM).[395] Dentre previsões controvertidas e amplamente criticadas sobre a moderação do discurso na internet, o projeto de lei também pretende impor obrigações de transparência às plataformas, atribuindo à OFCOM o poder para definir as informações a serem disponibilizadas nos relatórios de transparência, o formato a ser utilizado, a data para envio à agência e a forma e data para publicação do relatório. De acordo com o projeto de lei, a agência pode exigir informações sobre: (i) distribuição de conteúdo ilegal ou danoso a crianças ou adultos e quantos usuários foram potencialmente alcançados; (ii) como os termos e condições são aplicados; (iii) sistemas e procedimentos para que usuários reportem conteúdo ilegal ou danoso, ou outro conteúdo que considerem violação dos termos e condições da plataforma; (iv) sistemas e procedimentos que a plataforma utiliza para lidar com conteúdo ilegal ou danoso, incluindo sistemas e procedimentos para identificação e remoção desse tipo de conteúdo; (v) formas em que a plataforma coopera com o governo, órgãos de regulação ou indivíduos no Reino Unido, em especial aqueles envolvidos em investigações criminais; (vi) informações sobre medidas adotadas para melhorar

---

[394] TWOREK, Heidi. An analysis of Germany's NetzDG law. *Transatlantic Working Group*, 15 abr. 2019. Disponível em: https://www.ivir.nl/publicaties/download/NetzDG_Tworek_Leerssen_April_2019.pdf. Acesso em 08 out. 2021.

[395] O projeto tem sido amplamente criticado pelas suas amplas restrições e possível efeito silenciador sobre o discurso na internet. A título de exemplo, *vs.* Online Safety Bill: new offences and tighter rules. *BBC News*, 14 dez. 2021. Disponível em: https://www.bbc.com/news/technology-59638569. Acesso em 10 jan. 2022.

a educação digital dos usuários de seus serviços e uma avaliação da efetividade dessas medidas; e (vii) informações sobre outras medidas eventualmente adotadas relacionadas à segurança digital.

Ainda segundo a minuta do Online Safety Bill, ao determinar quais informações deverão ser fornecidas pelas plataformas, a OFCOM deve levar em conta: (i) os tipos de conteúdo ilegal ou danoso que transitam na plataforma; (ii) a capacidade para produzir as informações requisitadas; (iii) o tipo de serviço fornecido; (iv) as funcionalidades do serviço; (v) o número de usuários do serviço; e (vi) a proporção de usuários do serviço que são crianças. Após o recebimento dos relatórios de transparência das plataformas, a OFCOM deverá elaborar o seu próprio relatório, contendo: (i) um resumo das conclusões extraídas; (ii) um resumo das práticas mencionadas nos relatórios que a OFCOM considera boas práticas para a indústria; e (iii) qualquer informação dos relatórios de transparência que a OFCOM considere relevante incluir.

O Online Safety Bill também estabelece que a OFCOM deve produzir um relatório (i) descrevendo como, e em que medida, indivíduos conduzindo pesquisas independentes sobre questões de segurança digital podem obter informações dos provedores dos serviços regulados para produzir as suas pesquisas; (ii) explorando as questões legais ou de outra natureza que atualmente limitem a capacidade de compartilhamento de informações para esses propósitos; e (iii) avaliando em que medida mais acesso à informação para esses fins pode ser garantido.

4.6 Canadá

Recentemente, o Departamento de Herança Canadense, responsável pela promoção da identidade e dos valores canadenses e desenvolvimento cultural, apresentou uma proposta de estrutura regulatória para lidar com cinco tipos de conteúdo considerados "danosos": (i) abuso sexual infantil; (ii) terrorismo; (iii) incitação à violência; (iv) discurso de ódio; e (v) compartilhamento não consentido de imagens íntimas.

A proposta sugere que o projeto de lei deve prever, ao menos, as seguintes obrigações: (i) adoção de todas as medidas razoáveis, inclusive o uso de sistemas automatizados, para identificar conteúdo danoso veiculado em suas plataformas e de tornar esse conteúdo inacessível dentro do Canadá; (ii) obrigação de endereçar todo conteúdo que seja denunciado por qualquer pessoa como conteúdo danoso dentro de 24h da denúncia. A obrigação de "endereçar" significa que as plataformas devem responder a quem fez a denúncia informando que o conteúdo (a) não atende à definição de conteúdo danoso ou (b) atende a definição e, consequentemente, foi removido; (iii) obrigação de criação de proteções processuais aos usuários, incluindo: (a) mecanismos acessíveis e de fácil utilização para denúncia de conteúdo danoso; (b) notificação da decisão de moderação de conteúdo da plataforma dentro de 24 horas da denúncia; (c) garantia de recursos acessíveis e de fácil utilização; e (d) notificação da decisão em grau de recurso.

A proposta sugere a criação de diversas novas entidades regulatórias, que terão ampla autoridade para influir sobre discursos e informações compartilhadas em plataformas digitais. Incluem-se nessas entidades: (i) Comissário de Segurança Digital, que terá a função de fiscalizar e aprimorar a moderação de conteúdo na internet e terá competência para receber reclamações por escrito de usuários afetados por eventuais infrações cometidas pelas plataformas digitais; (ii) Conselho de Recursos Digitais do Canadá, que terá a função de receber e revisar reclamações de usuários relativas a decisões de moderação de conteúdo das plataformas digitais e proferir decisões sobre a qualificação de determinado conteúdo como danoso. Se o Conselho considerar o conteúdo ilícito, este deverá ser removido. Se o Conselho considerar o conteúdo lícito, as plataformas terão liberdade para removê-lo a partir das suas próprias regras de comunidade; (iii) Comissão de Segurança Digital, que terá por função auxiliar os demais órgãos no exercício de suas funções e que poderá instituir cobranças regulatórias que deverão ser pagas por plataformas digitais, relacionadas aos custos de administração da lei; e (iv) Conselho Consultivo, cuja composição será inteira e discricionariamente indicada pelo Ministro do Departamento de Herança Canadense, e que terá como função apoiar e aconselhar a Comissão de Segurança Digital e o Conselho de Recursos Digitais do Canadá, através de relatórios públicos que identificarão tendências e tecnologias emergentes na indústria, bem como nas práticas e técnicas de moderação de conteúdo.

Nos termos do projeto, o Comissário de Segurança Digital pode: (i) exigir que plataformas digitais adotem ou deixem de adotar qualquer conduta necessária para garantir a observância às obrigações previstas na lei; (ii) conduzir inspeções nas plataformas, a qualquer tempo, para fiscalizar o cumprimento da lei. Segundo a proposta, um inspetor poderá adentrar qualquer lugar que acredite conter documento, informação ou outra coisa, incluindo algoritmos e *softwares*, relevantes para verificação do cumprimento da lei; e (iii) pedir ao Tribunal Federal competente que determine que todos os provedores de serviços de telecomunicação pertinentes bloqueiem o acesso à plataforma digital que persistentemente viole ordens relativas a conteúdo de exploração sexual infantil ou terrorismo.

A proposta também prevê que as plataformas devem publicar regras claras de moderação de conteúdo quanto aos cinco tipos de conteúdo danoso indicados e produzir relatórios para o órgão regulador respectivo com informações sobre: (i) o volume e o tipo de conteúdo danoso em suas plataformas; (ii) o volume e o tipo de conteúdo que foi acessado por pessoas no Canadá em violação às regras de comunidade; (iii) o volume e o tipo do conteúdo moderado; (iv) recursos e pessoal alocados para as atividades de moderação de conteúdo; (v) procedimentos, práticas, regras, sistemas e atividades de moderação de conteúdo, inclusive sobre o recurso a decisões automatizadas; (vi) como eles monetizam conteúdo danoso; (vii) quando relevante, as suas regras para ativação do Protocolo de Resposta a Incidente, explicado adiante; (viii) quando relevante, informações sobre os dados compartilhados com as autoridades designadas, incluindo informações sobre: (a) o volume e o tipo dos relatórios e notificações; (b) informação anonimizada e desagregada sobre os tipos de dados demográficos envolvidos; e (c) a quantidade e o tipo de dados e informações que foram preservadas.

Segundo a proposta, a autoridade de regulação digital canadense deve ter competência para instituir um Protocolo de Resposta a Incidente, com o propósito de implementar o Christchurch Call to Eliminate Terrorist and Violent Extremist Content Online, que é um compromisso de governos e empresas de tecnologia de eliminar conteúdo terrorista e extremista online. O Protocolo seria instituído para responder a uma ação ou omissão das plataformas em relação a um ataque emergente, em curso ou recentemente concluído.

Também há a sugestão de que o projeto de lei institua obrigações de reportar e preservar conteúdo, devendo incluir uma das seguintes medidas: (i) obrigação de notificar as autoridades responsáveis sempre que a plataforma tiver motivos razoáveis para suspeitar que material que se enquadre nas cinco categorias de conteúdo danoso representa uma ameaça iminente de danos graves a qualquer pessoa ou propriedade; ou (ii) determinar que as plataformas digitais relatem às agências responsáveis pela aplicação da lei eventuais informações acerca de infrações criminais que se enquadrem nas cinco categorias de conteúdo danoso. As plataformas devem ser obrigadas, ainda, a preservar dados e informações relativos a (i) relatórios enviados às autoridades de aplicação da lei ou notificações enviadas ao órgão competente e (ii) potencial conteúdo ilegal que se enquadre nas cinco categorias regidas pela lei. A proposta também sugere que o projeto de lei vede plataformas digitais de proativamente buscarem conteúdo ilegal fora das cinco categorias abarcadas pelo projeto.

A proposta, que prevê multa de até $10.000.000,00 por descumprimento, tem sido amplamente criticada, por "desconsiderar a experiência internacional com leis anteriores e propostas semelhantes ao redor do mundo, bem como recomendações de experts jurídicos e de direitos humanos de dentro e de fora do Canadá".[396] Os pontos mais problemáticos da proposta são: (i) o prazo de 24 horas para que as plataformas respondam às notificações de conteúdo danoso; (ii) a exigência de que as plataformas adotem todas as medidas razoáveis para identificar e bloquear as cinco categorias de conteúdo danoso, sob pena de multa; (iii) a possibilidade de que as agências reguladoras determinem que as plataformas adotem ou deixem de adotar qualquer conduta necessária para cumprimento da lei, bem como a possibilidade de ingresso e acesso a qualquer sistema e documento; e (iv) a possibilidade de bloqueio integral dos serviços de provedores de comunicação digital por violações persistentes às ordens relacionadas à pornografia infantil e terrorismo.[397]

Michael Geist, professor na Universidade de Ottawa, destaca que,

> o governo simplesmente reuniu algumas das piores [abordagens] ao redor do mundo: requisitos de remoção dentro de 24 horas, que contribuem pouco para o devido processo legal e ensejam remoções de conteúdo abrangentes até mesmo nos casos de reivindicações questionáveis, bloqueio de plataformas que não cumpram seus requisitos de remoção de conteúdo, uma superestrutura regulatória com penalidades massivas e poderes de inspeção, audiências que podem ocorrer em sigilo em alguns casos e encargos regulatórios que podem resultar em menos escolha para os consumidores na medida em que os serviços bloqueiem o marcado canadense. Enquanto isso, princípios básicos como a Carta de Direitos e Liberdades ou a neutralidade da rede não recebem sequer uma menção.[398]

---

[396] Cf.: Five big problems with Canada's proposed regulatory framework for 'Harmful Online Content'. *Tech Policy Press,* 31 ago. 2021. Disponível em: https://techpolicy.press/five-big-problems-with-canadas-proposed-regulatory-framework-for-harmful-online-content/. Acesso em 26 ago. 2021.

[397] Cf.: Five big problems with Canada's proposed regulatory framework for 'Harmful Online Content'. *Tech Policy Press,* 31 ago. 2021. Disponível em: https://techpolicy.press/five-big-problems-with-canadas-proposed-regulatory-framework-for-harmful-online-content/. Acesso em 26 ago. 2021.

[398] Cf.: Picking Up where Bill C-10 left off: the Canadian Government's Non-Consultation on online harms legislation. *Michael Geist,* 30 jul. 2021. Disponível em: https://www.michaelgeist.ca/2021/07/onlineharmsnonconsult/. Acesso em 27 ago. 2021.

4.7 Iniciativas de autorregulação

4.7.1 Código de Boas Práticas Contra Desinformação (Code of Practice on Disinformation)

Em outubro de 2018, o Facebook, o Google, o Twitter e o Mozilla, além de representantes do setor de anunciantes, assinaram um código de boas práticas para combater a desinformação (posteriormente, Microsoft e TikTok também se juntaram à iniciativa). O Código define desinformação como "informação comprovadamente falsa ou enganosa" que, cumulativamente: (i) tenha sido criada, apresentada e disseminada para ganhos econômicos ou para intencionalmente enganar o público; e (ii) possa causar danos, compreendidos como ameaças ao processo político democrático ou ao interesse público, incluindo saúde, meio-ambiente ou segurança dos cidadãos. O Código exclui do conceito de desinformação propagandas enganosas, erros de reportagens, sátiras, paródias, e notícias e comentários claramente identificados como partidários.

Os signatários reconhecem a importância de esforços como: (i) incorporar salvaguardas à disseminação de desinformação; (ii) aprimorar o escrutínio sobre a divulgação de publicidade, para reduzir os lucros dos responsáveis pela propagação de desinformação; (iii) garantir transparência sobre publicidade política e permitir aos usuários entender porque determinada publicidade foi direcionada a eles; (iv) implementar e promover políticas razoáveis contra alegações falsas; (v) intensificar e demonstrar a efetividade de esforços para encerrar contas falsas e instituir sistemas que identifiquem *bots*, para impedir que as suas atividades sejam confundidas com interações humanas; (vi) intensificar e comunicar a efetividade dos esforços para garantir a integridade dos serviços em relação a contas cujo propósito e intenção sejam de disseminar desinformação; (vii) investir em meios tecnológicos para priorizar informação relevante, autêntica, precisa e autoritativa, sempre que apropriado, em buscas, *feeds*, ou outros canais de distribuição escalonados por algoritmos; (viii) garantir transparência, permitindo aos usuários que entendam porque eles foram alvo de determinada publicidade e com indicadores de credibilidade da fonte ou identidade verificada; (ix) diluir a visibilidade de desinformação pela promoção de conteúdo confiável; (x) considerar o empoderamento dos usuários por mecanismos que permitam uma experiência digital customizada e interativa, que facilite o acesso a fontes de notícias variadas e que representam pontos de vista alternativos, além de fornecer meios facilmente acessíveis para denunciar desinformação; e (xi) adotar medidas razoáveis para permitir acesso a dados para *fact-checking* e atividades de pesquisa e para cooperar através do fornecimento de dados relevantes sobre o funcionamento dos serviços, incluindo dados para investigações independentes por acadêmicos e informações gerais sobre algoritmos.

O Código não impõe a adoção de nenhuma medida específica, mas determina a produção de relatórios para prestação de contas anual dos esforços para combater desinformação, que poderão ser auditados por terceiros e que incluam detalhes sobre quaisquer medidas adotadas e o progresso obtido para aprimorar a transparência em relação à desinformação. Os principais incentivos para observância ao código são reputacionais, considerando que não há nenhuma previsão de sanção por eventual descumprimento.

Em janeiro de 2019, as plataformas e as associações signatárias submeteram os seus relatórios indicando o estado atual das medidas adotadas para cumprir as obrigações impostas pelo Código e, entre janeiro e maio do mesmo ano, a Comissão Europeia monitorou a implementação dos compromissos assumidos pelo Facebook, Google e Twitter, com especial atenção às eleições para o Parlamento Europeu. Em setembro de 2020, publicou o seu relatório sobre as conquistas e insuficiências do Código.

Quanto às conquistas, o relatório aponta que a autorregulação: (i) permitiu um debate estruturado entre os atores relevantes da indústria e a Comissão, e promoveu maior transparência e *accountability* das políticas das plataformas em relação à desinformação; (ii) contribuiu para a redução dos incentivos monetários para atores que disseminam desinformação para ganhos econômicos; (iii) promoveu transparência e informações públicas sobre anúncios políticos, inclusive pela indicação como conteúdo pago e dos candidatos, partido político ou financiadores; (iv) promoveu repositórios digitais contendo os anúncios políticos veiculados, permitindo acesso a informações sobre volume e custos de anúncios políticos; (v) estimulou plataformas digitais a fornecerem informações sobre os seus esforços para remover ou prevenir a criação de contas falsas ou o uso abusivo de *bots* e outras técnicas de *spam*, incluindo campanhas de desinformação coordenadas; (vi) promoveu ações voltadas à promoção de informações de fontes confiáveis e facilitou o acesso a perspectivas diversas; (vii) desde o início da pandemia da COVID-19, as plataformas promoveram informações da Organização Mundial da Saúde e da mídia profissional e reduziram a distribuição de conteúdo classificado por instituições de verificação de fatos como falsos ou enganosos, ou removendo conteúdo que causasse danos diretos à saúde pública, à segurança; e (viii) promoveu o compartilhamento de mais dados com pesquisadores independentes.

Quanto às deficiências, o relatório da Comissão Europeia apontou a falta de dados como uma das mais fundamentais, destacando que o acesso a eles e às ferramentas de pesquisa foram considerados "episódicos e arbitrários" e "não atendiam [à] gama completa de necessidades de pesquisa".[399] Na prática, verificou-se que as iniciativas permitiram o acesso a dados limitados, insuficientes e disponibilizados em interfaces ineficientes e incompletas. A ferramenta disponibilizada pelo Facebook, por exemplo, chegou a ser chamada de "inútil".[400]

Ademais, a Comissão Europeia registrou: (i) a ausência de comprovação de implementação consistente de restrições a contas de anunciantes que patrocinam informações objetivamente falsas ou enganosas; (ii) a insuficiência das medidas destinadas a combater a veiculação de anúncios em sites de terceiros que disseminam desinformação;[401] (iii) a insuficiência das políticas destinadas a promover transparência de anúncios políticos ou sobre assuntos de interesse público; (iv) a falta de transparência quanto aos atores, vetores, alvos, conteúdo e mecanismos de disseminação e propagação de mensagens destinadas a manipular a opinião pública, bem como a falta de informações sobre níveis de engajamento com campanhas detectadas de desinformação, (v) o foco de campanhas de combate a comportamento coordenado inautêntico em campanhas estrangeiras, desconsiderando os alertas da sociedade civil de crescimento do papel de atores domésticos que buscam manipular a opinião pública; e (vi) falta de garantia de acesso a dados por pesquisadores e acadêmicos.[402] O relatório destacou, também, as limitações inerentes a um sistema puramente autorregulatório, destacando a participação limitada das empresas, a dificuldade de

---

[399] VERMEULEN, Mathias. The keys to the Kingdom. *Knight First Amendment Institute at Columbia University*, 27 jul. 2021. Disponível em: https://knightcolumbia.org/content/the-keys-to-the-kingdom. Acesso em 30 ago. 2021.

[400] ROSENBERG, Matthew. Ad tool Facebook built to fight disinformation doesn't work as advertised. *The New York Times*, 25 jul. 2019. Disponível em: https://www.nytimes.com/2019/07/25/technology/facebook-ad-library.html?. Acesso em 05 ago. 2021.

[401] Cf.: Research brief: ad tech fuels disinformation sites in Europe – The numbers and players. *Global Disinformation Index*, march, 2020. Disponível em: https://disinformationindex.org/wp-content/uploads/2020/03/GDI_Adtech_EU.pdf. Acesso em 01 dez. 2021.

[402] EUROPEAN COMMISSION. Commissions Staff Working Document. *Assessment of the Code of Practice on Disinformation – Achievement and areas for further improvement*. Brussels, 10 set. 2020. Disponível em: https://cyberpolicy.nask.pl/wp-content/uploads/2020/09/Assessment-of-the-Code-of-Practice-on-Disinformation.pdf. Acesso em 08 out. 2021.

monitoramento, fiscalização e *enforcement* e a proteção deficiente a direitos fundamentais.[403]

Em maio de 2021, a Comissão Europeia apresentou um guia propondo alterações ao Código, inclusive para torná-lo um instrumento de corregulação para fins de cumprimento de deveres procedimentais estabelecidos no Digital Services Act. Ao longo de 2022, os signatários devem apresentar a primeira minuta de um novo Código, notadamente para garantir:[404] (i) respostas mais efetivas à disseminação de desinformação, (ii) aplicação mais consistente do Código através das plataformas e dos países da UE, (iii) um sistema mais eficiente de monitoramento da aplicação do Código, e (iv) medidas mais efetivas de desmonetização de disseminadores de desinformação, aumento dos mecanismos de transparência de anúncios políticos, endereçamento de comportamento manipulador, empoderamento de usuários, melhoria na cooperação com organizações de checagem de fatos e garantia de acesso a dados por pesquisadores.

4.7.2 Comitê de Supervisão do Facebook ("Facebook Oversight Board – FOB")

Desde 2018, o CEO do Facebook, Mark Zuckerberg, manifestou o seu interesse em estabelecer algum tipo de estrutura independente, separada do Facebook, para revisão das decisões de conteúdo tomadas pela plataforma. Ao longo de 2019, o Facebook disponibilizou a minuta de estatuto para a criação do conselho e, em janeiro de 2020, as regras procedimentais para funcionamento do órgão. Em maio de 2020, o Facebook anunciou os membros inaugurais e, em 3 de dezembro de 2020, o Comitê de Supervisão selecionou os primeiros casos para revisão.

Trata-se de um órgão de autorregulação financiado pelo Facebook, intitulado de Comitê de Supervisão do Facebook ("Facebook Oversight Board" ou "FOB"), que atua como uma corte com competência para revisar as decisões mais relevantes sobre moderação de conteúdo tomadas pelo Facebook e pelo Instagram (que pertence ao Facebook). O

---

[403] EUROPEAN COMMISSION. Commissions Staff Working Document. *Assessment of the Code of Practice on Disinformation – Achievement and areas for further improvement*. Brussels, 10 set. 2020. Disponível em: https://cyberpolicy.nask.pl/wp-content/uploads/2020/09/Assessment-of-the-Code-of-Practice-on-Disinformation.pdf. Acesso em 08 out. 2021.

[404] Cf.: Code of practice on disinformation revision extended into 2022. *Euractiv.com.*, [s.d.]. Disponível em: https://www.euractiv.com/section/digital/news/code-of-practice-on-disinformation-revision-extended-into-2022/. Acesso em 08 fev. 2022.

Facebook depositou 130 milhões de dólares em um fundo administrado por um conselho escolhido pelo Facebook.

O objetivo do Comitê de Supervisão é analisar o conteúdo submetido e emitir decisões públicas fundamentadas dentro dos limites do Estatuto, além de fornecer opiniões consultivas sobre as políticas de conteúdo do Facebook.[405] Para a formação inicial do Comitê, o Facebook selecionou um grupo de copresidentes que, em conjunto, depois selecionaram os membros para as vagas remanescentes na composição inicial. Para as composições futuras, os atuais copresidentes, em consulta ao Comitê, selecionarão os seus substitutos, dando preferência aos membros que tenham ao menos um ano no FOB. O conselho do Comitê de supervisão será responsável por selecionar os candidatos para atuarem como membros do Comitê, sendo permitido ao Facebook e ao público propor nomes.

O tamanho da composição do Comitê poderá variar no tempo, mas a premissa é a de que o tamanho ideal seria com 40 membros, que servirão um mandato de três anos, por um máximo de três mandatos. A fim de garantir representatividade na composição, as regras de procedimento estabelecem que deve haver representantes das seguintes regiões: (i) Estados Unidos e Canadá; (ii) América Latina e Caribe; (iii) Europa; (iv) África subsaariana; (v) Oriente Médio e norte da África; (vi) Ásia central e sul; e (vii) Ásia Pacífica e Oceania. Os membros exercerão as seguintes competências: (i) solicitar que o Facebook forneça as informações razoavelmente necessárias para as deliberações do comitê de forma pontual e transparente; (ii) interpretar os Padrões da Comunidade do Facebook e outras políticas relevantes à luz dos valores articulados do Facebook; (iii) instruir o Facebook a manter ou remover conteúdo; (iv) instruir o Facebook a manter ou a rever uma indicação que levou a um resultado de aplicação; (v) emitir adequadas explicações por escrito sobre as decisões do comitê; e (vi) fornecer orientações sobre políticas de conteúdo.

Tanto os usuários quanto o próprio Facebook podem submeter conteúdo à análise do Comitê. No caso dos usuários, inicialmente, o Comitê analisaria apenas recursos relativos a conteúdo removido pelo Facebook com fundamento nos seus termos e condições. No entanto,

---

[405] Cf.: Trustees, Facebook Oversight Board. *Comitê de Supervisão*, [s.d.]. Disponível em: https://oversightboard.com/governance/. Acesso em 26 ago. 2021. As considerações feitas neste tópico foram extraídas dos Regulamentos Internos e Código de Conduta e do Livro de Regras do Oversight Board. Para maiores detalhes, os documentos podem ser acessados em: https://oversightboard.com/sr/governance/bylaws e https://oversightboard.com/sr/rulebook-for-case-review-and-policy-guidance. Acesso em 15 fev. 2022.

posteriormente, expandiu os seus poderes para aceitar também recursos contra decisões do Facebook de *manter* conteúdo. Portanto, agora, as reclamações podem ser enviadas tanto pelo usuário responsável pela publicação original de conteúdo que tenha sido removido, quanto por usuário que tenha previamente submetido o conteúdo ao Facebook para remoção, mas a plataforma tenha rejeitado o pedido. Para que os usuários possam enviar casos ao Comitê, devem atender às seguintes condições: (i) sua conta na plataforma tem que permanecer ativa; (ii) têm que ter sido esgotadas todas as vias de recurso interno no Facebook; (iii) a submissão do caso ao Comitê deverá acontecer no prazo de 15 dias após a decisão final do Facebook; e (iv) não poderá envolver casos que estejam fora da jurisdição do Comitê.

De acordo com as regras de procedimento, os casos fora da jurisdição do Comitê são aqueles que envolvam: (i) conteúdo postado no *marketplace*, evento de arrecadação de fundos, aplicativos de relacionamento do Facebook, mensagens e *spam*; (ii) decisões do Facebook relativas a direitos autorais ou em atenção a obrigações legais; (iii) conteúdo do WhatsApp, Messenger, Direct no Instagram e Oculus; (iv) quando o conteúdo já tiver sido bloqueado, após o recebimento de denúncia válida sobre a ilegalidade, e que não tenha sido removido por violação às políticas do Facebook; (v) quando o conteúdo for considerado criminoso em um país que tenha conexão com o conteúdo (por exemplo, países onde mora o usuário que postou o conteúdo) e a decisão do Comitê de permitir o conteúdo puder ensejar responsabilidade penal do Facebook, de seus funcionários, da administração ou dos membros do Comitê; e (vi) quando o conteúdo for considerado criminoso em um país que tenha conexão com o conteúdo e quando a decisão do Comitê de permitir o conteúdo puder gerar ações governamentais adversas ao Facebook, aos seus funcionários, à sua administração ou aos membros do Comitê.

Quanto ao Facebook, além de a plataforma poder enviar solicitações para análise, pode também incluir perguntas adicionais sobre o tratamento do conteúdo, para além da mera discussão sobre remoção ou manutenção. Pode, também, solicitar orientações sobre suas políticas de conteúdo, que terá natureza consultiva. Em circunstâncias excepcionais, notadamente quando o conteúdo envolvido puder resultar em consequências reais e urgentes, o Facebook também poderá enviar casos para "análise célere", e o Comitê deverá analisá-lo o mais rapidamente possível e no prazo limite de 30 dias. As decisões individuais em casos concretos são vinculantes para o Facebook.

Ademais, nos casos em que o Facebook reconhecer que conteúdo idêntico com contexto paralelo, cuja decisão já foi tomada pelo Comitê, permanece na plataforma, deve adotar as medidas para analisar se é adequado, do ponto de vista técnico e operacional, também aplicar a decisão a esse conteúdo. O Comitê também pode emitir recomendações de *policy* que, embora não vinculantes, o Facebook tem o prazo de 30 dias para endereçar, explicando como foram consideradas internamente e indicando quais delas serão adotadas e as razões.

Como natural, o Comitê de Supervisão não pode analisar todos os casos submetidos. Por isso, a decisão sobre quais deles serão apreciados será tomada por um subcomitê ("Comitê de Seleção de Casos"), composto por alguns membros do Comitê de Supervisão, que exercem mandatos de três meses nessa função. Esse subcomitê selecionará os casos a partir de critérios definidos anualmente pelo Comitê de Supervisão. Atualmente, o Comitê estabeleceu que serão selecionados para revisão casos que suscitem importantes questões sobre garantia da liberdade de expressão e de outros direitos humanos e/ou sobre a implementação dos valores e padrões de comunidade do Facebook. Os casos terão importância crítica para o debate público, direta ou indiretamente afetando um número substantivo de usuários e/ou suscitando questões sobre as políticas do Facebook. Os casos devem, ainda, ser representativos da base de usuários do Facebook e garantir diversidade regional e linguística.

Os documentos utilizados como fundamentos para as decisões do Comitê são os valores adotados pelo Facebook e as suas políticas de conteúdo. O Estatuto afirma, ainda, que "durante a análise das decisões, o comitê ficará especialmente atento ao impacto da remoção do conteúdo à luz das normas de direitos humanos que protegem a liberdade de expressão".[406] Os casos são analisados por um painel composto por membros do Comitê, com pelo menos um membro da região envolvida no caso concreto. Na sequência, a decisão do painel é divulgada para todos os membros do comitê, antes de ser considerada definitiva. Caso a maioria requeira a reanálise da decisão, um novo painel será convocado. Para o julgamento, o Facebook deve fornecer as informações "razoavelmente necessárias para o comitê tomar uma decisão", e será garantido ao usuário que publicou ou denunciou o conteúdo a oportunidade de enviar declarações por escrito ao Comitê.

---

[406] Cf.: Trustees, Facebook Oversight Board. *Comitê de Supervisão*, [s.d.]. Disponível em: https://oversightboard.com/governance/. Acesso em 26 ago. 2021.

O Comitê pode, ainda, solicitar comentários públicos que ficarão disponíveis no site do FOB.

As decisões do Comitê, que serão sempre disponibilizadas publicamente, contêm: (i) a decisão final sobre o caso concreto em análise; (ii) uma explicação com os motivos que levaram a tal decisão; e, (iii) se o Comitê entender pertinente, recomendações sobre políticas de conteúdo futuras. As decisões sobre casos concretos podem envolver determinações para manutenção, restituição ou remoção do conteúdo. Podem envolver, ainda, a confirmação ou reversão de uma classificação de conteúdo, quando ela tiver consequências para a divulgação, como, por exemplo, decidir que o conteúdo exibe violência e, portanto, deve vir acompanhado de uma tela de aviso. O Facebook também pode apresentar ao comitê soluções alternativas.

4.7.2.1 A decisão do Comitê sobre a suspensão, por prazo indefinido, do ex-presidente Donald Trump[407]

Em 07 de janeiro de 2021, o Facebook restringiu o acesso do então presidente Donald Trump, impedindo que ele postasse conteúdo em suas páginas no Facebook e no Instagram. A decisão foi tomada após a invasão ao Capitólio, em 06 de janeiro de 2021, quando o congresso americano se preparava para a contagem dos votos do colégio eleitoral, que certificaria a vitória de Joe Biden. A invasão resultou no atraso da contagem dos votos, na morte de cinco pessoas e em muitos feridos. Durante a invasão, o então presidente Donald Trump fez duas postagens:

(i) Um vídeo, postado no Facebook e no Instagram, no qual afirmava, em tradução livre: "Eu conheço a sua dor. Eu sei que você está machucado. Nós tivemos uma eleição que foi roubada de nós. Foi uma vitória esmagadora, e todos sabem, especialmente o outro lado, mas vocês devem ir para casa agora. Nós temos de ter paz. Nós temos de ter lei e ordem. Nós temos de respeitar o nosso pessoal que garante a lei e a ordem. Nós não queremos que ninguém se machuque. É um momento muito difícil o que vivemos. Nunca houve um momento como esse, onde eles pudessem levar isso embora

---

[407] Trechos deste subtópico foram extraídos de artigo em coautoria com João Victor Archegas: BARROSO, Luna van Brussel; ARCHEGAS, João Victor. Trump contra Facebook: um raio-x da decisão do Oversight Board. *Jota*, 06 mai. 2021. Disponível em: https://www.jota.info/opiniao-e-analise/artigos/trump-contra-facebook-um-raio-x-da-decisao-do-oversight-board-06052021. Acesso em 29 set. 2021.

de todos nós, de mim, de vocês, do nosso país. Essa foi uma eleição fraudulenta, mas não podemos ceder ao jogo dessas pessoas. Nós temos de ter paz. Então vão para casa. Nós amamos vocês. Vocês são muito especiais. Vocês viram o que acontece. Vocês viram como os outros são tratados de uma forma tão ruim e má. Eu sei como vocês se sentem. Mas vão para casa e vão para casa em paz". Esse post foi publicado às 16h21pm e removido pelo Facebook às 17h41, por violação às suas políticas sobre Indivíduos e Organizações Perigosas; e

(ii) Um post escrito no Facebook, publicado enquanto a polícia retomava o controle do Capitólio, afirmando, em tradução livre: "Há coisas e eventos que acontecem quando uma eleição sagrada com resultado esmagador é tão descarada e abruptamente arrancada de grandes patriotas que têm sido maltratados de forma injusta por tanto tempo. Vão para casa com amor à paz. Lembrem desse dia para sempre!". A publicação foi disponibilizada às 18h07 e, às 18h15, foi removida pelo Facebook por violação às suas políticas sobre Indivíduos e Organizações Perigosas.

No dia 07 de janeiro, após uma reanálise das publicações de Donald Trump, de suas declarações públicas fora da plataforma e de informações adicionais sobre a gravidade da violência no Capitólio, o Facebook estendeu o bloqueio "indefinidamente e por ao menos duas semanas, até que a transição pacífica de poder seja concluída". A plataforma alegou que Donald Trump estaria usando o Facebook para "incitar insurreições violentas contra um governo democraticamente eleito". Em 21 de janeiro de 2021, a plataforma enviou essa decisão ao FOB, pedindo que o Board: (i) avaliasse se, à luz dos valores promovidos pelo Facebook, especificamente o seu compromisso em dar voz e oferecer segurança a seus usuários, a decisão de proibir Donald Trump de postar conteúdo no Facebook e no Instagram por um período indefinido de tempo foi acertada; e (ii) elaborasse diretrizes ou recomendações sobre suspensões de contas nos casos em que o usuário envolvido seja um líder político.

Em sua decisão, considerada a mais influente até o momento, o Comitê analisou o acerto da decisão do Facebook em duas principais dimensões: (i) se ela era compatível com as políticas de conteúdo e os valores assumidos publicamente pela plataforma – portanto, com as regras privadas fixadas pela empresa; e (ii) se ela era compatível com os compromissos de direitos humanos assumidos pelo Facebook. Na primeira dimensão, o Board concluiu que o Facebook ponderou de forma razoável os valores envolvidos no caso concreto, agindo de forma justificada ao suspender a conta com fundamento em sua política sobre "Indivíduos e Organizações Perigosas". Segundo o Board, a remoção das postagens no dia 6 de janeiro se justificava porque, no momento da publicação, o ataque ao Capitólio ainda estava em curso e o usuário elogiou os indivíduos envolvidos no ataque ("Nós amamos vocês. Vocês são muito especiais", "grandes patriotas" e "lembrem desse dia para sempre"). A suspensão do dia 7 de janeiro, por sua vez, justificava-se porque, no dia seguinte ao ataque, a situação ainda era fluida e de alto alerta, com risco de violência e disrupção.

Na segunda dimensão, o Board observou que os Princípios Orientadores sobre Empresas e Direitos Humanos das Nações Unidas, dos quais o Facebook é signatário, impõem um dever de evitar a violação de direitos humanos. Nesse cenário, destacando que a plataforma se tornou um meio indispensável para o debate público (especialmente em períodos eleitorais), o Board concluiu que a empresa teria uma responsabilidade tanto de garantir a livre expressão política, quanto de evitar graves ameaças a outros direitos fundamentais. Por isso, analisou o acerto da decisão do Facebook a partir dos parâmetros internacionais para restrição à liberdade de expressão, quais sejam: (a) a restrição deve estar prevista em regras claras e acessíveis (legalidade); (b) a restrição deve ser efetivada para promover um objetivo legítimo (legitimidade); e (c) a restrição deve ser necessária e proporcional ao perigo de dano (proporcionalidade).

Quanto ao parâmetro de legalidade, embora tenha observado que a clareza da política sobre Indivíduos e Organizações Perigosas ainda era muito insuficiente, o Board concluiu que, no caso concreto, a incidência da regra seria inequívoca: os eventos do Capitólio se enquadram perfeitamente nos eventos perigosos que as políticas do Facebook pretendem evitar e as publicações elogiavam e apoiavam os envolvidos no momento dos ataques. Quanto ao parâmetro da legitimidade, o Board concluiu que a decisão do Facebook estava alinhada com a previsão no direito internacional sobre direitos humanos que autoriza a restrição à liberdade de expressão para garantir a ordem pública e proteger determinados direitos de terceiros, incluindo os direitos à vida, à segurança e à participação em eleições.

Por fim, quanto ao parâmetro da proporcionalidade, o Board observou que Donald Trump, ao insistir no discurso infundado de fraude às eleições e reiterar chamados para mobilização, criou um ambiente de risco grave de violência. Ponderou, ainda, que embora as duas postagens especificamente removidas pelo Facebook contivessem pedidos para que as pessoas fossem para casa em paz, eles eram nitidamente perfunctórios e insuficientes. Por esses motivos, a decisão também foi necessária e proporcional.

Embora tenha reconhecido a validade da decisão de suspensão, o Board notou que a aplicação da sanção por tempo indeterminado seria inconsistente com as políticas da empresa – que preveem apenas a exclusão de conteúdo específico, a suspensão por tempo determinado ou a desativação permanente da conta ou perfil. Assim, estipulou um prazo de seis meses para que o Facebook reavaliasse a sua decisão quanto ao prazo de suspensão e estabelecesse parâmetros claros e específicos para guiar a suspensão por tempo indeterminado (caso a empresa optasse por manter sua decisão inicial). Ademais, o Comitê também fez recomendações específicas de *policy*, para o desenvolvimento de regras claras, necessárias e proporcionais que promovam a segurança dos usuários e o respeito à liberdade de expressão:

- Encaminhar rapidamente conteúdo com discurso político de usuários muito influentes para uma equipe especializada e familiarizada com a linguística e o contexto político. Essa equipe não deve sofrer interferências políticas e econômicas, tampouco influência indevida.
- Ter recursos e especialistas adequados e dedicados para avaliar os riscos de dano de contas de usuários influentes globalmente.
- Produzir mais informações para ajudar os usuários a entenderem e a avaliarem o processo e os critérios de aplicação da permissão de conteúdo de valor jornalístico, incluindo como ela se aplica às contas de usuários influentes. A empresa também deve explicar claramente a justificativa, os padrões e os processos do procedimento de verificação cruzada[408] e informar as taxas relativas de erro das determinações tomadas por meio da comparação cruzada com os procedimentos comuns de monitoramento.

---

[408] A análise cruzada é um procedimento conhecido em inglês como *cross-check*. Trata-se de uma política adotada pelo Facebook que sujeita as publicações de determinados indivíduos a uma verificação dupla, ao contrário do que acontece com as publicações de todos os demais usuários. O Wall Street Journal descreveu a prática como "protetora de milhões de usuários VIP", como celebridades, atletas e políticos (Facebook Oversight Board says it will review cross-check program – The Verge).

- Realizar uma análise abrangente da possível contribuição do Facebook para a narrativa da fraude eleitoral e para as tensões exacerbadas que culminaram nos atos de violência nos Estados Unidos, em 6 de janeiro.
- Esclarecer em sua política corporativa de direitos humanos como coleta, preserva e, onde for apropriado, compartilha informações para auxiliar na investigação e na possível acusação de violações graves de leis internacionais criminais, humanitárias e de direitos humanos.
- Explicar o seu processo de aviso e de penalidades para restringir perfis, páginas, grupos e contas nos Padrões da Comunidade do Facebook e nas Diretrizes da Comunidade do Instagram.
- Incluir o número de restrições de perfil, página e conta em seus relatórios de transparência, com informações divididas por região e país.
- Fornecer aos usuários informações acessíveis sobre quantas violações, avisos e penalidades foram usados nas avaliações deles e as consequências das futuras violações.
- Desenvolver e publicar uma política que controle a reação do Facebook a crises ou situações novas em que seus processos normais não previnam nem evitem danos iminentes. Essa orientação deve definir parâmetros apropriados para tais ações, incluindo um requisito de análise da sua decisão dentro de um prazo determinado.[409]

Em resposta à decisão do FOB, o Facebook informou que limitou a suspensão da conta ao prazo de dois anos, sujeita a prorrogação, a depender das circunstâncias contextuais. Quanto às recomendações de *policy*, o Facebook (i) rejeitou uma delas – a obrigação de informar as taxas relativas de erro das decisões tomadas por meio da verificação cruzada com os procedimentos comuns de monitoramento – alegando a impossibilidade de medição desses dados; (ii) implementou uma delas apenas parcialmente – a que determinava que o Facebook avaliasse a sua possível contribuição para a narrativa de fraude eleitoral –, alegando que regularmente revisa as suas políticas e procedimentos em resposta a eventos concretos, que vai continuar a cooperar com autoridades

---

[409] Cf.: Facebook Oversight Board. Decisão sobre o caso 2021-001-FB-FBR. *Comitê de Supervisão*, [s.d.]. Disponível em: https://oversightboard.com/decision/FB-691QAMHJ/. Acesso em 29 set. 2021.

governamentais e que ampliou os seus estudos internos para avaliar os impactos de seus serviços sobre eleições; e (iii) afirmou ainda estar avaliando a viabilidade de duas delas – (a) esclarecer em sua política corporativa de direitos humanos como coleta, preserva e, onde for apropriado, compartilha informações para auxiliar na investigação e na possível acusação de violações graves de leis internacionais criminais, humanitárias e de direitos humanos e (b) incluir o número de restrições de perfil, página e conta em seus relatórios de transparência, com informações divididas por região e país.

Tendo percorrido as iniciativas regulatórias existentes em diferentes democracias, bem como aquelas adotadas voluntariamente pela indústria, passa-se agora à proposta de regulação defendida no presente trabalho.

CAPÍTULO 5

COMO REGULAR A LIBERDADE DE EXPRESSÃO NA ERA DIGITAL?

Jonathan Zittrain identifica três eras de governança do espaço digital.[410] No início da expansão da internet, por volta de 1995, a resposta inicial aos novos desafios foi a autorregulação, sob a premissa de que a abstenção estatal seria medida necessária para a consolidação e o fortalecimento da internet, ainda em processo de amadurecimento.[411] Essa visão, além de promover a inovação, era compatível com a realidade do ambiente virtual naquele momento, em que o conteúdo publicado na rede se dividia em duas categorias: (i) aquele desenvolvido pelos veículos de mídia tradicionais, que simplesmente migraram para o ambiente digital; e (ii) aquele produzido por usuários em fóruns de discussão, blogs e sessões de comentários. A demarcação entre conteúdo gerado por usuários e aquele produzido por veículos de mídia, portanto, era clara: navegar por *blogs*, ler comentários ao final de um artigo ou acessar um fórum de discussão era notavelmente distinto de acessar o site de um veículo conhecido para ler suas publicações jornalísticas.

A partir de 2010, no entanto, teve início a segunda era de governança, propiciada pela ascensão de plataformas que indexavam e moderavam conteúdo, ofuscando a divisão entre conteúdo de usuários e

---

[410] ZITTRAIN, Jonathan. Answering impossible questions: content governance in an age of disinformation. *Harvard Kennedy School – Misinformation Review*, 4 jan. 2020. Disponível em: https://misinforeview.hks.harvard.edu/article/content-governance-in-an-age-of-disinformation/. Acesso em 23 mai. 2021.

[411] ZITTRAIN, Jonathan. Answering impossible questions: content governance in an age of disinformation. *Harvard Kennedy School – Misinformation Review*, 4 jan. 2020. Disponível em: https://misinforeview.hks.harvard.edu/article/content-governance-in-an-age-of-disinformation/. Acesso em 23 mai. 2021.

conteúdo de veículos de mídia.[412] O material exibido nessas plataformas passou a ser produto de algoritmos, cuja preocupação era maximizar engajamento. Para tanto, o conteúdo superficial compartilhado por um usuário era apresentado da mesma forma que um artigo jornalístico, com informações apuradas seguindo padrões éticos da indústria. Nesse novo cenário, qualquer conteúdo pode se tornar viral em um curto espaço de tempo, independentemente de considerações sobre a boa-fé ou cautela de seu autor. Esse fato, somado à tendência de humanos de se engajarem com conteúdo sensacionalista, difamatório ou enganador, criou um ambiente propício para a manipulação de usuários. Percebeu-se, assim, que as maiores ameaças a direitos fundamentais na internet não originam necessária e exclusivamente do Estado,[413] e que uma postura de abstenção estatal completa não era capaz de proteger interesses públicos relevantes[414] – notadamente no campo de direitos fundamentais, como a liberdade de expressão, a privacidade[415] e a democracia.

Desde 2010, portanto, ganhou força um movimento crítico à postura passiva das plataformas e do Estado, e o debate público passou a evidenciar preocupações relativas aos prejuízos concretos e agregados que essa desregulação poderia causar a indivíduos e instituições.[416] Não obstante, conforme explica o professor Zittrain, essa percepção não necessariamente levou a mudanças legislativas correspondentes, notadamente porque também se verificou que a regulação puramente estatal seria ineficiente ou perigosa, especialmente no campo da liberdade de expressão. E isso por alguns motivos principais.

Em primeiro lugar, como já mencionado, as empresas que desenvolvem os códigos do ciberespaço são agentes intermediários

---

[412] ZITTRAIN, Jonathan. Answering impossible questions: content governance in an age of disinformation. *Harvard Kennedy School – Misinformation Review*, 4 jan. 2020. Disponível em: https://misinforeview.hks.harvard.edu/article/content-governance-in-an-age-of-disinformation/. Acesso em 23 mai. 2021.

[413] ABBOUD, Georges; NERY JÚNIOR, Nelson; CAMPOS, Ricardo. *Fake news e regulação*. São Paulo: Thomson Reuters Brasil, 2021. p. 125.

[414] MARSDEN, Christopher T. Internet Co-Regulation and constitutionalism: towards a more nuanced view. *SSRN*, 29 ago. 2011. Disponível em: https://ssrn.com/abstract=1973328. Acesso em 01 mai. 2021.

[415] KELLER, Clara Iglesias. *Regulação nacional de serviços na Internet*: exceção, legitimidade e o papel do Estado. Tese (Doutorado), Universidade do Estado do Rio de Janeiro, Rio de Janeiro, 2019. p. 175.

[416] ZITTRAIN, Jonathan. Answering impossible questions: content governance in an age of disinformation. *Harvard Kennedy School – Misinformation Review*, 4 jan. 2020. Disponível em: https://misinforeview.hks.harvard.edu/article/content-governance-in-an-age-of-disinformation/. Acesso em 23 mai. 2021.

imprescindíveis para qualquer pretensão regulatória,[417] já que, pelos seus algoritmos, podem potencializar ou inviabilizar a efetividade de leis. Assim, eles são "a instância final responsável por influenciar comportamentos online".[418] Portanto, o debate sobre a forma de regulação desses espaços perpassa, necessariamente, por esses atores intermediários:

> Especialmente em âmbitos complexos como os das novas tecnologias, o conhecimento necessário para a tomada da decisão não se encontra no Estado, tornando assim necessária a criação de novas formas de geração do conhecimento dentro do direito regulatório estatal que incorpore o conhecimento advindo da sociedade. Em outras palavras, a constelação clássica do direito administrativo programado, por um lado, na estrutura de normas com hipótese de incidência e consequência jurídica, ou, por outro lado, num maior âmbito de ação de agências reguladoras, devem dar espaço na sociedade das plataformas para uma forma de regulação mais reflexiva, em que a observação e a incorporação de modelos de auto-organização da sociedade ganham preponderância.[419]

Em segundo lugar, os ciclos digitais estão em constante e rápida transformação e evolução, o que significa que a regulação estatal muito específica pode se tornar rapidamente ineficaz ou desatualizada.

Em terceiro lugar, os agentes estatais frequentemente não possuem o conhecimento técnico específico sobre o funcionamento das plataformas e de seus algoritmos.[420]

Em quarto lugar, há ampla divergência sobre qual conteúdo deve ser considerado ilícito para fins de remoção e, por isso, são relevantes as preocupações de que governos possam se aproveitar dessas divergências para promover interesses antidemocráticos.[421] Com efeito, como

---

[417] KELLER, Clara Iglesias. *Regulação nacional de serviços na Internet*: exceção, legitimidade e o papel do Estado. Tese (Doutorado), Universidade do Estado do Rio de Janeiro, Rio de Janeiro, 2019. p. 158.

[418] KELLER, Clara Iglesias. *Regulação nacional de serviços na Internet*: exceção, legitimidade e o papel do Estado. Tese (Doutorado), Universidade do Estado do Rio de Janeiro, Rio de Janeiro, 2019. p. 158.

[419] ABBOUD, Georges; NERY JÚNIOR, Nelson; CAMPOS, Ricardo. *Fake news e regulação*. São Paulo: Thomson Reuters Brasil, 2021. p. 129.

[420] BELLI, Luca; ZINGALES, Nicolo. *Platform regulations*: how platforms are regulated and how they regulate us. Official outcome of the UN IGF Dynamic Coalition on Platform Responsibility. Rio de Janeiro: Escola de Direito do Rio de Janeiro da Fundação Getúlio Vargas, 2017. p. 181. Disponível em: http://hdl.handle.net/10438/19402. Acesso em 07 abr. 2021.

[421] ZITTRAIN, Jonathan. Answering impossible questions: content governance in an age of disinformation. *Harvard Kennedy School – Misinformation Review*, 4 jan. 2020. Disponível

detalhado no capítulo 1, a intervenção do Estado sobre o exercício desse direito fundamental foi historicamente vista com desconfiança e resistência, notadamente pelo caráter autoritário e antidemocrático que pode vir a assumir. Na internet, os riscos de que o Estado atue em interesse próprio, para censurar discursos que considere prejudiciais, são iguais ou superiores aos de censura privada pelas plataformas digitais. Essa intervenção indevida pode se dar por meio de: (i) leis excessivamente duras de responsabilização civil dos intermediários por conteúdo publicado pelos usuários, que criam incentivos para a remoção em excesso; (ii) leis vagas que utilizam conceitos como "paz social" e "interesse público" para impor restrições à liberdade de expressão; (iii) ameaças de responsabilização civil e penal de funcionários locais das empresas de tecnologia em caso de não atendimento a ordens estatais de remoção de conteúdo; (iv) decisões judiciais que determinam a remoção de conteúdo sob pena de multa por descumprimento; e (v) obrigação legal de que as próprias plataformas avaliem a legitimidade de pedidos de remoção de conteúdos oriundos do Estado ou de particulares.[422]

Os Estados também podem pretender restringir o discurso por meios extralegais, como ameaças de regulação excessiva das plataformas e denúncia de conteúdo utilizando os próprios mecanismos oferecidos por elas.[423] A título de exemplo, a Unidade de referência de combate ao terrorismo na Internet do Reino Unido dedica-se à remoção de conteúdo *online* de natureza "violenta extremista ou terrorista", incluindo dentre as suas táticas o uso de mecanismos das próprias plataformas para denunciar conteúdo que viole os termos e condições.[424] Práticas como essa podem ensejar o uso de termos e condições privados para desviar do escrutínio público e contrariar leis internacionais sobre direitos humanos ou leis domésticas aplicáveis sobre restrições à liberdade de expressão.

---

em: https://misinforeview.hks.harvard.edu/article/content-governance-in-an-age-of-disinformation/. Acesso em 23 mai. 2021.

[422] HUMAN RIGHTS COMMITTEE. *Report of the Special Rapporteur on the promotion and protection of the right to freedom of opinion and expression*. 11 mai. 2016. UN Doc A/HRC/32/35. Disponível em: https://undocs.org/en/A/HRC/32/38. Acesso em 17 nov. 2021.

[423] HUMAN RIGHTS COMMITTEE. *Report of the Special Rapporteur on the promotion and protection of the right to freedom of opinion and expression*. 11 mai. 2016. UN Doc A/HRC/32/35. Disponível em: https://undocs.org/en/A/HRC/32/38. Acesso em 17 nov. 2021.

[424] Cf.: To the Special Rapporteur on the promotion and protection of the right to freedom of opinion and expression in the consultation on 'Freedom of expression and the private sector in the digital age'. *Center for Democracy & Technology*, 29 jan. 2016. Disponível em: https://www.ohchr.org/Documents/Issues/Expression/PrivateSector/CenterDemocracyTechnology.pdf. Acesso em 24 fev. 2021.

Os riscos da regulação estatal nesse campo são potencializados pela dificuldade de se alcançar consenso na definição dos limites do exercício da liberdade de expressão. Com efeito, nos casos mais complexos, é comum haver desacordo razoável sobre a proteção constitucional conferida a determinadas manifestações. Exemplos recentes como o banimento do ex-presidente Donald Trump do Twitter e do Facebook[425] e a suspensão do canal Terça livre, no Brasil,[426] ilustram o ponto com clareza. Por isso, é preciso pensar um modelo de regulação capaz de desenvolver mecanismos de legitimação das decisões relacionadas ao exercício da liberdade de expressão. No lugar de estipular qual discurso específico deve ou não ser permitido na internet e atribuir ao Estado o papel de fiscalização, o objetivo regulatório deve ser criar um arcabouço capaz de promover credibilidade e transparência aos processos decisórios sobre moderação de conteúdo e, assim, garantir a legitimidade desses procedimentos, mesmo em face das inevitáveis controvérsias substantivas sobre a licitude de determinados discursos.[427]

A regulação estatal também deve encontrar limites nos direitos fundamentais das plataformas digitais,[428] que seriam violados em casos de intervenção desproporcional sobre a sua liberdade de iniciativa. Com efeito, a moderação de conteúdo é uma atividade intrínseca ao serviço oferecido por essas empresas, que são entidades privadas que visam (legitimamente) o lucro. Se elas se tornarem um ambiente de disseminação de conteúdo ilegal ou moralmente indesejável, como pornografia infantil, pornografia de vingança, desinformação, imagens de violência e morte, ou terrorismo, a grande maioria dos usuários, que não quer ser exposta a esse tipo de conteúdo, seria afugentada das plataformas. Portanto, elas têm um interesse legítimo de evitar que as suas comunidades sejam dominadas por conteúdos como esses. Além disso, obrigá-las a veicularem discurso que muitos de seus usuários não aprovam teria impactos financeiros drásticos: dentre outras coisas,

---

[425] Cf.: How Facebook and Twitter decided to take down Trump's accounts. *NBC News*, 14 jan. 2021. Disponível em: https://www.nbcnews.com/tech/tech-news/how-facebook-twitter-decided-take-down-trump-s-accounts-n1254317. Acesso em 01 fev. 2021.

[426] Cf.: Google tira do ar canal terça livre do Youtube após decisão judicial. *O Globo*, 15 jul. 2021. Disponível em: https://oglobo.globo.com/politica/google-tira-do-ar-canal-terca-livre-do-youtube-apos-decisao-judicial-25112114. Acesso em 15 jul. 2021.

[427] ZITTRAIN, Jonathan. Answering impossible questions: content governance in an age of disinformation. *Harvard Kennedy School – Misinformation Review*, 4 jan. 2020. Disponível em: https://misinforeview.hks.harvard.edu/article/content-governance-in-an-age-of-disinformation/. Acesso em 23 mai. 2021.

[428] ABBOUD, Georges; NERY JÚNIOR, Nelson; CAMPOS, Ricardo. *Fake news e regulação*. São Paulo: Thomson Reuters Brasil, 2021.

perderiam receitas de publicidade de empresas que não querem associar as suas marcas a conteúdo de ódio ou ofensivo.[429]

Somando-se a isso, as plataformas também possuem sistemas de recomendação, que definem a forma como o conteúdo é apresentado aos usuários. Esses algoritmos podem ser altamente influentes, já que constituem característica central do serviço oferecido por diversas plataformas. Em alguma medida, é plenamente legítimo que as empresas recorram a esses sistemas para aprimorar a experiência de seus usuários e tornar a sua plataforma mais atrativa.[430] A liberdade para definir o tipo de comunidade que pretendem criar na internet é um componente essencial da livre iniciativa e da liberdade de expressão dessas empresas: a título de comparação, ninguém jamais imaginaria que o Estado poderia definir a linha editorial de determinado jornal. Em certa medida, o mesmo vale para plataformas, desde que forneçam as informações necessárias e suficientes para que os usuários entendam, a partir de Termos de Uso claros e específicos, o que é proibido – o ponto será detalhado adiante.

Assim, pretensões de proibir ou restringir excessivamente a moderação de conteúdo pelas plataformas são: (i) pragmaticamente indesejáveis, porque aumentariam exponencialmente a quantidade de conteúdo ilícito, expulsando usuários bem-intencionados que não querem acessar espaços digitais dominados por imagens de violência, pornografia e afins; e (ii) violariam o direito fundamental à livre iniciativa e à liberdade de expressão dessas plataformas, que são empresas privadas e devem, como regra, ter a liberdade para definir qual serviço prestar e de que forma. Nesse cenário, conforme explica Clara Iglesias, é fundamental que qualquer restrição estatal seja a mínima possível e tenha o potencial de promover o interesse público que justificou a intervenção regulatória.[431]

Nesse contexto, em que a regulação puramente estatal (implementada por normas de comando e controle) e a autorregularão

---

[429] KELLER, Daphne. If lawmakers don't like platforms' speech rules, here's what they can do about it. Spoiler: the options aren't great. *Tech policy greenhouse by techdirt*, 09 set. 2020. Disponível em: https://www.techdirt.com/articles/20200901/13524045226/if-lawmakers-dont-like-platforms-speech-rules-heres-what-they-can-do-about-it-spoiler-options-aren%E2%80%A6. Acesso em 10 set. 2020.

[430] BALKIN, Jack M. Free Speech is a Triangle. *Columbia Law Review*, v. 118, n. 07, p. 2011-2056, 2018. Disponível em: https://columbialawreview.org/wp-content/uploads/2018/11/Balkin-FREE_SPEECH_IS_A_TRIANGLE.pdf. Acesso em 02 fev. 2020.

[431] KELLER, Clara Iglesias. *Regulação nacional de serviços na Internet*: exceção, legitimidade e o papel do Estado. Tese (Doutorado), Universidade do Estado do Rio de Janeiro, Rio de Janeiro, 2019. p. 114.

(cooperação voluntária entre particulares por meio de códigos de conduta ou outros mecanismos de *soft law*) se revelam insuficientes, a *autorregulação regulada* se apresenta como uma alternativa promissora. Esse modelo recorre à cooperação entre Estado e atores regulados para melhor explorar os conhecimentos dos agentes privados, ao mesmo tempo em que garante a proteção a direitos fundamentais e valores de interesse público.[432] De um lado, ela permite que os agentes regulados com conhecimento técnico formulem, interpretem e implementem a regulação, reduzindo os custos e aumentando a eficácia regulatória.[433] Simultaneamente, também endereça preocupações com questões relacionadas a direitos fundamentais na internet, que frequentemente não são adequadamente refletidas em arranjos de autorregulação pura e simples. Em outras palavras, a participação dos agentes regulados supre a falta de conhecimento técnico do Estado; ao passo que a participação do Estado permite a fixação de parâmetros inspirados pelo interesse público.[434]

Diferentes arranjos podem ser instituídos sob o rótulo da *autorregulação regulada*, com variações quanto ao grau de participação estatal.[435] A proposta que será apresentada a seguir atribui tanto aos agentes regulados quanto aos agentes estatais uma participação ativa no procedimento regulatório, buscando a implementação de um modelo sensível às circunstâncias técnicas do mercado digital, mas que também promova princípios públicos como transparência, *accountability* e legitimidade.[436] Especificamente na camada de conteúdo, objeto do presente trabalho, esse modelo se apresenta de forma especialmente promissora, pois é comum que as questões regulatórias se relacionem

---

[432] "A regulação autorregulada parece ser a forma mais avançada da proceduralização, pois promete ser mais sensível às mudanças das variáveis estruturais e explora melhor as capacidades de informação dos destinatários e a lógica inerente a cada esfera social" (GRIMM, Dieter. Regulierte selbstregulierung in der tradition des verfassungsstaates. *In: Die verwaltung. Zeitschrift für Verwaltungsrecht und Verwaltungswissenschaften. Caderno 4, Regulierte Selbstregulierung als Steuerungskonzept des Gewährleistungsstaates*. Berlim: Duncker & Humblot, 2001. p. 18 *apud*. ABBOUD, Georges; NERY JÚNIOR, Nelson; CAMPOS, Ricardo. *Fake news e regulação*. São Paulo: Thomson Reuters Brasil, 2021. p. 129.

[433] BINENBOJM, Gustavo. *Poder de polícia, ordenação, regulação*. 2. ed. Belo Horizonte: Fórum, 2017. p. 282.

[434] ABBOUD, Georges; NERY JÚNIOR, Nelson; CAMPOS, Ricardo. *Fake news e regulação*. São Paulo: Thomson Reuters Brasil, 2021. p. 326.

[435] SILVA, Bruno Boquimpani. *A autorregulação*: delineamento de um modelo policêntrico de regulação jurídica. 103f. Dissertação (Mestrado). Universidade do Estado do Rio de Janeiro, Faculdade de Direito, 2010.

[436] KELLER, Clara Iglesias. *Regulação nacional de serviços na Internet*: exceção, legitimidade e o papel do Estado. Tese (Doutorado), Universidade do Estado do Rio de Janeiro, Rio de Janeiro, 2019. p. 169.

com direitos fundamentais à liberdade de expressão e privacidade, que podem ser protegidos e promovidos por esse arranjo institucional flexível e eficiente, inclusive como forma de controlar tanto o poder estatal, quanto o poder privado, sobre o discurso.

Tendo em vista essas considerações, bem como as falhas de mercado identificadas no capítulo 3, a proposta de regulação ora apresentada tem por objetivo (i) reduzir a assimetria de informação entre plataformas e usuários, (ii) resguardar o direito fundamental à liberdade de expressão de intervenções privadas ou estatais excessivas, bem como (iii) proteger a democracia no ambiente digital.[437] De forma específica, o modelo pretende: (i) criar os incentivos adequados para que as plataformas removam conteúdo ilegal ou especialmente danoso; (ii) proteger informações e discursos legítimos, evitando qualquer intervenção estatal excessiva e modelos de responsabilização civil que levem à remoção de conteúdo em excesso; e (iii) promover a liberdade de iniciativa e a inovação, pois leis de responsabilidade civil excessivamente duras podem inviabilizar serviços lícitos que promovem o bem-estar social e impedir a ascensão de novas plataformas ou de novos serviços dentro de plataformas já existentes, por medo de responsabilização e pelos custos regulatórios.[438]

Antes de passar à proposta de regulação da liberdade de expressão na internet, é preciso reconhecer, de partida, que nenhum modelo será perfeito, capaz de pegar todo o conteúdo ilícito, e apenas ele. Sempre haverá pontos cegos: uma regulação muito abrangente inevitavelmente alcançará, também, conteúdo plenamente legítimo. Uma regulação menos abrangente, inevitavelmente, permitirá, também, a publicação de algum grau de conteúdo ilícito. E isso por dois motivos principais.

Em primeiro lugar, há verdadeira impossibilidade técnica de moderação humana da enorme quantidade de conteúdo publicada nas redes. A título de exemplo, apenas no último bimestre de 2020, o Facebook adotou alguma medida de moderação em relação a 105 milhões de publicações e o Instagram, 35 milhões. O Youtube, que tem 500 horas de vídeo carregadas por minuto, removeu mais de 9,3 milhões de vídeos. Na primeira metade de 2020, o Twitter analisou denúncias sobre 12,4

---

[437] Como antecipado na introdução, o domínio de mercado e a análise sobre a necessidade/adequação de medidas destinadas a combater o oligopólio das empresas de tecnologia não são objeto deste trabalho.

[438] KELLER, Daphne; LEERSSEN, Paddy. Facts and where to find them: empirical research on internet platforms and content moderation. *SSRN*, 16 dez. 2019. Disponível em: https://ssrn.com/abstract=3504930. Acesso em 28 jul. 2021.

milhões de contas por potenciais violações às suas regras e removeu 1,9 milhões. E esses números representam apenas os casos em que as plataformas fizeram algo – o número geral de publicações analisadas é, portanto, muito maior.[439] O ponto foi precisamente ilustrado na frase "errar é plataforma", cunhada por James Grimmelman.[440]

Portanto, qualquer pretensão de moderação humana de todo o material publicado é irrealista. Para contornar essa dificuldade, reduzir a disseminação de conteúdo flagrantemente ilícito e organizar as publicações, as empresas de tecnologia frequentemente recorrem a algoritmos para fazerem um filtro do conteúdo publicado. Disso se conclui que a eficiência da regulação da liberdade de expressão é diretamente influenciada pela capacidade tecnológica desses instrumentos. Por isso, é preciso aprofundar brevemente os tipos de algoritmos utilizados pelas plataformas digitais e as suas limitações. É para isso que se atenta agora.

Atualmente, há dois modelos de algoritmos utilizados: (i) o de detecção de reprodução; e (ii) o preditivo.[441] O primeiro modelo tem por objetivo identificar reproduções idênticas ou muito semelhantes de um conteúdo que já tenha sido previamente classificado como ilegal. Essa é, por exemplo, a tecnologia predominantemente usada para combater pornografia infantil na internet, pois esse tipo de conteúdo frequentemente envolve a reprodução das mesmas imagens. Nesses casos, as empresas de tecnologia mantêm uma base compartilhada de dados, com todo o material já previamente identificado por humanos como pornografia infantil. Os algoritmos de detecção de reprodução, usando uma tecnologia chamada *hashing*, são capazes de detectar qualquer nova reprodução, otimizando o combate a esse tipo de conteúdo. A tecnologia também é usada – com menos precisão, vale dizer –, para propaganda terrorista e alguns casos de direitos autorais (por exemplo, o Content ID do Youtube).[442]

---

[439] DOEUK, Evelyn. Governing online speech. *Columbia Law Review*, v. 121, n. 03, p. 759-934, abr. 2021. p. 791. Disponível em: https://columbialawreview.org/wp-content/uploads/2021/04/Douek-Governing_Online_Speech-from_Posts_As-Trumps_To_Proportionality_And_Probability.pdf. Acesso em 29 set. 2021.

[440] GRIMMELMAN, James. To err is platform. *Knight First Amend. Inst.*, 6 abr. 2018. Disponível em: https://knightcolumbia.org/content/err-platform. Acesso em 29 set. 2020.

[441] THAKUR, Dhanaraj; LLANSÓ, Emma. Do you see what i see? capabilities and limits of automated multimedia content analysis. *Center for Democracy & Technology*, 20 mai. 2021. Disponível em: https://cdt.org/insights/do-you-see-what-i-see-capabilities-and-limits-of-automated-multimedia-content-analysis/. Acesso em 05 jun. 2021.

[442] Cf.: How content id Works. *YouTube Help*, [s.d.]. Disponível em: https://support.google.com/youtube/answer/2797370?hl=en. Acesso em 26 set. 2021.

A limitação notória desse modelo é que ele depende de uma base de dados pré-existente que já tenha classificado o conteúdo como ilícito. Por isso, ele não serve para combater conteúdo ilícito novo. Ademais, ele não faz considerações contextuais e pode, portanto, remover a reprodução do conteúdo em contextos legítimos, como reportagens jornalísticas. Há, ainda, preocupações relacionadas à falta de transparência do processo de inclusão de imagens e conteúdos nessas bases de dados compartilhadas – que não são públicas – e de que elas possam ser hackeadas para incluir conteúdo lícito, gerando falsos positivos.[443]

Os modelos preditivos, por sua vez, utilizam técnicas de *machine learning*[444] para identificar potenciais ilegalidades em conteúdo novo e desconhecido, que ainda não tenha sido analisado por humanos. Esses algoritmos interpretam determinados elementos do conteúdo e, a partir disso, fazem uma predição sobre a sua (i)licitude. São utilizados, por exemplo, para detectar conteúdo que viole as políticas de pornografia ou de conteúdo violento. Esse modelo também possui deficiências relevantes, como a limitação desses algoritmos para lidar com situações inteiramente novas, às quais não tenham sido expostos na sua configuração ou *design*, e de fazerem considerações contextuais que podem influenciar a análise de licitude de determinado discurso.[445] Um exemplo real e recente, que inclusive chegou ao Comitê de Supervisão do Facebook, evidencia o ponto: o filtro preditivo do Facebook usado para remover conteúdo de pornografia removeu imagens de uma

---

[443] DOLHANSKY, Brian; FERRER, Cristian Canton. Adversarial collision attacks on image hashing functions. *Cornell University*, 18 nov. 2020. Disponível em: https://arxiv.org/abs/2011.09473. Acesso em 26 jul. 2021.

[444] "O machine learning é um processo pelo qual um sistema analisa dados para extrair características, relacionamentos e correlações, sem ter sido programado para tanto e, em seguida, aplica esses entendimentos para analisar outros dados. A noção de aprendizado de máquina remonta a 1952, mas o poder de processamento moderno aumentou exponencialmente seu potencial". Tradução livre. No original: "Machine learning (ML) is a process by which a system parses data to extract characteristics, relationships, and correlations from it, without being programmed to do so, and then applies those understandings to analyze other data. The notion of machine learning dates back to 1952, but modern processing power has exponentially increased its potential" (THAKUR, Dhanaraj; LLANSÓ, Emma. Do you see what i see? capabilities and limits of automated multimedia content analysis. *Center for Democracy & Technology*, 20 mai. 2021. Disponível em: https://cdt.org/insights/do-you-see-what-i-see-capabilities-and-limits-of-automated-multimedia-content-analysis/. Acesso em 05 jun. 2021).

[445] THAKUR, Dhanaraj; LLANSÓ, Emma. Do you see what i see? capabilities and limits of automated multimedia content analysis. *Center for Democracy & Technology*, 20 mai. 2021. Disponível em: https://cdt.org/insights/do-you-see-what-i-see-capabilities-and-limits-of-automated-multimedia-content-analysis/. Acesso em 05 jun. 2021.

campanha de conscientização de câncer de mama.[446] Assim que tomou conhecimento do erro pela denúncia de usuários, o Facebook restituiu o conteúdo. Em muitas ocasiões, porém, usuários não têm o mesmo poder de mobilização para questionar a aplicação do algoritmo de forma rápida e efetiva. Essa dificuldade é potencializada pelo fato de que usuários podem deliberadamente fazer pequenas alterações no conteúdo para evitar a sua detecção ou mesmo criar *deepfakes* realistas que os algoritmos não tenham capacidade de identificar.

A segunda dificuldade diz respeito ao fato de que os algoritmos de *machine learning* dependem de dados coletados no mundo real e, portanto, podem acabar embutindo preconceitos ou preconcepções, levando a aplicações assimétricas do filtro algorítmico.[447] Ademais, também há uma dificuldade relevante de se avaliar a precisão desses algoritmos. Com efeito, para que isso seja possível, seria preciso conhecer todo o conteúdo avaliado e, só então, analisar acertos e erros – tanto os falsos positivos, quanto os falsos negativos.[448] Ocorre que esses dados frequentemente não são coletados ou disponibilizados, de modo que não se sabe a precisão desses sistemas. Somando-se a isso, também não é possível decodificar esses algoritmos para obter uma explicação completa de como chegaram a determinada decisão, já que utilizam milhões de parâmetros interrelacionados e entender o processo de correlação entre eles é custoso e demorado. Há, é certo, iniciativas destinadas a promover a *explicabilidade* desses algoritmos,[449] mas elas ainda são incipientes e dependeriam da divulgação de mais dados pelas empresas de tecnologia.

Ilustrando essas dificuldades, é possível apontar para o aumento do recurso a algoritmos para moderação de conteúdo durante a pandemia da COVID-19, que impossibilitou o trabalho presencial. O resultado foram números dramaticamente mais elevados de remoção,

---

[446] Cf.: Case Decision 2020-004-IG-UA. *Facebook Oversight Board*, 28 jan. 2021. Disponível em: https://oversightboard.com/decision/IG-7THR3SI1/. Acesso em 14 mai. 2021.

[447] THAKUR, Dhanaraj; LLANSÓ, Emma. Do you see what i see? capabilities and limits of automated multimedia content analysis. *Center for Democracy & Technology*, 20 mai. 2021. Disponível em: https://cdt.org/insights/do-you-see-what-i-see-capabilities-and-limits-of-automated-multimedia-content-analysis/. Acesso em 05 jun. 2021.

[448] THAKUR, Dhanaraj; LLANSÓ, Emma. Do you see what i see? capabilities and limits of automated multimedia content analysis. *Center for Democracy & Technology*, 20 mai. 2021. Disponível em: https://cdt.org/insights/do-you-see-what-i-see-capabilities-and-limits-of-automated-multimedia-content-analysis/. Acesso em 05 jun. 2021.

[449] LLANSÓ, Emma *et al*. Artificial intelligence, content moderation, and freedom of expression. *Transatlantic working Group*, 26 fev. 2021. Disponível em: https://www.ivir.nl/publicaties/download/AI-Llanso-Van-Hoboken-Feb-2020.pdf. Acesso em 05 set. 2021.

mas sem necessariamente alcançar os casos mais críticos.[450] Nesse contexto, os filtros continuam a ser "tecnologias não testadas e pouco compreendidas" que, se utilizadas para além de cenários mais objetivos como pornografia infantil, têm potencial de censurar e silenciar discursos protegidos e causar danos "a valores democráticos e direitos humanos individuais".[451]

Essas dificuldades, contudo, não significam que algoritmos não devam desempenhar um papel na moderação de conteúdo na internet. Apesar de sua imprecisão, eles exercem uma função fundamental de filtro inicial em um cenário em que a moderação humana é impossível. De fato, eles removem uma grande quantidade de conteúdo ilícito antes que se disseminem pelas redes. Pretender responsabilizar as plataformas por erros pontuais nesses sistemas criaria incentivos para que algoritmos fossem abandonados nessa primeira camada de moderação, o que prejudicaria significativamente o ambiente da liberdade de expressão digital, com a proliferação de conteúdo ilícito. Por outro lado, reivindicações genéricas para que as plataformas implementem algoritmos para otimizarem a moderação de conteúdo, ou leis que imponham prazos muito curtos para atender a ordens de remoção apresentadas pelos usuários, podem criar pressões excessivas para utilização de algoritmos genéricos e imprecisos em maior escala.[452] Conhecer as limitações desses algoritmos é fundamental, portanto, para se chegar ao equilíbrio necessário para uma regulação precisa da matéria.

Por fim, a regulação perfeita da liberdade de expressão na internet também é inviável, porque, nos casos mais controvertidos sobre liberdade de expressão, haverá desacordo razoável sobre a licitude ou ilicitude de determinado discurso. O objetivo da regulação, portanto, deve ser encontrar o modelo capaz de otimizar a ponderação entre direitos fundamentais de usuários e plataformas, reconhecendo que sempre

---

[450] Cf.: What happened when humans stopped managing social media content. *Político*, 21 out. 2020. Disponível em: https://www.politico.eu/article/facebook-content-moderation-automation/. Acesso em 25 out. 2021.

[451] Cf.: Civil society letter to the European parliament on the proposed regulation on preventing the dissemination of terrorist content online. *Center for Democracy and Technology – CDT*, 04 fev. 2019. Disponível em: https://cdt.org/files/2019/02/Civil-Society-Letter-to-European-Parliament-on-Terrorism-Database.pdf. Acesso em 08 mar. 2021.

[452] THAKUR, Dhanaraj; LLANSÓ, Emma. Do you see what i see? capabilities and limits of automated multimedia content analysis. *Center for Democracy & Technology*, 20 mai. 2021. Disponível em: https://cdt.org/insights/do-you-see-what-i-see-capabilities-and-limits-of-automated-multimedia-content-analysis/. Acesso em 05 jun. 2021.

haverá casos possíveis de erro ou em que o consenso não será possível.[453] Por isso, o foco da regulação deve ser a criação de um *procedimento* adequado para decisões sobre moderação de conteúdo, capaz de (i) minimizar erros, e (ii) legitimar essas decisões, mesmo quando não se concorde com os seus resultados. Tendo essa premissa como pano de fundo, divide-se a proposta de regulação aqui formulada em três planos: (i) o modelo adequado de responsabilização das plataformas por conteúdo específico publicado por terceiros; (ii) as regras para regulação do poder das plataformas quando estiverem moderando conteúdo com fundamento em termos de uso privados; e (iii) os deveres mínimos de moderação de conteúdo que represente ameaças concretas à democracia e/ou à própria liberdade de expressão.

5.1 Regime de responsabilidade civil por publicações específicas de usuários

Há três modelos possíveis de responsabilização das plataformas por conteúdo publicado por terceiros: (i) responsabilidade objetiva; (ii) responsabilidade subjetiva, após notificação extrajudicial; e (iii) responsabilidade subjetiva, após decisão judicial específica. No primeiro modelo, as plataformas são responsabilizadas pelo conteúdo publicado por terceiros, independentemente de notificação extrajudicial ou ordem judicial prévia. Segundo essa teoria, as plataformas têm (ou deveriam ter) controle sobre tudo o que é postado em suas redes e, portanto, a publicação de conteúdo ilícito equivaleria a erro na prestação do serviço. O dano decorrente de mensagens com conteúdo ofensivo inseridas no *site* dessas plataformas digitais constituiria, portanto, risco inerente à atividade. A lógica por trás dessa teoria é a de que a responsabilidade de plataformas digitais seria equiparável à de veículos de mídia que possuem controle editorial sobre o conteúdo publicado. Como já mencionado, porém, o serviço prestado pelas plataformas digitais é significativamente diverso daquele prestado por organizações de mídia e a pretensão de que elas fiscalizem tudo o que é postado em suas redes revela incompreensão essencial do ambiente digital e ameaça a própria sustentabilidade desse modelo de negócios. Por isso, "nenhum

---

[453] DOEUK, Evelyn. Governing online speech. *Columbia Law Review*, v. 121, n. 03, p. 759-934, abr. 2021. p. 791. Disponível em: https://columbialawreview.org/wp-content/uploads/2021/04/Douek-Governing_Online_Speech-from_Posts_As-Trumps_To_Proportionality_And_Probability.pdf. Acesso em 29 set. 2021.

regime jurídico democrático estende hoje a responsabilidade objetiva aos intermediários de internet".[454]

No segundo modelo, a responsabilidade civil das plataformas digitais surgiria se, após notificação extrajudicial de usuários, não removessem o conteúdo impugnado. Essa teoria parte do pressuposto de que, embora não seja dever das plataformas monitorar genérica e previamente todo o conteúdo publicado por terceiros, após uma notificação identificando o material a ser removido, elas passariam a ter conhecimento do conteúdo ilícito e, então, surgiria o dever de remoção. Se não atendido, as plataformas seriam solidariamente responsáveis pelo dano decorrente. No terceiro modelo, por sua vez, a responsabilidade civil das plataformas digitais surge apenas em casos de descumprimento de ordem judicial declarando o conteúdo impugnado ilícito e determinando a sua remoção. Essa teoria parte do pressuposto de que, além de não ser dever das plataformas monitorar genérica e previamente todo o conteúdo publicado por terceiros, a obrigação de atender a notificações extrajudiciais sob pena de responsabilização civil poderia levar à remoção excessiva de conteúdo.

O modelo de responsabilidade apenas após decisão judicial específica foi adotado no Brasil com o advento do Marco Civil da Internet. É, também, o sistema recomendado pelos Princípios de Manila, um modelo de regime de responsabilização de intermediários defendido por organizações da sociedade civil de diversos países,[455] bem como o modelo adotado nos Estados Unidos (exceto para os casos de direitos autorais). Como se passa a demonstrar, entende-se que ele é, efetivamente, o que melhor equilibra os interesses pertinentes.

Como já mencionado, nos casos mais complexos sobre liberdade de expressão, não será possível alcançar consenso sobre a licitude ou ilicitude do discurso. Nesse contexto, regras que responsabilizem as plataformas pela não remoção de conteúdo após mera notificação dos usuários, sem decisão judicial prévia reconhecendo a sua ilicitude, criam incentivos para a remoção de qualquer conteúdo potencialmente controvertido, restringindo excessivamente a liberdade de expressão de usuários. Sempre que o Estado ameaça responsabilizar as plataformas

---

[454] Cf.: Liberdade de expressão e internet: relatoria especial para a liberdade de expressão da OEA. *CIDH*, 2013. Disponível em: http://www.oas.org/pt/cidh/expressao/docs/publicaciones/2014%2008%2004%20Liberdade%20de%20Express%C3%A3o%20e%20Internet%20Rev%20%20HR_Rev%20LAR.pdf. Acesso em 26 abr. 2021.

[455] Cf.: Princípios de Manila. *Manila Principes.org*, [s.d.]. Disponível em: https://manilaprinciples.org/principles.html. Acesso em 04 fev. 2021.

digitais caso discorde de sua avaliação, os intermediários terão os incentivos para remover todo conteúdo que acreditem que possa vir a ser considerado ilícito pelo judiciário. Haveria, assim, uma espécie de *chilling effect* em versão digital: não são os usuários que deixarão de falar por medo, mas as plataformas de divulgação do conteúdo que restringirão e filtrarão discurso em excesso por medo de sanção.[456] O ponto é agravado pelo fato de que as plataformas não têm nenhum interesse específico na defesa do conteúdo e, muitas vezes, sequer possuem o conhecimento adequado para fazê-lo.

Nesse sentido, David Kaye, na condição de Relator Especial das Nações Unidas para a Liberdade de Opinião e Expressão, destacou em relatório apresentado ao Conselho de Direitos Humanos da ONU, que a pressão para promover a remoção de conteúdo gerado por terceiros leva a um aumento dos índices de remoção de conteúdo lícito. Por isso, "questões complexas de fato e de direito devem ser, em geral, julgadas por instituições públicas, e não por atores cujos processos internos possam ser inconsistentes com parâmetros do devido processo legal e cuja motivação seja, sobretudo, econômica".[457]

O modelo de remoção após mera notificação extrajudicial é conhecido internacionalmente como o modelo de "notice and takedown" ("notificação e retirada"). Como visto, ele foi adotado na Diretiva de Comércio Eletrônico da União Europeia e no Digital Millennium Copyright Act (DMCA) nos EUA. O estudo mais abrangente conduzido sobre os impactos desses regimes de "notice and takedown" revisou notificações para remoção de aproximadamente 4000 URLs do Google Search, com fundamento em violações de direitos autorais, dentre 108 milhões recebidas em um período de 6 meses.[458] A primeira conclusão relevante do estudo foi a de que 31% dos pedidos de *takedown* eram potencialmente problemáticos, pois envolviam solicitações fundamentalmente equivocadas ou, no mínimo, duvidosas quanto à existência de violação. Em 4.2% dos casos o conteúdo impugnado claramente não era equivalente ao conteúdo da obra supostamente copiada. Isso equivale

---

[456] BALKIN, Jack M. Free Speech is a Triangle. *Columbia Law Review*, v. 118, n. 07, p. 2011-2056, 2018. Disponível em: https://columbialawreview.org/wp-content/uploads/2018/11/Balkin-FREE_SPEECH_IS_A_TRIANGLE.pdf. Acesso em 02 fev. 2020.

[457] HUMAN RIGHTS COMMITTEE. *Report of the Special Rapporteur on the promotion and protection of the right to freedom of opinion and expression*. 06 abr. 2018. UN Doc A/HRC/38/35. Disponível em: https://undocs.org/A/HRC/38/35. Acesso em 17 nov. 2021.

[458] URBAN, Jennifer M.; KARAGANIS, Joe; SCHOFIEL, Brianna. Notice and takedown in everyday practice. *UC Berkeley Public Law Research Paper*, n. 2755628, 22 mar. 2017. Disponível em: https://ssrn.com/abstract=2755628. Acesso em 03 ago. 2021.

a aproximadamente 4,5 milhões de pedidos de *takedown* equivocados no prazo de seis meses.

O estudo também concluiu que 19% dos pedidos tinham problemas quanto ao cumprimento das exigências legais básicas para o envio de notificação – por exemplo, não identificavam adequadamente a obra supostamente violada ou o conteúdo supostamente violador, que são, como intuitivo, elementos fundamentais para avaliar a legitimidade dos pedidos. Aproximadamente 6,6% dos pedidos de remoção suscitavam dúvida razoável quanto à legitimidade do conteúdo e 2,3% dos pedidos reclamavam sobre temas não relacionados a direitos autorais (envolviam, por exemplo, alegações de difamação).

O estudo também entrevistou funcionários de plataformas, usuários e outros participantes relevantes. Dessas entrevistas, também extraiu conclusões relevantes. Empresas menores ou mais tradicionais empregavam times de 3 a 4 pessoas para revisar os pedidos enviados e muitas descreveram que "agem de forma conservadora para evitar responsabilização, optando por remover conteúdo mesmo quando não têm certezas sobre a validade do pedido".[459] Também relataram que observaram casos de "manipulação deliberada do processo de remoção do DMCA [pelos notificantes], inclusive para prejudicar competidores, resolver disputas pessoais, silenciar críticos, ou ameaçar a plataforma".[460]

No caso das empresas maiores, o relato foi no sentido de que o alto número de notificações exigia a adoção de soluções automatizadas – só a Google, por exemplo, recebeu 108 milhões de pedidos no período de seis meses. Na mesma linha, os notificantes (i.e., detentores dos direitos autorais supostamente violados) também relataram o uso de processos de notificação automatizados para submeter URLs para remoção. A título de exemplo, por causa de erros desses sistemas automatizados de denúncia, o músico Usher chegou a pedir a remoção da versão do filme de Edgar Allen Poe chamada "Fall of the House of Usher". Para dar conta de todos esses pedidos, as plataformas relataram que, em muitas ocasiões, automaticamente aceitam os pedidos submetidos, em particular quando venham de fontes consideradas "confiáveis". Como consequência, algumas sequer oferecem revisão humana

---

[459] URBAN, Jennifer M.; KARAGANIS, Joe; SCHOFIEL, Brianna. Notice and takedown in everyday practice. *UC Berkeley Public Law Research Paper*, n. 2755628, 22 mar. 2017. Disponível em: https://ssrn.com/abstract=2755628. Acesso em 03 ago. 2021.

[460] URBAN, Jennifer M.; KARAGANIS, Joe; SCHOFIEL, Brianna. Notice and takedown in everyday practice. *UC Berkeley Public Law Research Paper*, n. 2755628, 22 mar. 2017. Disponível em: https://ssrn.com/abstract=2755628. Acesso em 03 ago. 2021.

para a maior parte das notificações automatizadas que recebiam. As plataformas também relataram baixos índices de apresentação de defesa ou recurso por parte dos usuários cujos conteúdos foram removidos. Considerando as taxas de erro encontradas no estudo, isso significa que, em muitos casos, conteúdo lícito estava sendo removido sem qualquer questionamento.

Nesse mesmo sentido, o projeto *Dissenso.org*, organizado pelo InternetLab no Brasil, destaca que apenas 33,5% dos casos de pedidos de remoção foram deferidos ou confirmados em segunda instância no Brasil – "ou seja, em mais de 60% dos casos, os pedidos de remoção foram considerados ilegítimos, infundados ou abusivos, e o seu pronto atendimento pelas plataformas implicaria a remoção de manifestações e conteúdos legítimos".[461]

O modelo de responsabilidade subjetiva apenas após decisão judicial, como adotado pelo artigo 19 do Marco Civil da Internet (MCI), minimiza esses riscos ao exigir uma decisão judicial classificando determinado conteúdo como ilícito para que surja o dever de remoção. Apenas em casos de descumprimento dessas decisões judiciais é que surge a responsabilidade civil das plataformas. Esse modelo protege a liberdade de expressão, pois as plataformas não convivem com o medo constante de que possam ser responsabilizadas se o judiciário vier a discordar das suas avaliações quanto à (i)licitude de determinado conteúdo. O modelo também impede o uso de ferramentas de notificação extrajudicial para causar constrangimento público e coibir futuras manifestações críticas no ambiente digital.[462]

A proteção à liberdade de expressão é reforçada quando se exige que o conteúdo a ser removido seja especificamente identificado pela decisão judicial por meio de URLs – como recomendam os Princípios de Manila.[463] Essa também é a linha adotada no Brasil, onde a jurisprudência pacífica do Superior Tribunal de Justiça entende que a exigência do art. 19, §1º do Marco Civil de "identificação clara e específica" só será satisfeita mediante a indicação de URLs que remetam diretamente ao conteúdo que se pretenda remover.[464] A exigência de indicação de URL específica também significa que, no ordenamento jurídico brasileiro,

---

[461] STF, RE nº 1.037.396, Rel. Min. Dias Toffoli, Manifestação *amicus curiae* Internetlab.
[462] STF, RE nº 1.037.396, Rel. Min. Dias Toffoli, Manifestação *amicus curiae* Internetlab.
[463] Cf.: Princípios de Manila. *Manila Principes.org*, [s.d.]. Disponível em: https://manilaprinciples.org/principles.html. Acesso em 04 fev. 2021.
[464] A título de exemplo: STJ, *DJe* 01 jul. 2020, AgInt no AgInt no REsp nº 1759801/RN, Rel. Min. Nancy Andrighi, Terceira Turma.

não são admitidas ordens genéricas para monitoramento de conteúdo – ao contrário do que ocorre na União Europeia. Isso significa que, mesmo que determinado conteúdo já tenha sido considerado ilícito pelo judiciário, qualquer reprodução daquele material por meio de outra URL exigirá nova ordem judicial específica. A lógica aqui é a de que, pela quantidade de material, as plataformas não têm condições técnicas de monitorar proativamente todo o conteúdo postado, salvo pela utilização de filtros genéricos. Esses filtros, porém, encontram a dificuldade já antecipada de que reproduções de conteúdo previamente considerado ilícito podem ser lícitas, dependendo de considerações contextuais. Por isso, a exigência de nova ordem judicial minimiza os riscos de remoção inadequada de conteúdo.

Como visto, o art. 21 do Marco Civil da Internet excepciona a regra geral do artigo 19 ao prever a responsabilidade subjetiva após mera notificação extrajudicial nos casos de divulgação "de imagens, de vídeos ou de outros materiais contendo cenas de nudez ou de atos sexuais de caráter privado". O objetivo desse artigo é o de proteger imagens de nudez privadas, divulgadas sem o consentimento da vítima. Considerando que, nesses casos, o critério de identificação da ilicitude do conteúdo é objetivo e o material tem potencial de causar danos graves e imediatos à vítima, a exigência de notificação extrajudicial é a que melhor compatibiliza direitos de usuários e das plataformas digitais.

Antes de concluir, vale registrar que, embora o Marco Civil da Internet seja considerado um bom exemplo de regras de responsabilização de intermediários digitais, há, ainda, duas questões pertinentes que não foram textualmente endereçadas na referida Lei, tampouco adequadamente enfrentadas pela jurisprudência nacional, e que justificam reflexões.

A primeira delas diz respeito à atribuição de efeitos globais a decisões judiciais de remoção de conteúdo. A questão surgiu de forma emblemática em decisão proferida pelo Min. Alexandre de Moraes no Inquérito das Fake News. Com efeito, em maio de 2020, o Relator do Inquérito das Fake News determinou, dentre outras medidas, o bloqueio de contas em redes sociais, tais como Facebook, Twitter e Instagram, dos investigados, "para interrupção dos discursos com conteúdo de ódio, subversão da ordem e incentivo à quebra da normalidade institucional e democrática". Em julho do mesmo ano, as contas indicadas na decisão foram suspensas em território nacional pelas redes sociais Twitter e Facebook. Ocorre que alguns dos alvos do bloqueio alteraram as configurações de suas contas e usaram mecanismos como VPN para retomar o acesso e continuar as publicações. Um deles, inclusive, divulgou o passo a passo a seus seguidores, para que também pudessem continuar acessando os perfis.[465] Em nova decisão, o Min. Alexandre considerou que

> a suspensão parcial das contas e perfis (...), por limitar seus efeitos práticos a postagens feitas em contas registradas no território nacional, caracteriza descumprimento da ordem judicial, tendo em conta seu objetivo, pois permite plena manutenção de divulgação e acesso das mensagens criminosas em todo o território nacional.

Em resposta aos argumentos do Facebook de que a decisão extrapolaria a jurisdição nacional, o Ministro afirmou que "em momento algum se determinou o bloqueio de divulgação no exterior, mas o efetivo bloqueio de contas e a divulgação de suas mensagens ilícitas no território nacional, não importando o local de origem da postagem". As redes sociais cumpriram a ordem, embora tenham afirmado que a decisão seria "extrema" e representaria riscos para a liberdade de expressão fora da jurisdição brasileira.

A complexidade da questão decorre do fato de que, de um lado, as plataformas digitais tomam decisões privadas sobre moderação de conteúdo e as aplicam em âmbito global. De outro lado, as cortes nacionais – instituições tradicionalmente responsáveis pela adjudicação de conflitos relacionados à liberdade de expressão – estão limitadas à jurisdição nacional, por regras nacionais e princípios de direito internacional. Porém, a natureza virtual da internet faz com que as fronteiras nacionais sejam altamente permeáveis,[466] resultando, assim, na ineficácia de decisões judiciais mesmo em território nacional sob sua jurisdição. De forma específica, mecanismos como VPNs ("Virtual Private Networks") permitem que usuários localizados no território nacional dissimulem a origem de sua conexão e acessem conteúdo bloqueado no território nacional. O caso relatado é exemplo paradigmático desse dilema. No mesmo sentido, há decisões do Tribunal de Justiça do Estado de São Paulo (TJSP) obrigando a Google a desindexar resultados de busca em nível mundial.[467]

---

[465] Cf.: Bolsonaristas driblam bloqueio e seguem atacando STF nas redes sociais. *Folha de São Paulo*, 24 jul. 2020. Disponível em: https://www1.folha.uol.com.br/colunas/painel/2020/07/bolsonaristas-driblam-bloqueio-e-seguem-atacando-stf-nas-redes-sociais.shtml. Acesso em 07 abr. 2021.

[466] Yahoo! Inc. *vs.* La Ligue Contre Le Racisme et L'Antisémitisme, 433 F.3d 1199 (9th Cir. 2006) (*en banc*).

[467] TJSP, *DJe* 05 ago. 2019, AI nº 2026147-68.2019.8.26.0000, Relator: Des. Claudio Godoy.

O problema é que, na tentativa de contornar esses mecanismos de burla a decisões judiciais, as decisões com efeitos extraterritoriais acabam violando princípios de direito internacional, como o de não intervenção, e representam ameaça real e concreta de que os padrões da liberdade de expressão na internet sejam reduzidos àqueles dos países que tenham a visão mais restritiva desse direito fundamental. Com efeito, se se permite que países autoritários determinem o que será acessível a indivíduos localizados no Brasil, a internet perderá a sua natureza mundial, aberta e emancipatória.

Pelos riscos que decisões com efeitos extraterritoriais representam à liberdade de expressão e à soberania nacional, entende-se que elas não devem ser admitidas. O ponto foi destacado em relatório de David Kaye, na qualidade de Relator das Nações Unidas para Liberdade de Opinião e de Expressão, quando ressaltou que

> a lógica dessas demandas permitiria censura para além de fronteiras nacionais, em benefício dos censuradores mais restritivos. Aqueles que buscam remoções devem ser obrigados a fazer tais solicitações em todas as jurisdições, quando relevante, por meio de processos legais e judiciais regulares.[468]

O recurso a mecanismos de VPN para burlar decisões judiciais pode e deve ser endereçado de outras formas – notadamente, com a responsabilização civil e potencialmente penal dos envolvidos, pelo descumprimento de decisão judicial. Excepciona-se esse entendimento apenas para conteúdo objetiva e mundialmente ilícito, cuja classificação como tal independa de considerações contextuais de cada país. São eles: (i) pornografia infantil; (ii) nudez de caráter privado; e (iii) venda de substâncias ilícitas. Vale dizer que, como regra, esse tipo de conteúdo já é removido em nível mundial pelas próprias plataformas digitais, que incorporam em seus termos de uso vedações expressas a esse material.

A segunda questão que deve ser aprofundada pela jurisprudência nacional para garantir maior proteção à liberdade de expressão na aplicação do artigo 19 é a de, sempre que possível, intimar o responsável pelo conteúdo, para compor o polo passivo da ação que pretende a remoção do conteúdo. Isso não significa que não possam ser propostas ações contra os intermediários para garantir celeridade

---

[468] HUMAN RIGHTS COMMITTEE. *Report of the Special Rapporteur on the promotion and protection of the right to freedom of opinion and expression*. 06 abr. 2018. UN Doc A/HRC/38/35. Disponível em: https://undocs.org/A/HRC/38/35. Acesso em 17 nov. 2021.

e eficácia à remoção do conteúdo – inclusive porque, com frequência, a identificação do usuário responsável pelo conteúdo também exigirá que as plataformas forneçam o endereço de IP do responsável – ou para removerem o conteúdo nos casos em que não seja possível identificar o usuário responsável.

Porém, é certo que apenas o usuário que postou o conteúdo detém o conhecimento adequado para defendê-lo. Como antecipado, as plataformas não têm condições – e, frequentemente, sequer interesse – em defender conteúdo postado por usuários, pela falta de conhecimento integral do contexto e dos fatos subjacentes. Em alguma medida, o art. 20 do Marco Civil da Internet tenta endereçar essa problemática, estabelecendo que, sempre que tiver informações de contato do usuário diretamente responsável pelo conteúdo, caberá ao provedor de aplicações comunicar-lhe os motivos e informações relativos à indisponibilização do conteúdo, com informações que permitam o exercício do contraditório e da ampla defesa em juízo, salvo expressa previsão legal ou determinação judicial em contrário. Porém, são recorrentes decisões judiciais impedindo a comunicação aos usuários cujo conteúdo foi removido, reduzindo a eficácia da previsão legal. Ademais, a intimação do responsável pelo conteúdo na mesma ação promoveria a eficiência e a celeridade processual, além de reduzir o ônus de defesa do conteúdo para o usuário, já que a faculdade de apresentar manifestação em processo corrente é menos custosa do que a de propor uma nova ação para restituir conteúdo que já tenha sido removido.

Em resumo, o modelo de responsabilidade subjetiva após decisão judicial com indicação de URLs, tal como previsto no Marco Civil da Internet, é o que melhor pondera os direitos da personalidade de usuários afetados por publicações na internet com a liberdade de expressão de todos os demais usuários, e a liberdade de iniciativa e de expressão das próprias plataformas digitais. A responsabilização civil ou penal por conteúdo publicado por terceiros, sem ordem judicial prévia reputando o conteúdo como ilícito, levaria à remoção excessiva de conteúdo lícito.

Aqui, porém, vale reiterar que a atuação estatal para determinar a remoção de conteúdo deve ser vista – como sempre foi, historicamente – com desconfiança. Por isso, ordens de remoção de conteúdo da internet, mesmo quando provenientes do judiciário, terão a sua constitucionalidade sujeita à observância dos três limites previamente apontados: (i) o princípio da reserva legal; (ii) o princípio da legitimidade;

e (iii) o princípio da proporcionalidade.⁴⁶⁹ De forma específica, restrições à liberdade de expressão devem estar previstas em leis claras e taxativas, que permitam distinguir entre discursos permitidos e proibidos. Devem, ademais, ter como objetivo a tutela de valores ou interesses constitucionais legítimos e de elevada importância. E, por fim, devem observar o princípio da proporcionalidade em suas três dimensões, ou seja: (a) ser adequadas para promover os objetivos que justificaram a restrição; (b) ser necessárias para promover os fins pretendidos e a opção menos gravosa para fazê-lo; e (c) ser proporcionais em sentido estrito, de modo que os seus benefícios devem ser maiores do que os seus custos. Assim, ordens de remoção de conteúdo da internet só serão legítimas quando adequadamente fundamentadas, inclusive para demonstrar o cumprimento dos três requisitos para limitações à liberdade de expressão.

Feitas essas considerações, passa-se agora a demonstrar que esse modelo de responsabilização das plataformas pode e deve coexistir com uma estrutura regulatória mais ampla, de autorregulação regulada, que imponha limites e deveres às plataformas digitais, tanto para aumentar a sua legitimidade para aplicar os seus próprios termos e condições, quanto para impor deveres, a fim de minimizar os efeitos da disseminação de conteúdo ilícito e/ou danoso.

5.2 Limites procedimentais para a moderação de conteúdo com fundamento em termos e condições privados

Na era digital, as plataformas se situam entre o Estado e os oradores. Elas empoderam oradores individuais, minimizam a necessidade de veículos de mídia para fala e alcance, e a sua natureza transnacional reduz o poder de censura do Estado.⁴⁷⁰ Essas empresas de tecnologia criaram uma cultura democrática global e se tornaram os seus novos governantes.⁴⁷¹ Ocorre que, na medida em que adquiriram importância, desenvolveram Termos de Uso esclarecendo as normas e valores protegidos dentro dessas comunidades digitais privadas.

---

⁴⁶⁹ OSÓRIO, Aline. *Direito eleitoral e liberdade de expressão*. Belo Horizonte: Fórum, 2017. p. 117.
⁴⁷⁰ KLONICK, Kate. The new governors: the people, rules, and processes governing online speech. *Harvard Law Review*, v. 131, p. 1598-1670, 2018.
⁴⁷¹ KLONICK, Kate. The new governors: the people, rules, and processes governing online speech. *Harvard Law Review*, v. 131, p. 1598-1670, 2018.

Considerando o seu funcionamento em nível mundial, esses Termos são frequentemente padronizados e envolvem conceitos de fácil aplicação em variadas culturas e países.[472] Para fiscalizar o cumprimento desses Termos de Uso, previamente aceitos por qualquer usuário que utilize o serviço, as plataformas criaram estruturas internas de governança privada. O que se verificou, porém, é que a redação genérica dos Termos e a sua aplicação obscura promoveram um receio de que a moderação de conteúdo ocorra de forma seletiva e ilegítima. Tendo em vista que essas plataformas digitais se tornaram meios imprescindíveis para a participação no debate público e que as suas políticas de moderação de conteúdo têm impactos reais e concretos sobre a democracia, indivíduos e instituições, é preciso avaliar quais devem ser os limites para fixação e *enforcement* dessas regras de comunidade. Para tanto, é preciso compreender as diferentes teorias sobre a aplicação horizontal de direitos fundamentais.

Embora os direitos fundamentais tenham sido historicamente concebidos como proteções contra o abuso do poder estatal, a percepção de que relações privadas também estão sujeitas a abuso e opressão levou à discussão sobre *se* e *em que medida* os direitos fundamentais incidiriam em relações privadas.[473] Há três correntes sobre o tema: (i) a que nega a aplicação dos direitos fundamentais; (ii) a que admite a aplicabilidade indireta; e (iii) a que admite a aplicabilidade direta e imediata.[474] A primeira corrente entende que os direitos fundamentais só se aplicam às relações entre indivíduos e Estado. Ela é dominante nos Estados Unidos, cuja jurisprudência exige a presença de um ato estatal (*state action*) para incidência de direitos fundamentais.[475] Por isso, aliás, as discussões sobre imposição de deveres básicos às plataformas frequentemente assumem contornos diversos nos Estados Unidos, em comparação à Europa e, até mesmo, ao Brasil. A segunda corrente, por sua vez, defende que os direitos fundamentais se aplicariam de forma indireta às relações privadas, pela inclusão na legislação ordinária de cláusulas gerais, como bons costumes e boa-fé objetiva. A

---

[472] BALKIN, Jack M. Free Speech is a Triangle. *Columbia Law Review*, v. 118, n. 07, p. 2011-2056, 2018. Disponível em: https://columbialawreview.org/wp-content/uploads/2018/11/Balkin-FREE_SPEECH_IS_A_TRIANGLE.pdf. Acesso em 02 fev. 2020.

[473] BARROSO, Luís Roberto. *Curso de Direito Constitucional Contemporâneo*. São Paulo: Saraiva Educação, 2020.

[474] BARROSO, Luís Roberto. *Curso de Direito Constitucional Contemporâneo*. São Paulo: Saraiva Educação, 2020.

[475] BARROSO, Luís Roberto. *Curso de Direito Constitucional Contemporâneo*. São Paulo: Saraiva Educação, 2020.

interpretação dessas normas daria abertura para considerações sobre direitos fundamentais nas relações privadas.[476]

Por fim, a terceira corrente – e a que ora se defende –, entende que os direitos fundamentais se aplicam, de forma direta, às relações privadas, "sobretudo em situações que envolvam partes em posições de clara desigualdade ou bens essenciais, que não devem ser sacrificados".[477] No constitucionalismo digital, enfatiza-se a necessidade da eficácia de direitos fundamentais nas relações jurídicas entre usuários de internet e esses atores privados transnacionais, que têm poder para definir, executar e julgar a aplicação das suas próprias regras.[478]

O Supremo Tribunal Federal já reconheceu, em mais de uma ocasião, a aplicação direta de direitos fundamentais às relações privadas. A título de exemplo, a Corte invalidou a exclusão de associado de uma cooperativa por violação ao art. 5º, inciso LV, segundo o qual, "aos litigantes, em processo judicial ou administrativo, e aos acusados em geral são assegurados o contraditório e ampla defesa".[479] Na ocasião, considerou que "incumbia à Cooperativa, uma vez instaurado o processo, dar aos acusados a oportunidade de defenderem-se e não excluí-los sumariamente do quadro de associados". Pelo mesmo motivo, o Supremo também invalidou a exclusão de sócio de uma associação profissional, destacando que

> as violações a direitos fundamentais não ocorrem somente no âmbito das relações entre o cidadão e o Estado, mas igualmente nas relações travadas entre pessoas físicas e jurídicas de direito privado. Assim, os direitos fundamentais assegurados pela Constituição vinculam diretamente não apenas os poderes públicos, estando direcionados também à proteção dos particulares em face dos poderes privados.[480]

Um terceiro exemplo se deu quando a Corte aplicou o princípio da isonomia para dar provimento a reclamação trabalhista que tinha

---

[476] BARROSO, Luís Roberto. *Curso de Direito Constitucional Contemporâneo*. São Paulo: Saraiva Educação, 2020.
[477] BARROSO, Luís Roberto. *Curso de Direito Constitucional Contemporâneo*. São Paulo: Saraiva Educação, 2020.
[478] NITRINI, Rodrigo Vidal. *Liberdade de expressão nas redes sociais*. Belo Horizonte: Dialética Editora, 2021. E-book. p. 153.
[479] STF, RE nº 158.215, Rel. Min. Marco Aurélio, DJ 7 jun. 1996.
[480] STF, RE nº 201.819, Rel. Minª. Ellen Gracie, Rel. p/ acórdão Min. Gilmar Mendes, j. 11 out. 2005, 2ª T., DJ 27 out. 2006.

como fundamento a desequiparação entre nacionais e estrangeiros que exerciam a mesma função no Brasil.[481]

Especificamente quanto à liberdade de expressão, no julgamento das biografias não autorizadas, a Min. Cármen Lúcia, relatora da ação, textualmente observou que "o sistema constitucional brasileiro traz, em norma taxativa, a proibição de qualquer censura, valendo a vedação ao Estado e a particulares".[482] Afirmou, assim, a eficácia horizontal do direito fundamental à liberdade de expressão, destacando que ele "impõe-se a toda a sociedade, não persistindo o agir isolado ou privado pela só circunstância de não ser estatal".[483] No mesmo caso, o voto do Min. Luís Roberto Barroso também destacou que a posição preferencial implica em uma "forte suspeição e o escrutínio rigoroso" de qualquer manifestação de cerceamento da liberdade de expressão, "seja legal, seja administrativa, seja judicial, ou seja privada".[484]

A jurisprudência do Supremo Tribunal Federal, portanto, contempla a possibilidade de relativização da autonomia da vontade, sempre que houver situação de opressão ou abuso e, especificamente no campo da liberdade de expressão, já reconheceu a aplicabilidade desse direito fundamental também a relações privadas. Assim, no ordenamento jurídico brasileiro, é possível restringir o poder de moderação de conteúdo das plataformas, com fundamento na aplicação horizontal de direitos procedimentais e do direito fundamental à liberdade de expressão. Não obstante, a aplicação direta dos direitos fundamentais às relações privadas depende de uma caracterização inequívoca de abuso, que deve ser demonstrada pela ponderação entre os princípios da autonomia da vontade e da livre iniciativa, de um lado, e o direito fundamental supostamente violado, de outro.[485]

Como antecipado, as redes sociais possuem interesses legítimos que justificam a moderação de conteúdo em suas plataformas e os termos de uso são previamente aceitos por todos os usuários. Somando-se a isso, nos casos mais controvertidos sobre liberdade de expressão, haverá inevitável divergência substantiva sobre a legalidade de determinado discurso. Todos esses elementos indicam que a aplicação horizontal de

---

[481] STF, nº 161.243, Rel. Min. Carlos Mário Velloso, *DJ* 19 dez. 1997.
[482] STF, *j.* 10 jun. 2015, ADI nº 4.815, Rel. Min. Cármen Lúcia.
[483] STF, *j.* 10 jun. 2015, ADI nº 4.815, Rel. Min. Cármen Lúcia.
[484] STF, *j.* 10 jun. 2015, ADI nº 4.815, Rel. Min. Cármen Lúcia. Trecho do voto do Min. Luís Roberto Barroso.
[485] BARROSO, Luís Roberto. *Curso de Direito Constitucional Contemporâneo*. São Paulo: Saraiva Educação, 2020.

direitos fundamentais não deve ser compreendida como uma vedação à moderação de conteúdo realizada com fundamento em termos de uso privados. Deve ser preservada a autonomia das plataformas digitais para definirem o tipo de comunidade digital que pretendem criar, sob pena de violação à liberdade de iniciativa e de expressão das próprias empresas. Em linha com o que fez o Supremo nos casos de exclusão de associados e sócios em cooperativas e associações profissionais, a aplicação horizontal de direitos fundamentais deve impor a observância de deveres processuais específicos, a fim de aumentar a transparência e permitir o exercício do contraditório e da ampla defesa por usuários que tenham conteúdo ou contas suspensas ou bloqueadas. De forma específica, sempre que a plataforma estiver moderando conteúdo com fundamento em termos de uso privados, deverá atender aos deveres de: (a) transparência; (b) devido processo legal; e (c) isonomia.

5.2.1 Transparência

É notório que o aspecto mais criticado das plataformas digitais diz respeito à opacidade dos algoritmos de moderação de conteúdo, dos sistemas de recomendação que determinam a ordem e o tipo de material veiculado aos usuários, bem como da aplicação de seus termos de uso.[486] Por isso, a ideia geral de que as plataformas digitais devem ter obrigações de conferir maior transparência às suas decisões é quase unanimidade entre estudiosos do tema. De fato, a transparência é um requisito essencial e preliminar para o exercício de qualquer outro direito procedimental, inclusive os de devido processo legal e isonomia.

Como destacado por David Kaye, Relator Especial das Nações Unidas para a Liberdade de Opinião e Expressão entre 2014 e 2020, falhas no cumprimento de deveres de transparência ameaçam a capacidade dos usuários de compreenderem os limites impostos à sua liberdade de expressão e de buscarem os remédios adequados nos casos em que os seus direitos tenham sido violados.[487] Garantir maior transparência também aprimora o debate público sobre a aplicação das políticas e as escolhas feitas pelas plataformas digitais na moderação de conteúdo,

---

[486] LEERSSEN, Paddy. The soap box as a black box: regulating transparency in social media recommender systems. *European Journal of Law and Technology*, v. 11, n. 2, 2020. Disponível em: https://ssrn.com/abstract=3544009. Acesso em 05 ago. 2021.

[487] HUMAN RIGHTS COMMITTEE. *Report of the Special Rapporteur on the promotion and protection of the right to freedom of opinion and expression*. 11 mai. 2016. UN Doc A/HRC/32/35. Disponível em: https://undocs.org/en/A/HRC/32/38. Acesso em 17 nov. 2021.

permitindo maior controle de sua atuação. Ademais, o acesso aos dados das plataformas é condição necessária para que pesquisadores e acadêmicos estudem como atores estatais e não estatais tentam manipular eleições e debates democráticos no meio digital, bem como o papel dos algoritmos na amplificação e disseminação de informações fraudulentas ou ataques antidemocráticos. Ao mesmo tempo, a medida não suscita riscos à liberdade de expressão, como ocorre com outras iniciativas de regulação do discurso.

Assim, a garantia da transparência atende a três objetivos fundamentais: em *primeiro lugar*, fornece aos usuários maior compreensão e conhecimento sobre *se* e *em que medida* as plataformas atuam para regular discurso, mantê-los seguros no ambiente digital e prevenir danos; em *segundo lugar*, garantem ao judiciário ou ao órgão regulador designado, e a pesquisadores, maiores informações para compreenderem as ameaças dos serviços digitais, o papel das plataformas na amplificação ou minimização desses riscos, e eventuais ações de mitigação de danos adotadas; em *terceiro lugar*, servem para garantir que as plataformas terão algum tipo de *accountability* público sobre suas decisões de moderação de conteúdo e sobre os impactos de seus serviços, promovendo um debate qualificado que busque aprimorar as práticas da indústria como um todo.

Em um trabalho recente publicado pela Harvard Kennedy School Misinformation Review, Irene Pasquetto e Briony Swire-Thompson reuniram 15 depoimentos de pesquisadores sobre as pesquisas que conduziriam em relação à desinformação se tivessem acesso a mais dados sobre o funcionamento das plataformas digitais.[488] Nas propostas, os pesquisadores destacam que a ausência de dados completos impede que se identifique a origem e o alcance da desinformação, bem como que se avalie a eficiência de medidas paliativas adotadas e os impactos dos algoritmos sobre elas. Destacam, ainda, que o acesso a dados de usuários permitiria que se compreendesse as motivações para o compartilhamento de desinformação e que se avaliasse qual porcentagem das pessoas expostas ao conteúdo realmente acreditou em sua veracidade. Permitiria, ainda, que se avaliasse em que medida a desinformação se capitaliza ao apelar a emoções decorrentes de vieses ideológicos, políticos, raciais ou religiosos.

---

[488] PASQUETTO, I. *et al.* Tackling misinformation: what researchers could do with social media data. *Harvard Kennedy School (HKS) Misinformation Review*, 2020. Disponível em: https://doi.org/10.37016/mr-2020-49. Acesso 15 set. 2021.

Sintomaticamente, exigências de transparência são previstas em documentos de *soft law*, não vinculantes para Estados ou plataformas, assinados por representantes da sociedade civil. A título de exemplo, ela é contemplada como um elemento essencial nos Princípios de Manila, um modelo de regulação da responsabilidade de intermediários elaborado por organizações da sociedade civil de todo o mundo, cujo sexto princípio prevê que:

> c. Os intermediários devem publicar suas políticas de restrição de conteúdos online com uma linguagem clara e em formatos acessíveis e mantê-las atualizadas na medida em que evoluem, notificando os usuários das alterações quando aplicável; (...)
> e. Os intermediários devem publicar relatórios de transparência que forneçam informações específicas sobre todas as restrições de conteúdos realizadas pelo intermediário, incluindo ações tomadas devido à requisição governamental, ordens judiciais, requisições de agentes privados e a implementação de políticas de restrição de conteúdo; (...)
> g. Governos, intermediários e sociedade civil devem trabalhar juntos para desenvolver e manter mecanismos de supervisão independentes, transparentes e imparciais para garantir a prestação de contas sobre as polícias e práticas de restrição de conteúdo;
> h. As estruturas e legislação de responsabilidade dos intermediários devem exigir uma revisão regular e sistemática das regras e orientações para garantir que estejam atualizadas, efetivas e não sejam excessivamente onerosas. Tal análise periódica deve incorporar mecanismos para a coleta de evidências sobre sua implantação e impacto e prever uma análise independente dos seus custos, benefícios demonstráveis e impacto nos direitos humanos.[489]

No mesmo sentido, os Princípios de Santa Clara para a moderação de conteúdo, também elaborados por organizações da sociedade civil, ativistas e acadêmicos, têm como objetivo principal propor um modelo de responsabilidade que confira transparência às atividades das plataformas digitais. O documento sugere que elas publiquem informações como o número total de postagens e contas sinalizadas ou removidas, discriminadas por regra de uso, formato de conteúdo e localização dos usuários impactados. Também estabelece que as companhias devem fornecer orientações detalhadas para a comunidade sobre o conteúdo proibido, incluindo exemplos para ilustrar os conceitos, bem como

---

[489] Cf.: Princípios de Manila. *Manila Principes.org*, [s.d.]. Disponível em: https://manilaprinciples.org/principles.html. Acesso em 04 fev. 2021.

as diretrizes usadas pelos revisores e as ocasiões em que a detecção automatizada é utilizada para cada tipo de conteúdo.

Ainda segundo os Princípios de Santa Clara, ao enviar a um usuário um aviso sobre remoção de uma de suas postagens ou suspensão de sua conta, devem ainda fornecer, no mínimo, as seguintes informações: (i) URL, trecho do conteúdo e/ou outras informações suficientes para permitir a identificação do conteúdo removido; (ii) a cláusula específica das diretrizes que foi violada; (iii) como o conteúdo foi detectado e removido (sinalizado por outros usuários, pelo governo, por sinalizadores confiáveis, por detecção automática ou por reclamação legal externa). Quanto a esse ponto, os Princípios esclarecem que, embora a identidade de sinalizadores individuais não deva ser revelada, o conteúdo sinalizado pelo governo deve ser identificado como tal, a menos que seja proibido por lei; e (iv) explicação do processo pelo qual o usuário pode apelar da decisão. Essas informações devem estar disponíveis inclusive para usuários cuja conta tenha sido suspensa ou encerrada. Além disso, os usuários que sinalizam conteúdo também devem receber um registro do resultado de suas sinalizações/denúncias.[490]

Impulsionadas por pedidos de maior *accountability* e transparência manifestados pela sociedade civil e incorporados em documentos de *soft law* como os anteriormente mencionados, as principais plataformas digitais já publicam os seus próprios relatórios de transparência. Não obstante, a ausência de obrigação legal e de delimitação vinculante das informações necessárias permite que elas próprias decidam quais informações serão incluídas e como elas serão apresentadas. Como intuitivo, isso significa que há lacunas relevantes nas informações fornecidas, inclusive sobre o volume, a frequência e os tipos de pedidos de remoção de conteúdo.[491] Somando-se a isso, não há uma verificação ou auditoria independente das informações disponibilizadas, o que reduz a confiabilidade dos dados fornecidos. Ademais, essas publicações voluntárias não são padronizadas entre plataformas digitais, o que impede análises comparativas e uma compreensão global do ambiente digital e de como discursos ilícitos/danosos atuam em diferentes meios para aumentar o seu alcance. Agravando a incompletude dos dados,

---

[490] Cf.: The Santa Clara Principles on transparency and accountability in content moderation. *Santa Clara Principles*, [s.d.]. Disponível em: https://santaclaraprinciples.org/. Acesso em 08 jul. 2021.

[491] HUMAN RIGHTS COMMITTEE. *Report of the Special Rapporteur on the promotion and protection of the right to freedom of opinion and expression*. 11 mai. 2016. UN Doc A/HRC/32/35. Disponível em: https://undocs.org/en/A/HRC/32/38. Acesso em 17 nov. 2021.

existe também uma possibilidade de que o próprio Estado impeça o fornecimento de informações sobre pedidos governamentais para remoção de conteúdo. Na Índia, por exemplo, intermediários não podem publicar detalhes sobre ordens governamentais de bloqueio de acesso a conteúdo, nem sobre quaisquer ações adotadas a partir desses pedidos.[492]

Nesse contexto, iniciativas regulatórias para impor exigências mínimas para relatórios de transparência têm ganhado força nos debates acadêmicos e legislativos. Apesar do consenso na premissa de que é importante garantir maior transparência, a definição de *quais* informações devem ser públicas e como elas devem ser apresentadas, contextualizadas e acessadas é tarefa que se revela mais complexa, controvertida e, realisticamente, incipiente. A intuição de que mais informação será sempre melhor não é verdadeira. Exigências de transparência excessivamente abrangentes incluem custos de oportunidade e riscos como: (a) os de que as plataformas adotem regras de moderação de conteúdo mais simples, para reduzir os seus custos de classificação e fundamentação de decisões, o que potencialmente levaria à sobre- e à sub- inclusão de conteúdo; (b) aumento dos custos para disponibilização de novos serviços e ferramentas que melhoram a experiência de usuários, como a desativação de comentários; (c) para pequenas e médias empresas, criação de barreiras de entrada; e (d) homogeneização das regras e práticas de moderação entre plataformas, o que seria prejudicial à liberdade de expressão, pois limitaria (ainda mais) as alternativas para usuários insatisfeitos com a regra de moderação de conteúdo de determinada plataforma.[493]

Por isso, para dar concretude às reivindicações genéricas de que as plataformas sejam mais transparentes, é preciso definir: (i) quais são as informações realmente importantes que justificam os custos de oportunidade de exigi-las;[494] e (ii) para quem elas devem ser disponibilizadas. Para fins de organização do presente trabalho, as respostas a essas perguntas serão apresentadas para informações

---

[492] HUMAN RIGHTS COMMITTEE. *Report of the Special Rapporteur on the promotion and protection of the right to freedom of opinion and expression*. 11 mai. 2016. UN Doc A/HRC/32/35. Disponível em: https://undocs.org/en/A/HRC/32/38. Acesso em 17 nov. 2021.

[493] KELLER, Daphne. Some humility about transparency. *The Center for Internet and Society Blog*, 19 mar. 2021. Disponível em: https://cyberlaw.stanford.edu/blog/2021/03/some-humility-about-transparency. Acesso em 09 jul. 2021.

[494] KELLER, Daphne. Some humility about transparency. *The Center for Internet and Society Blog*, 19 mar. 2021. Disponível em: https://cyberlaw.stanford.edu/blog/2021/03/some-humility-about-transparency. Acesso em 09 jul. 2021.

relativas a três funções desempenhadas pelas plataformas: (a) aplicação dos termos de uso para moderação de conteúdo – seja para remover ou para manter determinado discurso; (b) funcionamento dos sistemas de recomendação das plataformas, responsável por definir a ordem e proeminência do conteúdo exibido aos usuários;[495] e (iii) publicidade.

5.2.1.1 Transparência na aplicação dos termos de uso das plataformas

Como já antecipado, as plataformas digitais ativamente moderam conteúdo de usuários com fundamento em seus termos de uso privados – seja para remover conteúdo identificado por algoritmos, seja para remover conteúdo denunciado por usuários, seja para rejeitar denúncias e manter o conteúdo impugnado. Por isso, os esforços de transparência quanto à aplicação dessas regras de comunidade têm por objetivo fornecer as informações necessárias para que seja possível compreender como os termos de uso são aplicados a casos concretos, permitindo o ajuste de comportamento de usuários e a pesquisa acadêmica sobre a conduta das plataformas.[496]

Nesse cenário, dados limitados à quantidade de material ilícito ou prejudicial removido podem gerar conclusões enviesadas sobre os impactos reais dessas publicações, além de criar incentivos para que as plataformas removam conteúdo lícito para aumentar esse percentual.[497] Para mitigar esse risco, é importante incluir informações contextuais além da mera análise quantitativa. Para promover adequadamente esses objetivos, pode-se pensar em obrigações de transparência perante três principais destinatários, que coexistem para aprimorar a transparência: (i) usuários; (ii) relatórios públicos; e (iii) governo e/ou pesquisadores previamente habilitados.[498] Essa abordagem em camadas, em que

---

[495] UNIÃO EUROPEIA. *Proposal for a Regulation of the European Parliament and of the Council on a Single Market for Digital Services and amending Directive 2000/31/EC*. 15 dez. 2020. Disponível em: https://digital-strategy.ec.europa.eu/en/library/proposal-regulation-european-parliament-and-council-single-market-digital-services-digital-services. Acesso em 05 ago. 2021.

[496] KLONICK, Kate. The new governors: the people, rules, and processes governing online speech. *Harvard Law Review*, v. 131, p. 1598-1670, 2018.

[497] KELLER, Daphne. Some humility about transparency. *The Center for Internet and Society Blog*, 19 mar. 2021. Disponível em: https://cyberlaw.stanford.edu/blog/2021/03/some-humility-about-transparency. Acesso em 09 jul. 2021.

[498] LLANSÓ, Emma *et al*. Artificial intelligence, content moderation, and freedom of expression. *Transatlantic working Group*, 26 fev. 2021. Disponível em: https://www.ivir.nl/publicaties/download/AI-Llanso-Van-Hoboken-Feb-2020.pdf. Acesso em 05 set. 2021.

algumas informações ficam acessíveis ao grande público, enquanto outras ficam restritas a pessoas sujeitas a deveres de confidencialidade e eventual responsabilização, permite que se promova a transparência, sem, no entanto, sacrificar outros objetivos igualmente importantes, como a privacidade e o sigilo empresarial.[499]

As obrigações de transparência perante *usuários* devem incluir: (i) publicação dos termos de uso e regras de comunidade claras e não ambíguas, acompanhados das diretrizes internas que orientam os moderadores de conteúdo sobre como essas regras devem ser aplicadas a casos concretos; (ii) comunicação clara e tempestiva de alterações nas políticas e diretrizes de aplicação; (iii) explicação de todas as ferramentas disponíveis para endereçar violações aos termos de uso (remoção, redução da amplificação, atraso no compartilhamento, compartilhamento acompanhado de aviso, esclarecimentos, suspensão de conta etc.) e de todos os fatores considerados para definir qual delas será aplicada nos casos concretos; (iv) explicação do funcionamento do processo interno após o recebimento de denúncia de conteúdo por usuário (qual parte do processo é automatizada, quando haverá revisão humana, se há possibilidade de recurso contra a decisão de não remover conteúdo denunciado; (v) indicação aos usuários cujo conteúdo tenha sido removido ou cuja conta tenha sido suspensa/excluída da previsão dos termos de uso especificamente violada; (vi) explicação aos usuários que denunciaram determinado conteúdo sobre o que foi feito quanto à denúncia; e (vii) explicação sobre as possibilidades de recurso.[500]

Quanto aos relatórios públicos de transparência, defende-se a inclusão de informações sobre:[501] (i) a precisão das medidas *automatizadas* de moderação para cada tipo específico de conteúdo. A medida se justifica porque, como mencionado, sistemas automatizados tendem a ser mais precisos para alguns tipos de conteúdo (pornografia infantil, por exemplo) e menos para outros (desinformação, por exemplo), de modo que a apresentação apenas do índice médio de precisão oculta

---

[499] LLANSÓ, Emma *et al*. Artificial intelligence, content moderation, and freedom of expression. *Transatlantic working Group*, 26 fev. 2021. Disponível em: https://www.ivir.nl/publicaties/download/AI-Llanso-Van-Hoboken-Feb-2020.pdf. Acesso em 05 set. 2021.

[500] MACCARTHY, Mark. Transparency requirements for digital social media platforms: recommendations for policy makers and industry. *Transatlantic Working Group*, 12 fev. 2020. Disponível em: https://ssrn.com/abstract=3615726 or http://dx.doi.org/10.2139/ssrn.3615726. Acesso em 08 jun. 2021.

[501] MACCARTHY, Mark. Transparency requirements for digital social media platforms: recommendations for policy makers and industry. *Transatlantic Working Group*, 12 fev. 2020. Disponível em: https://ssrn.com/abstract=3615726 or http://dx.doi.org/10.2139/ssrn.3615726. Acesso em 08 jun. 2021.

essas nuances e prejudica a adoção de medidas eficazes; (ii) os índices de precisão das revisões *humanas*, o que poderia ser apurado a partir da seleção de um contingente aleatório de decisões para nova revisão – também aqui, deveriam ser apresentados de forma discriminada por tipo de conteúdo; e (iii) o número de publicações que violaram os termos de uso como uma porcentagem do total de publicações visualizadas por usuários – para que se avalie o alcance do conteúdo – e como uma porcentagem do total de publicações – para que se avalie genericamente a qualidade do material postado pelos usuários, independentemente de seu alcance. Esses dois dados permitem que se avalie a qualidade do conteúdo publicado, bem como a forma como esse conteúdo é disseminado pela plataforma, comparativamente a outros materiais. Também permite que se monitore a correlação entre eventos do mundo real e eventual propensão à violação de regras específicas – por exemplo, no período que antecede eleições, pode-se verificar maior violação às regras que proíbem desinformação ou comportamento coordenado inautêntico.

Ademais, os relatórios também devem informar (iv) o número de ações de moderação de conteúdo adotadas, discriminadas pelo tipo de ação (remoção, bloqueio, exclusão da conta, redução da amplificação).[502] Atualmente, as plataformas apresentam um número consolidado de todas as publicações ou contas às quais foi aplicada qualquer medida de moderação, sem indicar a medida específica aplicada. A discriminação das medidas adotadas permitiria uma avaliação sobre a propensão das plataformas a aplicarem medidas mais ou menos severas. Se essas informações fossem conciliadas com informações sobre os tipos de discurso que justificaram a aplicação da medida, seria possível avaliar, ainda, quais tipos de conteúdo estão sujeitos a medidas mais severas, e quais tipos estão sujeitos a medidas mais brandas. O número de ações adotadas deve ser reportado (a) como um percentual de todas as publicações ou contas envolvendo conteúdo violador, para que se tenha um relato sobre a efetividade das medidas e (b) por usuário ou conta envolvida, descontando contas falsas, para que se avalie o número de contas responsáveis pela propagação de conteúdo ilícito/danoso. A título de exemplo, recentemente uma reportagem do The Guardian revelou

---

[502] MACCARTHY, Mark. Transparency requirements for digital social media platforms: recommendations for policy makers and industry. *Transatlantic Working Group*, 12 fev. 2020. Disponível em: https://ssrn.com/abstract=3615726 or http://dx.doi.org/10.2139/ssrn.3615726. Acesso em 08 jun. 2021.

que um pequeno número de usuários no Facebook era responsável pela maior parte das publicações questionando a eficácia de vacinas.[503]

Por fim, quanto às obrigações de transparência perante pesquisadores e/ou órgãos regulatórios, as plataformas poderiam:[504] (i) instituir um sistema seguro para que pesquisadores habilitados acessem os dados necessários para conduzirem pesquisas de interesse público, sem comprometer a privacidade dos dados de usuários. Esse processo deverá ser supervisionado por um órgão de corregulação independente, que terá a atribuição de: (a) definir as pesquisas prioritárias; (b) organizar o processo de habilitação de pesquisadores; e (c) resolver eventuais disputas entre as plataformas e os pesquisadores. Esses sistemas seguros devem permitir o acesso, no mínimo, às notificações recebidas de usuários, ao conteúdo objeto das notificações, às respostas fornecidas pelas plataformas, às informações sobre o período decorrido entre o recebimento da notificação e a decisão, eventual recurso e o resultado do recurso. Para proteção da privacidade, essas informações devem ser anonimizadas e disponibilizadas de forma a permitir pesquisas por datas, natureza do conteúdo e regra dos termos de uso supostamente violada. Os pesquisadores também devem (ii) ter acesso aos dados, inclusive ao conteúdo subjacente, utilizados para as estimativas de precisão publicadas nos relatórios de transparência – entender os erros que as plataformas cometeram ou os vieses que reproduziram depende do acesso ao conteúdo efetivamente envolvido nas decisões de remoção.[505] Frequentemente, a disponibilização do conteúdo ilícito/danoso pode ser perigosa ou contraproducente – material terrorista ou imagens de exploração infantil, por exemplo. Por isso, a limitação do acesso a pesquisadores previamente habilitados equilibra os interesses contrapostos nesses casos.[506]

---

[503] PAUL, Kari. Small number of Facebook users responsible for most Covid vaccine skepticism – report. *The Guardian*, 16 mar. 2021. Disponível em: https://www.theguardian.com/technology/2021/mar/15/facebook-study-covid-vaccine-skepticism. Acesso em 06 out. 2021.

[504] MACCARTHY, Mark. Transparency requirements for digital social media platforms: recommendations for policy makers and industry. *Transatlantic Working Group*, 12 fev. 2020. Disponível em: https://ssrn.com/abstract=3615726 ou http://dx.doi.org/10.2139/ssrn.3615726. Acesso em 08 jun. 2021.

[505] KELLER, Daphne. Some humility about transparency. *The Center for Internet and Society Blog*, 19 mar. 2021. Disponível em: https://cyberlaw.stanford.edu/blog/2021/03/some-humility-about-transparency. Acesso em 09 jul. 2021.

[506] MACCARTHY, Mark. Transparency requirements for digital social media platforms: recommendations for policy makers and industry. *Transatlantic Working Group*, 12 fev. 2020. Disponível em: https://ssrn.com/abstract=3615726 ou http://dx.doi.org/10.2139/ssrn.3615726. Acesso em 08 jun. 2021.

Nessa linha, recentemente, o Professor de Stanford, Nate Persily, apresentou projeto de lei ao Congresso Americano propondo um modelo que permita a condução de pesquisas sobre os impactos das comunicações digitais de uma forma que proteja a privacidade de usuários, mediante a habilitação prévia de pesquisadores.[507] O projeto tem três principais componentes: (i) obrigar as plataformas digitais a compartilharem dados com pesquisadores associados a universidades, previamente habilitados pela Federal Trade Comission (FTC) nos EUA – de modo que as plataformas não podem escolher quem serão os pesquisadores; (ii) imunidade civil e penal aos pesquisadores que tenham acesso aos dados; e (iii) obrigação de divulgação pública de determinados dados sobre conteúdo, algoritmos e publicidade.[508]

Especificamente quanto ao componente (i), para garantir maior proteção à privacidade dos usuários, o projeto estabelece que: (a) as pesquisas só poderão ser feitas em relação a conteúdo que tenha mais de 100 compartilhamentos; (b) antes de qualquer publicação pelos pesquisadores, haverá uma revisão de privacidade pela empresa e pela FTC para garantir que não haja nenhuma divulgação indevida; e (c) os pesquisadores só podem acessar os dados nas dependências físicas das plataformas, não podendo levar consigo os dados. Quanto ao componente (ii), ele se justifica para evitar que as plataformas digitais possam processar os pesquisadores pelo uso dos dados obtidos nessas pesquisas.

Para que essas medidas de transparência não sejam insuficientes como ocorreu com a NetzDg, é preciso também que haja uma padronização quanto ao cálculo e publicação dos dados entre as plataformas. Conforme apontado pela Professora Daphne Keller, é preciso definir questões como: (i) o que será avaliado é o número de notificações recebidas ou o número de itens denunciados (considerando que uma notificação pode contar até mais de 1.000 URLs)?; (ii) o que é considerado um item: um post que tenha um texto e uma imagem é considerado um único item ou dois?; (iii) se a notificação indicar que o conteúdo viola uma cláusula dos termos de uso, mas os moderadores entenderem que viola outra cláusula, como essa situação deve ser relatada? E quando o mesmo conteúdo violar mais de uma cláusula, deve ser relatado duas vezes? Lembrando que, em caso positivo, isso inflacionaria o número

---

[507] Cf.: In the senate of the United States. *Coons Senate.gov*, [s.d.]. Disponível em: https://www.coons.senate.gov/imo/media/doc/text_pata_117.pdf. Acesso em 14 jan. 2022.

[508] Cf.: Lawfare podcast. *Free the Data!*, 16 dez. 2021. Disponível em: https://www.lawfareblog.com/lawfare-podcast-free-data. Acesso em 14 jan. 2022.

de conteúdo ilícito identificado; (iv) se dez usuários notificarem o mesmo conteúdo e a plataforma remover depois de analisar a primeira notificação, isso significa dez notificações válidas, ou apenas a primeira que ensejou a remoção?; (v) suponha-se que a conta de um usuário seja excluída por violar as políticas da plataforma cinco vezes. Isso significa que todos os 500 posts desse usuário foram removidos? Quantos posts foram removidos aqui: 5 ou 500?; (vi) se um usuário utiliza diversas contas para carregar o mesmo conteúdo que viola as políticas, isso é considerado um único conteúdo removido ou diversas remoções?; (vii) se uma plataforma bloqueia todos os uploads que são reproduções de imagens pornográficas em uma lista de *hash*. Cada *upload* impedido conta como uma remoção?; (viii) se as notificações não atenderem aos requisitos formais estabelecidos em lei para envio de notificações e, por esse motivo, forem rejeitadas pelas plataformas, isso conta como uma notificação rejeitada?.[509]

As respostas substantivas a essas perguntas são menos importantes do que a necessidade de que elas sejam padronizadas, pois só assim será possível comparar o desempenho entre plataformas. E, conciliando esses dados com obrigações de garantir acesso de pesquisadores ao conteúdo específico removido, também será possível entender a variação na aplicação das políticas em cada plataforma.

5.2.1.2 Transparência dos sistemas de recomendação

Como visto, além de definirem qual conteúdo será removido ou mantido com fundamento nos seus termos de uso, as plataformas também influenciam a ordem e proeminência das informações apresentadas aos seus usuários. Esses sistemas de recomendação são, como antecipado, parte essencial do serviço oferecido por essas empresas. Embora tenha muitas finalidades legítimas, a filtragem de conteúdo para exibir apenas o que os usuários gostariam de ver pode acabar criando espaços antidemocráticos nos quais as pessoas só veem coisas com as quais concordam ou se relacionam, levando ao que a Professora Kate Klonick chama de "polarização não deliberativa".[510] Ademais, esses sistemas podem ser manipulados por ações coordenadas e inautênticas,

---

[509] KELLER, Daphne. Content transparency logistics. *Google Docs*, [s.d.]. Disponível em: https://docs.google.com/document/d/1tkZB3Hh73o9OzZzf6qMI8eN_eIX8fnRkUowzKxHURdk/edit. Acesso em 08 mai. 2021.

[510] KLONICK, Kate. The new governors: the people, rules, and processes governing online speech. *Harvard Law Review*, v. 131, p. 1598-1670, 2018. p. 1667.

para facilitar a ampla disseminação de desinformação ou conteúdo polarizador.[511] Por isso, é importante promover transparência também sobre esses sistemas, para que se possa entender como eles funcionam, identificando e mitigando ameaças à democracia.

A dificuldade aqui, contudo, decorre do fato de que sistemas de recomendação não são inteiramente controlados por seus criadores, mas são influenciados também pelo comportamento dos usuários, que moldam os resultados do sistema de recomendação, já que (i) eles é que fazem o *upload* do conteúdo que o algoritmo vai organizar e (ii) o comportamento e engajamento dos usuários com conteúdo disponível envia ao sistema indícios das áreas de interesse.[512] A longo prazo, esses sistemas podem também influenciar comportamentos, alterando preferências e hábitos

Essas interações complexas entre algoritmos e comportamento de usuários dificultam a compreensão do funcionamento dos sistemas de recomendação, cujos resultados não são pré-definidos ou inteiramente controlados pelas plataformas.[513] Por isso, as iniciativas de transparência quanto aos sistemas de recomendação devem ir além do simples estudo do algoritmo de ranqueamento de conteúdo, para também incluir dados sobre a interação entre os algoritmos e o comportamento de usuários.[514] O estudo dessas relações, porém, enfrenta dificuldades práticas relevantes, como: (i) a escala e a complexidade dos algoritmos dificultam explicações específicas para justificar resultados concretos; (ii) tornar público o algoritmo por trás do sistema de recomendação pode violar o sigilo empresarial das empresas de tecnologia; (iii) a confidencialidade do algoritmo, em muitos casos, é importante para impedir que usuários mal-intencionados manipulem o sistema para potencializar conteúdo ilícito ou danoso; e (iv) se o algoritmo tiver sido

---

[511] Cf.: European democracy action plan: making EU democracies stronger. *European Commission*, 03 dez. 2020. Disponível em: https://eur-lex.europa.eu/legal-content/EN/TXT/?uri=COM%3A2020%3A790%3AFIN&qid=1607079662423. Acesso em 30 jul. 2021.

[512] LEERSSEN, Paddy. The soap box as a black box: regulating transparency in social media recommender systems. *European Journal of Law and Technology*, v. 11, n. 2, 2020. Disponível em: https://ssrn.com/abstract=3544009. Acesso em 05 ago. 2021.

[513] LEERSSEN, Paddy. The soap box as a black box: regulating transparency in social media recommender systems. *European Journal of Law and Technology*, v. 11, n. 2, 2020. Disponível em: https://ssrn.com/abstract=3544009. Acesso em 05 ago. 2021.

[514] HELBERGER, Natali *et al*. Regulating the new information intermediaries as gatekeepers of information diversity. *Emerald Group Publishing Limited*, v. 17, n. 06, p. 50-71, 2015. Disponível em: https://www.ivir.nl/publicaties/download/1618.pdf. Acesso em 17 set. 2021.

aprimorado a partir de dados dos usuários, a sua publicização pode também representar problemas para a privacidade.[515]

Além dessas dificuldades de entender *como* as decisões estão sendo tomadas, há também a dificuldade prévia e notória de entender *quais* decisões estão sendo tomadas. Quando algoritmos são utilizados para decisões judiciais, por exemplo, a decisão tomada pelo algoritmo é pública e a dificuldade é apenas de desenvolver a explicação específica sobre como ela foi alcançada. No mesmo sentido, nos casos de conteúdo veiculado na rádio e na televisão, embora não seja sempre possível entender como as decisões editoriais foram tomadas internamente, é possível conhecer todo o conteúdo que foi veiculado, permitindo que se perceba a linha editorial do veículo.[516] O mesmo não pode ser dito sobre a personalização de conteúdo pelos sistemas de recomendação das plataformas digitais, cujas tendências são difíceis de observar em escala.[517]

Disso decorre a necessidade de garantir maior transparência sobre o funcionamento desses sistemas de recomendação. Para tanto, pode-se novamente pensar em obrigações de transparência perante quatro principais destinatários: (i) usuários; (ii) governo; (iii) pesquisadores, acadêmicos e representantes da sociedade civil previamente habilitados; e (iv) o público em geral.[518] As iniciativas de transparência perante usuários têm por objetivo fornecer informações e recursos para que eles tenham maior conhecimento sobre o funcionamento do sistema de recomendação de conteúdo e maior controle para alterar a ordem de apresentação do conteúdo de acordo com as suas preferências. Garantir opções alternativas de organização de conteúdo permite que o conteúdo exibido não seja selecionado apenas a partir do perfilamento

---

[515] LEERSSEN, Paddy. The soap box as a black box: regulating transparency in social media recommender systems. *European Journal of Law and Technology*, v. 11, n. 2, 2020. Disponível em: https://ssrn.com/abstract=3544009. Acesso em 05 ago. 2021.

[516] BENKLER, Yochai; FARIS, Robert; ROBERTS, Hal. *Network propaganda*: manipulation, disinformation, and radicalization in American Politics. Oxford: Oxford University Press, 2018.

[517] LEERSSEN, Paddy. The soap box as a black box: regulating transparency in social media recommender systems. *European Journal of Law and Technology*, v. 11, n. 2, 2020. Disponível em: https://ssrn.com/abstract=3544009. Acesso em 05 ago. 2021.

[518] MACCARTHY, Mark. Transparency requirements for digital social media platforms: recommendations for policy makers and industry. *Transatlantic Working Group*, 12 fev. 2020. Disponível em: https://ssrn.com/abstract=3615726 ou http://dx.doi.org/10.2139/ssrn.3615726. Acesso em 08 jun. 2021. No mesmo sentido: LEERSSEN, Paddy. The soap box as a black box: regulating transparency in social media recommender systems. *European Journal of Law and Technology*, v. 11, n. 2, 2020. Disponível em: https://ssrn.com/abstract=3544009. Acesso em 05 ago. 2021.

dos usuários. A título de exemplo, o já mencionado Código de Boas Práticas contra a Desinformação sugere que os signatários empoderem os seus usuários com os mecanismos necessários para permitir uma experiência customizada, a fim de facilitar o acesso a conteúdo e fontes diversas.[519]

No mesmo sentido, o artigo 29 do Digital Services Act – ainda pendente de aprovação, vale lembrar – prevê que as plataformas *de muito grande dimensão*[520] devem indicar em seus termos e condições, de forma clara e compreensível, os principais parâmetros utilizados nos seus sistemas de recomendação, e assegurar aos usuários os mecanismos necessários para que alterem os parâmetros de ordenação das informações apresentadas.

Embora importantes, essas iniciativas regulatórias focadas exclusivamente nos usuários apresentam limitações significativas. Primeiro, traduzir informações complexas sobre funcionamento de algoritmos não é uma tarefa simples. O fato de os resultados serem definidos a partir de uma correlação complexa entre diversos parâmetros dificulta a apresentação de uma explicação algorítmica compreensível para usuários comuns.[521] Sintomaticamente, evidências colhidas no estudo de políticas de privacidade e proteção do consumidor revelam que notificações e explicações direcionadas aos usuários são frequentemente ignoradas pela grande maioria deles.[522] Ademais, permitir aos usuários que definam as regras de moderação de conteúdo não necessariamente resolverá o problema de personalização excessiva de conteúdo, ou promoverá os interesses públicos de pluralismo, diversidade e democracia que justificam as iniciativas de transparência

---

[519] Cf.: Code of practice of disinformation. *European Comission*, [s.d.]. Disponível em: https://digital-strategy.ec.europa.eu/en/policies/code-practice-disinformation#:~:text=The%20Code%20of%20Practice%20on%20disinformation%20is%20the,that%20signatories%20will%20apply%20to%20implement%20its%20commitments. Acesso em 17 abr. 2021.

[520] Nos termos do DSA, são plataformas de muito grande dimensão aquelas que fornecem os seus serviços a uma média mensal de usuários igual ou superior a 45 milhões.

[521] LEERSSEN, Paddy. The soap box as a black box: regulating transparency in social media recommender systems. *European Journal of Law and Technology*, v. 11, n. 2, 2020. Disponível em: https://ssrn.com/abstract=3544009. Acesso em 05 ago. 2021.

[522] BORGESIUS, Frederik Zuiderveen. Behavioural sciences and the regulation of privacy on the internet. *In*: SIBONY, Anne-Lise; ALEMANNO, Alberto Alemanno (Eds.). Nudging and the law: what can EU law learn from behavioural sciences? Hart Publishing. *SSRN*, 05 jun. 2015. Disponível em: https://papers.ssrn.com/sol3/papers.cfm?abstract_id=2513771#:~:text=This%20chapter%20examines%20the%20policy%20implications%20of%20behavioural,be%20enough%20to%20protect%20privacy%20in%20this%20area. Acesso em 14 fev. 2021.

para os sistemas de recomendação,[523] pois eles podem optar por ver apenas conteúdo que lhes agrade.

Em complemento a essas iniciativas, portanto, deve haver também exigências que pretendem permitir a fiscalização governamental dos sistemas de recomendação, para que se avalie se estão alinhados aos interesses públicos pertinentes. Essa modalidade de transparência seria efetivada pela publicação de relatórios públicos de transparência e pela realização de auditorias, a serem avaliados por entidades designadas – como, por exemplo, agências reguladoras ou órgãos de corregulação. Um exemplo nesse sentido pode ser encontrado em projeto de lei elaborado pela autoridade de mídia alemã e intitulado *Medienstaatsvertrag*. As duas principais exigências do projeto aplicáveis às plataformas digitais são de não discriminação e transparência. De forma específica, a Lei impede essas plataformas de "injustamente prejudicarem (direta ou indiretamente) ou tratar[em] de forma diferente os fornecedores de conteúdo editorial jornalístico, na medida em que o intermediário tem uma influência potencialmente significativa sobre a sua visibilidade".[524] Determina, ainda, que as plataformas forneçam informações sobre (i) os critérios que influenciam como o conteúdo é acessado e encontrado e (ii) o critério central que determina como o conteúdo é agregado, selecionado e apresentado.[525] Na Holanda, a comissão competente propôs a criação de uma entidade independente para monitorar sistemas de recomendação, cujo objetivo seria manter a "diversidade" e evitar "vieses".[526] O Código de Boas Práticas Contra Desinformação também estabelece que os signatários devem "investir em meios tecnológicos para priorizar informação relevante, autêntica e autoritativa".

O Digital Services Act, por sua vez, exige que as plataformas realizem uma avaliação dos riscos sistêmicos do funcionamento e da utilização de seus serviços, bem como de potenciais utilizações

---

[523] LEERSSEN, Paddy. The soap box as a black box: regulating transparency in social media recommender systems. *European Journal of Law and Technology*, v. 11, n. 2, 2020. Disponível em: https://ssrn.com/abstract=3544009. Acesso em 05 ago. 2021.

[524] LEERSSEN, Paddy. The soap box as a black box: regulating transparency in social media recommender systems. *European Journal of Law and Technology*, v. 11, n. 2, 2020. Disponível em: https://ssrn.com/abstract=3544009. Acesso em 05 ago. 2021.

[525] Cf.: Germany's new media treaty demands that platforms explain algorithms and stop discriminating. Can it deliver? *Algorithm Watch*, 09 mar. 2020. Disponível em: https://algorithmwatch.org/en/new-media-treaty-germany/. Acesso em 28 abr. 2021.

[526] LEERSSEN, Paddy. The soap box as a black box: regulating transparency in social media recommender systems. *European Journal of Law and Technology*, v. 11, n. 2, 2020. Disponível em: https://ssrn.com/abstract=3544009. Acesso em 05 ago. 2021.

abusivas pelos usuários, e tomem medidas de mitigação desses riscos. O Regulamento aponta três riscos aos quais deve ser dada especial atenção: (i) aqueles relacionados à utilização abusiva de seus serviços para disseminar conteúdo ilegal, como imagens de exploração infantil ou discurso de ódio, bem como para conduzir atividades ilícitas; (ii) aqueles relacionados aos impactos do seu serviço sobre o exercício de direitos fundamentais, incluindo a liberdade de expressão, o direito à privacidade e o direito à não discriminação; e (iii) a manipulação intencional e coordenada dos serviços da plataforma, com impactos sobre a saúde, o debate público, processos eleitorais, segurança pública e proteção de menores, sempre tendo em conta a garantia da ordem pública, a proteção da privacidade e o combate a práticas fraudulentas e enganosas. Ao conduzir essas análises de risco, as plataformas devem considerar como os seus sistemas de moderação e recomendação de conteúdo podem ter influenciado esses riscos sistêmicos.

Exige-se, ainda, que tomem as medidas necessárias para mitigação dos riscos sistêmicos identificados, como, por exemplo: (i) aprimorar ou adaptar o desenho e o funcionamento das suas políticas de moderação de conteúdo e dos seus algoritmos e interfaces; (ii) adaptar os seus processos de tomada de decisão ou os seus termos e condições; (iii) suspender receitas publicitárias de conteúdos específicos; e (iv) melhorar a visibilidade de informações disponibilizadas por fontes fidedignas.

O artigo 28 do DSA também estabelece que as plataformas *de muito grande dimensão* devem ser submetidas a auditorias independentes anuais, a seu próprio custo, que verificará o cumprimento das obrigações impostas a elas pelo regulamento e, quando pertinente, por quaisquer outros compromissos assumidos em códigos de conduta e protocolos de crise. Essas auditorias devem ser conduzidas por organizações independentes da plataforma digital auditada e que tenha expertise comprovada na área de gestão de risco e competência técnica. Esses auditores devem ter acesso a todos os dados necessários para conduzir a auditoria de forma adequada, além de poderem utilizar outras fontes de informações objetivas, como estudos de pesquisadores habilitados. Devem, ademais, garantir a confidencialidade, a segurança e a integridade da informação e de segredos comerciais, além de possuir conhecimento técnico para auditar algoritmos.

Os relatórios de auditoria devem indicar, dentre outras informações: (i) os elementos específicos auditados e a metodologia empregada; (ii) as principais conclusões da auditoria; (iii) uma opinião acerca do cumprimento das obrigações e compromissos estabelecidos; e (iv) quando a opinião for negativa, recomendações operacionais sobre medidas específicas para garantir cumprimento. Nos casos em que forem apresentadas recomendações operacionais, as plataformas devem, no prazo de um mês, adotar um relatório de implementação das recomendações, indicando as medidas a serem adotadas e, nas hipóteses em que as recomendações não forem acatadas, apresentando as razões para tanto e as medidas alternativas adotadas. Essas auditorias permitem que as autoridades públicas competentes apliquem eventuais sanções pelo descumprimento do Regulamento.

O DSA também estabelece que as plataformas *de muito grande dimensão* devem incluir em seus relatórios informações sobre: (i) os resultados da avaliação dos riscos sistêmicos prevista no artigo 26; (ii) as medidas a serem adotadas para atenuação desses ricos; (iii) o relatório da auditoria independente realizada nos termos do artigo 28; e (iv) o relatório de execução da auditoria. Se a plataforma entender que a publicação de determinada informação pode revelar dados confidenciais da plataforma ou de seus usuários, ou representar uma ameaça à segurança pública, pode removê-la dos relatórios públicos, devendo transmitir a versão completa apenas ao coordenador dos serviços digitais e à Comissão Europeia.

Na mesma linha, o projeto do Reino Unido, Online Services Act, pretende atribuir à OFCOM (Office of Communications), agência regulatória de comunicações britânica, a competência para definir as informações a serem apresentadas à agência. Especificamente quanto à transparência dos sistemas de recomendação, o Online Services Act prevê que a agência pode exigir informações sobre: (i) como o conteúdo ilegal ou danoso é disseminado no serviço; (ii) as ferramentas oferecidas aos usuários para ajudá-los a gerenciarem os riscos relacionados a conteúdo danoso; (iii) medidas adotadas pelas plataformas para atender às obrigações de cuidado previstas no Online Services Act – que estão delimitadas no Capítulo 2 do projeto e incluem, por exemplo, deveres de avaliação dos riscos oferecidos pela plataforma para disseminação de conteúdo ilegal ou danoso, de adoção das medidas proporcionais para mitigar e gerenciar esses riscos, e de utilizar sistemas e procedimentos para minimizar a presença, a duração e a disseminação de conteúdo ilegal; (iv) sistemas e procedimentos pelos quais as plataformas avaliam os riscos de dano a indivíduos pela presença de conteúdo ilegal ou danoso quando o serviço está sendo desenvolvido, quando se avalia a implementação de qualquer atualização ou desenvolvimento na prestação do serviço e quando o serviço está em operação; (v) sistemas e procedimentos instituídos para direcionar os usuários a informações sobre como eles podem se proteger de danos causados por conteúdo ilegal ou danoso; (vi) sistemas e procedimentos instituídos para remediar ou oferecer suporte aos usuários quanto a conteúdo ilegal ou danoso encontrado em suas plataformas; e (vii) informações sobre as medidas adotadas pela plataforma para garantir maior proteção a crianças.

Também aqui, porém, as iniciativas de transparência para órgãos e entidades públicas encontram algumas limitações práticas. Primeiramente, essas autoridades frequentemente não possuem a *expertise* técnica necessária para realizarem auditorias de sistemas algorítmicos complexos[527] – por isso, aliás, o DSA prevê a realização de auditorias privadas contratadas pelas próprias plataformas. Ademais, iniciativas governamentais de regular ou direcionar sistemas de recomendação de conteúdo também suscitam riscos relevantes para a liberdade de expressão, pois atribuem ao governo a possibilidade de dizer o que deve ser promovido e o que deve ser rebaixado. Se essas informações forem disponibilizadas ao governo de forma confidencial, o problema seria ainda mais grave, considerando a falta de controle público.[528] Sintomaticamente, as recomendações do Conselho da Europa são no sentido de que a fiscalização dos sistemas algorítmicos de recomendação deve sempre ocorrer por meio de iniciativas abertas e transparentes.[529]

O terceiro grupo de destinatários das informações de transparência sobre sistemas de recomendação são pesquisadores independentes e organizações da sociedade civil previamente habilitados, a fim de permitir que esses grupos tenham acesso a informações confidenciais para fins de pesquisa e análise dos sistemas de recomendação.[530] A lógica dessas propostas é a de que informações confidenciais e sensíveis devem ser disponibilizadas a pessoas previamente vetadas, que podem ser punidas caso divulguem informações sensíveis. O DSA, por exemplo, prevê um mecanismo para obrigar as plataformas de grande dimensão a permitirem o acesso a determinados dados por pesquisadores previamente habilitados, desde que o pedido seja

---

[527] LEERSSEN, Paddy. The soap box as a black box: regulating transparency in social media recommender systems. *European Journal of Law and Technology*, v. 11, n. 2, 2020. Disponível em: https://ssrn.com/abstract=3544009. Acesso em 05 ago. 2021.

[528] LEERSSEN, Paddy. The soap box as a black box: regulating transparency in social media recommender systems. *European Journal of Law and Technology*, v. 11, n. 2, 2020. Disponível em: https://ssrn.com/abstract=3544009. Acesso em 05 ago. 2021.

[529] Cf.: Recommendation CM/Rec 1 of the Committee of Ministers to member States on media pluralism and transparency of media ownership: guidelines on media pluralism and transparency of media ownership, Article 2.5. *Council of Europe*, 2018.

[530] LEERSSEN, Paddy. The soap box as a black box: regulating transparency in social media recommender systems. *European Journal of Law and Technology*, v. 11, n. 2, 2020. Disponível em: https://ssrn.com/abstract=3544009. Acesso em 05 ago. 2021.

proporcional e adequadamente proteja os direitos e legítimos interesses das plataformas, inclusive o sigilo empresarial. No mesmo sentido, o Código de Boas Práticas Contra Desinformação contém previsão de que as plataformas devem empoderar pesquisadores, apoiando esforços independentes de pesquisa para monitorar desinformação e entender os seus impactos, inclusive pelo compartilhamento de dados.

Uma das dificuldades de iniciativas de transparência nessa linha, porém, é o fato de que as informações são acessadas apenas por pesquisadores habilitados, sendo que o controle da seleção de pesquisadores para garantir isonomia e representatividade envolve complexidades próprias.[531] Ademais, essas iniciativas excluem outros setores da sociedade civil que também desempenham papel importante no controle de atuação das plataformas digitais, como, por exemplo, jornalistas, ativistas e organizações não governamentais.[532] Ademais, pesquisas acadêmicas frequentemente são produções demoradas, o que poderia inviabilizar mobilização rápida e em tempo real para minimizar potenciais danos, como, por exemplo, *fact-checking* antes de eleições. Somando-se a isso, há também riscos relevantes de que os pesquisadores, para manterem o seu acesso à base de dados, sacrifiquem parcialmente a sua independência.[533]

Essas considerações sugerem que há uma quarta iniciativa regulatória que deve ser explorada, para complementar aquelas direcionadas aos usuários, ao governo e a pesquisadores habilitados: previsões mais robustas de acesso público aos dados. Como aponta Paddy Leerssen,

> o estudo independente de recomendações personalizadas é inviabilizado pelo seu design técnico e legal. Disponibilização de informações para usuários, embora públicas, são simplificadas e individualizadas. Dados detalhados são acessíveis apenas a poucos privilegiados no governo ou em parcerias de pesquisa selecionadas.[534]

---

[531] LEERSSEN, Paddy. The soap box as a black box: regulating transparency in social media recommender systems. *European Journal of Law and Technology*, v. 11, n. 2, 2020. Disponível em: https://ssrn.com/abstract=3544009. Acesso em 05 ago. 2021.

[532] LEERSSEN, Paddy. The soap box as a black box: regulating transparency in social media recommender systems. *European Journal of Law and Technology*, v. 11, n. 2, 2020. Disponível em: https://ssrn.com/abstract=3544009. Acesso em 05 ago. 2021.

[533] LEERSSEN, Paddy. The soap box as a black box: regulating transparency in social media recommender systems. *European Journal of Law and Technology*, v. 11, n. 2, 2020. Disponível em: https://ssrn.com/abstract=3544009. Acesso em 05 ago. 2021.

[534] LEERSSEN, Paddy. The soap box as a black box: regulating transparency in social media recommender systems. *European Journal of Law and Technology*, v. 11, n. 2, 2020. Disponível

Por isso, segundo o autor, um regime mais robusto de acesso público aos dados promoveria os objetivos de tornar a fiscalização das plataformas mais eficaz e instituir um sistema de governança como um todo mais passível de críticas externas.[535]

Assim, ele defende que o acesso público deve contemplar dados relevantes, em tempo real, e anonimizados por meio de interfaces públicas. É importante o registro de que as próprias plataformas voluntariamente já disponibilizaram ao público as suas interfaces de programação de aplicativo,[536] permitindo que pesquisadores baixassem alguns dados relevantes e em grande escala sobre tendências de recomendação e comportamento em suas plataformas. Contudo, após o escândalo do Cambridge Analytica, em que os próprios pesquisadores foram responsáveis pelo vazamento de dados, as informações disponibilizadas nessas iniciativas sofreram uma série de restrições, reduzindo a sua utilidade prática.[537] O fato de essas iniciativas serem voluntárias, significa que as plataformas podem, a qualquer momento, restringir ou mesmo extinguir o acesso às informações.[538] Por isso, a imposição dessa obrigação por meio de instrumentos regulatórios vinculantes poderia fomentar e aprimorar essa tecnologia.

Quanto ao conteúdo do que deve ser disponibilizado nessas interfaces, Paddy Leerssen defende a disponibilização de informações sobre: (i) os *outputs* dos sistemas de recomendação e os usuários alcançados; (ii) as intervenções voluntárias das plataformas sobre o desempenho automático dos sistemas de recomendação; e (iii) as estruturas organizacionais que controlam os sistemas de recomendação.[539] Leerssen explica que as plataformas frequentemente interferem sobre os resultados dos sistemas de recomendação, e essa informação deveria ser pública. Por exemplo, o Facebook atualmente mantém

---

em: https://ssrn.com/abstract=3544009. Acesso em 05 ago. 2021.
[535] LEERSSEN, Paddy. The soap box as a black box: regulating transparency in social media recommender systems. *European Journal of Law and Technology*, v. 11, n. 2, 2020. Disponível em: https://ssrn.com/abstract=3544009. Acesso em 05 ago. 2021.
[536] Interfaces de programação de aplicativo são ferramentas técnicas que permitem que um serviço na internet se conecte com outro e acesse as suas informações.
[537] BRUNS, Axel. After the APIcalypse: social media platforms and their fight against critical scholarly research. *Information, Communication & Society*, v. 22, 11 jul. 2019. Disponível em: https://www.tandfonline.com/doi/abs/10.1080/1369118X.2019.1637447. Acesso em 08 ago. 2021.
[538] MUNGER, Kevin; PHILIPS, Joseph. A supply and demand framework for YouTube politics. *Working draft*, 2019. Disponível em: https://osf.io/73jys/download. Acesso em 08 ago. 2021.
[539] LEERSSEN, Paddy. The soap box as a black box: regulating transparency in social media recommender systems. *European Journal of Law and Technology*, v. 11, n. 2, 2020. Disponível em: https://ssrn.com/abstract=3544009. Acesso em 05 ago. 2021.

parcerias com instituições de verificação de fatos que identificam e reduzem o compartilhamento de matérias com títulos enganosos de fontes não confiáveis. Essas informações deveriam ficar concentradas em repositórios mantidos pelas plataformas digitais. Isso deve valer também para todas as outras hipóteses de intervenção humana sobre o funcionamento automatizado dos sistemas de recomendação. Essas informações não exigiriam transparência do algoritmo como um todo, o que afasta preocupações com sigilo comercial e possibilidade de manipulação do algoritmo.[540]

Ademais, informações sobre sistemas de recomendação podem ir além do funcionamento do algoritmo, para incluir também os resultados das recomendações. Em outras palavras, informações como: (i) qual foi o conteúdo mais recomendado em determinado dia; (ii) em determinado país; e (iii) em determinada faixa etária.[541] Essas informações permitiriam recriar a situação com os veículos de mídia tradicional que garantia publicidade e visibilidade às escolhas editoriais por trás da distribuição de conteúdo.[542] Para proteger a privacidade dos usuários, as obrigações poderiam se aplicar apenas a conteúdo compartilhado mais de um determinado número de vezes, garantindo que essas obrigações se aplicariam apenas àquele conteúdo mais importante ou visível, protegendo atividades mais pessoais de monitoramento excessivo.[543]

Por fim, informações sobre as organizações que operam os sistemas de recomendação também são importantes, incluindo informações sobre localização, composição demográfica, treinamento, sistema de promoção e sistemas de gestão disponíveis aos trabalhadores.[544] Quando a moderação é realizada ou revisada por humanos, espera-se que tenham maior capacidade de analisar contexto. Porém, essa capacidade é diretamente influenciada pelas condições de treinamento e de

---

[540] LEERSSEN, Paddy. The soap box as a black box: regulating transparency in social media recommender systems. *European Journal of Law and Technology*, v. 11, n. 2, 2020. Disponível em: https://ssrn.com/abstract=3544009. Acesso em 05 ago. 2021.

[541] LEERSSEN, Paddy. The soap box as a black box: regulating transparency in social media recommender systems. *European Journal of Law and Technology*, v. 11, n. 2, 2020. Disponível em: https://ssrn.com/abstract=3544009. Acesso em 05 ago. 2021.

[542] LEERSSEN, Paddy. The soap box as a black box: regulating transparency in social media recommender systems. *European Journal of Law and Technology*, v. 11, n. 2, 2020. Disponível em: https://ssrn.com/abstract=3544009. Acesso em 05 ago. 2021.

[543] LEERSSEN, Paddy. The soap box as a black box: regulating transparency in social media recommender systems. *European Journal of Law and Technology*, v. 11, n. 2, 2020. Disponível em: https://ssrn.com/abstract=3544009. Acesso em 05 ago. 2021.

[544] LEERSSEN, Paddy. The soap box as a black box: regulating transparency in social media recommender systems. *European Journal of Law and Technology*, v. 11, n. 2, 2020. Disponível em: https://ssrn.com/abstract=3544009. Acesso em 05 ago. 2021.

trabalho.⁵⁴⁵ Por isso, maiores informações sobre condições de contratação e treinamento também são fundamentais para essa finalidade.

5.2.1.3 Transparência quanto à publicidade política

As plataformas digitais reduziram expressivamente os custos da publicidade política e permitiram a realização de campanhas digitais muito mais eficientes. Não é mais necessário investir recursos elevados para realizar propagandas curtas na televisão ou nas rádios, que frequentemente sequer atingem o público-alvo. A propaganda digital tem um papel importante na comunicação política, inclusive como uma forma de promover isonomia entre candidatos, por reduzir a dependência em recursos financeiros e tempo de televisão distribuído de acordo com leis eleitorais. Pesquisas conduzidas nos Estados Unidos concluíram que mais candidatos fazem propagandas na internet do que na televisão, especialmente aqueles com menor número de votos ou que desafiam candidatos incumbentes.⁵⁴⁶ É inequívoco, portanto, que propagandas digitais trazem benefícios importantes.

Porém, a propaganda política também pode ter custos sociais quando candidatos, empresários e outros influenciadores utilizam esse recurso para disseminar notícias fraudulentas, incitar ânimos, questionar resultados eleitorais ou atacar a democracia. Esses riscos são potencializados pelo direcionamento da publicidade a grupos mais sujeitos a serem influenciados, o que pode segmentar e polarizar a base eleitoral e distorcer o debate político.⁵⁴⁷ A falta de transparência sobre a origem do financiamento e os usuários alcançados pelas propagandas permite também que qualquer pessoa – desde um partido político a um governo estrangeiro a um grupo de interesse doméstico – anonimamente influencie o debate público, semeie desinformação e conflito e enfraqueça as bases da democracia. Portanto, para a melhor compatibilização dos interesses e valores em jogo, a alternativa não deve ser a proibição à

---

⁵⁴⁵ KURTZ, Lahis Pasquali; DO CARMO, Paloma Rocillo Rolim; VIEIRA, Victor Barbieri Rodrigues. *Transparência na moderação de conteúdo*: tendências regulatórias nacionais. Belo Horizonte: Instituto de Referência em Internet e Sociedade, 2021. Disponível em: https://bit.ly/3xjAUka. Acesso em 08 ago. 2021.

⁵⁴⁶ Cf.: Four ways to fix social media's political ads problem – without banning them. *The New York Times*, 16 nov. 2019. Disponível em: https://www.nytimes.com/2019/11/16/opinion/twitter-facebook-political-ads.html. Acesso em 20 nov. 2019.

⁵⁴⁷ Cf.: Universal advertising transparency by default. *European Partnership for Democracy*, [s.d.]. Disponível em: https://epd.eu/wp-content/uploads/2020/09/joint-call-for-universal-ads-transparency.pdf. Acesso em 28 jul. 2021.

veiculação de campanhas políticas na internet, como chegou a ser feito pelo Twitter,[548] mas a imposição de medidas efetivas de transparência.

Desde 2018, essa percepção levou muitas plataformas, incluindo o Twitter e a Google, a criarem repositórios públicos com informações sobre a publicidade política veiculada em suas redes. O Facebook também disponibilizou dados para pesquisadores, incluindo informações sobre publicidades eleitorais e dados de engajamento.[549] Nessas bases de dados, as informações são veiculadas por interfaces pesquisáveis, bem como por interfaces de programação de aplicações. Os dados sobre usuários alcançados são anonimizados e agregados para evitar ameaças à privacidade.[550]

Embora relevantes, essas iniciativas são autorregulatórias e frequentemente criticadas pela sua insuficiência, imprecisão e disfuncionalidade. A título de exemplo, pesquisadores da Mozilla inicialmente utilizaram a base de dados de publicidade do Facebook para monitorar propagandas políticas antes das eleições europeias. As dificuldades encontradas, porém, levaram à produção de um relatório documentando uma série de problemas práticos que inviabilizaram a condução de pesquisas sistêmicas.[551] Segundo os pesquisadores,

> o design atual da interface de programação de aplicações impõe enormes restrições aos pesquisadores, em vez de permitir que eles efetivamente entendam o que está acontecendo na plataforma. As limitações em cada uma dessas categorias, combinadas com restrições aos índices de pesquisas, significa que pode levar meses para que pesquisadores avaliem anúncios em determinada região ou sobre determinado assunto.[552]

---

[548] Cf.: Twitter bans political ads; Facebook's Zuckerberg defends them. *Reuters*, 30 out. 2019. Disponível em: https://www.reuters.com/article/us-twitter-ads-idUSKBN1X92IK. Acesso em 28 jul. 2021.

[549] BROWN, Shelby. Facebook opens data trove for academics to study its influence on elections: researchers will get to parse Facebook ad data, the popularity of news items and URL data sets. *CNET*, 29 abr. 2019. Disponível em: https://www.cnet.com/news/facebook-opens-data-trove-for-academics-to-study-impact-on-elections/. Acesso em 28 jul. 2021.

[550] LEERSSEN, Paddy. The soap box as a black box: regulating transparency in social media recommender systems. *European Journal of Law and Technology*, v. 11, n. 2, 2020. Disponível em: https://ssrn.com/abstract=3544009. Acesso em 05 ago. 2021.

[551] ROSENBERG, Matthew. Ad tool Facebook built to fight disinformation doesn't work as advertised. *The New York Times*, 25 jul. 2019. Disponível em: https://www.nytimes.com/2019/07/25/technology/facebook-ad-library.html?. Acesso em 05 ago. 2021.

[552] Cf.: Facebook's Ad Archive API is inadequate. *Mozilla*, 2019. Disponível em: https://blog.mozilla.org/blog/2019/04/29/facebooks-ad-archive-api-is-inadequate/. Acesso em 07 ago. 2021.

Outras críticas apontam que essas bases de dados incluem apenas campanhas políticas de candidatos, excluindo campanhas sobre assuntos políticos de grande relevância – esse critério excluiria, por exemplo, publicidades contra a vacinação ou contra as urnas eletrônicas.[553] Sintomaticamente, estudos sobre a implementação do Código de Boas Práticas Contra a Desinformação indicaram que, devido a esse recorte, foram incluídos diversos anúncios não políticos e excluídos muitos anúncios políticos.[554]

Outros pesquisadores criticam a confiabilidade dos dados, que são inseridos pelas próprias plataformas sem auditoria externa. A título de exemplo, pesquisadores verificaram que buscas idênticas frequentemente levavam a resultados diversos.[555] Uma investigação da República Tcheca sobre propagandas políticas de determinado partido político revelou que apenas um quarto do dinheiro investido pelo partido em anúncios no Facebook estava incluído no repositório.[556] Na Holanda, um estudo demonstrou que em uma pesquisa idêntica feita de três diferentes países teve resultados diferentes a cada vez.[557] No mesmo sentido, análise conduzida pelo European Partnership for Democracy, uma organização não governamental dedicada à proteção da democracia, destacou "a imprecisão e incompletude das informações incluídas nos repositórios de publicidade, de um lado, e a falta de informação relevante disponibilizada pelas plataformas em matérias

---

[553] ROSENBERG, Matthew. Ad tool Facebook built to fight disinformation doesn't work as advertised. *The New York Times*, 25 jul. 2019. Disponível em: https://www.nytimes.com/2019/07/25/technology/facebook-ad-library.html?. Acesso em 05 ago. 2021.

[554] SILVA, Márcio *et al*. *Facebook Ads monitor*: an independent auditing system for political Ads on Facebook, WWW'20, Taipei: Taiwan, 20-24 abr. 2020. Disponível em: https://arxiv.org/pdf/2001.10581.pdf. Acesso em 13 ago. 2021. No mesmo sentido: Cf.: Report of the activities carried out to assist the European Commission in the intermediate monitoring of the Code of practice on disinformation. *European Regulators Group for Audiovisual Media Services*, jun. 2019. Disponível em: https://erga-online.eu/wp-content/uploads/2019/06/ERGA-2019-06_Report-intermediate-monitoring-Code-of-Practice-on-disinformation.pdf. Acesso em 07 ago. 2021.

[555] ROSENBERG, Matthew. Ad tool Facebook built to fight disinformation doesn't work as advertised. *The New York Times*, 25 jul. 2019. Disponível em: https://www.nytimes.com/2019/07/25/technology/facebook-ad-library.html?. Acesso em 05 ago. 2021.

[556] Cf.: Virtual insanity: the need to guarantee transparency in digital political advertising. *European Partnership for Democracy*, mar. 2020. Disponível em: https://epd.eu/wp-content/uploads/2020/04/Virtual-Insanity-synthesis-of-findings-on-digital-political-advertising-EPD-03-2020.pdf. Acesso em 06 ago. 2021.

[557] Cf.: Virtual insanity: the need to guarantee transparency in digital political advertising. *European Partnership for Democracy*, mar. 2020. Disponível em: https://epd.eu/wp-content/uploads/2020/04/Virtual-Insanity-synthesis-of-findings-on-digital-political-advertising-EPD-03-2020.pdf. Acesso em 06 ago. 2021.

como direcionamento e custos gastos com a publicidade, de outro".[558] Há, também, uma preocupação com o fato de que as plataformas adotam abordagens desiguais em diferentes países, a depender da pressão governamental, para garantia de maior transparência. A título de exemplo, o Facebook só apresenta informações de transparência para 35 países, o que significa que para aproximadamente 83% dos países do mundo não requer registros de anunciantes, ou que os anúncios contenham alertas para o seu caráter político ou que fiquem arquivados para análise posterior.[559]

Após as eleições para o Parlamento Europeu, em 2019, e a iminência das primárias na eleição americana de 2020, algumas plataformas atenderam a críticas suscitadas pela sociedade civil e implementaram modificações relevantes em suas políticas de transparência de anúncios políticos. As modificações e controvérsias mais relevantes ocorreram no Facebook, que culminaram, inclusive, em carta assinada por alguns de seus funcionários, pedindo a proibição de anúncios políticos veiculando informações falsas, indicações mais expressas da origem e restrições de direcionamento de anúncios políticos.

Embora o Facebook não tenha proibido anúncios políticos veiculando informações falsas – alegando que esses anúncios dariam aos usuários interessados maiores informações para julgarem o caráter daquele candidato – a empresa se comprometeu a fazer esclarecimentos de fato em campanhas políticas e incorporou modificações relevantes às suas práticas de transparência, entre as quais destacam-se:[560] (i) estimativa do público-alvo para cada anúncio de questão política, eleitoral ou social, para que seja possível estimar quantas pessoas um anunciante pretendia alcançar com cada anúncio; (ii) melhorias nas funções de pesquisa (agora, é possível pesquisar frases exatas), melhor agrupamento de propagandas semelhantes, e criação de novos filtros para facilitar a análise de resultados (tamanho da audiência, datas, regiões alcançadas); (iii) nova ferramenta para que usuários escolham

---

[558] Cf.: Virtual insanity: the need to guarantee transparency in digital political advertising. *European Partnership for Democracy*, mar. 2020. Disponível em: https://epd.eu/wp-content/uploads/2020/04/Virtual-Insanity-synthesis-of-findings-on-digital-political-advertising-EPD-03-2020.pdf. Acesso em 06 ago. 2021.

[559] Cf.: Social media companies are failing to provide adequate advertising transparency to users globally. *Privacy International*, 03 out. 2019. Disponível em: https://privacyinternational.org/node/3244. Acesso em 27 jun. 2021.

[560] LEATHERN, Rob. Expanded transparency and more control for political Ads. Facebook News Room. *Meta*, 9 jan. 2020. Disponível em: https://about.fb.com/news/2020/01/political-ads/. Acesso em 27 jun. 2021.

como um anunciante pode chegar a eles através de listas de público-alvo customizadas – essas listas são importadas por anunciantes para o Facebook para fins de direcionamento de conteúdo. Com essa nova política, os usuários agora podem parar de ver anúncios distribuídos com base nessas listas ou se qualificarem para ver anúncios mesmo se um anunciante usar uma dessas listas para excluí-los; e (iv) os usuários podem optar por ver menos anúncios políticos ou de assuntos sociais. As políticas (iii) e (iv) foram inicialmente implementadas nos Estados Unidos no primeiro bimestre de 2020 e, em março de 2021, foram expandidas para mais de 90 países.[561]

O Twitter, por sua vez, anunciou, em outubro de 2019, que proibiria todos os anúncios políticos em sua plataforma em nível mundial. Na ocasião, Jack Dorsey, cofundador e CEO do Twitter, fundamentou a decisão destacando que a plataforma foi testemunha de "abusos, assédio, exércitos de trolls, manipulação pela coordenação de bots e humanos, campanhas de desinformação, e echo chambers cada vez mais divisivas" em seus serviços. Dorsey destacou, ainda, que "a questão não é sobre liberdade de expressão. É sobre pagar por alcance. E pagar para aumentar o alcance de discurso político tem ramificações significativas que a infraestrutura democrática atual pode não estar preparada para administrar".[562]

A plataforma define conteúdo político como "conteúdo que faça referência a candidato, partido político, funcionário público eleito ou nomeado, eleição, referendo, medida eleitoral, legislação, diretiva ou resultado judicial". Também estão incluídos na política anúncios que "contenham referências a conteúdo político, incluindo apelos por votos, solicitações de apoio financeiro e defesa a favor ou contra qualquer um dos tipos de conteúdo políticos listados acima". Também são proibidos "anúncios de qualquer tipo por candidatos, partidos políticos ou funcionários públicos eleitos ou nomeados".[563] Editores de notícia que atendam a critérios específicos delimitados pelo Twitter – dentre eles ser uma instituição dedicada à divulgação de notícias, cujo conteúdo não seja primariamente gerado por usuários – podem veicular anúncios

---

[561] GLEIT, Naomi. Launching the largest voting information Effort in US History, Facebook Newsroom. *Meta*, 16 jun. 2020. Disponível em: https://about.fb.com/news/2020/06/voting-information-center/. Acesso em 08 ago. 2021.

[562] MATYUS, Allison. Twitter announces it will ban all political ads starting in November. *Digitaltrends*, 30 out. 2019. Disponível em: https://www.digitaltrends.com/news/twitter-bans-political-ads-in-november-jack-dorsey/. Acesso em 08 ago. 2021.

[563] Cf. Political contente. *Twitter Business*, [s.d.]. Disponível em: https://business.twitter.com/en/help/ads-policies/ads-content-policies/political-content.html. Acesso em 08 ago. 2021.

que mencionem conteúdo político, candidatos, partidos ou funcionários públicos eleitos ou nomeados.[564]

Apesar dos esforços do Facebook e da decisão do Twitter, persistem as críticas às empresas, sintomáticas da ausência de regulação estruturada, que defina o que deve ser considerado anúncio político e quais informações devem ser disponibilizadas. Nesse cenário, começam a surgir iniciativas regulatórias vinculantes, impondo parâmetros obrigatórios de transparência de publicidade política digital.

O primeiro ponto importante a ser definido nessas propostas é a identificação do que constitui publicidade política e de como ela se distingue de opiniões pessoais ou de propagandas puramente comerciais de bens e serviços. Embora a definição desses contornos já fosse difícil *offline*, ela ganhou complexidades adicionais no ambiente digital: (i) a possibilidade de que influenciadores e organizações não partidárias também realizem propaganda política; (ii) o fato de que a publicidade política não fica mais restrita a períodos eleitorais, mas ocorre durante todo o ciclo legislativo; e (iii) a abrangência das propagandas políticas, que agora não incluem apenas a divulgação de determinado candidato, mas abrangem uma ampla gama de assuntos e pautas políticas, não relacionados a candidatos ou a eleições especificamente.[565] Esses fatores dificultam a classificação do que constitui propaganda política para fins regulatórios. Sintomaticamente, o próprio Facebook já observou que "decidir se uma propaganda é política e fazer essa definição funcionar em diferentes jurisdições não é banal. Os nossos sistemas seriam muito mais eficientes se a regulação criasse parâmetros comuns para verificação de atores políticos".[566] Nesse cenário, uma solução possível para essa dificuldade seria a exigência de inclusão de qualquer publicidade digital nos bancos de dados sobre publicidade.

Em manifestação conjunta pela transparência de publicidade digital, instituições da sociedade civil como a Access Now, Algorithm Watch e Demos, sugerem, como ponto de partida, as seguintes

---

[564] Cf.: How to get exempted as a news publisher from the political content policy. *Twitter Business*, [s.d.]. Disponível em: https://business.twitter.com/en/help/ads-policies/ads-content-policies/political-content/news-exemption.html. Acesso em 09 ago. 2021.

[565] JAURSCH, Julian. Defining online political advertising: how difficulties in delineating paid political communication can be Addressed. *Stiftung Neue Verantwortung*, nov. 2020. Disponível em: https://www.stiftung-nv.de/sites/default/files/snv_definingpoliticalads.pdf. Acesso em 09 ago. 2021.

[566] Cf.: Protecting Election Integrity. *Facebook*, [s.d.]. Disponível em: https://privacyinternational.org/sites/default/files/2019-10/facebook-102019.pdf. Acesso em 09 ago. 2021.

exigências:[567] (i) transparência quanto a todos os anúncios veiculados digitalmente; (ii) que os repositórios de publicidade mantidos pelas plataformas utilizem um conjunto único de parâmetros e protocolos, para permitir avaliações integradas; (iii) as plataformas devem atribuir identificadores únicos para cada anúncio e cada anunciante, para permitir análises de tendência no tempo e entre plataformas – os anunciantes devem manter o mesmo identificador, não importa qual plataforma utilizem; (iv) todas as imagens, vídeos e outros conteúdos devem ser disponibilizados em formato legível por máquinas e acessível por interfaces de programação de aplicações; (v) devem garantir a possibilidade de baixar dados de uma semana em menos de 12 horas e dados de um dia em menos de duas horas; (vi) aprimorar a capacidade de download de quantidades grandes de dados, para que seja possível baixar todo o histórico de dados dentro de uma semana; (vii) permitir pesquisa por texto do conteúdo, por autor e por datas; (viii) manter as bases de dados atualizadas dentro de 24 horas da publicação e manter publicidade por 10 anos; (ix) manter o repositório público e gratuito; e (x) manter registros de conteúdo removido, incluindo a justificativa para a remoção e registros sobre o anunciante, o financiador, os recursos gastos e o direcionamento.

O documento assinado por essas organizações também defende que essas bases de dados devem conter, no mínimo, as seguintes informações:[568] (i) exato valor gasto; (ii) informações sobre anunciantes, tanto empresas intermediárias de mídia, quanto em nome de quem os anúncios são veiculados e sobre quem financiou; (iii) facilitar a interação com outras bases de dados que permitam verificar a identificação oficial do anunciante, como registros corporativos, registros fiscais, declarações de candidatos; (iv) público-alvo, uso de perfilamento a partir de listas de distribuição importadas e a origem desses dados; (v) direcionamento e critérios de distribuição do conteúdo; (vi) público alcançado; (vii) engajamento em números absolutos e relativos (curtidas, comentários, compartilhamentos); (vii) essas informações devem estar disponíveis para todos os anúncios, inclusive aqueles que tenham sido removidos pelas plataformas por violações a seus termos de uso, inclusive com a

---

[567] Cf.: Universal advertising transparency by default. *European Partnership for Democracy*, [s.d.]. Disponível em: https://epd.eu/wp-content/uploads/2020/09/joint-call-for-universal-ads-transparency.pdf. Acesso em 28 jul. 2021.

[568] Cf.: Universal advertising transparency by default. *European Partnership for Democracy*, [s.d.]. Disponível em: https://epd.eu/wp-content/uploads/2020/09/joint-call-for-universal-ads-transparency.pdf. Acesso em 28 jul. 2021.

indicação das razões para remoção. Salvo aqueles que sejam considerados ilegais pelas autoridades estatais relevantes, os anúncios removidos devem continuar visíveis nos repositórios; e (ix) nenhuma dessas medidas deve revelar informações pessoais de usuários.

Ademais, essas entidades também defendem que: (i) os anúncios devem ser identificados como tal no momento de veiculação aos usuários; (ii) os usuários devem ter acesso a um repositório pessoal indicando quem está direcionando conteúdo a eles e como; (iii) plataformas devem verificar a identidade dos anunciantes; (iv) criar parâmetros para permitir veiculação anônima de publicidade nos casos em que isso for necessário para proteção do anunciante; e (v) deve haver um mecanismo para garantir observância a essas disposições, inclusive com a possibilidade de sanção em caso de violação.[569]

A título de exemplo, o Honest Ads Act é um projeto de lei apresentado ao Congresso americano e atualmente apoiado pelo Facebook. O objetivo é aumentar a transparência para propagandas políticas em plataformas digitais, estendendo à internet a proibição à veiculação de propagandas políticas não identificadas e impondo às plataformas o dever de envidar esforços razoáveis para assegurar que estrangeiros não financiem comunicações sobre campanhas eleitorais.[570] Também seria estendida às plataformas a obrigação de que todos aqueles que paguem mais de $10.000,00 no ano calendário para comunicações sobre campanhas políticas apresentem informações à Federal Election Commission (FTC), que fiscaliza as campanhas políticas. O projeto também acrescenta um novo capítulo específico sobre transparência de publicidade digital, para impor deveres de: (i) manter e tornar público para inspeção um registro completo de qualquer pedido para comprar anúncio político no valor de, ao menos, $500 no agregado; e (ii) fornecer informações sobre publicidade à FTC, incluindo quem comprou os anúncios e, em alguns casos, o público-alvo a quem o anúncio foi direcionado. "Anúncio político" é definido como qualquer anúncio que seja feito por ou em nome de um candidato, ou que comunique uma mensagem relacionada a qualquer matéria política de importância

---

[569] Cf.: Universal advertising transparency by default. *European Partnership for Democracy*, [s.d.]. Disponível em: https://epd.eu/wp-content/uploads/2020/09/joint-call-for-universal-ads-transparency.pdf. Acesso em 28 jul. 2021.

[570] GOODMAN, Ellen P.; WAJERT, Lyndsey. The honest Ads Act Won't end Social Media Disinformation, but It's a Start. *SSRN*, 02 nov. 2017. Disponível em: https://ssrn.com/abstract=3064451. Acesso em 09 ago. 2021.

nacional, incluindo (a) um candidato, (b) uma eleição para cargo federal, ou (c) um assunto legislativo de importância nacional.

O Projeto tem sido reconhecido como um avanço importante, porém insuficiente, porque: (i) não alcança alguns dos casos mais problemáticos de interferências políticas, como o uso de *bots* gratuitos ou *posts* aparentemente orgânicos por influenciadores, ativistas ou aqueles que se apresentem como um veículo de mídia legítimo; (ii) não cobre anúncios pagos que não sejam claramente um "anúncio político" nos termos definidos em lei. Dependendo de como a definição de anúncios políticos for interpretada, ela pode excluir conteúdo disseminado pela Rússia sobre o Black Lives Matter, por exemplo, que espalhava relatórios inverídicos ou conteúdo inflamatório tanto por postagens orgânicas, quanto por anúncios pagos;[571] e (iii) a isenção de informações para pedidos de compra de anúncios abaixo de $500 por ano também permite que atores que pretendem influenciar as eleições usem contas falsas individuais para comprar anúncios, sempre mantendo abaixo do valor que enseja a publicação de relatórios de transparência.[572]

Em linha semelhante, e como visto, o Digital Services Act estabelece obrigações de transparência que envolvem a obrigatoriedade de, dentre outros, identificar a publicidade e o financiador, bem como o conteúdo do anúncio publicitário, o período durante o qual ele foi exibido e o público-alvo.

As exigências ora mencionadas quanto à transparência nessas três atividades – aplicação de termos de uso, sistemas de recomendação e publicidade política – são sugestões ideais de informações consideradas importantes para o aprimoramento da transparência no ambiente digital. Porém, é importante reconhecer a necessidade de debate qualificado quanto aos custos reais de implementação dessas exigências e de seus impactos sobre outros interesses relevantes, como a garantia da privacidade e a preocupação de não revelar informações excessivas que permitam a manipulação dos sistemas por usuários mal-intencionados. Por isso, defende-se que as obrigações de transparência eventualmente adotadas devem ser previstas em lei de forma genérica e posteriormente detalhadas por órgãos especializados, que tenham capacidade para

---

[571] GOODMAN, Ellen P.; WAJERT, Lyndsey. The honest Ads Act Won't end Social Media Disinformation, but It's a Start. *SSRN*, 02 nov. 2017. Disponível em: https://ssrn.com/abstract=3064451. Acesso em 09 ago. 2021.

[572] GOODMAN, Ellen P.; WAJERT, Lyndsey. The honest Ads Act Won't end Social Media Disinformation, but It's a Start. *SSRN*, 02 nov. 2017. Disponível em: https://ssrn.com/abstract=3064451. Acesso em 09 ago. 2021.

contemplar as possibilidades técnicas e as especificidades de diferentes plataformas. No Brasil, um órgão possivelmente competente para a fiscalização desses deveres seria o CGI.br, conforme se detalhará adiante.

Um regime de transparência adotado deve, ainda: (i) estabelecer parâmetros padronizados por todas as empresas para elaboração de seus relatórios de transparência, de forma a permitir comparações – como visto, um problema verificado na NetzDg foi justamente o fato de que cada empresa elabora os seus relatórios de transparência a partir de critérios próprios, dificultando comparações e a compreensão dos impactos como um todo; (ii) ser relativamente constante, pois a adaptação para atender às exigências de transparência são custosas. Por outro lado, deve ter flexibilidade suficiente para ser adaptado à luz de avanços tecnológicos que afetem a capacidade e necessidade de transparência;[573] (iii) impor diferentes graus de exigências a depender do tamanho da plataforma digital – esse critério poderia ser definido a partir de considerações como lucro, número de usuários, número de acessos, ou alguma combinação dessas métricas;[574] e (iv) ser proporcional, levando em consideração os custos para fornecimento das informações e instituição dos sistemas eventualmente exigidos.

5.2.2 Devido processo legal e isonomia

Além das exigências de transparência, reconhecidamente as mais importantes no campo de regulação das plataformas digitais e uma condição necessária para todas as demais garantias procedimentais, defende-se ainda a necessidade de observância aos princípios do devido processo legal e da isonomia.

Para atender à exigência de devido processo legal, as plataformas devem informar aos usuários afetados pela moderação de conteúdo o dispositivo dos termos de uso que justificou a medida, bem como oferecer um sistema interno de reclamações contra decisões de: (i) remoção ou bloqueio; (ii) suspensão ou cessação da prestação do serviço; (iii) suspensão ou encerramento de conta; e (iv) desmonetização, redução do alcance ou associação de mensagens de esclarecimentos ou

---

[573] Cf.: The government report on transparency reporting in relation to online harms. *Gov.uk*, 15 dez. 2020. Disponível em: https://www.gov.uk/government/consultations/online-harms-white-paper/outcome/government-transparency-report. Acesso em 06 ago. 2021.

[574] Daphe Keller. LEERSSEN, Paddy. The soap box as a black box: regulating transparency in social media recommender systems. *European Journal of Law and Technology*, v. 11, n. 2, 2020. Disponível em: https://ssrn.com/abstract=3544009. Acesso em 05 ago. 2021.

checagem de fatos. Recomenda-se que esse sistema fique disponível por um período de pelo menos 1 (um) mês da decisão reclamada – sem prejuízo de alteração desse prazo pelo órgão especializado competente, a depender do que seja observado na prática. Sempre que o recurso for considerando procedente, a plataforma deve restabelecer o conteúdo. Embora não seja possível fixar um prazo específico para as decisões a serem tomadas em sede de recurso, elas devem ocorrer de forma diligente e sem demora injustificada e, como intuitivo, a razoabilidade dos prazos dependerá, dentre outros fatores, da quantidade de recursos recebidos em determinado período.

Ainda quanto ao devido processo legal, as plataformas devem ter os deveres de instituir sistemas que permitam a denúncia fundamentada de conteúdo ou contas por outros usuários, e de notificar os usuários denunciantes a respeito da decisão tomada quanto ao conteúdo denunciado. Por fim, as decisões proferidas em sede de recurso não podem ser tomadas exclusivamente de forma automatizada.

Quanto aos deveres de isonomia, embora seja razoável supor que as plataformas possam adotar critérios diversos para pessoas públicas ou informações de interesse público, essas exceções devem estar expressamente previstas nos termos de uso, com exemplos ilustrativos. Recentemente, essa questão foi objeto de controvérsia entre o Comitê de Supervisão do Facebook (FOB) e a companhia. Com efeito, em relatório de transparência publicado ao final do seu primeiro ano de funcionamento, o FOB destacou a insuficiência das explicações apresentadas pelo Facebook sobre o funcionamento de um sistema conhecido como cross-check, que aparentemente conferiria a alguns usuários – incluindo Donald Trump – maior liberdade na plataforma. Em janeiro de 2022, o Facebook explicou que o sistema de cross-check confere um grau adicional de revisão a determinados conteúdos que os sistemas internos marquem como violadores dos termos de uso da plataforma, a fim de minimizar os riscos de falso-positivo para esse material. Segundo a empresa, essa camada de revisão extra inclui ONGs, entidades civis, jornalistas e, também, parceiros comerciais do Facebook, para evitar a suspensão de páginas com muitos seguidores.[575] O Facebook submeteu ao FOB uma consulta sobre como aprimorar o funcionamento desse sistema e a consulta foi aceita, mas o FOB ainda não apresentou as suas recomendações.

---

[575] Cf.: Análise precisa de conteúdo de alto impacto pelo nosso sistema de verificação cruzada. *Meta*, 19 jan. 2022. Disponível em: https://transparency.fb.com/enforcement/detecting-violations/reviewing-high-visibility-content-accurately/. Acesso em 14 fev. 2022.

Devido à enorme quantidade de conteúdo publicado nas plataformas e à inevitabilidade do uso de mecanismos automatizados para moderação de conteúdo, a responsabilização das plataformas por violação aos deveres de devido processo legal e da isonomia não deve ocorrer em casos pontuais e específicos, mas apenas quando a análise revele uma falha sistêmica em atender a esses deveres.

Exatamente por isso, desde que sistemicamente observados esses requisitos de transparência, devido processo legal e isonomia, entende-se pela inadequação de decisões judiciais que determinem a restituição de conteúdo removido pelas plataformas com fundamento em termos e condições privados. Isso porque, desde que o façam observando deveres procedimentais, as plataformas devem ter liberdade de iniciativa e de expressão para definirem o tipo de plataforma que querem oferecer aos seus usuários. O DSA, por exemplo, aparentemente afasta a possibilidade de ordem de restituição de conteúdo removido com fundamento em termos e condições, mas permite ordem de restituição quando o conteúdo tiver sido removido pela plataforma com fundamento em suposta violação à legislação nacional.[576] Ou seja, confere aos tribunais a palavra final sobre a interpretação de dispositivos legais. Essa previsão não parece prejudicial do ponto de vista de interferência sobre a liberdade das plataformas, mas, na prática, tende a ter efeitos limitados, já que, para evitar procedimentos nesse sentido, as plataformas podem simplesmente fundamentar a remoção em seus próprios termos e condições – hipótese em que a revisão judicial não é admitida.

5.3 Deveres mínimos para combater ou minimizar os impactos de conteúdo ilícito e/ou danoso

Além da garantia de direitos procedimentais, o modelo de autorregulação regulada deve também conter obrigações específicas destinadas a endereçar determinados tipos de discurso especialmente danosos. Consideram-se enquadrados nesse grupo as seguintes categorias: (a) desinformação, (b) discurso de ódio, (c) ataques antidemocráticos, (d) *cyberbullying,* (e) terrorismo e (f) pornografia infantil. A exclusão de conteúdo que alegadamente viole direitos da personalidade como honra,

---

[576] "(33a) This Regulation should not prevent the relevant national judicial or administrative authorities on the basis of the applicable Union or national law, in conformity with Union law, to issue an order to restore content, where such content has been in compliance with the terms and conditions of the intermediary service provider, but has been erroneously considered as illegal by the service provider and has been removed".

imagem e privacidade foi uma opção deliberada, pois: (i) a Constituição Federal revela uma preferência por meios de reparação *a posteriori* de violações a esses direitos e danos morais e materiais, como regra, são suficientes para endereçar essas violações, (ii) quando o abuso se revelar reiterado, excessivo e coordenado, ele se enquadrará na categoria de *cyberbullying* ou de discurso de ódio, quando envolver minorias, e (iii) os direitos da personalidade são frequentemente utilizados no Brasil como mecanismos de censura, notadamente por agentes públicos.

Quanto às seis categorias abarcadas pela proposta ora formulada, reconhece-se a dificuldade de definição e identificação consensual sobre as manifestações enquadradas nessas categorias – salvo no caso de pornografia infantil, naturalmente, e, em menor medida, terrorismo. Justamente por isso, defende-se que as plataformas tenham liberdade para definir como os conceitos serão operacionalizados, desde que o façam a partir de parâmetros de direitos humanos internacionais e de forma transparente, nos termos delineados no capítulo próprio sobre o tema. De forma específica, os parâmetros internacionais de direitos humanos para restrições à liberdade de expressão exigem que elas observem os seguintes princípios: (i) o da legalidade, que exige que todas as restrições ao discurso estejam claramente articuladas, permitindo a distinção com "precisão suficiente" entre discurso lícito e ilícito; (ii) o da legitimidade, que exige que a restrição seja instituída para proteger outros interesses ou valores de elevado valor axiológico; e (iii) o da necessidade e proporcionalidade, que exige a demonstração de que as restrições impõem o menor ônus possível ao exercício da liberdade de expressão e protegem o interesse legítimo que justificou a restrição.[577]

Naturalmente, não se pode exigir o atendimento ao requisito de proporcionalidade de forma fundamentada para cada decisão individual de moderação de conteúdo tomada pela plataforma. Por isso, a expectativa é que a proporcionalidade seja atendida no momento de definição de categorias proibidas. Por exemplo: restrições ao discurso de ódio devem estar expressas nos termos de uso, com a definição do conceito, exemplos ilustrativos de casos de violação e de não violação, os interesses protegidos por essa restrição e a escala de medidas de moderação que podem ser adotadas – redução da amplificação, aviso de que foi classificada como falsa por organizações de verificação de fatos, esclarecimento, desmonetização e, de forma mais restritiva, remoção.

---

[577] OSÓRIO, Aline. *Direito eleitoral e liberdade de expressão*. Belo Horizonte: Fórum, 2017. p. 117.

Reitere-se que isso não significa que todas as plataformas chegarão às mesmas definições ou, tampouco, aos mesmos resultados substantivos em casos concretos – e isso sequer é um defeito do sistema, pois a pluralidade de regras de moderação de conteúdo promove a liberdade de expressão. Assim, a obrigação de observar parâmetros internacionais de direitos humanos reduz a discricionariedade das empresas, ao mesmo tempo em que permite a diversidade de políticas entre elas. Oferece, ademais, uma justificativa coerente para a adoção de medidas na camada de arquitetura que sejam menos gravosas do que a remoção do conteúdo, como, por exemplo, a inclusão de advertências sobre a manipulação ou a inveracidade de fatos, a instituição de barreiras para o compartilhamento de conteúdo, a adoção de mecanismos que direcionem usuários para fontes confiáveis de notícias, a desmonetização de vídeos e/ou canais. Uma abordagem categórica que classifique discursos como lícitos ou ilícitos apresenta essas medidas como incoerentes – se o conteúdo é ilícito, ele deve ser removido, e não apenas ter o seu alcance restringido. Uma abordagem proporcional, por sua vez, legitima e racionaliza a adoção dessas medidas intermediárias.[578]

Após definição dessas categorias, as plataformas devem instituir mecanismos que possibilitem a denúncia por usuários, bem como esclarecer, por meio de termos de uso claros, como os sistemas automatizados e a moderação humana proativa são utilizados para monitorar essas categorias.

Como antecipado, o papel do órgão de fiscalização do sistema de autorregulação regulada deve ser: (i) verificar se as plataformas adotaram termos de uso que vedam o compartilhamento de desinformação, discurso de ódio, ataques antidemocráticos, *cyberbullying* e terrorismo; e (ii) assegurar se, sistemicamente, os sistemas de recomendação funcionam do modo como as plataformas alegam que funcionam e se os termos de uso são aplicados de forma consistente e a partir de parâmetros claros – sem nenhuma consideração quanto ao resultado substantivo dessas decisões.[579] Como visto, os algoritmos atualmente existentes possuem limitações expressivas quanto à sua capacidade de identificar

---

[578] DOEUK, Evelyn. Governing online speech. *Columbia Law Review*, v. 121, n. 03, p. 759-934, abr. 2021. p. 791. Disponível em: https://columbialawreview.org/wp-content/uploads/2021/04/Douek-Governing_Online_Speech-from_Posts_As-Trumps_To_Proportionality_And_Probability.pdf. Acesso em 29 set. 2021.

[579] DOEUK, Evelyn. Governing online speech. *Columbia Law Review*, v. 121, n. 03, p. 759-934, abr. 2021. p. 791. Disponível em: https://columbialawreview.org/wp-content/uploads/2021/04/Douek-Governing_Online_Speech-from_Posts_As-Trumps_To_Proportionality_And_Probability.pdf. Acesso em 29 set. 2021.

conteúdo ilícito. Também a moderação de conteúdo por humanos encontra limitações no fato de que (i) há verdadeira impossibilidade de moderação humana da quantidade de conteúdo publicada nas redes e (ii) nos casos mais controvertidos, haverá divergências sobre o resultado substantivo adequado para casos concretos. Por isso, a responsabilização não deve ocorrer em casos pontuais, mas apenas a partir de uma avaliação sistêmica do funcionamento desses sistemas.

Em paralelo a essas obrigações, e a fim de aprimorar o combate a conteúdo ilícito ou danoso, recomenda-se ainda a adoção de três obrigações complementares: (i) elaborar uma lista pública com sinalizadores confiáveis, cujas denúncias sobre conteúdo que se enquadre nessas categorias sejam avaliadas em um período definido de tempo – a ser estipulado pelo órgão especializado responsável pela fiscalização do sistema; (ii) reduzir a amplificação de qualquer conteúdo – independentemente de análise sobre o seu mérito – que ultrapasse determinado número de compartilhamentos em um período previamente estipulado; e (iii) adotar medidas para combater o comportamento coordenado inautêntico.

Em primeiro lugar, sugere-se a imposição de obrigação para que as plataformas elaborem uma lista pública reconhecendo determinadas entidades – nacionais e internacionais – como sinalizadores de confiança. Em linha com o que faz a proposta do Digital Services Act, as organizações selecionadas devem: (i) possuir conhecimentos especializados e competências específicas para identificação e notificação de conteúdo ilegal; (ii) representar interesses coletivos e serem independentes de qualquer plataforma; e (iii) realizar as suas atividades de forma diligente. Em caso de abuso do sistema de notificação das plataformas, os sinalizadores poderão ser descredenciados, desde que a decisão seja pública e fundamentada.

A sugestão é a de que as plataformas digitais tenham a obrigação de se manifestar sobre denúncias realizadas por esses sinalizadores dentro de um prazo previamente estipulado – pode-se cogitar, inicialmente, um prazo de 48h, sem prejuízo de adaptação ou gradação a partir de resultados concretos. Reitere-se que a exigência não é de *notice and takedown*, mas de *notice and respond* – ou seja, a obrigação não é de que as plataformas removam o conteúdo denunciado, mas que o analisem e deem uma decisão expressa e fundamentada. Deve ser considerada fundamentada a decisão que aponte: (i) os dispositivos pertinentes dos termos e condições; (ii) os interesses contrapostos envolvidos na disputa; e (iii) a ponderação realizada para fundamentar a decisão. Naturalmente, não se espera que as plataformas apresentem decisões

detalhadas. A título de exemplo, segundo a proposta ora apresentada, a decisão de suspensão temporária da conta do Presidente Donald Trump seria considerada suficientemente fundamentada se realizada em termos semelhantes aos que se seguem:
(i) Dispositivos pertinentes:
   a. Previsões que proíbem "conteúdo que elogia, apoia ou representa eventos que o Facebook designa como ataques terroristas, eventos de ódio, assassinatos em massa ou tentativas de assassinato em massa, assassinatos em série, crimes de ódio e eventos violadores" e "conteúdo que elogia qualquer uma das organizações mencionadas acima ou indivíduos ou atos cometidos por eles";
   b. Previsão que estabelece que o Facebook "remove conteúdo, desativa contas e coopera com as autoridades legais quando acredita haver um risco genuíno de danos físicos ou ameaças diretas à segurança pública"; e
   c. Previsão que estabelece que o Facebook pode "suspender ou permanentemente desativar o acesso a uma conta se avaliar que o usuário violou as suas políticas de forma 'clara, grave ou reiterada'".
(ii) Interesses contrapostos:
   a. De um lado: liberdade de expressão do indivíduo Donald Trump e interesse público em ter acesso a discurso político, especialmente do Presidente em exercício; e
   b. De outro lado: risco iminente de violência, porque no momento das publicações, o ataque ao Capitólio estava em curso e as postagens incentivavam os indivíduos envolvidos, ao afirmar "amamos vocês" e "vocês são muito especiais".
(iii) Ponderação:
   a. No caso concreto, com fundamento nos dispositivos indicados, entendeu-se que o risco iminente de violência, o alcance das publicações do Presidente Donald Trump e a permanência de situação de alto alerta nos dias subsequentes ao ataque ao Capitólio justificaram a remoção das postagens e a suspensão da conta enquanto perdurasse a situação de alto risco. A suspensão durará o período de uma semana, sujeita à prorrogação, em caso de permanência do estado de alerta.

Quanto aos sinalizadores de confiança, as suas notificações, para que sejam válidas, devem conter: (i) uma explicação breve das razões pelas quais o conteúdo viola as regras das plataformas, inclusive com a indicação de todos os dispositivos pertinentes; (ii) indicação clara e inequívoca do conteúdo impugnado; (iii) nome e e-mail do notificante para contato; e (iv) declaração de que a notificação é feita em boa-fé e as informações nela contidas são exatas e completas. De posse dessas informações, o ônus das plataformas digitais de fundamentação também seria reduzido. O objetivo aqui, novamente, é forçá-las a tomarem uma decisão expressa e fundamentada sobre a (i)licitude do discurso, independentemente de qual seja o resultado substantivo, a fim de garantir a legitimidade pelo procedimento e assegurar que as suas decisões se sujeitem ao escrutínio público. O prazo hábil para remoção deverá ser definido por regulamento do órgão responsável pela fiscalização dessas obrigações, considerando o número de usuários em território brasileiro. O prazo poderia, ainda, ser variável, dependendo do número de denúncias recebidas em determinado período.

Embora importante, essa medida não tem o potencial de alcançar todo (ou mesmo a maioria) do discurso danoso publicado na plataforma – essa é uma limitação que também se aplica ao Comitê de Supervisão do Facebook. De todo modo, ao contrário do que fez a NetzDG, entende-se que a extensão dessa obrigação à denúncia feita por qualquer usuário cria incentivos para a adoção de sistemas automatizados excessivamente abrangentes, e para a má-utilização do sistema por usuários, que podem se coordenar para denunciar conteúdo perfeitamente lícito – instituindo, assim, mais uma forma de censura digital. A consideração concreta do cenário da liberdade de expressão no Brasil sugere que a adoção de um mecanismo como o da NetzDg aqui teria impactos desproporcionais e prejudiciais sobre o exercício desse direito fundamental.

De qualquer forma, e exatamente porque se reconhece a limitação dessa primeira medida, as plataformas devem ainda adotar duas obrigações complementares. *Em primeiro lugar*, devem instituir mecanismos para identificar contas falsas e comportamento coordenado inautêntico (Coordinated Inauthentic Behavior – CIB). O conceito é utilizado especialmente pelo Facebook, que estruturou um mecanismo robusto de combate a esse tipo de operação de influência. Nos termos em que empregado pela plataforma, o comportamento coordenado inautêntico engloba qualquer rede de contas, páginas ou grupos que dependem fundamentalmente da utilização de contas falsas para enganar as pessoas sobre quem está por trás da operação e o que estão fazendo. Assim, a caracterização de comportamento coordenado inautêntico – que consequentemente enseja a suspensão de todas as contas, páginas e grupos diretamente envolvidos na operação – depende da confirmação do uso de contas falsas para dissimular usuários.

Trata-se, como se vê, de uma política que combate comportamento ilícito, e não conteúdo. O Brasil figura em quarto lugar na lista do Facebook dos países com maior número de redes desativadas por comportamento coordenado inautêntico direcionado ao público doméstico – atrás apenas de Mianmar, Estados Unidos e Ucrânia.[580] Foram seis redes desativadas no período analisado (2017-2020): (i) três delas suspensas entre julho e setembro de 2018, levando a um total de 481 ativos suspensos (o que inclui contas, páginas e grupos no Facebook); (ii) uma delas suspensa em julho de 2020, com a suspensão de 85 ativos (incluindo contas, páginas e grupos no Facebook, bem como contas no Instagram); e (iii) duas suspensões em janeiro de 2021, com a suspensão de 90 ativos (incluindo contas e páginas no Facebook e contas no Instagram). Segundo o relatório do Facebook, o Brasil também foi alvo de uma rede estrangeira, originada no Irã, e que teve como alvos Venezuela, Argentina, Bolívia, Peru, Equador, México e Brasil. Medidas como essa, portanto, contribuiriam para o aprimoramento do ambiente digital.

Vale a ressalva, no entanto, de que, na medida em que as plataformas aprimoram os seus mecanismos de combate a esse tipo de comportamento, os atores que ilicitamente se apropriam dessa estrutura para conduzir atividades danosas alteram as suas táticas. Por isso, o relatório recentemente publicado pelo Facebook destacou seis tendências observadas após a adoção das políticas de combate ao comportamento coordenado inautêntico.[581] Em primeiro lugar, esses atores têm recorrido a campanhas menores, com menos ativos, e direcionadas a audiências mais estritamente delimitadas, como forma de evitar detecção. Em segundo lugar, têm utilizado táticas de engenharia social para cooptar, inadvertidamente, grupos sociais simpáticos às teses da operação – dificultando a identificação do que caracteriza manifestação orgânica de usuários e o que é parte de uma operação coordenada. Esses grupos

---

[580] Cf.: The State of Influence Operations 2017-2020. Facebook, 01 mai. 2021. Disponível em: https://about.fb.com/wp-content/uploads/2021/05/IO-Threat-Report-May-20-2021.pdf. Acesso em 16 jul. 2021.

[581] Cf.: The State of Influence Operations 2017-2020. Facebook, 01 mai. 2021. Disponível em: https://about.fb.com/wp-content/uploads/2021/05/IO-Threat-Report-May-20-2021.pdf. Acesso em 16 jul. 2021.

cooptados, ao compartilharem o conteúdo, aumentam o impacto da operação, mesmo que inconscientes quanto à sua origem.

Em terceiro lugar, o Facebook observou a emergência do que denominam de *perception hacking* (hackeamento de percepção, em tradução literal): em vez de efetivamente criar campanhas de manipulação, esses atores buscam prejudicar o debate público ao disseminar a percepção de que estão em todo lugar. Como exemplo, o relatório aponta para uma campanha russa investigada pelo Facebook em 2018, pouco antes das eleições americanas para os cargos de senadores e deputados, que publicamente alegava que estava conduzindo uma campanha com capacidade de alterar os resultados eleitorais nos Estados Unidos – na verdade, a maior parte das contas sequer estavam ativas. O objetivo, portanto, era criar a percepção de influência, enfraquecendo a confiabilidade no debate público e nas eleições.

Em quarto lugar, o Facebook também aponta para a ascensão de operações conduzidas por empresas contratadas – de mídia, marketing e relações públicas –, inclusive como uma forma de omitir a identidade dos atores por trás da campanha. Em quinto lugar, as operações também têm aprimorado a sua segurança operacional: não cometem mais descuidos banais, como acessar contas alegadamente americanas de São Petersburgo. Também estão aprimorando a sua capacidade de reproduzir escrita e expressões autênticas de comunidades locais e, de forma mais relevante, ocasionalmente têm optado por disseminar conteúdo organicamente produzido por grupos domésticos. Por exemplo, uma rede russa desativada em outubro de 2019 postava principalmente conteúdo repostado de terceiros, incluindo publicações de figuras públicas. Por fim, em sexto lugar, o Facebook também constatou que as operações agora utilizam múltiplas plataformas, tanto online quanto offline, recorrendo a blogs e jornais locais para alcançar públicos específicos e espaços com menos recursos de defesa contra essas operações.

A partir dessas observações, é possível concluir que nenhuma plataforma digital pode proteger eleições e instituições sozinha. É preciso um esforço coordenado de todos os setores da sociedade civil. Mas políticas como essa de combate ao CIB, especialmente quando compartilhadas entre plataformas, tornam o ambiente digital mais resistente a comportamentos dissimulados e conduzem a interações mais autênticas. Campanhas de manipulação existiam antes das redes sociais e vão continuar a existir. Isso não é uma novidade das plataformas digitais – e tampouco se limita a elas atualmente. Por isso, o esforço multisetorial tem que ser no sentido de reduzir os impactos dessas campanhas, publicamente anunciando e expondo os atores responsáveis, compartilhando informações com pesquisadores e a sociedade civil e, sempre que possível, adotando medidas proporcionais e razoáveis que dificultem a tarefa daqueles que praticam atos ilícitos de manipulação.

É certo que, sem transparência, esse termo pode ser aplicado de forma genérica, para abarcar uma ampla variedade de comportamentos e atividades. Exatamente por isso, essa política deve coexistir com as medidas de transparência detalhadas em tópico próprio. Ademais, a capacidade técnica para identificação de CIB varia de acordo com o tamanho da plataforma, bem como com o avanço da tecnologia, de modo que o órgão de fiscalização do sistema de autorregulação regulada deve ser capaz de monitorar essas variáveis.

Em segundo lugar, as plataformas devem ter a obrigação de restringir a amplificação de discursos que sejam compartilhados mais de determinado número de vezes em um período previamente estabelecido.[582] Uma medida como essa teria o potencial de limitar o alcance de discurso que viraliza, sem necessariamente removê-lo da internet, e o faz de uma forma neutra quanto ao conteúdo. A regra para reduzir a amplificação é objetiva: qualquer conteúdo compartilhado mais de um determinado número de vezes dentro do período previamente estipulado não deve ser amplificado pelos sistemas de recomendação das plataformas. Essa regra tem o potencial de atuar como um "circuit-breaker" para a amplificação de conteúdo viral que dissemina rapidamente. Para reduzir a possibilidade de que regras como essa inviabilizem mobilizações sociais importantes, a vedação à amplificação poderia ser superada após análise expressa da plataforma digital quanto ao teor da mensagem disseminada. Se se considerar que não se trata de conteúdo ilícito e/ou danoso, a amplificação pode ser retomada, após decisão expressa e fundamentada da plataforma digital.

5.4 Quem fiscaliza o sistema de autorregulação regulada?

Como antecipado, a regulação puramente estatal não é capaz de atender às demandas por conhecimento técnico específico, flexibilidade regulatória e monitoramento contínuo[583] que se impõem sobre a

---

[582] KELLER, Daphne. Amplification and Its Discontents. *Knight First Amendment Institute*, 08 jun. 2021. Disponível em: https://knightcolumbia.org/content/amplification-and-its-discontents. Acesso em 22 set. 2021.

[583] BELLI, Luca; ZINGALES, Nicolo. *Platform regulations*: how platforms are regulated and how they regulate us. Official outcome of the UN IGF Dynamic Coalition on Platform

regulação de plataformas digitais. Ademais, a ampla divergência sobre qual conteúdo deve ser considerado ilícito para fins de remoção cria riscos reais de que governos possam se aproveitar dessas divergências para promover interesses antidemocráticos.[584] A possibilidade de fiscalização pelo judiciário, por sua vez, apresenta riscos de decisões contraditórias e sem capacidade institucional para analisar as restrições técnicas do setor. Por isso, a fiscalização do funcionamento do sistema aqui proposto – tanto dos requisitos de transparência, devido processo legal e isonomia, quanto dos deveres mínimos para combater ou minimizar os impactos de conteúdo ilícito e/ou danoso – deve ser atribuída a um órgão especializado, com representação majoritária da sociedade civil.

O objetivo desse órgão não será responsabilizar plataformas digitais por eventuais violações pontuais e específicas, mas conduzir uma análise sistêmica do modelo instituído e administrado pelas plataformas e auditar relatórios de transparência – naturalmente, as auditorias poderiam ser conduzidas por empresas externas e apenas avaliadas pelos órgãos. Um exemplo desse tipo de supervisão pode ser encontrado no setor financeiro, em que auditorias independentes verificam se os bancos têm sistemas de segurança em funcionamento, em vez de aplicarem sanções por incidentes pontuais e específicos de violação.[585] Ademais, o órgão deve ter flexibilidade regulatória para permitir a adaptação de suas recomendações, parâmetros, diretrizes e decisões de acordo com o avanço da tecnologia e o desenvolvimento de estudos empíricos que evidenciem a maior ou menor proeminência de riscos específicos no ambiente virtual.

Um órgão já existente que poderia desempenhar essa função no Brasil é o CGI.br, organização sem personalidade jurídica, responsável por coordenar e atribuir endereços IP em território nacional e por

---

Responsibility. Rio de Janeiro: Escola de Direito do Rio de Janeiro da Fundação Getúlio Vargas, 2017. p. 181. Disponível em: http://hdl.handle.net/10438/19402. Acesso em 07 abr. 2021.

[584] ZITTRAIN, Jonathan. Answering impossible questions: content governance in an age of disinformation. *Harvard Kennedy School – Misinformation Review*, 4 jan. 2020. Disponível em: https://misinforeview.hks.harvard.edu/article/content-governance-in-an-age-of-disinformation/. Acesso em 23 mai. 2021.

[585] Cf.: Creating a French Framework to make social media platforms more accountable: Acting in France with a European Vision. Interim Mission Report, Regulation of social networks – Facebook experiment, submitted to the French Secretary of State for Digital Affairs. *République Française*, mai. 2019. Disponível em: https://minefi.hosting.augure.com/Augure_Minefi/r/ContenuEnLigne/Download?id=AE5B7ED5-2385-4749-9CE8-E4E1B36873E4&filename=Mission%20Re%CC%81gulation%20des%20re%CC%81seaux%20sociaux%20-ENG.pdf. Acesso em 04 out. 2021.

coordenar e registrar nomes de domínio usando o ".br".[586] O CGI é composto por membros do governo, em número minoritário, e por representantes do setor empresarial, acadêmico, terceiro setor e comunidade científica e tecnológica. O modelo, como identificado por Carlos Ari Sundfeld, é não estatal de *corregulação, pluriparticipativo e consensual*, e permite uma gestão compartilhada dos rumos do sistema da internet no território nacional.[587] Considerando os anos de experiência do Comitê e a percepção compartilhada de sua efetividade, a concentração das funções nesse órgão já existente se apresenta como uma alternativa promissora. Sintomaticamente, a ideia foi incluída no substitutivo apresentado pelo Grupo de Trabalho para Aperfeiçoamento da Legislação Brasileira de Internet, no Congresso Nacional. Nas discussões do GT, o Professor Marcos Dantas Loureiro destacou o reconhecimento internacional do órgão e a existência de um centro de estudos que pesquisa e monitora as propostas sobre regulação da internet.[588] A proposta do Professor é a de que seja criado dentro do CGI um Conselho ou uma Câmara de transparência e responsabilidade e um centro de estudo e pesquisa específico para exercício das funções de regulação das plataformas digitais. A atribuição dessas funções ao CGI.br reduziria os custos para adaptação da estrutura e se beneficiaria do conhecimento já adquirido pelo comitê. Ademais, trata-se de órgão especializado, independente e reconhecido internacionalmente.

Um último ponto que deve ser incluído em qualquer projeto de regulação da matéria é um mecanismo de revisão da regulação depois de determinado período – algo em torno de dois anos, por exemplo – para que se averigue os seus impactos e a sua efetividade na proteção dos seus objetivos declarados.

---

[586] SUNDFELD, Carlos Ari; ROSILHO, André. A governança não estatal da internet e o direito brasileiro. *RDA*, Rio de Janeiro, v. 270, p. 41-79, set./dez. 2015.

[587] SUNDFELD, Carlos Ari; ROSILHO, André. A governança não estatal da internet e o direito brasileiro. *RDA*, Rio de Janeiro, v. 270, p. 41-79, set./dez. 2015.

[588] Cf.: Aperfeiçoamento Legislação Brasileira – Internet – Fiscalização da lei: quem regula? *Youtube*, 28 set. 2021. 29m. Disponível em: https://www.youtube.com/watch?v=fO0PUgpFPUM&list=PLitz1J-q25kMkMK55LWN0hLukkYi-Bls_&index=1. Acesso em 20 jan. 2022.

5.5 O papel de instituições como o Comitê de Supervisão do Facebook

O Comitê de Supervisão do Facebook (Facebook Oversight Board – FOB) é uma instituição de autorregulação privada, inovadora e com potencial de contribuir para a definição dos contornos substantivos da liberdade de expressão na era digital. Ao decidir os casos mais complexos de liberdade de expressão enfrentados pela plataforma, a longo prazo o órgão pode criar precedentes capazes de nortear decisões futuras em casos semelhantes, tanto para uso pela plataforma, quanto para uso por tribunais nacionais.

Não obstante, sem garantia dos mecanismos de transparência descritos em capítulo próprio do presente trabalho, não é possível analisar o impacto que essas decisões terão sobre as políticas das plataformas como um todo, para além dos casos concretos decididos pelo Comitê. Somando esse elemento ao fato de que o FOB revisa apenas uma parcela mínima de casos, o seu potencial de legitimar a atuação do Facebook, se não conciliado com obrigações complementares de transparência, é limitado.

Apesar disso, para além da influência sobre os resultados substantivos da moderação de conteúdo, o FOB tem um aspecto promissor no cenário atual de ausência de regulação das plataformas digitais: a sua capacidade de atuar como um órgão de maximização de transparência em torno das regras e práticas de moderação de conteúdo adotadas pelo Facebook. Como visto, o Comitê, além de decidir casos concretos, também tem competência para solicitar informações e fazer recomendações de *policy* que, embora não vinculantes, devem ser endereçadas pelo Facebook no prazo de 30 dias, mediante a indicação fundamentada de como foram consideradas internamente e de quais não serão implementadas. Tem-se, portanto, uma documentação das informações solicitadas e não fornecidas, bem como registros de recomendações que não foram adotadas.

Somando-se a isso, desde que (i) garantida representatividade mundial e participação popular adequadas, (ii) observadas as normas de devido processo legal, e (iii) aplicados parâmetros internacionais de direitos humanos, organismos como o FOB apresentam-se como instituições capacitadas para tomar decisões sobre liberdade de expressão com efeitos extraterritoriais. Nesse sentido, as decisões de órgãos como o Comitê não atuariam como um instrumento imperativo, porque oriundo de uma autoridade superior estatal, capaz de impor obrigações cogentes, mas como uma entidade facilitadora, capaz de alinhar parâmetros e consensos mínimos de democracias globais no campo da liberdade de expressão.[589] Assim, as decisões desses órgãos seriam vinculantes para as plataformas digitais e afastariam qualquer possibilidade de exercício dessa competência – conferir efeitos extraterritoriais a decisões domésticas – por tribunais nacionais.

Quanto a esse ponto, porém, é importante atentar para o fato de que a concentração de poderes para adjudicar disputas sobre a liberdade de expressão em um único órgão, cujas decisões sejam vinculantes para todas as plataformas, representa um controle expressivo sobre o debate público, que deve se sujeitar a parâmetros rigorosos de legitimidade. Pela delicadeza do ponto, o presente trabalho não tem a pretensão de resolver a discussão sobre a extraterritorialidade de ordens de remoção de conteúdo, tampouco enfrentar todas as complexidades que permeiam a sugestão ora suscitada de que esse papel seja atribuído a organizações externas. De todo modo, é importante reiterar que, fora de instituições transnacionais sujeitas a requisitos de participação, transparência e *accountability*, entende-se que decisões com efeitos extraterritoriais proferidas por tribunais nacionais são ilegítimas.

5.6 A regulação da infraestrutura da liberdade de expressão nas plataformas digitais

Como já mencionado, tanto o Brasil quanto os Estados Unidos admitem a possibilidade de regulação da infraestrutura de comunicação como forma de estruturar uma esfera pública de debate diversificada e evitar o monopólio ou oligopólio sobre o debate público. Inspirados por essa linha de raciocínio, alguns autores propõem a regulação da infraestrutura das plataformas digitais, com fundamento na dominação de mercado que alcançaram.

Um exemplo mais radical pode ser encontrado na proposta de Sabeel Rahman e Zephyr Teachout, que alegam que o desequilíbrio de poder decorrente do controle privado exercido sobre uma infraestrutura essencial justifica que sejam reguladas como serviços de utilidade pública.[590] Eles defendem que, no caso das plataformas digitais, elas: (i) se tornaram meios essenciais da infraestrutura de comunicação,

---

[589] BINENBOJM, Gustavo. *Poder de polícia, ordenação, regulação*. 2. ed. Belo Horizonte: Fórum, 2017. p. 152.

[590] RAHMAN, K. Sabeel; TEACHOUT, Zephyr. From private bads to public goods: adapting public utility regulation for informational infrastructure. *Knight First Amendment at Columbia University*, 4 fev. 2020. Disponível em: https://knightcolumbia.org/content/

definindo as regras e o contexto em que debates e discussões se desenrolam, substituindo o papel tradicionalmente desempenhado por outros meios de comunicação; e (ii) têm celebrado acordos com cidades, estados e governos federais para fornecer, parcial ou completamente, bens públicos em troca de acesso a dados – por exemplo, fornecimento de redes de Wi-Fi em comunidades carentes. Para os autores, esse tipo de poder já seria problemático por si só, mas representa ainda maiores ameaças quando combinados com um modelo de negócios que obtém os seus lucros a partir do microdirecionamento de anúncios facilitado pela coleta de uma quantidade massiva de dados.

Assim, Rahman e Teachout alegam que esse modelo de negócios gera uma esfera pública de debate em que predomina a vigilância, a captura da atenção, o conteúdo inflamatório, a instabilidade e o tratamento individualizado, pois cada usuário tem um *feed* personalizado. Segundo eles, essas características criam uma esfera pública de debate que não é neutra, mas desenhada para destruir uma arena pública vibrante, na qual os cidadãos poderiam debater, participar e coexistir. Para eles, a solução para esse problema seria a proibição à venda de anúncios direcionados e a remuneração das plataformas por meio de taxas cobradas de usuários.

Essa proposta, no entanto, parece excessivamente intervencionista, não apenas sobre a liberdade de iniciativa das plataformas, mas também sobre a liberdade de expressão de usuários. *Em primeiro lugar*, nem todo direcionamento de anúncio deve ser considerado ilegítimo: o uso dessa técnica para venda de bens comerciais e até mesmo direcionamento de conteúdo político, desde que sujeito a regras de transparência, não deve ser considerado inconstitucional ou ilegal por si só. Há outras formas mais proporcionais de minimizar os riscos desse modelo de negócios sem inviabilizá-lo por completo. Ademais, a grande revolução das plataformas digitais foi a possibilitação de que todos, sem custo, participassem do debate público. Uma cobrança de uma taxa anual dos usuários minaria, inclusive, os elementos positivos introduzidos por essas empresas e, ao fim e ao cabo, contrariaria o próprio interesse por trás da regulação, de promover uma esfera pública diversificada e vibrante.

Há, no entanto, medidas mais proporcionais que buscam endereçar o mesmo problema de que as plataformas controlam infraestruturas

---

from-private-bads-to-public-goods-adapting-public-utility-regulation-for-informational-infrastructure. Acesso em 08 fev. 2021.

essenciais para a comunicação na era digital. As vantagens dessas medidas são que elas (i) reduzem o poder que poucas empresas detêm sobre o debate público ao promoverem competição na camada de moderação de conteúdo, (ii) não dependem da criação de novas redes sociais, que não se beneficiariam dos efeitos de rede das plataformas já estabelecidas, e (iii) não inviabilizam o modelo de negócios das plataformas digitais, que dependem de anúncios para prestação do serviço. Assim, se implementadas de forma efetiva, têm o potencial de resolver as discussões mais complexas sobre liberdade de expressão na internet, limitando o alcance de material ilícito ou danoso e criando regras alternativas de moderação de conteúdo para quem discorde daquelas adotadas pelas grandes plataformas. O mercado competitivo na camada de regras de moderação de conteúdo também tem o potencial de aprimorar a transparência. Por fim, embora não tenham o potencial de resolver a existência de câmaras de *echo* – porque as pessoas inevitavelmente escolherão regras de moderação alinhadas aos seus interesses –, essas medidas separam radicais e extremistas dos demais usuários, minimizando encontros de acaso que podem levar à radicalização.[591]

Antes de entrar nas propostas específicas, é importante retomar alguns conceitos sobre o funcionamento da internet. Como visto no início deste trabalho, os *protocolos compartilhados* definem as regras a serem observadas para que seja possível compartilhar informações pela internet. A interface, por sua vez, é o ponto de conexão entre duas partes distintas da rede que não conseguem se comunicar diretamente. Um *software*, por exemplo, pode ser controlado por uma pessoa usando um computador. A interface entre o software e o usuário é a tela de comandos apresentada pelo programa.[592] Na internet, portanto, aparelhos e subsistemas de computação são interconectados por meio de interfaces elaboradas a partir de protocolos específicos.

Inicialmente, a rede foi pensada como um sistema aberto, que operaria por meio de protocolos compartilhados, que qualquer um poderia utilizar para construir interfaces[593] compatíveis. A Rede Mundial

---

[591] Cf.: Reimagine the internet: day Three. *Youtube*. Disponível em: https://www.youtube.com/watch?v=wlKDlBagkj0. Acesso em 20 set. 2021.

[592] Cf.: Significado de Interface. *Significados*. Disponível em: https://www.significados.com.br/interface/. Acesso em 15 set. 2021.

[593] "Interface é o nome dado para o modo como ocorre a 'comunicação' entre duas partes distintas e que não podem se conectar diretamente. Um *software* ou sistema operacional, por exemplo, pode ser controlado através de uma pessoa usando um computador. A interface entre o *software* e o usuário é a tela de comandos apresentada por este programa, ou seja,

de Computadores, por exemplo, é um protocolo para comunicação e distribuição de informação por meio de endereços na rede. Ela não pertence a nenhuma empresa: qualquer um pode criar o seu próprio endereço na rede (i.e., a sua própria interface), desde que compatível com os protocolos compartilhados. A mesma lógica se aplica aos e-mails: diferentes empresas podem oferecer interfaces distintas – por isso existe o Gmail, o Yahoo Mail, o Outlook, o Hotmail –, mas todos eles se comunicam entre si, porque utilizam um protocolo compartilhado para e-mail. Assim, um usuário do Gmail pode enviar um e-mail para o usuário do Yahoo Mail, a despeito de serem interfaces distintas. Mais do que isso: um usuário que não tenha conta do Gmail pode usar a interface do Gmail e, se decidir migrar de sistema, não perderá os seus contatos e poderá continuar se comunicando com usuários que utilizem qualquer outra interface. Nesse modelo, se um usuário está insatisfeito com os serviços prestados pelo Yahoo Mail, por exemplo, ele pode facilmente migrar para o Gmail, sem custos. Isso garante que os provedores de e-mail tenham os incentivos adequados para prestarem um serviço que agrade aos seus usuários.

Embora esse tenha sido o modelo inicialmente pensado para toda a rede, nas últimas décadas, houve a ascensão de plataformas privadas e centralizadas. Essas estruturas criaram os seus próprios serviços e se fecharam para interfaces alternativas. Em outras palavras: nos seus espaços, só vale a interface disponibilizada por ela própria. Esse é o caso das plataformas digitais: no Twitter, só valem as regras de moderação, o design, o layout e as funcionalidades do próprio Twitter. Quem quiser oferecer regras de moderação, design, layout ou funcionalidades diversas, precisa criar uma outra plataforma, mas os seus usuários não poderão se comunicar com os usuários do Twitter, ou acessar o conteúdo publicado por eles naquela plataforma. Ocorre que, como mencionado, as redes sociais só se tornam valiosas na medida em que outros usuários também as utilizem. Por isso, criar plataformas alternativas, sem uma base de usuários consolidada, não é uma opção de baixo custo.

As propostas de regulação da infraestrutura da internet partem desses conceitos para defender formas de garantir maior competição e, assim, alinhar os interesses das plataformas digitais com os dos usuários. Mike Masnick, por exemplo, propõe que as plataformas

---

a interface gráfica do *software*". (Cf.: Significado de Interface. *Significados*. Disponível em: https://www.significados.com.br/interface/. Acesso em 15 set. 2021).

digitais operem de forma semelhante ao que ocorre com os e-mails, por meio de um protocolo compartilhado e descentralizado, sujeito a diversas interfaces oferecidas por empresas concorrentes. Nesse modelo, todo o conteúdo postado na plataforma Facebook estaria acessível a todos os usuários, independentemente da interface que optassem por utilizar. Mas a forma como o conteúdo seria organizado, ranqueado e apresentado variaria de acordo com a interface escolhida por cada usuário. Esse modelo permitiria que diferentes empresas oferecessem uma interface própria, com regras de moderação de conteúdo, de filtros e de serviços adicionais diversas (por exemplo, serviços de verificação de fatos). Para exemplificar o raciocínio, é como se os usuários e o conteúdo publicado integrassem uma base de dados compartilhada e as empresas competissem entre si apenas pela prestação do serviço de como organizar essa base de dados. A escolha por uma interface não significa que você não poderá se comunicar com usuários que tenham escolhido outra interface, tampouco significa que você não poderá acessar conteúdo publicado por usuários que utilizem outra interface. Assim, haveria uma competição na camada de curadoria do conteúdo.

Como já detalhado, as plataformas digitais não oferecem apenas um espaço neutro para que usuários publiquem conteúdo. Elas usam os seus sistemas de recomendação e os seus algoritmos para organizar como esse conteúdo vai ser apresentado aos usuários. A proposta de Masnick, portanto, é a de que esse espaço de publicação do conteúdo no mundo digital seja público e empresas e indivíduos possam desenvolver os seus próprios sistemas de recomendação e algoritmos de organização desse material. Essa proposta reduziria os efeitos de rede de plataformas digitais e descentralizaria o poder de moderação de conteúdo.

Assim, um usuário poderia escolher usar no Facebook o sistema de interface de implementação do New York Times, por exemplo, que organizaria o conteúdo disponibilizado na plataforma de uma forma que privilegiasse o conteúdo jornalístico. Um outro usuário poderia escolher usar o sistema de interface de implementação de uma organização não governamental, que privilegiasse conteúdo de direitos humanos ou pautas sociais. Um terceiro usuário poderia, ainda, escolher usar o sistema de interface de implementação de um partido político, que privilegiasse conteúdo político e partidário. Esses três usuários, embora utilizassem sistemas de interface de implementação variados – ou seja, com regras de moderação de conteúdo específicas para cada um deles –, estariam na mesma plataforma (Facebook, neste exemplo) e, portanto, teriam acesso ao conteúdo postado por qualquer um deles ou por qualquer outro indivíduo. A única diferença é que as regras de ranqueamento e moderação de conteúdo para cada usuário seria diferente, baseado em suas escolhas pessoais de qual interface contratar.

O sistema poderia ser aprimorado ainda mais, para permitir que, além da escolha por um sistema de interface padrão, os usuários também fizessem ajustes finos para voluntariamente excluir determinado tipo de conteúdo ou ajustar os sistemas de filtro e moderação. O retorno a um sistema de protocolos compartilhados descentralizaria o poder de poucas empresas privadas e permitiria que diferentes atores oferecessem variadas regras de moderação de conteúdo e regulação da liberdade de expressão, sem a dificuldade dos efeitos de rede que acabam limitando a ascensão de plataformas concorrentes. Esse sistema também reduziria os custos de mudar de uma interface para outra: qualquer usuário poderia, a qualquer momento, escolher usar a interface oferecida por outra empresa, sem, contudo, perder o acesso aos seus contatos ou ao conteúdo publicado na plataforma de fundo. Nesse modelo, milhares de sistemas de moderação de conteúdo organizariam a mesma base de conteúdo, cada um com uma abordagem particular. Haveria, assim, um livre mercado de filtros: cada sistema com as suas próprias regras de liberdade de expressão. Se as pessoas acharem que determinada interface não está moderando conteúdo adequadamente, poderiam, sem nenhum ônus, mudar para uma concorrente.

Uma proposta em linha semelhante é defendida por Francis Fukuyama,[594] que parte da constatação de que o tamanho das plataformas digitais na atualidade dá a elas um poder extraordinário de alcançar vastas audiências, semelhante ao que ocorria com os oligopólios de televisão nos Estados Unidos nos anos 1950 e 1960. Contudo, o autor aponta que a quantidade de dados que essas empresas possuem sobre a nossa vida privada dá a elas um poder ainda maior. Para ele, esse poder poderia ser minimizado em um cenário regulatório em que os usuários podem instalar softwares fornecidos por terceiros e integrados às plataformas dominantes, que teriam a função de curar e organizar o conteúdo. Os usuários poderiam então escolher entre softwares variados, selecionando provedores que reflitam os seus interesses e tenham conquistado a sua confiança. Esses softwares intermediários, chamados pelo autor de *middleware*, retirariam das plataformas digitais o poder editorial, dispersando-o entre diversas

---

[594] FUKUYAMA, Francis *et al*. Middleware for dominant digital platforms: a technological solution to a threat to democrac. *Stanford Cyber Policy Center*, [s.d.]. Disponível em: https://fsi-live.s3.us-west-1.amazonaws.com/s3fs-public/cpc-middleware_ff_v2.pdf. Acesso em 02 set. 2021.

outras empresas. Poderiam, ainda, oferecer serviços adicionais, como *factchecking*, rankings de notícias, filtros de informação, outras opções de design. Assim, as decisões sobre remoção de discurso de ódio, filtragem de desinformação, monitoramento de preferências políticas, dentre outras, não seriam tomadas por algumas poucas empresas – e nem mesmo por um órgão governamental –, mas por uma variedade de intermediários com políticas diversas, que competem por usuários. Essa abordagem não necessariamente impediria que discursos de ódio, teorias conspiratórias e desinformação circulassem pela internet, mas minimizaria o poder de amplificação desses discursos e o poder de poucas empresas de definir qual discurso se enquadra em cada uma dessas categorias.

Ainda nessa linha, a Professora Daphne Keller também considera promissora a proposta de que as plataformas abram as suas interfaces de programação de aplicações – que são as ferramentas técnicas que permitem que um serviço na internet se conecte com outro e acesse as suas informações, para que competidores ofereçam regras alternativas para curadoria do conteúdo de usuários. Assim, as plataformas digitais abririam o acesso ao conteúdo não curado publicado em seus serviços, incluindo todo o conteúdo gerado por usuários, e serviços concorrentes ofereceriam regras alternativas de moderação de conteúdo, regras de ranqueamento, amplificação e redução do alcance, dentre outros. Também aqui, a lógica é promover a pluralidade nos meios de comunicação, e não de intervir sobre as regras de moderação de conteúdo das plataformas. As plataformas poderiam, inclusive, continuar a oferecer o seu serviço de curadoria como uma alternativa para usuários. A diferença é que, nesse sistema, eles teriam opções alternativas sem perder os efeitos de rede da plataforma. A imagem a seguir ilustra o funcionamento desses mecanismos na prática:[595]

---

[595] WOLFRAN, Stephen. Testimony before the Senate Subcommittee on Communications, Technology, Innovation, and the Internet Hearing on Optimizing for Engagement: Understanding the Use of Persuasive Technology on Internet Platforms. *Senate Subcommittee on Communications, Technology, Innovation and the Internet*, 25 jun. 2019. Disponível em: https://www.commerce.senate.gov/services/files/7A162A13-9F30-4F4F-89A1-91601DA485EE. Acesso em 03 set. 2021.

FIGURA 2
Gráfico ilustrativo de um sistema com moderação
de conteúdo realizada por terceiros

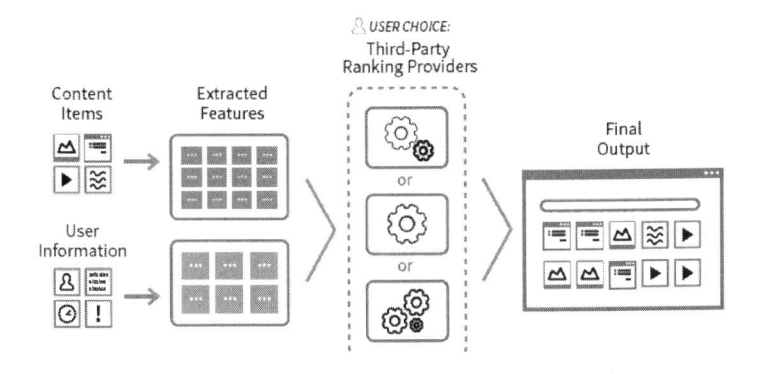

Essas propostas são mais promissoras do que medidas concorrenciais tradicionais, como aquelas que discutem a quebra de empresas de tecnologia, a criação de barreiras para expansão além de determinado serviço ou de determinado tamanho, e a punição pela adoção de práticas anticoncorrenciais. Com efeito, essas medidas tradicionais de *antitruste* poderiam ser efetivas para limitar práticas anticompetitivas de empresas específicas, mas não resolveriam os problemas sociais e políticos de fundo. Isso, porque quebrar empresas grandes ou diminuir o seu poder não significa que outras não surgirão em seu lugar, impulsionadas pelos efeitos de rede inerentes ao mercado digital. As medidas de interoperabilidade ora propostas, por sua vez, além de reduzirem o poder de empresas específicas, representam uma mudança no modelo de negócios de plataformas digitais de forma geral e, portanto, resolvem o problema a longo prazo, inclusive para impedir a ascensão de empresas que venham a ocupar posição dominante como a que atualmente ocupam Facebook, Twitter, Google, Amazon e Apple.

Apesar de seus benefícios, essas propostas de interoperabilidade ainda demandam maior desenvolvimento e pesquisas, inclusive de engenharia. Uma primeira dificuldade é pensar um modelo de compartilhamento de lucros entre esses softwares intermediários e as plataformas digitais, de forma que (i) encoraje o desenvolvimento de um mercado robusto de softwares de terceiros, ao mesmo tempo em que (ii) induz cooperação pelas plataformas digitais dominantes e não representa uma apropriação de um modelo de negócio ou uma intervenção desproporcional sobre a liberdade de iniciativa das plataformas digitais.⁵⁹⁶ No entanto, há indícios de que esse modelo de negócios, se implementado adequadamente, pode aumentar a arrecadação total, ao permitir uma seleção automatizada de conteúdo que atenda ainda mais a interesses de usuários e anunciantes.⁵⁹⁷ Em segundo lugar, há ainda questões práticas de engenharia a ser enfrentadas, referentes a como implementar esse sistema e fazê-lo funcionar adequadamente. Não obstante, em depoimento ao Congresso Americano, o tecnologista Stephen Wolfram afirmou que já há condições técnicas para implementação dessas medidas.⁵⁹⁸

Ademais, é preciso garantir que a atividade desses softwares intermediários seja lucrativa. A dificuldade nesse ponto decorre do fato de que a atividade de moderação de conteúdo é muito custosa, pois depende de ter representantes de diversos países, culturas e línguas, capazes de traduzir conteúdo e avaliar o seu contexto local. A título de exemplo, o Facebook emprega milhares de pessoas no mundo inteiro para moderar conteúdo em línguas diversas. Como intuitivo, essa estrutura tem um custo muito elevado e não se pode esperar o mesmo nível de investimento dos servidores intermediários.⁵⁹⁹ Uma possível solução seria a criação de um órgão centralizado para executar as tarefas mecânicas da moderação de conteúdo – ou seja, para traduzir e explicar o sentido de determinadas expressões. Esse tipo de informação seria então distribuído por um único órgão e, a partir delas, cada software intermediário tomaria as suas próprias decisões sobre *se* e

---

[596] FUKUYAMA, Francis *et al*. Middleware for dominant digital platforms: a technological solution to a threat to democrac. *Stanford Cyber Policy Center*, [s.d.]. Disponível em: https://fsi-live.s3.us-west-1.amazonaws.com/s3fs-public/cpc-middleware_ff_v2.pdf. Acesso em 02 set. 2021.

[597] WOLFRAN, Stephen. Testimony before the Senate Subcommittee on Communications, Technology, Innovation, and the Internet Hearing on Optimizing for Engagement: Understanding the Use of Persuasive Technology on Internet Platforms. *Senate Subcommittee on Communications, Technology, Innovation and the Internet*, 25 jun. 2019. Disponível em: https://www.commerce.senate.gov/services/files/7A162A13-9F30-4F4F-89A1-91601DA485EE. Acesso em 03 set. 2021.

[598] WOLFRAN, Stephen. Testimony before the Senate Subcommittee on Communications, Technology, Innovation, and the Internet Hearing on Optimizing for Engagement: Understanding the Use of Persuasive Technology on Internet Platforms. *Senate Subcommittee on Communications, Technology, Innovation and the Internet*, 25 jun. 2019. Disponível em: https://www.commerce.senate.gov/services/files/7A162A13-9F30-4F4F-89A1-91601DA485EE. Acesso em 03 set. 2021.

[599] KELLER, Daphne. If lawmakers don't like platforms' speech rules, here's what they can do about it. Spoiler: the options aren't great. *Tech policy greenhouse by techdirt*, 09 set. 2020. Disponível em: https://www.techdirt.com/articles/20200901/13524045226/if-lawmakers-dont-like-platforms-speech-rules-heres-what-they-can-do-about-it-spoiler-options-aren%E2%80%A6. Acesso em 10 set. 2020.

como mostrar aquela postagem aos seus usuários. Realisticamente, no entanto, a implementação prática dessa estrutura ainda depende de maiores elaborações.

Por fim, a maior dificuldade dessas propostas tem relação com a privacidade. Como se sabe, o escândalo da Cambridge Analytica decorreu, justamente, da utilização da interface de programação de aplicações do Facebook para repassar informações de usuários a terceiros. Para garantir que as propostas ora discutidas não sejam utilizadas para essa finalidade, é preciso estabelecer regras de consentimento e privacidade. A maior dificuldade nesse ponto, no entanto, é definir as regras certas para permitir o acesso aos dados necessários para que os serviços interoperáveis possam funcionar. Com efeito, para que essas propostas sejam eficientes, os usuários têm que poder manter contato entre si, independentemente do fato de utilizarem interfaces distintas de curadoria do conteúdo. Para tanto, porém, todos os intermediários precisariam ter acesso a todo o conteúdo disponibilizado na plataforma, inclusive por aqueles usuários que não utilizam os seus serviços de curadoria. Isso não parece um problema para publicações públicas nas redes sociais, mas o é para comentários e interações em publicações privadas ou de alcance restrito.

Por exemplo: se uma de minhas amigas posta uma foto amamentando apenas para uma lista limitada de amigos no Facebook, o meu provedor do serviço de curadoria pode ter acesso a esse conteúdo? Para Fukuyama, a resposta seria negativa. No entanto, como explica a professora Daphne Keller, essa resposta é incompleta.[600] Embora ela proteja a privacidade, ela torna esses serviços intermediários muito menos competitivos do que o serviço de curadoria oferecido pelas próprias plataformas, que têm acesso a todo o conteúdo publicado.[601] No Facebook, por exemplo, aproximadamente 80% do conteúdo compartilhado é privado.[602] De todo modo, é importante ponderar

---

[600] KELLER, Daphne. The future of platform power: making middleware work. *Journal of Democracy*, v. 32, Issue 3, p. 168-172, jul. 2021. Disponível em: https://journalofdemocracy.org/articles/the-future-of-platform-power-making-middleware-work/. Acesso em 11 set. 2021.

[601] KELLER, Daphne. The future of platform power: making middleware work. *Journal of Democracy*, v. 32, Issue 3, p. 168-172, jul. 2021. Disponível em: https://journalofdemocracy.org/articles/the-future-of-platform-power-making-middleware-work/. Acesso em 11 set. 2021.

[602] KELLER, Daphne. The future of platform power: making middleware work. *Journal of Democracy*, v. 32, Issue 3, p. 168-172, jul. 2021. Disponível em: https://journalofdemocracy.org/articles/the-future-of-platform-power-making-middleware-work/. Acesso em 11 set. 2021.

que a ideia de que haveria uma perda de privacidade nesses modelos pressupõe que as plataformas existentes mantêm os nossos dados restritos ou que são boas administradoras deles. Ela desconsidera, em alguma medida, que nós já renunciamos ao menos algum grau de privacidade e confiamos ele a plataformas privadas, com pouco accountability ou supervisão. Ademais, o avanço das tecnologias de *blockchain* é tratado como um meio para possibilitar a interoperabilidade e preservar a privacidade.[603]

Nessa linha, o Twitter iniciou um projeto denominado "Project Bluesky", que financia um time de engenheiros, arquitetos e *designers*, cujo objetivo é desenvolver um *standard* aberto e descentralizado para funcionamento das redes sociais.[604] Como nas propostas anteriormente mencionadas, não haveria uma governança central tomando as decisões de moderação de conteúdo. A ideia é que o Twitter seria cliente desse serviço descentralizado de moderação. Na publicação de anúncio desse projeto, em dezembro de 2019,[605] o CEO da rede social, Jack Dorsey, destacou que o valor das redes sociais migrou com os anos da simples hospedagem de conteúdo para o desenvolvimento de algoritmos de recomendação e curadoria. Esse fato, associado aos incentivos das redes sociais de manter usuários *online*, significa que a atenção é frequentemente direcionada a conteúdo que promova controvérsias ou engajamento, prejudicando o debate público. O CEO afirmou, ainda, que novas tecnologias – como as de *blockchain* – têm tornado esse modelo de descentralização mais factível. O projeto, embora ainda em fase inicial de desenvolvimento,[606] tem sido tratado como promissor. Em linha semelhante, o Augment Compatibility and Competition by

---

[603] KELLER, Daphne. Privacy, middleware, and interoperability: can technical solutions, including blockchain, help us avoid hard tradeoffs? *The Center for Internet and Society blog*, 23 ago. 2021. Disponível em: https://cyberlaw.stanford.edu/blog/2021/08/privacy-middleware-and-interoperability-can-technical-solutions-including-blockchain-0. Acesso em 11 set. 2021.

[604] MATNEY, Lucas. Twitter's decentralized future: the platform's vision of a sweeping open standard could also be the far-right's internet endgame. *Techcrunch*, 15 jan. 2021. Disponível em: https://techcrunch.com/2021/01/15/twitters-vision-of-decentralization-could-also-be-the-far-rights-internet-endgame/?guccounter=1&guce_referrer=aHR0cHM6Ly93d3cuZ29vZ2xlLmNvbS8&guce_referrer_sig=AQAAALLMhKDwe_HFaDQpPP4HQZ2_KAsvi7LRMl0Frl3trD_Qza4J2RCISbNkYyrllMa_L3wCaANhYuDQ mi3vX1ZNFDTtlLQUzTXJRhBXgX0WFH7P9XVAqh5kM-USh5paq_ckSjj1XlUpZPqUT-y6JdBFVo-v7kEwrmlTH0n89Ml3mupx. Acesso em 09 ago. 2021.

[605] DORSEY, Jack. *Twitter*. 11 dez. 2019. Disponível em: https://twitter.com/jack/status/1204766078468911106. Acesso em 10 ago. 2021.

[606] MATNEY, Lucas. Twitter taps crypto developer to lead 'blueskye' decentralized social network effort. *Techcrunch*, 16 ago. 2021. Disponível em: https://techcrunch.com/2021/08/16/twitter-taps-crypto-developer-to-lead-bluesky-decentralized-social-network-effort/. Acesso em 17 ago. 2021.

Enabling Service Switching Act ("ACCESS Act"), proposto no Congresso americano, pretende obrigar as plataformas digitais a tornarem os seus serviços interoperáveis para interfaces de terceiros.

    Assim, é certo que soluções de arquitetura podem e devem ser adaptadas à luz dos avanços tecnológicos. Justamente por isso, é fundamental que qualquer regulação dessa matéria tenha flexibilidade regulatória.

CONCLUSÃO

1. O objetivo do presente livro é analisar a regulação da liberdade de expressão na internet. Essa discussão é de extrema importância, porque a internet oferece uma oportunidade inédita de realização e maximização dos benefícios sociais do exercício desse direito fundamental. Com ela, qualquer indivíduo previamente limitado à posição de destinatário passivo de informação agora pode falar para o mundo. A internet também contribuiu positivamente para o pluralismo político e para manifestações sociais e políticas ao redor do mundo, especialmente contra governos autoritários. De outra ponta, porém, também pode potencializar os danos que o discurso abusivo causa a indivíduos e instituições. Nesse contexto, o objetivo do presente trabalho é estudar o novo cenário da liberdade de expressão e discutir modelos de regulação para potencializar os aspectos positivos das plataformas digitais e minimizar os riscos.

2. A teoria tradicional da liberdade de expressão foi pensada para um mundo de *escassez de informação*, em que a participação no debate público dependia de investimentos financeiros elevados e de disputas de meios escassos, como frequências de rádio. Por isso, limitava-se a alguns poucos atores, sendo os veículos de mídia tradicional o principal deles. Nesse ambiente com quantidade limitada de informações, acreditava-se que os ouvintes teriam a capacidade de conhecer e avaliar os discursos disponíveis e, no livre mercado de ideias, o embate entre eles levaria à verdade possível. Por isso, a maior ameaça à liberdade de expressão era a censura governamental, que se manifestava na proibição prévia e direta da divulgação de determinado conteúdo, sob pena de prisão, multa ou alguma outra sanção penal ou administrativa. O objetivo da proteção a esse direito fundamental, portanto, era proteger indivíduos e meios de comunicação dessa *censura à moda antiga* – prévia, governamental e diretamente direcionada aos oradores. Nesse contexto, a liberdade de

expressão era apresentada como um instrumento para defesa e promoção da democracia, a partir de um debate público livre e inclusivo.

3. A Era Digital encerrou a dependência em veículos de mídia tradicionais para participação no debate público, revolucionando os atores institucionais que regulam o discurso e aqueles que têm os seus discursos regulados. De forma inovadora, as plataformas digitais criaram comunidades *online*, para compartilhamento de textos, imagens, vídeos e *links* produzidos pelos próprios usuários, sem controle editorial. Ofereciam, portanto, um espaço aberto para que qualquer usuário compartilhasse conteúdo, de forma pública ou privada, sem depender de recursos financeiros, de intermediação de veículos de mídia ou de aprovação por conselhos de redação ou editoriais. Ao fazê-lo, facilitaram o discurso, diversificaram as fontes e multiplicaram exponencialmente a quantidade de informação disponível.

4. Essa realidade tem um componente democrático indiscutível: a facilidade do discurso deu voz a minorias, a movimentos da sociedade civil, a políticos e agentes públicos, a personalidades e influenciadores digitais, e permitiu mobilizações pela igualdade e pela democracia em nível mundial. Para além de manifestações políticas, a internet também possibilita, promove e estimula a criatividade artística, conhecimentos científicos e trocas comerciais. Portanto, a superação da concentração de poder existente no século XX diversificou o debate público, permitindo que qualquer indivíduo participe e fale para um número potencialmente ilimitado de pessoas. Levou, também, à perda de eficácia da censura estatal, pois a facilidade de se republicar conteúdo removido tornou infrutíferas, em muitos casos, as medidas de remoção de conteúdo da internet.

5. De outra ponta, porém, o crescimento dessas plataformas e a sua utilização por pessoas diversas em diferentes partes do mundo também permitiu a apropriação dessas comunidades abertas para cometer abusos e disseminar discursos danosos e/ou ilícitos. Inevitavelmente, as plataformas digitais se deram conta da necessidade de imporem termos e condições que definissem os valores e normas representados por aquela comunidade e de moderarem o discurso que violasse essas regras. Esse processo, contudo, se desenvolveu dentro de uma lógica de maximização de lucros. As empresas criaram Termos de Uso de fácil aplicação e treinaram uma ampla base de funcionários burocratas para aplicá-los sem muita liberdade, escalando para revisão apenas algumas questões pontuais mais complexas. Visando à maximização dos lucros, as empresas criaram ainda algoritmos que substituem revisores humanos e filtram conteúdo de acordo com parâmetros previamente definidos.

6. Assim, verificou-se que a descentralização do controle sobre o discurso com o advento da internet foi gradativamente substituída por uma centralização em poucas empresas de tecnologia, que agora detêm estruturas burocráticas internas para fiscalização e aplicação de termos e condições privados. Não obstante, a quantidade massiva de conteúdo publicado nesses espaços inviabiliza qualquer possibilidade de controle editorial semelhante ao que era exercido pelos veículos de mídia tradicionais. Portanto, embora não sejam neutras, as plataformas digitais tampouco realizam uma curadoria específica do que será publicado, sendo a regra geral a de publicação livre, salvo quando violar os termos de uso. Essa posição híbrida assumida pelas plataformas digitais tornou o debate sobre questões relacionadas à liberdade de expressão mais complexo. Antes dual, ele passou a ser triangular: na primeira ponta, permanecem os Estados e governos. Na segunda, permanecem os oradores, mas eles não se limitam mais aos veículos de mídia tradicionais. Agora, organizações da sociedade civil, cidadãos, políticos, personalidades públicas e, infelizmente, também *hackers*, *trolls* e *bots*, podem participar livremente do debate público. Na terceira ponta, por sua vez, estão as plataformas intermediárias, que fornecem a base para as publicações dos usuários.

7. Essa nova dinâmica introduziu novos desafios ao exercício da liberdade de expressão e da promoção do seu fundamento subjacente de proteção à democracia, incluindo a possibilidade de censura privada, a potencialização da censura estatal e o uso do discurso como uma arma para silenciar opositores e atacar instituições. Por isso, é preciso pensar um novo modelo de regulação da liberdade de expressão no ambiente digital, de modo a promover as suas potencialidades e reprimir os seus riscos.

8. A regulação de plataformas digitais pode ser efetivada por três principais abordagens: (i) leis *antitruste*, que buscam promover a concorrência e criar os incentivos mercadológicos para que as plataformas digitais ajam de forma alinhada aos interesses de usuários; (ii) leis de proteção à privacidade, que garantem aos usuários maior controle sobre os seus dados (inclusive para que possam migrar entre plataformas) e/ou limitam o potencial de direcionamento de conteúdo pelas plataformas; e, por fim, (iii) leis sobre responsabilização de intermediários pelo conteúdo postado por terceiros, que buscam instituir um modelo de responsabilidade civil que crie os incentivos adequados para que as plataformas promovam a liberdade de expressão, ao mesmo tempo em que combatem conteúdo ilícito/danoso.

9. Sem perder de vista a importância das discussões travadas nos dois primeiros planos e, em alguma medida, a complementaridade das três abordagens, o objeto do presente livro está restrito ao terceiro plano – a discussão dos modelos de responsabilidade civil que melhor protejam a liberdade de expressão e a democracia no ambiente digital. O objetivo é pensar um modelo que crie os incentivos adequados para a moderação de conteúdo na internet, protegendo manifestações legítimas de interferências indevidas – tanto governamentais quanto privadas –, mas também protegendo o debate público e outros usuários de ataques coordenados que buscam silenciá-los ou atacar instituições e o regime democrático. Portanto, importa saber: (i) qual deve ser o modelo de responsabilização civil de intermediários por conteúdo postado por terceiros?; (ii) qual é a liberdade das plataformas digitais para moderar conteúdo de acordo com as suas próprias regras privadas?; e (iii) quais são os deveres mínimos que devem atender para combater discurso ilícito e/ou danoso?

10. Quanto ao modelo de responsabilização civil de intermediários por conteúdo postado por terceiros, há três modelos possíveis: (i) responsabilidade objetiva; (ii) responsabilidade subjetiva, após notificação extrajudicial; e (iii) responsabilidade subjetiva, após decisão judicial específica. No primeiro modelo, as plataformas são responsabilizadas pelo conteúdo publicado por terceiros, independentemente de notificação extrajudicial ou ordem judicial prévia. No segundo modelo, a responsabilidade civil das plataformas digitais surgiria se, após notificação extrajudicial de usuários, não removessem o conteúdo impugnado. Essa teoria parte do pressuposto de que, embora não seja dever das plataformas monitorar genérica e previamente todo o conteúdo publicado por terceiros, após uma notificação identificando o material a ser removido, elas passariam a ter conhecimento do conteúdo ilícito e, assim, surgiria o dever de remoção. No terceiro modelo, a responsabilidade civil das plataformas digitais surgiria apenas em casos de descumprimento de ordem judicial declarando o conteúdo impugnado ilícito e determinando a sua remoção.

11. O modelo de responsabilidade apenas após decisão judicial específica foi adotado no Brasil com o advento do Marco Civil da Internet. Entende-se que ele é, efetivamente, o que melhor equilibra os interesses pertinentes. Com efeito, nos casos mais complexos sobre liberdade de expressão, não será possível alcançar consenso sobre a licitude ou ilicitude do discurso. Nesse contexto, regras que responsabilizem as plataformas pela não remoção de conteúdo após mera notificação dos usuários, sem decisão judicial prévia reconhecendo a sua ilicitude,

criam incentivos para a remoção de qualquer conteúdo potencialmente controvertido, restringindo excessivamente a liberdade de expressão de usuários. Sempre que o Estado ameaça responsabilizar as plataformas digitais caso discorde de sua avaliação, os intermediários terão os incentivos para remover todo conteúdo que possa vir a ser considerado ilícito. Haveria, assim, uma espécie de *chilling effect* em versão digital: não são os usuários que deixarão de falar por medo, mas as plataformas de divulgação do conteúdo que restringirão e filtrarão discurso em excesso por medo de sanção. O ponto é agravado pelo fato de que as plataformas não têm nenhum interesse específico na defesa do conteúdo e, muitas vezes, sequer o conhecimento adequado para fazê-lo.

12. Mesmo assim, a atuação estatal para determinar a remoção de conteúdo deve ser vista – como sempre foi, historicamente – com desconfiança. Por isso, ordens de remoção de conteúdo da internet, mesmo quando provenientes do judiciário, terão a sua constitucionalidade sujeita à observância de três limites: (i) o princípio da reserva legal; (ii) o princípio da legitimidade; e (iii) o princípio da proporcionalidade. De forma específica, restrições à liberdade de expressão devem estar previstas em leis claras e taxativas, que permitam distinguir entre discursos permitidos e proibidos. Devem, ademais, ter como objetivo a tutela de valores ou interesses constitucionais legítimos e de elevada importância. E, por fim, devem observar o princípio da proporcionalidade em suas três dimensões, ou seja: (a) ser adequadas para promover os objetivos que justificaram a restrição, (b) ser necessárias para promover os fins pretendidos e a opção menos gravosa para fazê-lo, e (c) ser proporcionais em sentido estrito, de modo que os seus benefícios sejam maiores do que os seus custos. Assim, ordens de remoção de conteúdo da internet só serão legítimas quando adequadamente fundamentadas.

13. O modelo de responsabilidade subjetiva após decisão judicial deve, ainda, coexistir com uma estrutura regulatória mais ampla, de autorregulação regulada, que imponha limites e deveres às plataformas digitais, tanto para aumentar a sua legitimidade para aplicar os seus próprios termos e condições, quanto para impor deveres, a fim de minimizar os efeitos da disseminação de conteúdo ilícito e/ou danoso.

14. Quanto à liberdade das plataformas digitais para moderar conteúdo de acordo com as suas próprias regras privadas, defende-se a necessidade de garantia de direitos processuais aos usuários – devido processo legal e isonomia –, bem como a observância de regras de transparência relativas aos termos de uso, ao funcionamento dos sistemas de recomendação e à publicidade veiculada nas plataformas. As obrigações de transparência eventualmente adotadas devem ser

previstas em lei de forma genérica e posteriormente detalhadas por órgãos especializados, que tenham capacidade para contemplar as possibilidades técnicas e as especificidades de diferentes plataformas. No Brasil, um órgão possivelmente competente para a fiscalização desses deveres seria o CGI.br. O regime de transparência adotado deve, ainda: (i) estabelecer parâmetros padronizados por todas as empresas para elaboração de seus relatórios de transparência, de forma a permitir comparações; (ii) ser relativamente constante, pois a adaptação para atender às exigências de transparência são custosas. Por outro lado, deve ter flexibilidade suficiente para ser adaptado à luz de avanços tecnológicos que afetem a capacidade e necessidade de transparência; (iii) impor diferentes graus de exigências a depender do tamanho da plataforma digital – esse critério poderia ser definido a partir de considerações como lucro, número de usuários, número de acessos, ou alguma combinação dessas métricas; e (iv) ser proporcional, levando em consideração os custos para fornecimento das informações e instituição dos sistemas eventualmente exigidos.

15. Quanto à exigência de devido processo legal, as plataformas devem informar aos usuários afetados pela moderação de conteúdo o dispositivo dos termos de uso que justificou a medida, bem como oferecer um sistema interno de reclamações contra decisões de: (i) remoção ou bloqueio; (ii) suspensão ou cessação da prestação do serviço; (iii) suspensão ou encerramento de conta; e (iv) desmonetização, redução do alcance ou associação de mensagens de esclarecimento ou checagem de fatos. Recomenda-se que esse sistema fique disponível por um período de pelo menos 1 (um) mês da decisão reclamada – sem prejuízo de alteração desse prazo pelo órgão especializado competente, a depender do que seja observado na prática. Sempre que o recurso for considerando procedente, a plataforma deve restabelecer o conteúdo. Embora não seja possível fixar um prazo específico para as decisões a serem tomadas em sede de recurso, elas devem ocorrer de forma diligente e sem demora injustificada e, como intuitivo, a razoabilidade dos prazos dependerá, dentre outros fatores, da quantidade de recursos recebidos em determinado período. Quanto aos deveres de isonomia, embora seja razoável supor que as plataformas possam adotar critérios diversos para pessoas públicas ou informações de interesse público, essas exceções devem estar expressamente previstas nos termos de uso, com exemplos ilustrativos.

16. Além da garantia de direitos procedimentais, o modelo de autorregulação regulada deve também conter obrigações específicas destinadas a endereçar determinados tipos de discurso especialmente

danosos. Consideram-se enquadrados nesse grupo as seguintes categorias: (a) desinformação; (b) discurso de ódio; (c) ataques antidemocráticos; (d) *cyberbullying;* (e) terrorismo e (f) pornografia infantil. A exclusão de conteúdo que alegadamente viole direitos da personalidade como honra, imagem e privacidade foi uma opção deliberada, pois: (i) a Constituição Federal revela uma preferência por meios de reparação *a posteriori* de violações a esses direitos e danos morais e danos materiais, como regra, são suficientes para endereçar essas violações, (ii) quando o abuso se revelar reiterado, excessivo e coordenado, ele se enquadrará na categoria de *cyberbullying* ou de discurso de ódio, e (iii) os direitos da personalidade são frequentemente utilizados no Brasil como mecanismos de censura, notadamente por agentes públicos.

17. Quanto às seis categorias abarcadas pela proposta ora formulada, reconhece-se a dificuldade de definição e identificação consensual sobre as manifestações enquadradas nessas categorias – salvo no caso de pornografia infantil, naturalmente, e, em menor medida, terrorismo. Justamente por isso, defende-se que as plataformas tenham liberdade para definir como os conceitos serão operacionalizadas, desde que o façam a partir de parâmetros de direitos humanos internacionais e de forma transparente. Os parâmetros internacionais de direitos humanos para restrições à liberdade de expressão exigem que elas observem os seguintes princípios: (i) o da legalidade, que exige que todas as restrições ao discurso estejam claramente articuladas, permitindo a distinção com "precisão suficiente" entre discurso lícito e ilícito; (ii) o da legitimidade, que exige que a restrição seja instituída para proteger outros interesses ou valores de elevado valor axiológico; e (iii) o da necessidade e proporcionalidade, que exige a demonstração de que as restrições impõem o menor ônus possível ao exercício da liberdade de expressão e protegem o interesse legítimo que justificou a restrição.

18. O papel do órgão de fiscalização do sistema de autorregulação regulada deve ser verificar: (i) se as plataformas adotaram termos de uso que vedam o compartilhamento de desinformação, discurso de ódio, ataques antidemocráticos, *cyberbullying* e terrorismo; e (ii) se, sistemicamente, os sistemas de recomendação funcionam como as plataformas alegam que funcionam e se os termos de uso são aplicados de forma consistente e a partir de parâmetros claros – sem nenhuma consideração quanto ao resultado substantivo dessas decisões. Como visto, os algoritmos atualmente existentes possuem limitações expressivas quanto à sua capacidade de identificar conteúdo ilícito. Também a moderação de conteúdo por humanos encontra limitações no fato de que (i) há verdadeira impossibilidade de moderação humana

da quantidade de conteúdo publicada nas redes e (ii) nos casos mais controvertidos, haverá divergências sobre o resultado substantivo adequado para casos concretos. Por isso, a responsabilização não deve ocorrer em casos pontuais, mas apenas a partir de uma avaliação sistêmica do funcionamento desses sistemas.

19. Em paralelo a essas obrigações, e a fim de aprimorar o combate a conteúdo ilícito ou danoso, recomenda-se, ainda, a adoção de três obrigações complementares: (i) elaborar uma lista pública com sinalizadores confiáveis, cujas denúncias sobre conteúdo que se enquadre nessas categorias sejam avaliadas em um período definido de tempo – a ser estipulado pelo órgão especializado responsável pela fiscalização do sistema; (ii) reduzir a amplificação de qualquer conteúdo – independentemente de análise sobre o seu mérito – que ultrapasse determinado número de compartilhamentos em um período previamente estipulado; e (iii) adotar medidas para combater o comportamento coordenado inautêntico.

20. A regulação puramente estatal não é capaz de atender às demandas por conhecimento técnico específico, flexibilidade regulatória e monitoramento contínuo que se impõem sobre a regulação de plataformas digitais. Ademais, a ampla divergência sobre qual conteúdo deve ser considerado ilícito para fins de remoção cria riscos reais de que governos possam se aproveitar dessas divergências para promover interesses antidemocráticos. A possibilidade de fiscalização pelo judiciário, por sua vez, apresenta riscos de decisões contraditórias e sem capacidade institucional para analisar as restrições técnicas do setor. Por isso, a fiscalização do funcionamento do sistema aqui proposto – tanto dos requisitos de transparência, devido processo legal e isonomia, quanto dos deveres mínimos para combater ou minimizar os impactos de conteúdo ilícito e/ou danoso – deve ser atribuída a um órgão especializado, com representação majoritária da sociedade civil.

21. O objetivo desse órgão não será responsabilizar plataformas digitais por eventuais violações pontuais e específicas, mas conduzir uma análise sistêmica do modelo instituído e administrado pelas plataformas e auditar relatórios de transparência – naturalmente, as auditorias poderiam ser conduzidas por empresas externas e apenas avaliadas pelos órgãos. Um exemplo desse tipo de supervisão pode ser encontrado no setor financeiro, em que auditorias independentes verificam se os bancos têm sistemas de segurança em funcionamento, em vez de aplicarem sanções por incidentes pontuais e específicos de violação. Ademais, o órgão deve ter flexibilidade regulatória para permitir a adaptação de suas recomendações, parâmetros, diretrizes e

decisões de acordo com o avanço da tecnologia e o desenvolvimento de estudos empíricos que evidenciem a maior ou menor proeminência de riscos específicos no ambiente virtual. Um órgão já existente que poderia desempenhar essa função no Brasil é o CGI.br, organização sem personalidade jurídica, responsável por coordenar e atribuir endereços IP em território nacional e por coordenar e registrar nomes de domínio usando o ".br".

REFERÊNCIAS

ABBOUD, Georges; NERY JÚNIOR, Nelson; CAMPOS, Ricardo. *Fake news e regulação.* São Paulo: Thomson Reuters Brasil, 2021.

Abrams v United States, 250 US 616 (1919).

AFFONSO SOUZA, Carlos. Decreto de Bolsonaro inverte lógica ao impedir moderação de contas e criar indez do que pode ser removido na internet. *Folha de São Paulo*, 20 mai. 2021. Disponível em: https://www1.folha.uol.com.br/poder/2021/05/decreto-de-bolsonaro-inverte-logica-ao-impedir-moderacao-de-contas-e-criar-index-do-que-pode-ser-removido-na-internet.shtml. Acesso em 05 ago. 2021.

ALGORITHM WATCH. *Germany's new media treaty demands that platforms explain algorithms and stop discriminating.* Can it deliver? 09 mar. 2020. Disponível em: https://algorithmwatch.org/en/new-media-treaty-germany/. Acesso em 28 abr. 2021.

ATKINSON, Robert D. et al. A Policymaker's Guide to the "Techlash" – What It Is and Why It's a Threat to Growth and Progress. *Information Technology & Innovation Foundation*, 28 oct. 2019. Disponível em: https://itif.org/publications/2019/10/28/policymakers-guide-techlash. Acesso em 19 mai. 2021.

BALDI, Vania. A construção viral da realidade: ciberpopulismos e polarização dos públicos em rede. *Observatório Special Issue*, 004-020, 2018.

BALKIN, Jack M. Free speech in the algorithmic society: big data, private governance, and new school speech regulation. *University of California*, Davis, v. 51, p. 1149-1210, 2018. Disponível em: https://lawreview.law.ucdavis.edu/issues/51/3/Essays/51-3_Balkin.pdf. Acesso em 02 fev. 2020.

BALKIN, Jack M. Free Speech is a Triangle. *Columbia Law Review*, v. 118, n. 07, p. 2011-2056, 2018. Disponível em: https://columbialawreview.org/wp-content/uploads/2018/11/Balkin-FREE_SPEECH_IS_A_TRIANGLE.pdf. Acesso em 02 fev. 2020.

BALKIN, Jack M. How to Regulate (and Not Regulate) Social Media. *1 Journal of Free Speech Law 71*, 2021; *Knight Institute Occasional Paper Series*, n. 1, 25 mar. 2020; *Yale Law School, Public Law Research Paper Forthcoming*, 20 nov. 2019. Disponível em: https://papers.ssrn.com/sol3/papers.cfm?abstract_id=3484114. Acesso em 30 ago. 2021.

BARBERÁ, Pablo. Social media, echo chambers, and political polarization. *In*: PERSILY, Nathaniel; TUCKER, Joshua. *Social media and democracy*: the state of the field and prospects for reform. Cambridge: Cambridge University Press, 2020.

BARROSO, Luís Roberto. Colisão entre liberdade de expressão e Direitos da personalidade. Critérios de ponderação. Interpretação Constitucionalmente adequada do Código Civil e da Lei de Imprensa. *Revista de Direito Administrativo*, v. 235, p. 1-36, 2001. Disponível em: https://doi.org/10.12660/rda.v235.2004.45123. Acesso em 30 ago. 2021.

BARROSO, Luís Roberto. *Curso de Direito Constitucional Contemporâneo*. São Paulo: Saraiva Educação, 2020.

BARROSO, Luna van Brussel. *A legitimidade do processo eleitoral*: o combate às fake news e a garantia da liberdade de expressão. 74f. Monografia (Graduação em Direito), Direito Rio, Fundação Getúlio Vargas, Rio de Janeiro, 2018.

BARROSO, Luna van Brussel; ARCHEGAS, João Victor. Trump contra Facebook: um raio-x da decisão do Oversight Board. *Jota*, 06 mai. 2021. Disponível em: https://www.jota.info/opiniao-e-analise/artigos/trump-contra-facebook-um-raio-x-da-decisao-do-oversight-board-06052021. Acesso em 29 set. 2021.

BBC NEWS. *Online Safety Bill*: new offences and tighter rules. 14 dez. 2021. Disponível em: https://www.bbc.com/news/technology-59638569. Acesso em 10 jan. 2022.

BBC NEWS. *The streisand effect*: when censorship backfires15 jun. 2012. Disponível em: https://www.bbc.com/news/uk-18458567. Acesso em 26 jul. 2021.

BELLI, Luca; ZINGALES, Nicolo. *Platform regulations*: how platforms are regulated and how they regulate us. Official outcome of the UN IGF Dynamic Coalition on Platform Responsibility. Rio de Janeiro: Escola de Direito do Rio de Janeiro da Fundação Getúlio Vargas, 2017. Disponível em: http://hdl.handle.net/10438/19402. Acesso em 07 abr. 2021.

BENKLER, Yochai; FARIS, Robert; ROBERTS, Hal. *Network propaganda*: manipulation, disinformation, and radicalization in American Politics. Oxford: Oxford University Press, 2018.

BHAGWAT, Ashutosh; WEINSTEIN, James. Freedom of Expression and Democracy. *In*: STONE, Adrienne; SCHAUER, Frederick (Eds.). *Freedom of Speech*. United Kingdom: Oxford University Press, 2021.

BINENBOJM, Gustavo. *Poder de polícia, ordenação, regulação*. 2. ed. Belo Horizonte: Fórum, 2017.

BITENCOURT, Cezar Roberto. Tratado de direito penal, 2: parte especial: dos crimes contra a pessoa. 11. ed. rev. ampl. e atual. São Paulo: Saraiva, 2011.

BLOCHER, Joseph. Institutions in the Marketplace of Ideas. *Duke Law Journal*, v. 57, n. 04, p. 821-889, 2008.

BORGESIUS, Frederik Zuiderveen. Behavioural sciences and the regulation of privacy on the internet. *In*: SIBONY, Anne-Lise; ALEMANNO, Alberto Alemanno (Eds.). Nudging and the law: what can EU law learn from behavioural sciences? Hart Publishing. *SSRN*, 05 jun. 2015. Disponível em: https://papers.ssrn.com/sol3/papers.cfm?abstract_id=2513771#:~:text=This%20chapter%20examines%20the%20policy%20implications%20of%20behavioural,be%20enough%20to%20protect%20privacy%20in%20this%20area. Acesso em 14 fev. 2021.

Brandenburg v Ohio, 395 US 444 (1969).

BRASIL. Decreto nº 65.810, de 8 de dezembro de 1969. Promulga a Convenção Internacional sobre a Eliminação de todas as Formas de Discriminação Racial. *Diário Oficial da União*, Brasília, 10 dez. 1969. Disponível em: http://www.planalto.gov.br/ccivil_03/decreto/1950-1969/D65810.html. Acesso em 05 fev. 2021.

BRASIL. Presidência da República. Mensagem de veto nº 427, Subchefia para Assuntos Jurídicos, 01 set. 2021. *Diário Oficial da União*, 02 set. 2021. Disponível em: http://www.planalto.gov.br/ccivil_03/_ato2019-2022/2021/Msg/VEP/VEP-427.htm#acao%20penal. Acesso em 27 set. 2021.

BRASIL. Senado Federal. Relatório nº 3/2021. Complementação de voto do Relator. Altera a Constituição Federal para incluir a proteção de dados pessoais entre os direitos e garantias fundamentais e para fixar a competência privativa da União para legislar sobre proteção e tratamento de dados pessoais. Relator: Dep. Orlando Silva. *Sala das Sessões*, 2021. Disponível em: https://static.poder360.com.br/2021/12/inteiroTeor-2115423-fake-news-orlando-silva-1.dez_.2021.pdf. Acesso em 14 jan. 2022.

BROOKS, Rosa. And then the Britbart Lynch mob came for me. *Foreign Policy*, 06 fev. 2017. Disponível em: https://foreignpolicy.com/2017/02/06/and-then-the-breitbart-lynch-mob-came-for-me-bannon-trolls-trump/. Acesso em: 14 fev. 2021.

BROWN, Shelby. Facebook opens data trove for academics to study its influence on elections: researchers will get to parse Facebook ad data, the popularity of news items and URL data sets. *CNET*, 29 abr. 2019. Disponível em: https://www.cnet.com/news/facebook-opens-data-trove-for-academics-to-study-impact-on-elections/. Acesso em 28 jul. 2021.

BRUNS, Axel. After the APIcalypse: social media platforms and their fight against critical scholarly research. *Information, Communication & Society*, v. 22, 11 jul. 2019. Disponível em: https://www.tandfonline.com/doi/abs/10.1080/1369118X.2019.1637447. Acesso em 08 ago. 2021.

BUNI, Catherine; CHEMALY, Soraya. The Secret Rules of the Internet. *The Verge*, [s.d]. Disponível em: https://www.theverge.com/2016/4/13/11387934/internet-moderator-history-youtube-facebook-reddit-censorship-free-speech. Acesso em 07 dez. 2020.

CANADIAN RADIO-TELEVISION AND TELECOMMUNICATIONS COMMISSION. *Telecom Regulatory Policy CRTC 2016-496*. 21 dec. 2016. Disponível em: https://crtc.gc.ca/eng/archive/2016/2016-496.htm. Acesso em 28 jun. 2021.

Case C-507/17, Google L.L.C. v. Commission National de L'Informatique et des libertés, ECLI:EU:C:2019:772, (Set. 24, 2019). Disponível em: http://curia.europa.eu/juris/document/document.jsf?text=&docid=218105&pageIndex=0&doclang=en&mode=req&dir=&occ=first&part=1&cid=13384303. Acesso em 08 nov. 2020.

CASTER, Michael. Blog: big tech needs a reset on Chinese censorship. *Article 19*, jun. 2021. Disponível em: https://www.article19.org/resources/big-tech-needs-reset-chinese-censorship/. Acesso em 28 set. 2021.

CELESTE, Edoardo. Digital Constitutionalism: mapping the constitutional responses to digital technology's challenges. *HIIG Discussion Paper Series, n. 2018-02*, 2018. Disponível em: https://ssrn.com/abstract=3219905. Acesso em 20 set. 2021.

CENTER FOR DEMOCRACY & TECHNOLOGY. To the Special Rapporteur on the promotion and protection of the right to freedom of opinion and expression in the consultation on 'Freedom of expression and the private sector in the digital age'. 29 jan. 2016. Disponível em: https://www.ohchr.org/Documents/Issues/Expression/PrivateSector/CenterDemocracyTechnology.pdf. Acesso em 24 fev. 2021.

CENTER FOR DEMOCRACY AND TECHNOLOGY – CDT. Civil society letter to the European parliament on the proposed regulation on preventing the dissemination of terrorist content online. 04 fev. 2019. Disponível em: https://cdt.org/files/2019/02/Civil-Society-Letter-to-European-Parliament-on-Terrorism-Database.pdf. Acesso em 08 mar. 2021.

CEROY, Frederico Meinberg. Os conceitos de provedores no marco Civil da Internet. *Migalhas*, 25 nov. 2014. Disponível em: https://www.migalhas.com.br/depeso/211753/os-conceitos-de-provedores-no-marco-civil-da-internet. Acesso em 19 mai. 2021.

CIDH. *Liberdade de expressão e internet*: relatoria especial para a liberdade de expressão da OEA. 2013. Disponível em: http://www.oas.org/pt/cidh/expressao/docs/publicaciones/2014%2008%2004%20Liberdade%20de%20Express%C3%A3o%20e%20Internet%20Rev%20%20HR_Rev%20LAR.pdf. Acesso em 26 abr. 2021.

CLOUDFARE.COM. What is a bot? Bot definition. [s.d]. Disponível em: https://www.cloudflare.com/pt-br/learning/bots/what-is-a-bot/. Acesso em 26 set. 2021.

COHEN, Julie E. Internet Utopianism and the Practical Inevitability of Law. *18 Duke L. & Tech. Rev.* n. 85, v. 89, 2019.

COMITÊ DE SUPERVISÃO. Facebook Oversight Board. *Decisão sobre o caso 2021-001-FB-FBR*. [S.D.]. Disponível em: https://oversightboard.com/decision/FB-691QAMHJ/. Acesso em 29 set. 2021.

COMITÊ DE SUPERVISÃO. *Trustees, Facebook Oversight Board*. [s.d.]. Disponível em: https://oversightboard.com/governance/. Acesso em 26 ago. 2021.

COONS SENATE.GOV. *In the senate of the United States*. [s.d.]. Disponível em: https://www.coons.senate.gov/imo/media/doc/text_pata_117.pdf. Acesso em 14 jan. 2022.

COUNCIL OF EUROPE. *Recommendation CM/Rec 1 of the Committee of Ministers to member States on media pluralism and transparency of media ownership*: guidelines on media pluralism and transparency of media ownership, Article 2.5, 2018.

DOEUK, Evelyn. Governing online speech. *Columbia Law Review*, v. 121, n. 03, p. 759-934, abr. 2021. Disponível em: https://columbialawreview.org/wp-content/uploads/2021/04/Douek-Governing_Online_Speech-from_Posts_As-Trumps_To_Proportionality_And_Probability.pdf. Acesso em 29 set. 2021.

DOLHANSKY, Brian; FERRER, Cristian Canton. Adversarial collision attacks on image hashing functions. *Cornell University*, 18 nov. 2020. Disponível em: https://arxiv.org/abs/2011.09473. Acesso em 26 jul. 2021.

DORSEY, Jack. *Twitter*. 11 dez. 2019. Disponível em: https://twitter.com/jack/status/1204766078468911106. Acesso em 10 ago. 2021.

DOUEK, Evelyn. The rise of content cartels. *Knight First Amendment Institute at Columbia University*, 11 fev. 2020. Disponível em: https://knightcolumbia.org/content/the-rise-of-content-cartels. Acesso em 10 mar. 2021.

DOUEK, Evelyn. What does "coordinated inauthentic behavior" actually mean? *Slate*, 02 jul. 2020. Disponível em: https://slate.com/technology/2020/07/coordinated-inauthentic-behavior-facebook-twitter.html. Acesso em 06 out. 2021.

DWORKIN, Ronald. Why Speech Must be Free. *In*: *Freedom's Law*: the moral Reading of the American Constitution. Cambridge: Harvard University Press, 1996.

ECHIKSON, William; KNODT, Echikson. Germany's NetzDG: a key test for combatting online hate, counter extremism project. *CEPS Research Report*, n. 09, nov. 2018. Disponível em: http://wp.ceps.eu/wp-content/uploads/2018/11/RR%20No2018-09_Germany's%20NetzDG.pdf. Acesso em 01 jul. 2021.

ECPS – EUROPEAN CENTER FOR POPULISM STUDIES. *Digital populism*. [s.d]. Disponível em: https://www.populismstudies.org/Vocabulary/digital-populism/. Acesso em 29 ago. 2021.

EMERSON, Thomas E. Toward a General Theory of the First Amendment. Faculty scholarship Series. *Yale Law School*, Paper 2796, 1963. Disponível em: http://digitalcommons.law.yale.edu/fss_papers/2796. Acesso em 16 nov. 2020.

EURACTIV.COM. *Code of practice on disinformation revision extended into 2022*. [s.d.]. Disponível em: https://www.euractiv.com/section/digital/news/code-of-practice-on-disinformation-revision-extended-into-2022/. Acesso em 08 fev. 2022.

EUROPEAN COMISSION. *Code of practice of disinformation*. [s.d.]. Disponível em: https://digital-strategy.ec.europa.eu/en/policies/code-practice-disinformation#:~:text=The%20Code%20of%20Practice%20on%20disinformation%20is%20the,that%20signatories%20will%20apply%20to%20implement%20its%20commitments. Acesso em 17 abr. 2021.

EUROPEAN COMMISSION. Commissions Staff Working Document. *Assessment of the Code of Practice on Disinformation – Achievement and areas for further improvement*. Brussels, 10 set. 2020. Disponível em: https://cyberpolicy.nask.pl/wp-content/uploads/2020/09/Assessment-of-the-Code-of-Practice-on-Disinformation.pdf. Acesso em 08 out. 2021.

EUROPEAN COMMISSION. *European democracy action plan*: making EU democracies stronger. 03 dez. 2020. Disponível em: https://eur-lex.europa.eu/legal-content/EN/TXT/?uri=COM%3A2020%3A790%3AFIN&qid=1607079662423. Acesso em 30 jul. 2021.

EUROPEAN PARTNERSHIP FOR DEMOCRACY. *Universal advertising transparency by default*. [s.d.]. Disponível em: https://epd.eu/wp-content/uploads/2020/09/joint-call-for-universal-ads-transparency.pdf. Acesso em 28 jul. 2021.

EUROPEAN PARTNERSHIP FOR DEMOCRACY. *Virtual insanity*: the need to guarantee transparency in digital political advertising. Mar. 2020. Disponível em: https://epd.eu/wp-content/uploads/2020/04/Virtual-Insanity-synthesis-of-findings-on-digital-political-advertising-EPD-03-2020.pdf. Acesso em 06 ago. 2021.

EUROPEAN REGULATORS GROUP FOR AUDIOVISUAL MEDIA SERVICES. *Report of the activities carried out to assist the European Commission in the intermediate monitoring of the Code of practice on disinformation*. Jun. 2019. Disponível em: https://erga-online.eu/wp-content/uploads/2019/06/ERGA-2019-06_Report-intermediate-monitoring-Code-of-Practice-on-disinformation.pdf. Acesso em 07 ago. 2021.

FACEBOOK OVERSIGHT BOARD. *Case Decision 2020-004-IG-UA*. 28 jan. 2021. Disponível em: https://oversightboard.com/decision/IG-7THR3SI1/. Acesso em 14 mai. 2021.

FACEBOOK. *NetzDG Transparency Report*. Jan. 2020. Disponível em: https://about.fb.com/wpcontent/uploads/2020/01/facebook_netzdg_January_2020_english.pdf. Acesso em 24 ago. 2021.

FACEBOOK. *Protecting election integrity*. [s.d.]. Disponível em: https://privacyinternational.org/sites/default/files/2019-10/facebook-102019.pdf. Acesso em 09 ago. 2021.

FACEBOOK. *The State of Influence Operations 2017-2020*. 01 mai. 2021. Disponível em: https://about.fb.com/wp-content/uploads/2021/05/IO-Threat-Report-May-20-2021.pdf. Acesso em 16 jul. 2021.

FELD, Harold. The case for the digital platform act: market structure and regulation of digital platforms. *Roosevelt Institute, Public Knowledge*, p. 4, mai. 2019. Disponível em: https://rooseveltinstitute.org/the-case-for-the-digital-platform-act/. Acesso em 01 jun. 2021.

FISS, Owen M. Free Speech and Social Structure. *Iowa Law Rev.*, v. 71, p. 1405, 1985.

FISS, Owen. *The Irony of Free Speech*. Cambridge: Harvard University Press, 1996. E-book Kindle. (Não paginado).

FOLHA DE SÃO PAULO. Bolsonaristas driblam bloqueio e seguem atacando STF nas redes sociais. 24 jul. 2020. Disponível em: https://www1.folha.uol.com.br/colunas/painel/2020/07/bolsonaristas-driblam-bloqueio-e-seguem-atacando-stf-nas-redes-sociais.shtml. Acesso em 07 abr. 2021.

FRENCH, David. The price I've paid for opposing Donald Trump. *Nat'l Rev*, 21 out. 2016. Disponível em: https://www.nationalreview.com/2016/10/donald-trump-alt-right-internet-abuse-never-trump-movement. Acesso em 20 nov. 2019.

FRYDMAN, B.; HENNEBEL, L.; LEWKOWICZ, G. Co-regulation and the rule of law. *In*: BROUSSEAU, E.; MARZOUKI, M.; MÉADEL, C. (Eds.). *Governance, Regulation and Powers on the Internet*. Cambridge: Cambridge University Press, 2012 (Doi: 10.1017/CBO9781139004145.009).

FUKUYAMA, Francis *et al*. Middleware for dominant digital platforms: a technological solution to a threat to democrac. *Stanford Cyber Policy Center*, [s.d.]. Disponível em: https://fsi-live.s3.us-west-1.amazonaws.com/s3fs-public/cpc-middleware_ff_v2.pdf. Acesso em 02 set. 2021.

FUKUYAMA, Francis, *et al*. Report of the working group on platform scale. *Stanford Program on Democracy and the Internet*, 2020. Disponível em: https://cyber.fsi.stanford.edu/publication/report-working-group-platform-scale. Acesso em 10 set. 2021.

G1. *Alexandre de Moraes revoga decisão que censurou reportagens de 'Crusoé' e 'O Antagonista'*. 18 abr. 2019. Disponível em: https://g1.globo.com/politica/noticia/2019/04/18/alexandre-de-moraes-revoga-decisao-que-censurou-reportagens-de-crusoe-e-antagonista.ghtml. Acesso em 20 abr. 2021.

G1. *Bolsonaro edita MP que limita remoção de conteúdo das redes sociais*. 06 set. 2021. Disponível em: https://g1.globo.com/politica/noticia/2021/09/06/bolsonaro-edita-mp-que-limita-remocao-de-conteudos-nas-redes-sociais.ghtml. Acesso em 06 set. 2021.

G1. *Governo anuncia envio ao Congresso de projeto sobre mesmo tema de MP devolvida por Pacheco*. 19 set. 2021. Disponível em: https://g1.globo.com/politica/noticia/2021/09/19/governo-anuncia-envio-ao-congresso-de-projeto-sobre-mesmo-tema-de-mp-devolvida-por-pacheco.ghtml. Acesso em 19 set. 2021.

G1. *Moraes prorroga inquéritos do STF sobre disseminação de fake news e atos antidemocráticos*. 09 abr. 2021. Disponível em: https://g1.globo.com/politica/noticia/2021/04/09/moraes-prorroga-inqueritos-do-stf-sobre-disseminacao-de-fake-news-e-atos-antidemocraticos.ghtml. Acesso em 11 abr. 2021.

GAN, Nectar. Chinese feminists are being silenced by nationalist trolls. Some are fighting back. *CNN*, 19 abr. 2021. Disponível em: https://edition.cnn.com/2021/04/19/china/china-feminists-silenced-intl-hnk-dst/index.html. Acesso em 28 set. 2021.

GASSER, Urs; SCHULZ, Wolfgang. Governance of online intermediaries: observations from a series of national case studies. *Berkman Center Research Publication*, n. 2015-5, 18 fev. 2015. Disponível em: https://papers.ssrn.com/sol3/papers.cfm?abstract_id=2566364. Acesso em 05 ago. 2021.

GCF GLOBAL. *What is trolling?* [s.d]. Disponível em: https://edu.gcfglobal.org/en/thenow/what-is-trolling/1/. Acesso em 26 set. 2021.

GLEIT, Naomi. Launching the largest voting information Effort in US History, Facebook Newsroom. *Meta*, 16 jun. 2020. Disponível em: https://about.fb.com/news/2020/06/voting-information-center/. Acesso em 08 ago. 2021.

GLOBAL DISINFORMATION INDEX. *Research brief*: ad tech fuels disinformation sites in Europe – The numbers and players. March, 2020. Disponível em: https://disinformationindex.org/wp-content/uploads/2020/03/GDI_Adtech_EU.pdf. Acesso em 01 dez. 2021.

GLOBAL FREEDOM OF EXPRESSION – COLUMBIA UNIVERSITY. *Facebook v. CasaPound*. Disponível em: https://globalfreedomofexpression.columbia.edu/cases/casapound-v-facebook/. Acesso em 19 mai. 2021.

GOGONI, Ronaldo. O que é software? *Tecnoblog*, 2020. Disponível em: https://tecnoblog.net/311647/o-que-e-software/. Acesso em 15 mai. 2021; e https://en.wikipedia.org/wiki/Software. Acesso em 15 mai. 2021.

GOODMAN, Ellen P.; WAJERT, Lyndsey. The honest Ads Act Won't end Social Media Disinformation, but It's a Start. *SSRN*, 02 nov. 2017. Disponível em: https://ssrn.com/abstract=3064451. Acesso em 09 ago. 2021.

GOOGLE. *Removals Under the Network Enforcement Law*. [s.d]. Disponível em: https://transparency report.google.com/netzdg/youtube?hl=en. Acesso em 24 ago. 2021.

GOV.UK. *The government report on transparency reporting in relation to online harms*. 15 dez. 2020. Disponível em: https://www.gov.uk/government/consultations/online-harms-white-paper/outcome/government-transparency-report. Acesso em 06 ago. 2021.

GRIMM, Dieter. Freedom of Speech and Human Dignity. *In*: STONE, Adrienne; SCHAUER, Frederick (Eds.). *Freedom of Speech*. United Kingdom: Oxford University Press, 2021.

GRIMM, Dieter. Regulierte selbstregulierung in der tradition des verfassungsstaates. *In*: *Die verwaltung. Zeitschrift für Verwaltungsrecht und Verwaltungswissenschaften. Caderno 4, Regulierte Selbstregulierung als Steuerungskonzept des Gewährleistungsstaates*. Berlim: Duncker & Humblot, 2001.

GRIMMELMAN, James. To err is platform. *Knight First Amend. Inst.*, 6 abr. 2018. Disponível em: https://knightcolumbia.org/content/err-platform. Acesso em 29 set. 2020.

HAGEY, Keach; HORWITZ, Jeff. Facebook tried to make its platform a healthier place. It got angrier instead. *The Wall Street Journal*, 15 set. 2021. Disponível em: https://www.wsj.com/articles/facebook-algorithm-change-zuckerberg-11631654215. Acesso em 15 set. 2021.

HAMILTON, Michael. Freedom of Speech in International Law. *In*: STONE, Adrienne; SCHAUER, Frederick (Eds.). *Freedom of Speech*. United Kingdom: Oxford University Press, 2021.

HAO, Karen. Troll farms reached 140 million Americans a month on Facebook before 2020 election, internal report shows. *MIT Technology Review*, 16 set. 2021. Disponível em: https://www.technologyreview.com/2021/09/16/1035851/facebook-troll-farms-report-us-2020-election/. Acesso em 22 set. 2021.

HELBERGER, Natali *et al.* Regulating the new information intermediaries as gatekeepers of information diversity. *Emerald Group Publishing Limited*, v. 17, n. 06, p. 50-71, 2015. Disponível em: https://www.ivir.nl/publicaties/download/1618.pdf. Acesso em 17 set. 2021.

HOWARD, Philip N. *Lie machines*: How to save democracy from troll armies, deceitful robots, junk news operations, and political operatives. New Haven: Yale University Press, 2020.

HOWELL, Jen Patja. The lawfare podcast: Rasmus Kleis Nielsen on Australia, Facebook and the Future of Journalism. *Lawfare*, 25 fev. 2021, Disponível em: https://www.lawfareblog.com/lawfare-podcast-rasmus-kleis-nielsen-australia-facebook-and-future-journalism. Acesso em 10 fev. 2022.

HUMAN RIGHTS COMMITTEE. *Annual report of the United Nations High Commissioner for Human Rights*. 11 Jan. 2013. UN Doc A/HRC/22/17/Add.4. Disponível em: https://www.ohchr.org/Documents/Issues/Opinion/SeminarRabat/Rabat_draft_outcome.pdf. Acesso em 09 out. 2021.

HUMAN RIGHTS COMMITTEE. Concluding Observations on the Fifth Periodic Report of Austria. 3 Dec. 2015. UN Doc CCPR/C/AUT/CO/5, [15].

HUMAN RIGHTS COMMITTEE. *General Comment nº 34*. 12 set. 2011. UN Doc CCPR/C/GC/34. Disponível em: https://www2.ohchr.org/english/bodies/hrc/docs/gc34.pdf. Acesso em 17 nov. 2021.

HUMAN RIGHTS COMMITTEE. *Report of the Independent International Fact-Finding Mission on Myanmar*. 12 Sep. 2018. Un Doc A/HRC/39/64, [73].

HUMAN RIGHTS COMMITTEE. *Report of the Special Rapporteur on the promotion and protection of the right to freedom of opinion and expression*. 06 abr. 2018. UN Doc A/HRC/38/35. Disponível em: https://undocs.org/A/HRC/38/35. Acesso em 17 nov. 2021.

HUMAN RIGHTS COMMITTEE. *Views*: communication No 1180/2003. 31 Oct. 2005; UN Doc CCPR/C/85/D/1180/2003 (*Bodrožic v Serbia and Montenegro*) [7.2]). Disponível em: http://www.worldcourts.com/hrc/eng/decisions/2005.10.31_Bodrozic_v_Serbia_and_Montenegro.htm. Acesso em 27 set. 2021.

HUMAN RIGHTS COMMITTEE. *Views*: communication No 2627/2015. 7 Nov. 2017. UN Doc CCPR/C/121/D/2627/2015. (*Reyes and others v Chile*), [7.3].

HUMAN RIGHTS COMMITTEE. *Views*: communication No 927/2000. 8 Jul. 2004. UN Doc CCPR/C/81/D/927/2000. (*Svetik v Belarus*) [7.3].

INTERNETLAB. *Direito autoral e plataformas de internet*: um assunto em aberto. 18 abr. 2019. Disponível em: https://www.internetlab.org.br/pt/especial/direito-autoral-e-plataformas-de-internet-um-assunto-em-aberto/. Acesso em 27 ago. 2021.

ISTOÉ DINHEIRO. Defesa do governo na CPI da Covid mobiliza milícias digitais. 29 abr. 2021. Disponível em: https://www.istoedinheiro.com.br/defesa-do-governo-na-cpi-da-covid-mobiliza-milicias-digitais/. Acesso em 28 set. 2021.

JAURSCH, Julian. Defining online political advertising: how difficulties in delineating paid political communication can be Addressed. *Stiftung Neue Verantwortung*, nov. 2020. Disponível em: https://www.stiftung-nv.de/sites/default/files/snv_definingpoliticalads.pdf. Acesso em 09 ago. 2021.

JEFFERSON, Thomas. A Bill for Establishing Religious Freedom. *In*: BOYD, Julian P. (Ed.). The Papers of Thomas Jefferson. *Princeton UP*, v. 2, n. 545, 1950.

KADRI; Thomas E.; KLONICK, Kate. Facebook v. Sullivan: public figures and newsworthiness in online speech. *Southern California Law Review*, v. 93, p. 37-99, 2019.

KELLER, Clara Iglesias. *Regulação nacional de serviços na Internet*: exceção, legitimidade e o papel do Estado. Tese (Doutorado), Universidade do Estado do Rio de Janeiro, Rio de Janeiro, 2019.

KELLER, Daphne. Amplification and Its Discontents. *Knight First Amendment Institute*, 08 jun. 2021. Disponível em: https://knightcolumbia.org/content/amplification-and-its-discontents. Acesso em 22 set. 2021.

KELLER, Daphne. Content transparency logistics. *Google Docs*, [s.d.]. Disponível em: https://docs.google.com/document/d/1tkZB3Hh73o9OzZzf6qMI8eN_eIX8fnRkUowzKxHURdk/edit. Acesso em 08 mai. 2021.

KELLER, Daphne. Dolphins in the net: internet content filters and the advocate general's glawischnig-piescek v. Facebook Ireland Opinion. *Stanford Center for Internet and Society*, 04 set. 2019. Disponível em: https://cyberlaw.stanford.edu/files/Dolphins-in-the-Net-AG-Analysis.pdf. Acesso em 08 abr. 2021.

KELLER, Daphne. If lawmakers don't like platforms' speech rules, here's what they can do about it. Spoiler: the options aren't great. *Tech policy greenhouse by techdirt*, 09 set. 2020. Disponível em: https://www.techdirt.com/articles/20200901/13524045226/if-lawmakers-dont-like-platforms-speech-rules-heres-what-they-can-do-about-it-spoiler-options-aren%E2%80%A6. Acesso em 10 set. 2020.

KELLER, Daphne. Internet platforms: observations on speech, danger, and money. *Hoover Working Group on National Security, Technology, and Law*, Aegis Series Paper n. 1807, 13 jun. 2018. Disponível em: https://lawfareblog.com/internet-platforms-observations-speech-danger-and-money. Acesso em 10 set. 2020.

KELLER, Daphne. Privacy, middleware, and interoperability: can technical solutions, including blockchain, help us avoid hard tradeoffs? *The Center for Internet and Society blog*, 23 ago. 2021. Disponível em: https://cyberlaw.stanford.edu/blog/2021/08/privacy-middleware-and-interoperability-can-technical-solutions-including-blockchain-0. Acesso em 11 set. 2021.

KELLER, Daphne. Some humility about transparency. *The Center for Internet and Society Blog*, 19 mar. 2021. Disponível em: https://cyberlaw.stanford.edu/blog/2021/03/some-humility-about-transparency. Acesso em 09 jul. 2021.

KELLER, Daphne. The future of platform power: making middleware work. *Journal of Democracy*, v. 32, Issue 3, p. 168-172, jul. 2021. Disponível em: https://journalofdemocracy.org/articles/the-future-of-platform-power-making-middleware-work/. Acesso em 11 set. 2021.

KELLER, Daphne; LEERSSEN, Paddy. Facts and where to find them: empirical research on internet platforms and content moderation. *SSRN*, 16 dez. 2019. Disponível em: https://ssrn.com/abstract=3504930. Acesso em 28 jul. 2021.

KELSEN, Hans. *Teoria geral do direito e do estado*. São Paulo: Martins Fontes, 2005.

KEMP, Simon. Digital in 2018: world's internet users pass the 4 billion mark. *We Are Social*, 30 jan. 2018. Disponível em: https://wearesocial.com/blog/2018/01/global-digital-report-2018. Acesso em 29 jul. 2021.

KING, Gary; PAN, Jennifer; ROBERTS, Margaret E. How censorship in China allows government criticism but silences collective expression. *107 Am. Pol. Sci. Rev.*, n. 326, p. 497, 2013.

KLONICK, Kate. The new governors: the people, rules, and processes governing online speech. *Harvard Law Review*, v. 131, p. 1598-1670, 2018.

KUO, Ming-Sung. Against instantaneous democracy. *International Journal of Constitutional Law*, v. 17, Issue 2, p. 554-575, april 2019.

KURTZ, Lahis Pasquali; DO CARMO, Paloma Rocillo Rolim; VIEIRA, Victor Barbieri Rodrigues. *Transparência na moderação de conteúdo*: tendências regulatórias nacionais. Belo Horizonte: Instituto de Referência em Internet e Sociedade, 2021. Disponível em: https://bit.ly/3xjAUka. Acesso em 08 ago. 2021.

LEATHERN, Rob. Expanded transparency and more control for political Ads. Facebook News Room. *Meta*, 9 jan. 2020. Disponível em: https://about.fb.com/news/2020/01/political-ads/. Acesso em 27 jun. 2021.

LEERSSEN, Paddy. The soap box as a black box: regulating transparency in social media recommender systems. *European Journal of Law and Technology*, v. 11, n. 2, 2020. p. 4-5. Disponível em: https://ssrn.com/abstract=3544009. Acesso em 05 ago. 2021.

LEINER, Barry M. et al. A brief history of the internet. 23 jan. 1999. Disponível em: https://arxiv.org/html/cs/9901011?. Acesso em 19 mai. 2021.

LESSIG, Lawrence. The law of the horse: what cyberlaw might teach. *Harvard Law Review*, v. 113, p. 501-546, 1999. Disponível em: https://www.jstor.org/stable/1342331. Acesso em 05 mai. 2021.

LLANSÓ, Emma et al. Artificial intelligence, content moderation, and freedom of expression. *Transatlantic working Group*, 26 fev. 2021. Disponível em: https://www.ivir.nl/publicaties/download/AI-Llanso-Van-Hoboken-Feb-2020.pdf. Acesso em 05 set. 2021.

MACCARTHY, Mark. Transparency requirements for digital social media platforms: recommendations for policy makers and industry. *Transatlantic Working Group*, 12 fev. 2020. Disponível em: https://ssrn.com/abstract=3615726 or http://dx.doi.org/10.2139/ssrn.3615726. Acesso em 08 jun. 2021.

MACKENZIE, Catriona; MEYERSON, Denise. Autonomy and Free Speech. *In*: STONE, Adrienne; SCHAUER, Frederick (Eds.). *Freedom of Speech*. United Kingdom: Oxford University Press, 2021.

MACKEY, Aaron. Plaintiffs continue effort to overturn fosta, one of the broadest internet censorship laws. *Electronic Frontier Foundation*, 17 set. 2020. Disponível em: https://www.eff.org/deeplinks/2020/09/plaintiffs-continue-effort-overturn-fosta-one-broadest-internet-censorship-laws. Acesso em 08 out. 2021.

MADISON. Public Opinion. National Gazette, 19 Dec. 1791. *In*: HUTCHINSON, William T Hutchinson *et al*. (Eds.). Papers of James Madison. *U Virginia P*, v. 14, 1983.

MAGARIAN, Gregory P. The Internet and Social Media. *In*: STONE, Adrienne; SCHAUER, Frederick (Eds.). *Freedom of Speech*. United Kingdom: Oxford University Press, 2021; e Internet. *Techterms.com*. Disponível em: https://techterms.com/definition/internet. Acesso em 01 mai. 2021.

MANILA PRINCIPES.ORG. *Princípios de Manila*. [s.d.]. Disponível em: https://manilaprinciples.org/principles.html. Acesso em 04 fev. 2021.

MARSDEN, Christopher T. Internet Co-Regulation and constitutionalism: towards a more nuanced view. *SSRN*, 29 ago. 2011. Disponível em: https://ssrn.com/abstract=1973328. Acesso em 01 mai. 2021.

MARSHALL, William P. The Truth Justification for Freedom of Speech. *In*: STONE, Adrienne; SCHAUER, Frederick (Eds.). *Freedom of Speech*. United Kingdom: Oxford University Press, 2021.

MATNEY, Lucas. Twitter taps crypto developer to lead 'blueskye' decentralized social network effort. *Techcrunch*, 16 ago. 2021. Disponível em: https://techcrunch.com/2021/08/16/twitter-taps-crypto-developer-to-lead-bluesky-decentralized-social-network-effort/. Acesso em 17 ago. 2021.

MATNEY, Lucas. Twitter's decentralized future: the platform's vision of a sweeping open standard could also be the far-right's internet endgame. *Techcrunch*, 15 jan. 2021. Disponível em: https://techcrunch.com/2021/01/15/twitters-vision-of-decentralization-could-also-be-the-far-rights-internet-endgame/?guccounter=1&guce_referrer=aHR0cHM6Ly93d3cuZ29vZ2xlLmNvbS8&guce_referrer_sig=AQAAALLMhKDwe_HFaDQpPP4HQZ2_KAsvi7LRMl0Frl3trD_Qza4J2RCISbNkYyrllMa_L3wCaANhYuDQmi3vX1ZNFDTtlLQUzTXJRhBXgX0WFH7P9XVAqh5kM-USh5paq_ckSjj1XlUpZPqUT-y6JdBFVo-v7kEwrmlTH0n89Ml3mupx. Acesso em 09 ago. 2021.

MATYUS, Allison. Twitter announces it will ban all political ads starting in November. *Digitaltrends*, 30 out. 2019. Disponível em: https://www.digitaltrends.com/news/twitter-bans-political-ads-in-november-jack-dorsey/. Acesso em 08 ago. 2021.

MEIKLEJOHN, Alexander. *Free Speech and Its Relation to Self-Government*. New York: Harper & Brothers, 1948. Disponível em: https://archive.org/details/in.ernet.dli.2015.84399/page/n43/mode/2up. Acesso em 17 ago. 2021.

MENDONÇA, Eduardo. Retrocesso autoritário. *Estadão*, 01 jun. 2021. Disponível em: https://politica.estadao.com.br/blogs/fausto-macedo/retrocesso-autoritario/. Acesso em 02 jun. 2021.

META. *Análise precisa de conteúdo de alto impacto pelo nosso sistema de verificação cruzada*. 19 jan. 2022. Disponível em: https://transparency.fb.com/enforcement/detecting-violations/reviewing-high-visibility-content-accurately/. Acesso em 14 fev. 2022.

META. *Facebook, Government requests*: FAQs. [s.d.]. Disponível em: https://transparency.fb.com/data/government-data-requests/. Acesso em 17 abr. 2021.

MEYER, Emilio Peluso Neder; Polido, Fabrício Bertini Pasquot. Usando o constitucionalismo digital para conter o populismo digital. *Icon-S*, 29 jul. 2021.

MICHAEL GEIST. *Picking Up where Bill C-10 left off*: the Canadian Government's Non-Consultation on online Harms Legislation. 30 jul. 2021. Disponível em: https://www.michaelgeist.ca/2021/07/onlineharmsnonconsult/. Acesso em 27 ago. 2021.

MILTON, John. Areopagitica. In: HUGHES, Merritt Y (Ed.). *John Milton, Complete Poems and Major Prose*. Indianapolis/Cambridge: Hackett Publishing Company, Inc., 2003.

MOZILLA. *Facebook's Ad Archive API is inadequate*. 2019. Disponível em: https://blog.mozilla.org/blog/2019/04/29/facebooks-ad-archive-api-is-inadequate/. Acesso em 07 ago. 2021.

MUNGER, Kevin; PHILIPS, Joseph. A supply and demand framework for YouTube politics. *Working draft*, 2019. Disponível em: https://osf.io/73jys/download. Acesso em 08 ago. 2021.

NBC NEWS. *How Facebook and Twitter decided to take down Trump's accounts*. 14 jan. 2021. Disponível em: https://www.nbcnews.com/tech/tech-news/how-facebook-twitter-decided-take-down-trump-s-accounts-n1254317. Acesso em 01 fev. 2021.

New York Times Co. v. Sullivan, 376 U.S. 254 (1964).

NITRINI, Rodrigo Vidal. *Liberdade de expressão nas redes sociais*. Belo Horizonte: Dialética Editora, 2021. E-book.

O GLOBO. *CPMI das Fake News identifica 2 milhões de anúncios da Secom em canais de 'conteúdo inadequado' em só 38 dias*. 02 jun. 2020. Disponível em: https://blogs.oglobo.globo.com/sonar-a-escuta-das-redes/post/cpmi-das-fake-news-identifica-2-milhoes-de-anuncios-da-secom-em-canais-de-conteudo-inadequado-em-so-38-dias.html. Acesso em 20 mai. 2021.

O GLOBO. *Entenda por que a ação do Facebook ameaça Bolsonaro no Judiciário*. 11 jul. 2020. Disponível em: https://oglobo.globo.com/brasil/entenda-por-que-acao-do-facebook-ameaca-bolsonaro-no-judiciario-1-24527697. Acesso em 20 mai. 2021.

O GLOBO. *Google tira do ar canal terça livre do YouTube após decisão judicial*. 15 jul. 2021. Disponível em: https://oglobo.globo.com/politica/google-tira-do-ar-canal-terca-livre-do-youtube-apos-decisao-judicial-25112114. Acesso em 15 jul. 2021.

OEA. *Pacto Internacional de Direitos Civis e Políticos*. [s.d]. Disponível em: https://www.oas.org/pt/cidh/expressao/jurisprudencia/sistema_universal.asp. Acesso 15 set. 2021.

OGNYANOVA, Katherine et al. Misinformation in action: Fake news exposure is linked to lower trust in media, higher trust in government when your side is in power. *The Harvard Kennedy School Misinformation Review*, v. 1, Issue 4, mai. 2020. Disponível em: https://misinforeview.hks.harvard.edu/article/misinformation-in-action-fake-news-exposure-is-linked-to-lower-trust-in-media-higher-trust-in-government-when-your-side-is-in-power/. Acesso em 22 set. 2021.

OSÓRIO, Aline. *Direito eleitoral e liberdade de expressão*. Belo Horizonte: Fórum, 2017.

Packingham v. North Carolina, 582 U.S. (2017).

PASQUETTO, I. et al. Tackling misinformation: what researchers could do with social media data. *Harvard Kennedy School (HKS) Misinformation Review*, 2020. Disponível em: https://doi.org/10.37016/mr-2020-49. Acesso 15 set. 2021.

PAUL, Kari. Small number of Facebook users responsible for most covid vaccine skepticism – report. *The Guardian*, 16 mar. 2021. Disponível em: https://www.theguardian.com/technology/2021/mar/15/facebook-study-covid-vaccine-skepticism. Acesso em 06 out. 2021.

PICKARD, Victor. The Fairness Doctrine won't solve our problems – but it can foster needed debate. *Washington Post*, 4 fev. 2021. Disponível em: https://www.washingtonpost.com/outlook/2021/02/04/fairness-doctrine-wont-solve-our-problems-it-can-foster-needed-debate/. Acesso em 06 set. 2021.

PIRES, Breiller. TCU suspende anúncios do Banco do Brasil em sites de notícias falsas. *El País*, 27 mai. 2020. Disponível em: https://brasil.elpais.com/brasil/2020-05-28/tcu-suspende-anuncios-do-banco-do-brasil-em-sites-de-noticias-falsas.html. Acesso em 27 set. 2021.

POLITICO. *What happened when humans stopped managing social media content*. 21 out. 2020. Disponível em: https://www.politico.eu/article/facebook-content-moderation-automation/. Acesso em 25 out. 2021.

POMERANTSEV, Peter. The menace of unreality: how the kremlin weaponizes information, culture and money. *Interpreter*, 22 nov. 2014. Disponível em: https://www.interpretermag.com/the-menace-of-unreality-how-the-kremlin-weaponizes-information-culture-and-money/. Acesso em 01 set. 2021.

POST, Robert C. *Democracy, expertise, academic freedom*: a first amendment jurisprudence for the modern state. *Yale University Press*, 2012.

POST, Robert. Participatory Democracy and Free Speech. *Virgínia Law Review*, v. 97, n. 3, may. 2011. Disponível em: https://www.virginialawreview.org/wp-content/uploads/2020/12/477.pdf. Acesso em 26 jul. 2021.

PRADO, Luiz Regis. Curso de direito penal brasileiro. [livro eletrônico] v. 2. *In*: PRADO, Luiz Regis; MENDES DE CARVALHO, Gisele. *Curso de direito penal brasileiro*. 3. ed. São Paulo: Editora Revista dos Tribunais, 2017.

PRIVACY INTERNATIONAL. *Social media companies are failing to provide adequate advertising transparency to users globally*. 03 out. 2019. Disponível em: https://privacyinternational.org/node/3244. Acesso em 27 jun. 2021.

R v Shayler [2002] UKHL 11, [2003] 1 AC 247 [21] (Lord Bingham).

RAHMAN, K. Sabeel; TEACHOUT, Zephyr. From private bads to public goods: adapting public utility regulation for informational infrastructure. *Knight First Amendment at Columbia University*, 4 feb. 2020. Disponível em: https://knightcolumbia.org/content/from-private-bads-to-public-goods-adapting-public-utility-regulation-for-informational-infrastructure. Acesso em 08 fev. 2021.

REDE BRASIL ATUAL. *Individualismo é alimentado por 'populismo digital' de Bolsonaro*. 21 dez. 2020. Disponível em: https://www.redebrasilatual.com.br/politica/2020/12/populismo-digital-bolsonaro-individualismo-pandemia/. Acesso em 29 ago. 2021.

RENIK. The Functions of Publicity and of Privatization in Courts and Their Replacements (from Jeremy Bentham to #MeToo and Google Spain). *In*: OPEN JUSTICE: THE ROLE OF COURTS IN A DEMOCRATIC SOCIETY (Burkhard Hess & Ana Koprivica eds., 2019).

Reno v American Civil Liberties Union, 521 US 844, 868 (1997).

RÉPUBLIQUE FRANÇAISE. *Creating a French Framework to make social media platforms more accountable*: acting in France with a European Vision. Interim Mission Report, Regulation of social networks – Facebook experiment, submitted to the French Secretary of State for Digital Affairs. Mai. 2019. Disponível em: https://minefi.hosting.augure.com/Augure_Minefi/r/ContenuEnLigne/Download?id=AE5B7ED5-2385-4749-9CE8-E4E1B36873E4&filename=Mission%20Re%CC%81gulation%20des%20re%CC%81seaux%20sociaux%20-ENG.pdf. Acesso em 04 out. 2021.

REUTERS. *Germany fines Facebook for under-reporting complaints*. 2 jul. 2019. Disponível em: https://www.reuters.com/article/us-facebook-germany-fine-idUSKCN1TX1IC. Acesso em 22 ago. 2021.

REUTERS. *Twitter bans political ads; Facebook's Zuckerberg defends them*. 30 out. 2019. Disponível em: https://www.reuters.com/article/us-twitter-ads-idUSKBN1X92IK. Acesso em 28 jul. 2021.

RODAS, Sérgio. Entrevista com o Professor Gustavo Binenbojm: judiciário tem feito por merecer o título de censor máximo do país. *Conjur*, 27 set. 2020. Disponível em: https://www.conjur.com.br/2020-set-27/entrevista-gustavo-binenbojm-professor-uerj. Acesso em 27 set. 2021.

ROSENBERG, Matthew. Ad tool Facebook built to fight disinformation doesn't work as advertised. *The New York Times*, 25 jul. 2019. Disponível em: https://www.nytimes.com/2019/07/25/technology/facebook-ad-library.html?. Acesso em 05 ago. 2021.

SANKIEVICZ, Alexandre. *Liberdade de expressão e pluralismo. Perspectivas de regulação*. São Paulo: Saraiva, 2011.

SANTA CLARA PRINCIPLES. *The Santa Clara principles on transparency and accountability in content moderation*. [s.d.]. Disponível em: https://santaclaraprinciples.org/. Acesso em 08 jul. 2021.

SCHAUER, Frederick F. *Free Speech*: a Philosophical Enquiry. Cambridge: Cambridge University Press, 1982.

SCHREIBER, Anderson. *Marco Civil da internet*: avanço ou retrocesso? A responsabilidade Civil por danos derivado do conteúdo gerado por terceiro. [s.d.]. Disponível em: http://www.andersonschreiber.com.br/downloads/artigo-marco-civil-internet.pdf. Acesso em 23 ago. 2021.

SCHREIBER, Mariana. Por que prisão de Roberto Jefferson divide opinião de juristas. *BBC News*, 13 ago. 2021. Disponível em: https://www.bbc.com/portuguese/brasil-58209461. Acesso em 29 set. 2021.

SCHWAB, Klaus. The Fourth Industrial Revolution: what it means, how to respond. *World Economic Forum*, 14 jan. 2016. Disponível em: https://www.weforum.org/agenda/2016/01/the-fourth-industrial-revolution-what-it-means-and-how-to-respond/. Acesso em 20 mai. 2021.

SERRA, LLuis de Carrera. *Régimen jurídico de la Información*, 1996 apud. BARROSO, Porfirio; TALAVERA, María del Mar López. *La libertad de expresión y sus limitaciones constitucionales*, 1998. Madrid: Editorial Fragua, 1997.

SHAFFER, Kris. *Data versus democracy*: how big data algorithms shape opinions and alter the course of history. Colorado: Apress, 2019.

SHERMAN, Justin. In Russia, apple and google staff get muscled by the state. *Wired*, 26 set. 2021. Disponível em: https://www.wired.com/story/opinion-in-russia-apple-and-google-staff-get-muscled-up-by-the-state/. Acesso em 28 set. 2021.

SIGNIFICADOS. *Significado de Interface*. Disponível em: https://www.significados.com.br/interface/. Acesso em 15 set. 2021.

SILVA, Bruno Boquimpani. *A autorregulação*: delineamento de um modelo policêntrico de regulação jurídica. 103f. Dissertação (Mestrado). Universidade do Estado do Rio de Janeiro, Faculdade de Direito, 2010.

SILVA, Márcio et al. *Facebook Ads monitor*: an independent auditing system for political Ads on Facebook, WWW'20, Taipei: Taiwan, 20-24 abr. 2020. Disponível em: https://arxiv.org/pdf/2001.10581.pdf. Acesso em 13 ago. 2021.

SOUZA, Carlos Affonso Pereira, LEMOS, Robaldo. *Marco Civil da Internet – construção e aplicação*. Juiz de Fora: Editar Editora Associada, 2016. Disponível em: https://itsrio.org/wp-content/uploads/2017/02/marco_civil_construcao_aplicacao.pdf. Acesso em 27 jun. 2021.

STATISTA.COM. *Leading countries based on Facebook audience size as of July 2021*. Disponível em: https://www.statista.com/statistics/268136/top-15-countries-based-on-number-of-facebook-users/#:~:text=With%20more%20than%202.85%20billion,most%20popular%20social%20media%20worldwide. Acesso em 25 jul. 2021.

STF, decisão monocrática, 04 ago. 2021. Inq. nº 4.781/DF, Rel. Min. Alexandre de Moraes. Disponível em: https://images.jota.info/wp-content/uploads/2021/08/despacho-4781-04-08.pdf?x93516. Acesso em 11 ago. 2021.

STF, decisão monocrática, 14 set. 2021, ADI nº 6.991, Rel. Min. Rosa Weber. Disponível em: http://portal.stf.jus.br/processos/downloadPeca.asp?id=15347792736&ext=.pdf. Acesso em 05 abr. 2021.

STF, decisão monocrática, 22 jul. 2020, Inq. nº 4.781, Rel. Min. Alexandre de Moraes. Disponível em: https://static.poder360.com.br/2020/07/Decisao-Bloqueio.pdf. Acesso em 05 abr. 2021.

STF, decisão monocrática, 26 mai. 2020, Inq. nº 4.781, Rel. Min. Alexandre de Moraes. Disponível em: https://www.conjur.com.br/dl/inq-4781.pdf. Acesso em 05 abr. 2021.

STF, decisão monocrática, 31 jul. 2020, Inq. nº 4.781, Rel. Min. Alexandre de Moraes. Disponível em: https://www.conjur.com.br/dl/inq-4781.pdf. Acesso em 08 abr. 2021.

STF, decisão monocrática, j. 12 ago. 2021, Pet. nº 9.844/DF, Rel. Min. Alexandre de Moraes. Disponível em: https://www.conjur.com.br/dl/alexandre-manda-prender-roberto.pdf. Acesso em 29 set. 2021.

STF, Decisão monocrática, j. 13 abr. 2019, Inq. nº 4.781, Rel. Min. Alexandre de Moraes. Disponível em: https://www.migalhas.com.br/arquivos/2019/4/art20190415-15.pdf. Acesso em 11 ago. 2021.

STF, *DJ* 19 mar. 2004, HC nº 82.424, Rel. p/ acórdão Min. Maurício Corrêa.

STF, *DJe* 03 nov. 2020, Rcl. nº 38.782, Rel. Min. Gilmar Mendes.

STF, *DJe* 05 nov. 2009, ADPF nº 130, Rel. Min. Ayres Britto.

STF, *DJe* 05 out. 2020, ADO nº 26, Rel. Min. Celso de Mello.

STF, *DJe* 07 mai. 2021, ADPF nº 572, Rel. Min. Edson Fachin.

STF, *DJe* 08 jun. 2020, ADPF nº 548, Rel. Min. Cármen Lúcia.

STF, *DJe* 10 set. 2019, SL nº 1.248, Rel. Min. Dias Toffoli.

STF, *DJe* 11 set. 2019, Rcl. nº 36.742, Rel. Min. Gilmar Mendes.

STF, *DJe* 12 nov. 2009, RE nº 511.961, Rel. Min. Gilmar Mendes.

STF, *DJe* 13 set. 2017, Pet. nº 5.735, Rel. Min. Luiz Fux.

STF, *DJe* 19 mai. 2021, RE nº 1.010.606, Rel. Min. Dias Toffoli.

STF, *DJe* 20 out. 2020, AP nº 1.021, Rel. Min. Dias Toffoli.

STF, *DJe* 23 fev. 2021, Rcl. nº 38.782, Rel. Min. Gilmar Mendes.

STF, HC nº 84.693/DF, Rel. Min. Cezar Peluso, Primeira Turma, *DJ* de 30.06.2006.

STF, *j.* 08 nov. 2017, ADI nº 4679, Rel. Min. Luiz Fux.

STF, *j.* 10 jun. 2015, ADI nº 4.815, Rel. Min. Cármen Lúcia.

STF, *j.* 15 jun. 2011, ADPF nº 187, Rel. Min. Celso de Mello.

STF, *j.* 21 jun. 2018, ADI nº 4.451, Rel. Min. Alexandre de Moraes.

STF, nº 161.243, Rel. Min. Carlos Mário Velloso, *DJ* 19 dez. 1997.

STF, RE nº 1.037.396, Rel. Min. Dias Toffoli.

STF, RE nº 158.215, Rel. Min. Marco Aurélio, DJ 7 jun. 1996.

STF, RE nº 201.819, Rel. Minª. Ellen Gracie, Rel. p/ acórdão Min. Gilmar Mendes, j. 11 out. 2005, 2ª T., *DJ* 27 out. 2006.

STF, RHC nº 81.750/SP, Rel. Min. Celso de Mello, Segunda Turma, *DJe* de 09.08.2007.

STJ, *DJ* 17 dez. 2021, REsp nº 1.930.256/SP, Rel. p/ acórdão Min. Marco Aurélio Bellizze.

STJ, *DJe* 01 jul. 2020, AgInt no AgInt no REsp nº 1759801/RN, Rel. Min. Nancy Andrighi, Terceira Turma.

STJ, *DJe* 05 ago. 2015, REsp nº 1.512.647, Rel. Min. Luis Felipe Salomão.

STRAUSS, David. Persuasion, Autonomy, and Freedom of Expression. *Columbia Law Review*, v. 91, p. 334-371, 1991.

SUNDFELD, Carlos Ari; ROSILHO, André. A governança não estatal da internet e o direito brasileiro. *RDA*, Rio de Janeiro, v. 270, p. 41-79, set./dez. 2015.

SUPREMA CORTE DOS ESTADOS UNIDOS. *Miami Hearld Publishing Co. v. Tornillo, 418 U.S. 241*. 25 jun. 1974. Disponível em: https://supreme.justia.com/cases/federal/us/418/241/#tab-opinion-1950903. Acesso em 06 set. 2021.

SUPREMA CORTE DOS ESTADOS UNIDOS. *Red Lion Broadcasting Co., Inc. v. FCC, 395 U.S. 367*. 09 jun. 1969. Disponível em: https://supreme.justia.com/cases/federal/us/395/367/. Acesso em 06 set. 2021.

SUPREMA CORTE DOS ESTADOS UNIDOS. *Turner Broadcasting System, Inc. v. FCC, 512 U.S. 622.* 27 jun. 1994. Disponível em: https://supreme.justia.com/cases/federal/us/512/622/. Acesso em 06 set. 2021.

SUPREMO TRIBUNAL DOS ESTADOS UNIDOS. *United States v Alvarez.* 567 US 709, 2012. Disponível em: https://supreme.justia.com/cases/federal/us/567/709/#tab-opinion-1970529. Acesso em 27 set. 2021.

TECH POLICY PRESS. *Five big problems with Canada's proposed regulatory framework for 'Harmful Online Content'.* 31 ago. 2021. Disponível em: https://techpolicy.press/five-big-problems-with-canadas-proposed-regulatory-framework-for-harmful-online-content/. Acesso em 26 ago. 2021.

TECHCRUNCH. *Germany Tightens online hate speech rules to make platforms send reports straight to the feds.* 19 jun. 2020. Disponível em: https://techcrunch.com/2020/06/19/germany-tightens-online-hate-speech-rules-to-make-platforms-send-reports-straight-to-the-feds/?guccounter=1. Acesso em 02 ago. 2021.

THAKUR, Dhanaraj; LLANSÓ, Emma. Do you see what i see? capabilities and limits of automated multimedia content analysis. *Center for Democracy & Technology*, 20 mai. 2021. Disponível em: https://cdt.org/insights/do-you-see-what-i-see-capabilities-and-limits-of-automated-multimedia-content-analysis/. Acesso em 05 jun. 2021.

THE NEW YORK TIMES. Four ways to fix social media's political ads problem – Without banning them. 16 nov. 2019. Disponível em: https://www.nytimes.com/2019/11/16/opinion/twitter-facebook-political-ads.html. Acesso em 20 nov. 2019.

TJSP, *DJe* 05 ago. 2019, AI nº 2026147-68.2019.8.26.0000, Relator: Des. Claudio Godoy.

TRIBUNAL DE JUSTIÇA DA UNIÃO EUROPEIA. ECLI:EU:C:2019:821, Case C-18/18, 03 out. 2019. Disponível em: https://curia.europa.eu/juris/document/document.jsf?text=&docid=218621&pageIndex=0&doclang=EN&mode=req&dir=&occ=first&part=1&cid=6380440. Acesso em 07 out. 2021.

TRIBUNAL SUPERIOR ELEITORAL. *Ofício GAB-SPR nº 2868/2021.* 02 ago. 2021. Disponível em: https://www.tse.jus.br/imprensa/noticias-tse/arquivos/tse-noticia-crime-stf/rybena_pdf?file=https://www.tse.jus.br/imprensa/noticias-tse/arquivos/tse-noticia-crime-stf/at_download/file. Acesso em 15 mai. 2021.

TRIBUNAL SUPERIOR ELEITORAL. *Plenário aprova abertura de inquérito administrativo para apurar denúncias de fraude no sistema eletrônico de votação.* 02 ago. 2021. Disponível em: https://www.tse.jus.br/imprensa/noticias-tse/2021/Agosto/plenario-do-tse-aprova-abertura-de-inquerito-para-apurar-denuncias-de-fraudes-no-sistema-eletronico-de-votacao. Acesso em 03 ago. 2021.

TRIBUNAL SUPERIOR ELEITORAL. Portaria CGE nº /2021. [s.d]. Disponível em: https://www.tse.jus.br/imprensa/noticias-tse/arquivos/corregedoria-geral-eleitoral-inquerito-administrativo/rybena_pdf?file=https://www.tse.jus.br/imprensa/noticias-tse/arquivos/corregedoria-geral-eleitoral-inquerito-administrativo/at_download/file. Acesso em 03 ago. 2021.

TSERENJAMTS, Munkhtsetseg. Digital populism. *Friedrich Ebert Stiftung*, 20 dez. 2017. Disponível em: https://asia.fes.de/news/digital-populism/. Acesso em 22 ago. 2021.

TWITTER BUSINESS. *How to get exempted as a news publisher from the political content policy.* [s.d.]. Disponível em: https://business.twitter.com/en/help/ads-policies/ads-content-policies/political-content/news-exemption.html. Acesso em 09 ago. 2021.

TWITTER BUSINESS. *Political contente.* [s.d.]. Disponível em: https://business.twitter.com/en/help/ads-policies/ads-content-policies/political-content.html. Acesso em 08 ago. 2021.

TWITTER. *Twitter Network Enforcement Law Report – Twitter Netzwerkdurchsetzungsgesetzbericht.* Dez. 2019. Disponível em: https://cdn.cmstwdigitalassets.com/content/dam/transparency-twitter/data/download-netzdgreport/netzdg-jul-dec-2019.pdf. Acesso em 24 ago. 2021.

TWOREK, Heidi. An analysis of Germany's NetzDG law. *Transatlantic Working Group*, 15 abr. 2019. Disponível em: https://www.ivir.nl/publicaties/download/NetzDG_Tworek_Leerssen_April_2019.pdf. Acesso em 08 out. 2021.

UNIÃO EUROPEIA. *Proposal for a Regulation of the European Parliament and of the Council on a Single Market for Digital Services and amending Directive 2000/31/EC.* 15 dez. 2020. Disponível em: https://digital-strategy.ec.europa.eu/en/library/proposal-regulation-european-parliament-and-council-single-market-digital-services-digital-services. Acesso em 05 ago. 2021.

UNICEF. Declaração Universal dos Direitos Humanos, artigo 19. Disponível em: https://www.unicef.org/brazil/declaracao-universal-dos-direitos-humanos. Acesso em 01 fev. 2021.

UNITED NATIONS. Committee on the Elimination of Racial Discrimination. *General recommendation nº 35.* 26 set. 2013. UN Doc CERD/C/GC/35. Disponível em: https://www.refworld.org/docid/53f457db4.html. Acesso em 06 fev. 2021.

URBAN, Jennifer M.; KARAGANIS, Joe; SCHOFIEL, Brianna. Notice and takedown in everyday practice. *UC Berkeley Public Law Research Paper*, n. 2755628, 22 mar. 2017. Disponível em: https://ssrn.com/abstract=2755628. Acesso em 03 ago. 2021.

VERMEULEN, Mathias. The keys to the Kingdom. *Knight First Amendment Institute at Columbia University*, 27 jul. 2021. Disponível em: https://knightcolumbia.org/content/the-keys-to-the-kingdom. Acesso em 30 ago. 2021.

VESTAGER, Margrethe. European Commissioner for Competition, Security and Trust in a Digital World, 13 sept. 2019. *In: CCBEInfo (Council of Bars and Law Soc'ys of Eur., Brussels, Belg.)*, 4 sept. 2019. Disponível em: https://www.ccbe.eu/fileadmin/speciality_distribution/public/documents/Newsletter/CCBEINFO84/EN_newsletter_84.pdf [https://perma.cc/3Q5M-J4GX. Acesso em: 28 set. 2021.

VIANA, Diego. Sociedade repensa o que é liberdade de expressão, segundo Gustavo Binenbojm. *Valor*, 21 ago. 2020. Disponível em: https://valor.globo.com/eu-e/noticia/2020/08/21/sociedade-repensa-o-que-e-liberdade-de-expressao-segundo-gustavo-binenbojm.ghtml. Acesso em 28 set. 2021.

WALLITER, Carolina. *Tiktok no Brasil e na sua marca*: 10 estatísticas para arrasa em 2022. 14 dez. 2021. Disponível em: https://www.shopify.com.br/blog/tiktok-brasil#:~:text=Segundo%20um%20levantamento%20realizado%20pela,4%2C92%20milh%C3%B5es%20em%202025. Acesso em 14 jan. 2022.

WOLFRAN, Stephen. Testimony before the Senate Subcommittee on Communications, Technology, Innovation, and the Internet Hearing on Optimizing for Engagement: Understanding the Use of Persuasive Technology on Internet Platforms. *Senate Subcommittee on Communications, Technology, Innovation and the Internet*, 25 jun. 2019.

Disponível em: https://www.commerce.senate.gov/services/files/7A162A13-9F30-4F4F-89A1-91601DA485EE. Acesso em 03 set. 2021.

WU, Tim. Is the First Amendment Obsolete? *In*: POZEN, David E. (Ed.). *The Perilous Public Square*. New York: Columbia University Press, E-book Kindle. (Não paginado).

Yahoo! Inc. v. La Ligue Contre Le Racismo et L'Antisémitisme, 433 F.3d 1199 (9th Cir. 2006) (en banc).

YOUTUBE HELP. How content id works. [s.d]. Disponível em: https://support.google.com/youtube/answer/2797370?hl=en. Acesso em 26 set. 2021.

YOUTUBE. *Aperfeiçoamento Legislação Brasileira – Internet – Fiscalização da lei:* quem regula? 28 set. 2021. 29m. Disponível em: https://www.youtube.com/watch?v=fO0PUgpFPUM&list=PLitz1J-q25kMkMK55LWN0hLukkYi-Bls_&index=1. Acesso em 20 jan. 2022.

YOUTUBE. *Reimagine the Internet*: day three. Disponível em: https://www.youtube.com/watch?v=wlKDlBagkj0. Acesso em 20 set. 2021.

ZITTRAIN, Jonathan. Answering impossible questions: content governance in an age of disinformation. *Harvard Kennedy School – Misinformation Review*, 4 jan. 2020. Disponível em: https://misinforeview.hks.harvard.edu/article/content-governance-in-an-age-of-disinformation/. Acesso em 23 mai. 2021.

ZURTH, Patrick. The German NetzDg as role model or cautionary tale? Implications for the debate on social media Liability. *31 Fordham Intell, Prop, Media & Ent. L.J.* 1084, 2021. Disponível em: https://ir.lawnet.fordham.edu/iplj/vol31/iss4/4. Acesso em 20 ago. 2021.

Esta obra foi composta em fonte Palatino Linotype, corpo 10
e impressa em papel Offset 75g (miolo) e Supremo 250g (capa)
pela Gráfica Formato.